Friedrich L. Bauer Gerhard Goos

Informatik 1

Eine einführende Übersicht

Vierte, verbesserte Auflage
bearbeitet von F. L. Bauer und W. Dosch

Mit 164 Abbildungen, 16 Tabellen
und zahlreichen Programmbeispielen

Springer-Verlag
Berlin Heidelberg New York
London Paris Tokyo
Hong Kong Barcelona

Dr. rer. nat. Dr ès sc. h. c. Dr. rer. nat. h. c. FRIEDRICH L. BAUER
Professor emeritus der Mathematik und Informatik
an der Technischen Universität München

Dr. rer. nat. GERHARD GOOS
ord. Professor der Informatik an der Universität Karlsruhe
Mitglied des Vorstands der Gesellschaft für Mathematik
und Datenverarbeitung (GMD)

Dr. rer. nat. WALTER DOSCH
Professor der Informatik an der Universität Augsburg

Die früheren Auflagen erschienen in der Reihe
„Heidelberger Taschenbücher“.

Mathematics Subject Classification (1980): 68-02, 68A05, 68A10

ISBN 3-540-52790-7 Springer-Verlag Berlin Heidelberg New York

ISBN 3-540-11722-9 3. Aufl. Springer-Verlag Berlin Heidelberg New York

CIP-Titelaufnahme der Deutschen Bibliothek
Informatik: eine einführende Übersicht / Friedrich L. Bauer; Gerhard Goos. –
Berlin; Heidelberg; New York; London; Paris; Tokyo; Hong Kong; Barcelona:
Springer. (Springer-Lehrbuch)
NE: Bauer, Friedrich L. [Mitverf.]; Goos, Gerhard [Mitverf.]; [Lehrbuch].
1.–4., verb. Aufl. / bearb. von F. L. Bauer u. W. Dosch. – 1991
ISBN 3-540-52790-7 (Berlin ...)

Printed in Germany
Satzarbeiten: Zechnersche Buchdruckerei, Speyer
Druck- und Bindearbeiten: Clausen & Bosse, Leck
2145/3140-543210 – Gedruckt auf säurefreiem Papier

Springer-Lehrbuch

Dem Gedächtnis an

Alwin Walther 1898–1967
Hans Piloty 1894–1969
Robert Sauer 1898–1970

gewidmet

Aus dem Vorwort zur ersten Auflage

Informatik ist die deutsche Bezeichnung für *computer science*, ein Gebiet, das sich vor allem in den USA, daneben in Großbritannien, in den sechziger Jahren zur selbständigen wissenschaftlichen Disziplin entwickelt hat. Neuerdings auch durch das Bundesministerium für Bildung und Wissenschaft gefördert, nimmt das Studium der Informatik in Deutschland einen raschen Aufschwung. Das Buch gibt eine einführende Übersicht über die Informatik, die im Einklang mit den Empfehlungen der Fachverbände GAMM und NTG steht. Es kann insbesondere zur Unterstützung einer zweisemestrigen Einführungsvorlesung dienen. Entstanden ist das Buch aus solchen Vorlesungen, die seit 1967 mit der Aufnahme des regulären Informatik-Studiums in der Abteilung Mathematik der Technischen Universität München gehalten wurden.

Die Darstellung geht vom Allgemeinen zum Speziellen. Sie stellt die Grundbegriffe der Programmierung an die Spitze, anstatt sie, wie es anderswo häufig geschah, aus speziellen Maschinenfunktionen herzuleiten. Der Vorteil, der darin liegt, daß man sich von Zufälligkeiten der technischen Entwicklung frei macht, um zu tragfähigeren Aussagen zu kommen, ist nicht gering zu veranschlagen; noch stärker scheint uns das Vorgehen dadurch motiviert zu sein, daß es den Anfänger zum Nachdenken zwingt, anstatt ihm Patentlösungen vorzusetzen. Als „top-down-teaching" wird diese Methode neuerdings auch in den USA, unter anderem von ALAN PERLIS, propagiert. Schließlich zielt auch die Entwicklung der Programmiersprachen im Hinblick auf die Formalisierung der Semantik darauf hin, schrittweise das Komplizierte auf Einfacheres zurückzuführen.

Mit der einführenden Übersicht will das Buch insbesondere die Zusammenhänge aufzeigen, die zwischen einzelnen Spezialvorlesungen über Themen der Informatik bestehen.

Beim Aufbau dieser Vorlesung konnten wir uns auf konstruktive Beiträge unserer Herren Kollegen K. SAMELSON, M. PAUL, F. PEISCHL stützen. Eine erste Ausarbeitung fertigte im Studienjahr 1967/68 Frau D. MAISON an. Bei den Übungen zur Vorlesung, insbesondere der Zusammenstellung von Aufgaben, hatten wir die Hilfe von Herrn R. GNATZ und Herrn H. J. WALTHER, welch letzterer auch eine zweite Ausarbeitung im Studienjahr 1968/69 redigierte. Herr Kollege SAMELSON, der die Einführungsvorlesung im Studienjahr 1969/70 las, hat uns wertvolle Kritik geliefert, daneben hatten wir zu einzelnen Kapiteln nützliche Hinweise von den Herren Kollegen J. Eickel, P. Deussen, W. Hahn und Frl. U. Hill. Eine Durchsicht des ersten Kapitels besorgten auch die Herren Kollegen W. Keidel, Erlangen, und H. Zemanek, Wien. Allen, die an der Fertigstellung mitarbeiteten, danken wir herzlich, auch wenn wir sie nicht sämtlich namentlich nennen können. Dies gilt nicht nur für Sekretärinnen und für Mitarbeiter, die uns beim Lesen der Korrekturen halfen. Herrn H. Wössner, der die ALGOL-Beispiele auf syntaktische Richtigkeit prüfte, müssen wir hier besonders nennen. In der Zeit, in der der ältere der beiden Autoren Vorsitzender des Terminologie-Ausschusses im Fachnormenausschuß Informationsverarbeitung war, hat er viel von den dort geführten Diskussionen gelernt, wofür er ebenfalls seinen Dank zum Ausdruck bringen möchte.

In den schwierigen Jahren des Aufbaus nach der Zerstörung hatte Deutschland das Glück, drei Männer zu haben, die den Mut hatten, an ein Aufleben wissenschaftlicher Leistung auf dem neuen und bis 1955 nur mit Einschränkungen erlaubten Gebiet der Rechenanlagen zu glauben. Ihnen, die die Einführung der Informatik in Deutschland vorbereiten halfen, ist dieses Buch gewidmet.

München, im Sommer 1970 F. L. Bauer · G. Goos

Vorwort zur zweiten Auflage

Die zweite Auflage wurde in vielen Einzelheiten verbessert. Für die zahlreichen Anregungen, die wir erhalten haben, bedanken wir uns sehr. Unser besonderer Dank gilt Frl. Dr. H. Vogg für die unermüdliche Hilfe bei der Überarbeitung.

München und Karlsruhe, im Frühjahr 1973 F. L. Bauer · G. Goos

Aus dem Vorwort zur dritten Auflage

Angesichts des Aufschwungs und Fortschritts, den die Informatik in den letzten zwölf Jahren genommen hat, war mit der dritten Auflage (31.–34. Tausend) dieses Buches eine Neubearbeitung dringend geboten.

Äußerlich am auffälligsten ist wohl, daß die Programmbeispiele des Buches nunmehr „zweispaltig", in ALGOL 68 und PASCAL, geschrieben sind. Für die Berücksichtigung von PASCAL sprach nicht nur dessen seit 1975 erfolgte weite Verbreitung, sondern vor allem, daß es etwa auf dem Gebiet der Datenstrukturen einige Schwachstellen von ALGOL 68 ergänzt; während umgekehrt das übersetzerunabhängig konzipierte ALGOL 68 immer noch in einigen Punkten die durchsichtigere Notation hat – obschon es seiner offensichtlichen Schrulligkeit wegen an manchen Orten nicht Fuß fassen konnte. Wie schon in der ersten Auflage bei ALGOL 68, wurde nun auch bei PASCAL – allerdings in weit geringerem Ausmaß – Wildwuchs an *'features'* beschnitten. Hinzugefügt werden mußten im wesentlichen lediglich einige kollaterale Konstruktionen.

In der Hauptsache drückt sich aber in dem friedlichen Nebeneinander von ALGOL 68 und PASCAL ein Wandel aus, der sich in den 70er Jahren vollzogen hat: die Etablierung einer allgemeinen und abstrakten, von Notationen unabhängigen begrifflichen Basis für Ablauf- und (etwas nachhinkend) für Datenstrukturen. Sowohl ALGOL 68 wie PASCAL (und nicht allein sie) sind von dieser Basis aus semantisch leicht erreichbar, wobei in dieser Sicht einige Neuorientierungen bei ALGOL 68 (etwa der Wegfall der Gleichheitsvereinbarung als fundamentaler Begriff) unvermeidlich sind, gewisse Schmalbrüstigkeit bei PASCAL (etwa das Fehlen von Zwischenergebnisvereinbarungen und von bedingten Formeln) Abhilfe erfordert, die sich in einigen PASCAL-Varianten (MESA u.a.) auch abzeichnet.

Dementsprechend steht im Hintergrund eine abstrakte, maschinenunabhängige operative Semantik auf der Basis von Formelbildung und -vereinfachung, mit einem Überbau von abstrakten Datentypen und Termersetzung (vgl. F. L. BAUER „Algorithms and Algebra", in: Algorithms in Modern Mathematics and Computer Science (Urgench Symposium 1979), LNCS 122). In einem Buch für Anfänger kann man aber nicht mit dieser Theorie beginnen. Statt dessen steht ein informelles, intuitiv einleuchtendes Modell zur Verfügung, die „Formularmaschine". Sie ist eigentlich eine Protomaschine des „applikativen Niveaus", aus der sich verschiedenste ablauf- oder auch datenflußorientierte Maschinenmodelle herleiten lassen.

Damit soll das Buch zu einer zukunftssicheren Ausrichtung der Inhalte des Informatikstudiums beitragen. Stets galt es abzuwägen, was als für den Anfänger zunächst unwichtiges Detail und als rein theoretische Erörterung weggelassen werden soll.

Der Leser, den das Nebeneinander von ALGOL-Notation (jeweils links) und PASCAL-Notation (jeweils rechts) stört, mag sich entschließen, nur die eine oder die andere Fassung zur Kenntnis zu nehmen; wenn er beide Fassungen betrachtet, kann er gelegentlich aus dem Unterschied auch etwas lernen, und sei es nur, daß der Unterschied eigentlich unerheblich ist. Insbesondere der Hochschullehrer, der das Buch zum Gebrauch neben der Vorlesung empfiehlt, wird sich vielleicht aus unterrichtspraktischen Gründen auf eine der beiden Fassungen konzentrieren und die andere mehr nebenherlaufen lassen oder dem Selbststudium anheimgeben.

Ebenso wird sich der Hochschullehrer vielleicht im Hinblick auf Übungsmöglichkeiten zu Umstellungen in der Stoffdarbietung entschließen wollen. Einige Hinweise zu Beginn der betreffenden Paragraphen sollen dafür hilfreich sein.

Mit voller Absicht wurde in diesem Buch eine mittlere Linie zwischen radikal-moderner und traditionalistischer Ausrichtung der Informatik eingenommen. Wir beginnen also nicht mit abstrakter Algebra und Fixpunkttheorie. Wenn aber ein Dozent aus didaktischen, methodischen oder theoretischen Gründen auch nicht mit der allgemeinen Rekursion, sondern mit Wiederholungen (und Sprüngen), also mit Elementen des sog. „prozeduralen Niveaus" beginnen möchte, kann er mit geringen Anpassungen an die veränderte Motivation die entsprechende Umstellung vornehmen und von 2.3.1 sogleich auf das 3. Kapitel, bei schwerpunktmäßiger Behandlung von PASCAL auch auf 3.2 springen. Der Rest des zweiten Kapitels kann dann im Anschluß an 3.4 oder 3.5 nachgeholt werden. 3.6 und 3.7 betreffen implementierungsabhängige maschinennahe Überlegungen und können auch weiter zurückgestellt werden.

In den Anhängen findet sich nicht-zentrales, ergänzendes Material, darunter auch die Einführung in die Shannonsche Informationstheorie, die früher, im ersten Kapitel stehend, ein zielstrebiges Zugehen auf den Algorithmenbegriff verzögerte.

Hier sei auch eine Warnung angebracht: der Text enthält gelegentlich knappe Formulierungen, die zu genauerem Nachdenken veranlassen sollen.

Auch diese Fassung des Buches entstand aus der Einführungsvorlesung heraus, die inzwischen nicht mehr auf zwei Semester beschränkt ist und auch nicht mehr an der Abteilung Mathematik, sondern an der Fakultät für Mathematik und Informatik der Technischen Universität München abgehalten wird. Zu danken habe ich vor allem meinem verstorbenen Freund KLAUS SAMELSON für tiefgreifende Diskussionen, sowie meinen Kollegen J. EICKEL, W. HAHN, M. PAUL, A. JAMMEL und R. BAYER, die mir manche praktische Hinweise gaben, und vielen meiner Kollegen wie auch Studierenden, die ich namentlich nicht alle aufführen kann, für fruchtbare Kritik. Besonders meine Mitarbeiter in der Arbeitsgruppe CIP haben mir bei vielen Klippen – einschließlich der Überprüfung der Programmbeispiele – die während der qualvollen Entstehung eines Buches zu überwinden sind, geholfen; unter ihnen möchte ich vor allem nennen Herrn Oberstudienrat W. DOSCH, der bereits die Ausarbeitung des Vorlesungsskriptums betreute und mit schätzenswerter Geduld und Genauigkeit Korrekturen las. Mein besonderer Dank gilt schließlich Frau Dr. H. BAUER-VOGG für das Verständnis, das sie ihrem immer noch vielbeschäftigten Mann entgegengebracht hat.

München, Ostern 1982 F. L. BAUER

Vorwort zur vierten Auflage

In der vorliegenden vierten Auflage (45.–49. Tausend) konnten Verbesserungen und Ergänzungen vorgenommen werden. Insbesondere legte der inzwischen erschienene Sprachbericht der CIP-Gruppe [01] eine solide definitorische Basis für die im Buch verwendete ALGOL-Variante. Das Vorliegen des ISO-Standards für PASCAL [04] erlaubte einige Präzisierungen, die auch teilweise eine stärkere Übereinstimmung der ALGOL- und PASCAL-Fassungen mit sich brachten. Nach wie vor deckt aber PASCAL – wie auch MODULA-2 – einige für eine moderne Einführung unerläßlichen funktionalen Sprachkonzepte – insbesondere Kollateralität und Nichtdeterminismus – nicht ab.

Wir danken Herrn Dr. H. EHLER für die Durchsicht der Syntaxdiagramme und Herrn Dipl.-Ing. R. GEROLD für die Aktualisierung einiger technischer Daten.

München, im Sommer 1990 F. L. BAUER · W. DOSCH

Handschrift von GOTTFRIED WILHELM LEIBNIZ
15. März 1679

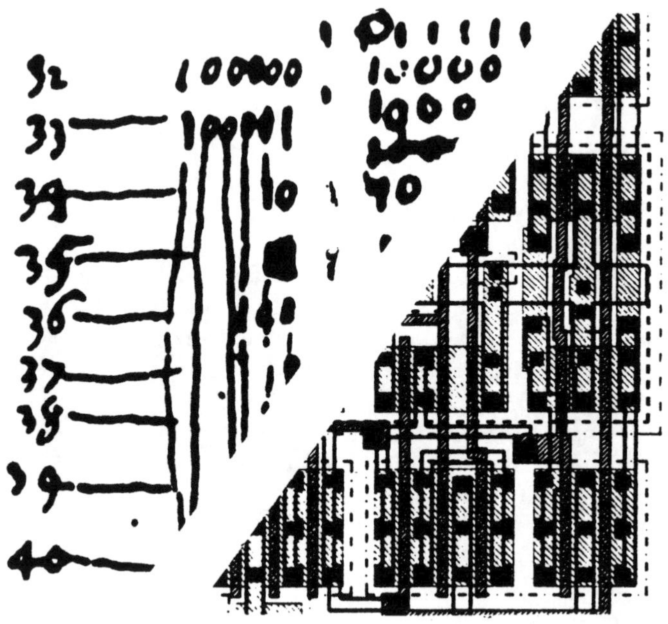

VLSI-Schaltung

Inhaltsverzeichnis

Vorbemerkung

L'INFORMATIQUE:
Science de traitement rationnel, notamment par machines automatiques, de l'information considérée comme le support des connaissances humaines et des communications, dans les domaines techniques, économiques et socials

(Académie Française)

Über 50 Jahre sind vergangen, seit die Entwicklung der modernen *computer* begann - in Deutschland durch KONRAD ZUSE im Jahre 1934. Die Fortschritte der Technik seit den fünfziger Jahren, als die ersten kommerziell gefertigten Rechenanlagen verfügbar wurden, sind eindrucksvoll: Einer ständigen Steigerung der Geschwindigkeit und des Speicherumfangs steht ein Rückgang der Anschaffungs- und Betriebskosten gegenüber. Glaubte man 1956, von der damals größten (amerikanischen) Anlage könnte aus finanziellen Gründen in der Bundesrepublik Deutschland für wissenschaftliche Zwecke höchstens e i n Exemplar angeschafft und betrieben werden - wozu ein ganzes Rechenzentrum eingerichtet werden sollte, so erfordert heute die gleiche Leistung vielleicht Zehntausend Mark, das Gerät hat auf einem Tisch im Arbeitszimmer Platz.

Den Durchbruch brachte die Mikrominiaturisierung, die nach Amortisation der hohen Investitionskosten das einzelne Halbleiter-Plättchen (‚Chip') für den Preis einer besseren Glühlampe herzustellen gestattet. Dies liegt natürlich an den hohen absetzbaren Stückzahlen, die ihrerseits von den niedrigen Stückpreisen noch günstig beeinflußt werden.

Anders als Glühlampen, können, ja müssen *computer* programmiert werden. Das schafft Arbeitsplätze. Ein ungeheurer, politisch und ökonomisch noch nicht einmal ganz übersehbarer Wandel in unserer Welt greift Platz:

In Industrienationen leben schon heute mehr als 1% der Bevölkerung direkt oder indirekt vom *computer*.

computer sind Statussymbole geworden; die öffentliche Meinung verbindet mit ihnen die Vorstellungen ‚modern', ‚fortschrittlich', ‚unabdingbar'. Die sog. E13B-Schrift, eine magnetisch lesbare Schrift für Belegleser, wird dementsprechend, graphisch ausgestaltet, in der Werbung verwendet (Abb. 0).

CANADIAN
COMPUTER
CONFERENCE

SESSION '72

Queen Elizabeth Hotel,
Montreal,

June 1-2-3, 1972

Abb. 0. ‚Computerschrift' in der Werbung, 1972 und 1982

Und *computer* sind Wahrzeichen einer typischen Wachstumsindustrie: Man rechnet derzeit mit jährlichen Zuwachsraten von 12% beim Personal (das ist eine Verdopplung alle 6 Jahre) und von 33% beim Umsatz (eine Verzehnfachung alle 8 Jahre) – wobei diese Zahlen über das Jahr 2000 hinaus gelten dürften.

Mit dem *computer* verbindet mancher aber auch die Vorstellung ‚unverständlich', ‚bedrohlich', ‚schädlich'. Zwar ist der Schutz der Privatsphäre von alters her ein Rechtsgut, aber in dem Augenblick, in dem es mit vernachlässigbaren Kosten möglich ist, aufzuzeichnen und einen Monat lang gespeichert zu halten, wer wann mit wem telefoniert hat, greift auch dem Bürger, der nichts Verwerfliches zu verbergen hat, die Angst ans Herz. Wird der sogenannte Fortschritt ihn wieder einmal überrollen und ärmer zurücklassen?

Der Leser, vor allem der junge Student, möge bedenken, wie wichtig angesichts dieser Situation Aufklärung über die Möglichkeiten und Grenzen des modernen Computers ist. Er möge sich klarmachen, daß Moral und Ethik verbieten, den Computer einzusetzen, wenn es auf grund verfehlten Vertrauens in die Leistungsfähigkeit von Programmen oder auf grund irriger Gleichsetzung von Menschen mit Maschinen erfolgt. Selbst mit Hilfe des Computers darf der Mensch nichts durchführen, was ihm auch ohne diesen untersagt ist.

Stets trägt der Mensch die Verantwortung für den Einsatz des Computers.

1 Information und Nachricht

Wir beginnen mit einer Diskussion der zentralen Begriffe ‚Nachricht' und ‚Information' und studieren dann neben Beispielen zwischenmenschlicher Nachrichtenübertragung einige der Grundbegriffe, die im Hinblick auf die Verarbeitung digitaler Nachrichten wesentlich sind, insbesondere den Algorithmenbegriff.

1.1 Nachricht und Information

> „Nachrichten sind Symbole für Informationen, deren Bedeutung gelernt werden muß."
>
> MEHLIS

‚Nachricht' und ‚Information' sind Grundbegriffe der Informatik, deren technische Bedeutung sich nicht vollständig mit dem umgangssprachlichen Gebrauch der beiden Worte deckt. Die daher notwendige Präzisierung ihres Begriffsinhalts soll nicht durch eine Definition erfolgen, da diese sich auf andere, ebenfalls undefinierte Grundbegriffe abstützen müßte. Wir führen deshalb **Nachricht** und **Information** als nicht weiter definierbare Grundbegriffe ein und erläutern ihre Verwendung an einigen Beispielen. Die Konsistenz der dabei gewonnenen Vorstellung wird sich erst im weiteren Verlauf überprüfen lassen.

Zur gegenseitigen Abgrenzung von Nachricht und Information gehen wir von Redewendungen wie

„diese Nachricht gibt mir keine Information"

aus und gelangen zu der Beziehung:

Die (abstrakte) Information wird durch die (konkrete) Nachricht mitgeteilt.

Die Zuordnung zwischen Nachricht und Information ist nicht eindeutig. Bei gegebener Information kann es verschiedene Nachrichten geben, welche diese Information wiedergeben – z. B. Nachrichten in verschiedenen Sprachen oder Nachrichten, die aus anderen Nachrichten durch Hinzufügen einer **belanglo-**

sen Nachricht entstehen, welche keine weitere Information mitteilt. Nachrichten, die ein und dieselbe Information wiedergeben, bilden eine Äquivalenzklasse. Umgekehrt kann ein und dieselbe Nachricht ganz verschiedene Informationen wiedergeben: Die Nachricht vom Absturz eines Flugzeugs hat für die Hinterbliebenen eine ganz andere Bedeutung als für die Fluggesellschaft; verschiedene Leser entnehmen aus einem Zeitungsartikel ganz verschiedene, ihrer Interessenlage entsprechende Teilinformationen. Ein und dieselbe Nachricht kann also, verschieden **interpretiert**, verschiedene Information ergeben. Als entscheidend für das Verhältnis zwischen einer Nachricht N und einer Information I erweist sich somit eine gewisse, zwischen dem Absender und dem Empfänger der Nachricht verabredete oder unterstellte Abbildungsvorschrift α, die **Interpretationsvorschrift**, welche den abstrahierenden Schritt darstellt. In Zeichen schreiben wir die Interpretationsvorschrift in der Form

$$N \stackrel{\alpha}{\longmapsto} I .$$

Die Interpretationsvorschrift α für eine einzelne Nachricht ergibt sich häufig als Spezialfall einer allgemeineren Vorschrift, die auf eine Menge $\mathfrak{N}$ nach einheitlichen Gesetzen aufgebauter Nachrichten anwendbar ist. Formulieren wir etwa Nachrichten in einer gewissen **Sprache** (vgl. 1.1.1), so bringt der Satz

„X versteht die Sprache $\mathfrak{N}$“

zum Ausdruck, daß die Person X eine Interpretationsvorschrift α für sämtliche (oder zumindest die meisten) Nachrichten kennt, welche in dieser Sprache formuliert sind.

Gelegentlich ist die Interpretationsvorschrift nur eingeschränkten Personengruppen bekannt: Hierher gehören die Interpretationsvorschriften für Spezialsprachen, insbesondere Berufssprachen (Jargon) und wissenschaftliche Fachsprachen. Cant, Argot oder Rotwelsch dienen der Bildung und Abschirmung einer sozialen Gruppe durch absichtliche Einengung der Verständlichkeit der verwendeten Sprache, sie sind aus echten Geheimsprachen krimineller Zirkel entstanden.

Überhaupt sieht man den Zusammenhang zwischen Nachricht und Information besonders deutlich in der Kryptologie: Hier soll niemand der übermittelten Nachricht die Information entnehmen können, es sei denn, er besitzt den Schlüssel.

Häufig hat man auch Nachrichten, die verschiedener, aufeinander aufbauender Interpretationen fähig sind. So kann die Nachricht „es regnet“ zusätzlich die Information »man muß einen Regenschirm mitnehmen« bedeuten. Man spricht dann von Informationen unterschiedlichen **Abstraktionsgrades.**

Weitere Möglichkeiten für den Zusammenhang von Nachricht und Information erläutern wir anhand der Beispiele in Tabelle 1:

Tabelle 1. Sprachliche Nachrichten

a)	„bis morgen“ / “see you tomorrow”
b)	„Ta2–c2“ / „Desoxyribonukleinsäure“
c)	„Seelöwe gesichtet“
d)	„MOMEPR“ / „JDOOLD HVW RPQLV GLYLVD“
e)	„lirpa“
f)	„tante anna gestorben + beerdigung uebermorgen 13. november dinslaken + emma schubert“
g)	„Komme heute nacht“ / „Komme heute nicht“
h)	„Rothschild behandelte ihn ganz famillionär“ / „Mädchenhandelsschule“
i)	„die Belange weniger begabter Studenten“ „Meisterstücke“ „Musikerleben“ „Streikende“
j)	„die gefangenen fliegen“ / „der neue weg“

Beispiel a) zeigt je eine deutsche und eine englische Nachricht, die normalerweise die gleiche Information übermitteln. Bei b) handelt es sich nicht um Nachrichten in Geheimsprachen, sondern in den Spezialsprachen des Schachspiels bzw. der Chemie. Bei c) könnte es sich um ein vereinbartes Stichwort zur Auslösung einer Handlung handeln, also um eine als offene Nachricht **maskierte Geheimnachricht.** Im Fall d) liegen verschlüsselte Nachrichten vor: Die Kaufmannschiffre zur Preisauszeichnung in einer Variante, die jahrelang zur Kennzeichnung des Verpackungsdatums für Butter benutzt wurde (Schlüsselwort MILCHPROBE), und die schon von JULIUS CAESAR angewandte Methode, jeweils den drittnächsten Buchstaben des Alphabets zu benutzen. Während es sich in d) beide Male um eine Verschlüsselung durch **Substitution** handelt, findet sich in e) der einfachste Fall einer Verschlüsselung durch **Transposition**, der Krebs[1]. Rückwärts gelesen ergibt sich in e) die entschlüsselte Nachricht „april“. Bei f) kann es sich um eine als offene Nachricht **getarnte Geheimnachricht** handeln: Die jeweils ersten Buchstaben ergeben, mit dem vierten Wort beginnend und zyklisch weitergelesen, das Wort „bundestag“. Das Beispiel g) zeigt, wie geringfügige Veränderungen am Text die Information beträchtlich verändern können. Bei h) schließlich liegen Grenzfälle vor, in denen die Nachricht eigentlich unverständlich ist, einmal wegen des orthographisch falschen Wortes „famillionär“ (nach HEINRICH HEINE), zum anderen wegen der Doppeldeutigkeit; Wortspiel und Witz leben von der scheinbaren Sinnlosigkeit. Das zweite Beispiel wird durch Betonung und Phrasierung in gesprochener Mitteilung eindeutig. In i) handelt es sich um echte Zweideutigkeit. Bei j) zeigt sich ein nachteil der kleinschreibung.

[1] Auch in der polyphonen Musik häufig benutzt (Krebskanon).

Nachrichten haben auch kommerziellen Wert: es gibt Nachrichtenbüros (Agence Havas 1832, Reuter 1851). Nachrichtendienste sammeln (auch auf illegale Weise) Informationen und verbreiten gelegentlich Desinformation.

1.1.1 Sprachliche Nachrichten

„Seit der Mensch über sich selbst nachdenkt, denkt er über seine Sprache nach."
MARIO WANDRUSKA

"If there is one thing on which all linguists are fully agreed, it is that the problem of the origin of human speech is still unsolved."
MARIO PEI

Für Nachrichten, die zwischen Menschen ausgetauscht werden, gibt es meist Abmachungen bezüglich ihrer Form. Von solchen Nachrichten sagen wir, daß sie in **sprachlicher Form** übermittelt werden, sie sind in einer **Sprache** abgefaßt. Das Wort ‚Sprache' wird dabei in einem wesentlich umfassenderen Sinn gebraucht als es der mit ‚sprechen' zusammenhängenden Bedeutung entspricht. Wir kennen die Sprech- und Schreibsprache, für Taubstumme ersatzweise eine auf Gestik und Mimik aufgebaute Sprache (Abb. 1), für Blinde die zur Tastwahrnehmung bestimmte Blindenschrift (Abb. 26). Die letzten beiden Beispiele zeigen, daß hochentwickelte sprachliche Äußerungen nicht auf mündliche und schriftliche Übermittlung beschränkt sein müssen. Wenn auch vieles dafür spricht, daß die gesprochene Sprache den Beginn der Menschheitsgeschichte markiert, so bleibt doch auch in der heutigen Gesellschaft die Gebärdensprache - ergänzt durch eigentümliche Lautäußerungen wie Zischen, Brummen, Pfeifen oder Schnalzen - ein zwar primitives, aber auch tiefliegendes Hilfsmittel menschlicher Verständigung.

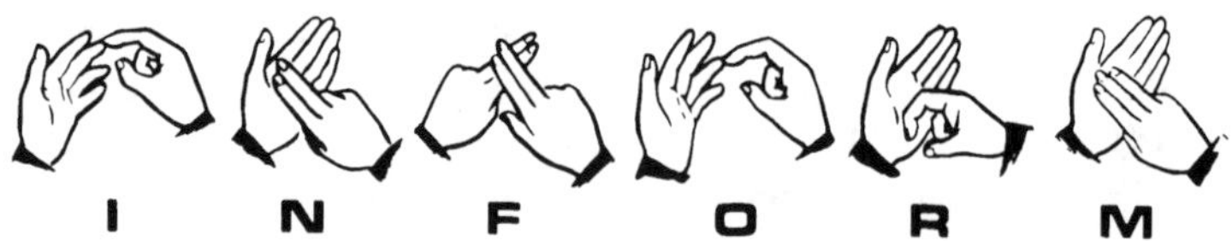

Abb. 1. Einige Zeichen der Taubstummensprache

Die Beispiele am Ende des letzten Abschnittes sind in diesem Buch in gedruckter Schreibsprache (Druckschrift) wiedergegeben; im Manuskript wurden sie zunächst handschriftlich formuliert, in einer Vorlesung werden sie auch in Sprechsprache gebracht. Sie könnten natürlich auch in Taubstummensprache oder Blindenschreibsprache (Blindenschrift) ausgedrückt werden; schließlich kann ein Tauber auch das gesprochene Wort von den Lippen lesen. Sprechen wir von **sprachlichen Nachrichten**, so meinen wir das all diesen Fällen Gemeinsame; auf die Art der Übermittlung - schriftlich, mündlich oder auch durch Tastsinn usw. - kommt es uns nicht an. Dabei ist jedoch zu beachten, daß z.B. die in mündlichen Mitteilungen übermittelten Informationen nicht immer gänzlich in der entsprechenden schriftlichen Mitteilung wiedergegeben werden. Stimmungen wie Ärger, Freude, Verbitterung, Vertraulichkeit kommen nur im gesprochenen Wort zum Ausdruck, und schon oben war erwähnt, daß auch Betonung und Phrasierung Information tragen. Daß diese oft nicht oder nicht einfach aus dem Kontext zu rekonstruieren ist, zeigt sich an manch peinlichem Versprecher von Ansagern.

Im Deutschen wird Sprache nicht nur im Sinn von frz. *langage* sondern auch im Sinn von frz. *langue* verwendet. Wir sollten in diesem Fall besser von **deutscher Zunge**, **englischer Zunge** usw. sprechen. Typisch für den Unterschied ist, daß man innerhalb einer bestimmten Zunge in gehobener Sprache, in Umgangssprache (Slang), in Gaunersprache, in einer Berufssprache (Jargon) sprechen kann. Es gibt auch Sprachen, die gar keiner Zunge angehören oder zugerechnet werden können, z.B. künstliche Sprachen wie Esperanto (ZAMENHOF 1887) oder manche Fachsprachen, darunter die Formelsprache der Mathematik und Programmiersprachen.

Schließlich ist der Begriff Sprache nicht auf die Kommunikation zwischen Menschen beschränkt, sondern wird auch für vergleichbar hochentwickelte Mitteilungsformen zwischen anderen Lebewesen verwendet. Ein Beispiel mag die von K. VON FRISCH entdeckte Orientierungssprache der Bienen sein.

1.1.2 Schrift

'Verba volent, scripta manent'

In unserem Zusammenhang sind solche Sprachen besonders wichtig, die sich zur Übermittlung eines **dauerhaften Nachrichtenträgers** bedienen. Die Übertragung wird dadurch vom Druck der realen Zeit befreit, ja es wird sogar die Nachricht eines Menschen an sich selbst ermöglicht - die **Notiz** zur späteren Erinnerung - und damit das menschliche Gedächtnis durch Gebrauch eines Instruments entlastet.

Die Darstellung von Nachrichten auf dauerhaften Trägern nennen wir **Schrift**[2], einen dauerhaften Nachrichtenträger auch einen **Schriftträger.**

Zunächst ist die **optisch lesbare Schrift** zu erwähnen, die durch Muskelbewegungen der Hand (Handschrift) oder maschinell (Schreibmaschinenschrift, Druckschrift) erzeugt wird. Eine **akustisch lesbare Schrift** war lange Zeit ein

---

[2] Die (erst in Hochkulturen beginnende) Entstehung der Schrift liegt ebenso im Dunkel wie die Entstehung der Sprache, jedoch scheinen Bilderschriften dabei eine große Rolle gespielt zu haben. Man denke etwa an Zahlzeichen (Abb. 2).

Erfindertraum[3], bis EDISON den Phonographen erfand. Magnetische Aufzeichnung ist heute weit verbreitet. Eine **taktil lesbare Schrift** ist die Blindenschrift, die manuell (durch Nadelstiche) oder auch maschinell geschrieben wird. Auch die Aufzeichnung von Bildern (z.B. auf Film) liefert eine Schrift.

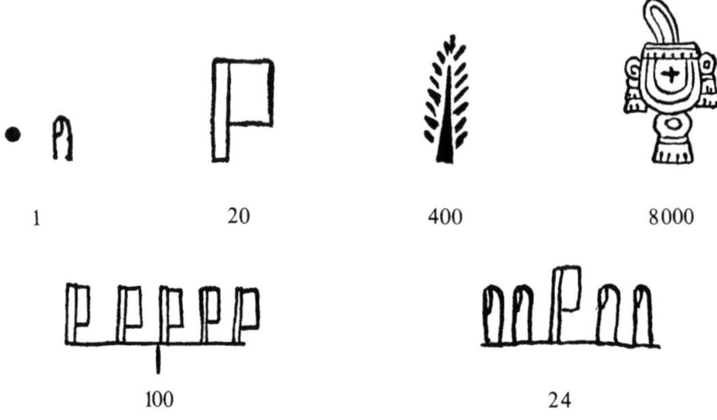

Abb. 2. Zahlzeichen der Azteken

Von der Erfindung des Buchdrucks durch GUTENBERG (um 1440) bis zur Xerographie (gr. ξεροσ, trocken) ist die **Vervielfältigungstechnik** ein wichtiger Begleiter der Schrift.

1.1.3 Homonymie

In natürlichen Sprachen kommt es vor, daß Wörter verschiedener Bedeutung gleich lauten (**Homophone**) oder gleich geschrieben werden (**Homographe**). In den folgenden drei Sätzen

a) „Wir kaufen heute Häute“
b) „Zu modern ist modern“
c) „Macht Macht trunken?“

handelt es sich der Reihe nach um Homophone (gemeinsame Lautung: hoʏtə), um Homographen (Betonung: mọdern – modẹrn, ụmklammern – umklạmmern) und um **Homonyme**, die in Lautung und Schreibung ununterscheidbar sind. Homonyme führen zu **Polysemie**: ein und das selbe Wort hat mehrere Bedeutungen.

---

[3] MÜNCHHAUSENS eingefrorene Posthorntöne lösen das Problem nicht zufriedenstellend.

Im Gegensatz dazu spricht man von **Synonymen**, wenn gleiche Bedeutung bei verschiedener Schreibung und Lautung vorliegt. Synonyme sind beliebig austauschbar (Streichholz - Zündholz), wobei lediglich regionale oder stilistische Unterschiede im Gebrauch (Sonnabend - Samstag, Duft - Geruch) anzutreffen sind. Oft liegen nur **Homöonyme** vor, bei denen lediglich teilweise Austauschbarkeit herrscht (jedoch - aber, Bahn - Zug).

1.2 Sinnesorgane

In den vorangehenden Abschnitten wurden Sinnesorgane erwähnt, die zur Übermittlung sprachlicher Nachrichten dienen können. Die in Frage kommenden Sende- und Wahrnehmungsorgane des Menschen und höherer Tiere sind in Tabelle 2 zusammengestellt. Einige der Wahrnehmungsorgane dienen jedoch auch der einseitigen, nichtsprachlichen Umweltkommunikation. Lediglich akustische, optische und taktile Übermittlung ist bei höheren Lebewesen differenziert genug, um normalerweise zur Übertragung sprachlicher Nachrichten dienen zu können. Neben die unmittelbaren Sprachen: gesprochenes Wort, Sprache der Locklaute, der Warnlaute (akustisch), Taubstummensprache (optisch), ‚in die Hand geschriebene' Sprache für Blinde (taktil), treten Sprachen, die Werkzeuge benutzen: Trommel-, Klopf-, Pfeif-, Horn- und Trompetensignale sowie Sirenenalarm (akustisch), Flaggen- und Blinksignale (optisch).

Eine gewisse Kenntnis der Eigenschaften und Leistung der menschlichen Sinnesorgane ist wesentlich, wenn ein Mensch sinnvoll am Anfang oder Ende einer Kette von Informationsverarbeitungen eingesetzt werden soll. (Einige der in diesem Zusammenhang interessierenden quantitativen Fragen werden in Anhang B behandelt.)

1.2.1 Arbeitsweise der Sinnesorgane, Reizleitung

Die Leistungsfähigkeit der Sinnesorgane unterliegt gewissen Grenzen. Hier ist zunächst die **Reaktionszeit** (Latenzzeit) zu nennen. Bei akustischen (Ertönen eines Geräusches) und optischen Signalen (Aufflammen einer Lampe) beträgt sie für den Menschen 140 bis 250 msec bis zur Antwort, bestehend aus dem Niederdrücken einer Taste. Für kompliziertere Aufgaben ist die Reaktionszeit deutlich länger (Lesen eines vorgezeigten Wortes: 350 bis 550 msec, Benennung eines vorgezeigten Alltagsgegenstandes: 600 bis 800 msec). Dies deutet schon darauf hin, daß der Wahrnehmungsvorgang nicht nur aus der Funktion der Rezeptoren besteht. Es schließt sich die Weiterleitung des Reizes in Nervenbahnen, eine Verarbeitung im Gehirn sowie die Weiterleitung der Antwort

Tabelle 2. Sende- und Wahrnehmungsorgane des Menschen und höherer Tiere

Sendeorgan **(Effektor)**	physikalischer Träger der Nachricht	Wahrnehmungsorgan **(Rezeptor)**	Art der Übermittlung
Sprechsinn (Sprechapparat des Kehlkopfes)	Schallwellen (16 bis 16000 Hz)	Gehörsinn (Schnecke des Ohres, Haarzellen der Basilarmembran)	akustisch (auditiv)
Mimik und Gestik (Gesichts- und andere Muskeln)	Lichtwellen (um 10^{15} Hz)	Gesichtssinn (Retina des Auges, Zapfen und Stäbchen)	optisch (visuell)
Handfertigkeit (Hand- und Armmuskeln)	Druck	Tastsinn (Berührungs- und Druckrezeptoren der Haut)	haptisch (taktil)
—	Temperatur (-20 bis $+50$ °C)	Thermorezeptoren	
—	Konzentration von Molekülen in wäßriger Lösung	Geschmackssinn (Zunge, Geschmacksknospen der Mundschleimhaut)	
(Duftdrüsen)	Konzentration gasförmiger Moleküle	Geruchssinn (Nasenhöhle, Geruchsrezeptoren der Nasenschleimhaut)	
—	Beschleunigung	Gleichgewichtssinn (Vestibularapparat)	
—	mechanische und andere Schäden	Schmerzsinn (freie Nervenenden)	

an den Effektor an. Dabei treffen auf das Auge als Wahrnehmungsorgan etwa 40 msec, auf die Betätigung des Handmuskels als Sendeorgan etwa 50 msec.

Die Geschwindigkeit der Reizleitung in Nervenbahnen beträgt für den Fußnerv der Weinbergschnecke 0.4 m/sec, für den Hüftnerv des Frosches bei 18 °C 28 m/sec, für motorische Nervenfasern beim Menschen 120 m/sec.

Dabei läuft in den Nervenbahnen ein Impuls elektrochemischer Natur mit einer Höchstamplitude von 80 mV und einer Impulsbreite der Größenordnung 1 msec. Die Intensität der Reizempfindung ist durch die Häufigkeit solcher Impulse gegeben, und zwar ist die Impulsfrequenz im allgemeinen dem Logarithmus der Reizstärke proportional. Dieses Ergebnis steht im Einklang mit dem von G. TH. FECHNER 1850 postulierten, experimentalpsychologisch nachgeprüften Gesetz, daß die Reizempfindung proportional dem Logarithmus der Reizstärke ist (Abb. 3):

$$R = C \times {}_{10}\log(S/S_0)\,.$$

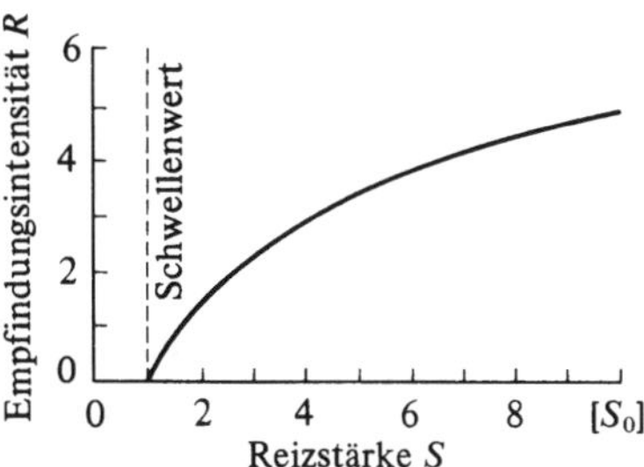

Abb. 3 Fechnersches Gesetz

Im Jargon der elektrischen Übertragungstechnik handelt es sich um eine Pulsfrequenzmodulation (vgl. 1.3.2). Diese Art der Reizleitung (Abb. 4) macht auch verständlich, daß bei geringer Reizstärke und damit geringer Impulsfrequenz die Reaktionszeit vergrößert wird. Die Reizintensität muß einen gewissen Wert, den **Schwellenwert** S_0, übersteigen, um das Wahrnehmungsorgan überhaupt ansprechen zu lassen. Die Reizschwelle des Hörens liegt bei etwa $2 \cdot 10^{-7}$ mbar.[4]

Ferner ist bei einer Impulsbreite von 1 msec theoretisch eine Impulsfrequenz von höchstens 1000 Hz übertragbar; tatsächlich bis zu 250 Hz, woraus eine Höchstgrenze für die Reizempfindung resultiert. Die Schmerzgrenze des Hörens liegt bei etwa $2 \cdot 10^{-1}$ mbar.

Ein Gegenstück zum Fechnerschen Gesetz ist das Webersche Gesetz, welches besagt, daß das Auflösungsvermögen für Reizunterschiede proportional der Reizstärke ist. E. H. WEBER sprach es 1834 erstmalig für den Tastsinn aus.

Bezeichnet S die Reizstärke und δS das Auflösungsvermögen, d.h. den kleinsten Reizunterschied, der noch zu einem feststellbaren Empfindungsunterschied führt, so lautet das Webersche Gesetz

$$\delta S = kS \quad \text{bzw.} \quad \delta(\ln S) = k\,.$$

[4] Zur Auslösung eines einzelnen Höreindrucks genügt eine Energie von 10^{-12} erg, zur Auslösung eines einzelnen Seheindrucks eine von 10^{-10} erg.

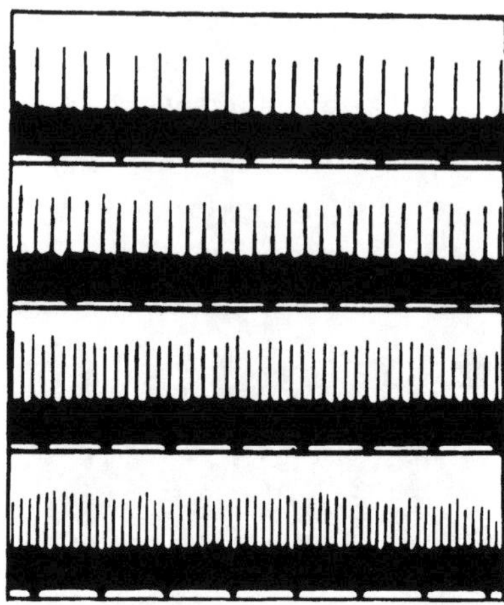

Abb. 4. Aktionsströme in einer Nervenfaser bei verschieden starken Reizungen

In einer logarithmischen Skala, wie sie nach dem Fechnerschen Gesetz für die Reizempfindung gilt, ist also das Auflösungsvermögen konstant, sobald die Reizschwelle überschritten ist.

Die Werte der dimensionslosen Zahl k streuen über einen weiten Bereich, abhängig von der Versuchsperson und der betrachteten Wahrnehmung. Die kleinsten Werte von k für besonders ‚feinfühlige' Versuchspersonen sind

Helligkeit	$k \approx 0.015$,	Gewicht	$k \approx 0.019$,
Länge von Strecken	$k \approx 0.025$,	Geschmack	$k \approx 0.25$,
Lautstärke	$k \approx 0.03$,	Geruch	$k \approx 0.35$.
Tonhöhe	$k \approx 0.003$,		

Die wahrnehmbaren Reizstärken von der Reizschwelle bis zur Schmerzgrenze liegen bei den meisten Reizen in einem großen, mehrere Zehnerpotenzen umfassenden Bereich, z. B. für

Helligkeit	$1:10^{14}$,
Lautstärke	$1:10^{6}$,
Tonhöhe	$1:10^{3}$.

Da nach dem Weberschen Gesetz für zwei gerade noch unterschiedliche Reizstärken S, S' gilt

$$S=(1+k)S',$$

folgt für die Gesamtzahl der unterscheidbaren Reizstärken beim Menschen eine Obergrenze von

$$\begin{aligned} 14/{}_{10}\log 1.015 &= 14/0.0064 \approx 2^{11} && \text{Helligkeitsstufen,} \\ 6/{}_{10}\log 1.03 &= 6/0.013 \approx 2^{9} && \text{Lautstärken,} \\ 3/{}_{10}\log 1.003 &= 3/0.0013 \approx 2^{11} && \text{Tonhöhen.} \end{aligned}$$

Völlig anders wird das Bild, wenn es sich um die Anzahl der Reizstärken handelt, die sich eine Versuchsperson merken kann. Im Hörbereich etwa sind das nur 5 bis 7 verschiedene Tonhöhen.

1.2.2 Reizverarbeitung im Gehirn

Die Funktion der Effektoren und Rezeptoren wird in der Sinnesphysiologie, die Funktion der Nervenreizleitung in der Neurophysiologie und Neuroanatomie genauer studiert. Es verbleibt die Frage, wo und in welcher Weise die eigentliche Verarbeitung und etwaige Beantwortung einer Wahrnehmung stattfindet.

Abbildung 5 zeigt, daß sie in vier verschieden tiefen Stufen erfolgen kann: das Rückenmark, das verlängerte Rückenmark *(medulla oblongata)*, der Thalamus genannte Teil des Stammhirns und die als Hirnrinde *(cortex)* bezeichnete Oberflächenschicht des Großhirns können als sogenanntes **Reflex-Zentrum**[5] auftreten.

Die Reaktion auf einen Schlag gegen die Kniescheibe (genauer: gegen die Patellarsehne) erfolgt unwillkürlich als Emporschnellen des Unterschenkels mit einer Reaktionszeit von ca. 30 msec. Dieser ‚Patellarsehnenreflex' wird

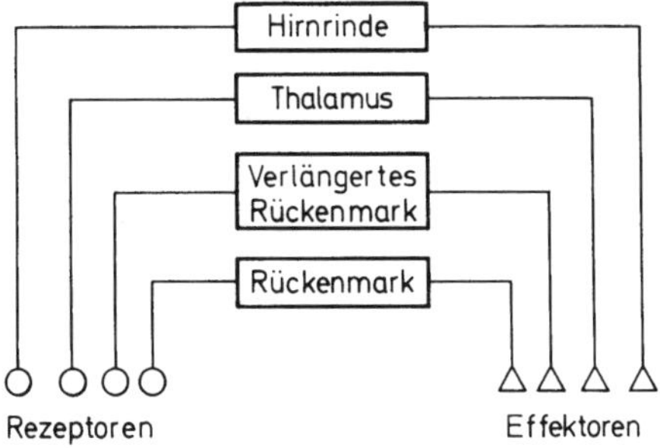

Abb. 5. Stufen der Reizbeantwortung

[5] Das Wort Reflex geht auf die Vorstellung DESCARTES' zurück, der vom Rezeptor ausgehende Reiz werde wie durch einen Spiegel zum Effektor reflektiert.

über das Rückenmark als Reflex-Zentrum geleitet. **Bedingte Reflexe**, das sind erst durch Gewöhnung zustande gekommene, dann aber unwillkürliche Reflexe, haben deutlich längere Reaktionszeiten (etwa 200 bis 400 msec). Das Reflex-Zentrum liegt in diesen Fällen in höheren Zentren, jedoch nicht im Großhirn. Vom verlängerten Rückenmark weiß man, daß es Reflex-Zentrum für vegetative Funktionen ist und u.a. das Atemzentrum enthält.

End- bzw. Ausgangsstationen der Reizübertragung für die wichtigsten Rezeptoren und Effektoren liegen in der Hirnrinde. Die Lokalisierung, seit ALBERTUS MAGNUS versucht, ist heute teilweise gelungen (Abb. 6). Über die Art und Weise der Reizverarbeitung im Großhirn weiß man nichts Genaues. Daß jedoch eine solche vorliegt und daß es sich um recht komplizierte, teilweise auch das Gedächtnis heranziehende Vorgänge handelt, ist experimentell gesichert. Insbesondere besteht zwischen Reiz und Empfindung keine eindeutige und unveränderliche Beziehung.

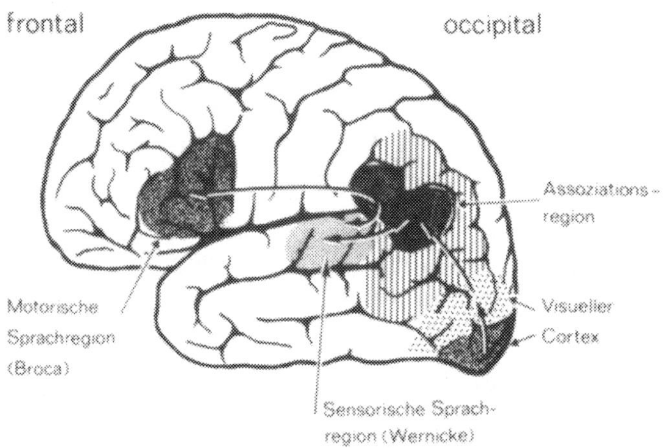

Abb. 6. Dominante (linke) Großhirnhälfte des Menschen (nach O.-J. GRÜSSER)

Zur Erläuterung betrachten wir das Gebiet der optischen Wahrnehmung. Zunächst ist zu bemerken, daß das Auge nicht nur auf Licht geeigneter Wellenlänge, sondern auch auf mechanische und chemische Reizung hin die Wahrnehmung eines Licht- und Farbeindruckes zustande bringt. Die Art der Empfindung wird nicht durch den Reiz selbst, sondern durch die Endstation im Gehirn (Thalamus oder Cortex) bestimmt. Damit steht in Einklang, daß der Zustand völliger Blindheit nicht nur durch den Verlust beider Augen oder der Retina oder die Unterbrechung der Nervenbahnen bewirkt wird, sondern auch durch den Ausfall eines bestimmten Feldes der Hirnrinde. Schädigungen in zwei anderen benachbarten Feldern führen dazu, daß die bedeutungsverleihende Verarbeitung von Seheindrücken gestört ist (optische Agnosie).

Abb. 7. Gestaltphänomen, (a) positiv, (b) negativ

Einen weiteren Einblick liefert das Phänomen der **Konstanz**: Zweifellos vermittelt das Auge eine optische Abbildung auf die Netzhaut, wobei die Entfernungseinstellung durch Brennweitenanpassung der Linse erfolgt. Nähert sich eine Person, so wird das Bild dieser Person auf der Netzhaut des Betrachters größer, nichtsdestoweniger scheint die Person gleich groß zu bleiben. HELMHOLTZ nannte das (1866) einen ‚unbewußten Schluß', eine von dem Verarbeitungszentrum der Seheindrücke in der Hirnrinde automatisch, ohne Nachdenken und unbewußt vorgenommene Korrektur. Experimentell hat man festgestellt, daß die zur Korrektur notwendige Entfernungsmessung statisch durch die Linsenkrümmung und durch die Schielstellung der Augen, sowie durch den stereoskopischen Seheffekt, dynamisch durch Bewegungsparallaxe beim Bewegen des Kopfes geschieht.

Weiterhin ist das Phänomen der **Gestalt** (W. Köhler, M. Wertheimer, um 1920) zu erwähnen: In der Sehempfindung heben sich gewisse abgesonderte, umgrenzte, einheitliche und geschlossene Bereiche („Figuren") vom gering strukturierten „Grund" ab. In Abb. 7a erkennt man „mit einem Blick", daß es sich um dieselbe Figur handelt. In Abb. 7b handelt es sich ebenfalls um eine Drehung und um eine Schwarz-Weiß-Vertauschung: Dies festzustellen erfordert jedoch einen Einzelvergleich, Feld für Feld; es ist keine Gestalt erkennbar, an der die Drehung vollzogen werden kann. Für das Zustandekommen von Gestalten in der Sehempfindung ist das Auge nicht selbst verantwortlich. Dies zeigt sich schon daran, daß gewisse Bilder zweierlei Figuren erkennen lassen, so in Abb. 8 das Buch und der Würfel sowie die Treppe, die stereoskopisch zweideutig sind; in Abb. 9 (nach Edgar Rubin, dänischer Psychologe, 1915) der Pokal oder das Gesichterpaar, je nachdem ob der Grund schwarz oder weiß ist; in Abb. 10 (von W. E. Hill, Karikaturist, 1915), einem Vexierbild, eine junge und eine alte Frau. Beim Betrachten dieser Bilder erfolgt häufig ein periodisches Umkippen, eine ‚Umstrukturierung' der Sehempfindung.

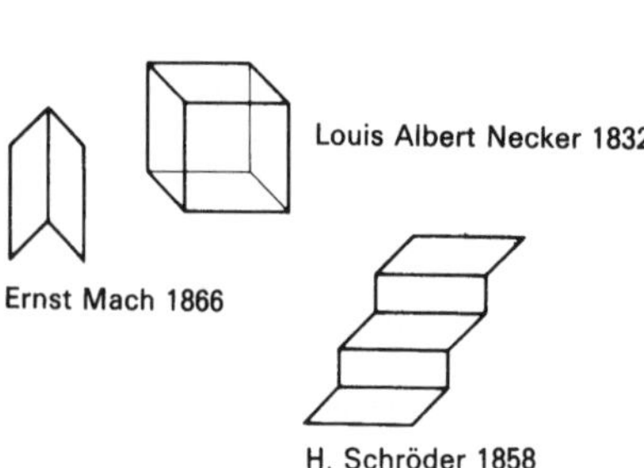

Abb. 8. Buch, Würfel und Treppe

Abb. 9. Pokal und Gesichterpaar

Damit hängt wohl das Phänomen der **Hysterese** zusammen: Betrachtet man die Bilder in Abb. 11 schrittweise von links oben nach rechts unten, so erkennt man zuerst eine männliche Gesichts- und dann eine Mädchengestalt, das Umkippen tritt meist beim Bild 6 auf. Durchläuft man die Kette aber in umgekehrter Richtung, so tritt das Umkippen des Gestalteindrucks meist erst beim Bild 3 auf.

Das Gestaltsphänomen kommt auch zur Geltung, wenn im Gehirn Einzelheiten, die in einem vorgelegten Bild nicht enthalten sind, ergänzt werden (**Gestaltergänzung**), wie etwa in Abb. 12a, wo ein räumlich ausgedehntes ‚A' wahrgenommen wird, obwohl nur drei schwarze Flächen einen Reiz bewirken, oder im Signet des Bayerischen Rundfunks (Abb. 12b) - ein Beispiel der Verwendung eines Phänomens als künstlerisches Ausdrucksmittel.

Abb. 10. Vexierbild

Besonders bekannt ist das Vorkommen von **optischen Täuschungen**, das Phänomen der **Illusion**. Abb. 13 zeigt Beispiele, u.a. die Pfeiltäuschung von MÜLLER-LYER 1889 (die linke Strecke wirkt länger als die rechte), das Parallelogramm von SANDER (die Diagonale *A—B* wirkt länger als die Diagonale *B—C*), die Parallelentäuschung von HERING 1861 und die Kreistäuschung von EBBINGHAUS (der von den großen Kreisen eingeschlossene Kreis wirkt kleiner als der von den kleinen eingeschlossene). Weniger bekannt, aber sehr eindrucksvoll ist das Phänomen der **figuralen Nachwirkung**. Betrachtet man die in der Abb. 14 wiedergegebene Figur eine Weile mit festgehaltenem Fixierpunkt und sieht dann rasch gegen den daneben befindlichen schwarzen Punkt, so meint man, eine Schar von senkrecht zur Vorlage verlaufenden, in Bewe-

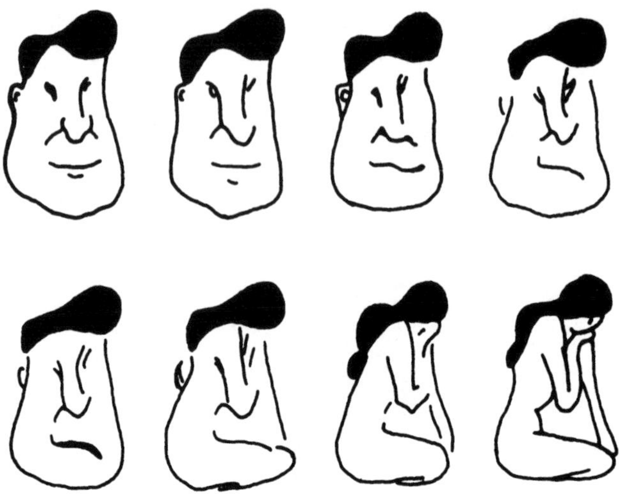

Abb. 11. Hysterese bei der Gestalterkennung

gung befindlichen Linien zu sehen. Es liegt natürlich nahe, an eine Filterung der retinalen Reizung hinsichtlich der Richtung der Kontur zu denken, insbesondere da eine Reihe anderer Effekte auf das Vorkommen von Filterung hinweisen - so der seit dem Altertum bekannte Wasserfall-Effekt: Nach längerem Betrachten eines Wasserfalls meint man, eine „ruhende Bewegung“ in entgegengesetzter Richtung zu sehen, was ebenfalls auf eine Filterung, und zwar der Geschwindigkeit, hindeutet.

Abb. 12a. Gestaltergänzung (nach O.-J. GRÜSSER)

Abb. 12b. Signet des Bayerischen Rundfunks (Gestaltergänzung als künstlerisches Ausdrucksmittel)

Es gibt auch Farb-Illusionen, die vom Pointillismus der Impressionisten bis zur *pop art* das Interesse der bildenden Kunst gefunden haben.

Über akustische Wahrnehmungen wären ähnliche Bemerkungen wie über die optische Wahrnehmung zu machen. Das Heraushören eines bestimmten Sprechers aus einem Stimmengewirr oder einer Stimme aus einem polyphonen Stück liefert den Ansatz für das akustische Phänomen der Gestalt; auch hier

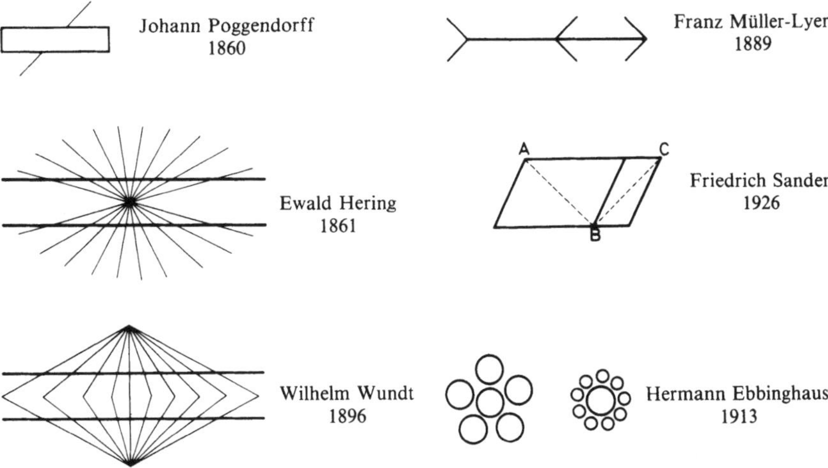

Abb. 13. Optische Täuschungen

muß mit der Fähigkeit, Gestalten wahrzunehmen, das Vorkommen von Illusionen und Nachwirkungen in Kauf genommen werden.

Abb. 14. Figurale Nachwirkung

1.2.3 Tragweite informationistischer Vorstellungen

Der Ausblick in die Sinnesphysiologie und -psychologie lehrt uns verschiedenes: Zunächst, daß Informations*verarbeitung* (und nicht nur Nachrichtenübertragung) ein unabdingbarer Bestandteil unserer Sinneswahrnehmung ist. Wenn wir im weiteren von künstlicher, nämlich von Menschen erfundener und maschinell ausgeführter Informationsverarbeitung sprechen, so soll uns das daran erinnern, daß Informationsverarbeitung nichts grundsätzlich Neues ist. Es soll uns aber auch zur Bescheidenheit mahnen: Wir verstehen den tatsächlichen, wirkungsmäßigen Ablauf der Informationsverarbeitung im Gehirn nur ungenügend, und wir wissen nicht, welche Schranken diesem Verständnis wesensnotwendig gesetzt sind. Voreilige Schlüsse, die naiverweise durch (unzulässige) Umkehrung zustande kommen („der Mensch ist physikalisch erklärbar“, „was wir an geistigen Funktionen beobachten, ist Aufnahme, Verarbeitung, Speicherung und Abgabe von Informationen“), sind abzulehnen: Bereits der Bereich der Sinneswahrnehmung zeigt so komplexe Vorgänge im Gehirn, daß solche Behauptungen nicht einmal als Arbeitshypothese dienen können. Andere ‚geistige Funktionen‘ aus dem der unmittelbaren Sinneswahrnehmung entrückten Bereich, unter Einschluß des Phänomens des Bewußtseins, lassen sich nur in rein spekulativer Weise mit der maschinellen Informationsverarbeitung in Verbindung bringen.

Zu allen Zeiten hat der Mensch versucht, sich selbst im Lichte der jeweils letzten naturwissenschaftlichen Erkenntnis zu verstehen, und ist dabei im Überschwang der Begeisterung in Gefahr geraten, einen Totalitätsanspruch zu erheben. Das war im Altertum so, es passierte DESCARTES und LOCKE, der Materialismus wollte alles energetisch erklären. Um die Jahrhundertwende, als die ersten automatischen Telefon-Wählvermittlungen aufkamen, mußten sie bereits zur Erklärung der Funktion des Gehirns herhalten.

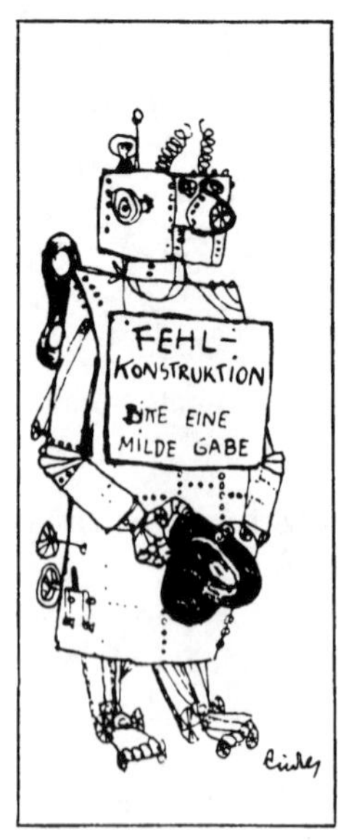

1.3 Nachrichtengeräte und Nachrichtenübertragung

Brief und Zeitung gehören zu den ältesten und immer noch nicht überholten Beispielen von (fallweiser und periodischer) Nachrichtenübertragung durch Schriftaufzeichnung auf einem **dauerhaften** Nachrichtenträger. Auch im Fall der Nachrichtenübertragung durch **nicht-dauerhafte** Nachrichtenträger bedient sich der Mensch, dem Stand der Technik entsprechend, physikalischer Apparate. Beispiele solcher ‚Nachrichtengeräte' sind das Telefon und Rundfunk oder Fernsehen für fallweise und periodische Nachrichtenübertragung.

1.3.1 Arten von Nachrichtengeräten

Äußerlich betrachtet besteht ein **Nachrichtengerät** oder genauer ein ‚Nachrichtenübertragungsgerät' aus einem Rezeptor, dem **Empfänger**, und einem Effektor, dem **Sender**. Über den internen Aufbau des Geräts lassen sich keine generellen Aussagen machen, außer daß sich viele Nachrichtengeräte bei genauerer Betrachtung als aus mehreren kleinen Nachrichtengeräten zusammengesetzt erweisen.

Es kann vorkommen, daß für die Nachrichten am Eingang und am Ausgang derselbe Nachrichtenträger verwendet wird. Dann dient das Gerät vielleicht nur der Verstärkung oder Regeneration, es handelt sich um ein **Relais**[6]. Schalltrichter und Hörrohr bzw. ihre modernen elektronischen Varianten, Megaphon und Hörgerät, sind Beispiele hierfür (Abb. 15a). Werden für die Nachrichten am Eingang und Ausgang verschiedene physikalische Träger verwendet, so heißt das Nachrichtengerät ein **Wandler**.

Soll ein Nachrichtengerät zur zwischenmenschlichen Kommunikation eingesetzt werden, so müssen die Nachrichten am Ein- bzw. Ausgang von Menschen erzeugbar bzw. wahrnehmbar sein, die Nachrichtenträger müssen also denen menschlicher Effektoren bzw. Rezeptoren entsprechen. Als Beispiele nennen wir ein mittels Tastatur zu bespielendes Musikinstrument (physikalischer Träger am Eingang ist der Druck, am Ausgang Schallwellen) oder ein durch ein Mikrophon gesteuerter Oszillograph (am Eingang Schallwellen, am Ausgang Lichtwellen).

Wie schon erwähnt, lassen sich zwei oder mehrere Nachrichtengeräte so hintereinanderschalten, daß das zusammengesetzte Gerät wieder als Nachrichtengerät aufgefaßt werden kann. Der Empfänger des Gesamtgeräts ist der Empfänger des ersten beteiligten Geräts, der Sender des Gesamtgeräts ist der Sender des letzten Geräts. Zwischen dem Sender eines Nachrichtengeräts und dem Empfänger eines anderen können dann auch Nachrichtenträger verwendet

[6] Von franz. *relayer*, die Pferde wechseln.

werden, welche menschlichen Effektoren bzw. Rezeptoren unzugänglich sind. Eine Telefonverbindung über Draht oder Funk ist ein Beispiel hierfür (Abb. 15b); Abb. 15c zeigt ein aus mehreren Wandlern zusammengesetztes Nachrichtengerät zur Übertragung akustischer Nachrichten. Abb. 16 gibt Beispiele zusammengesetzter Nachrichtengeräte für optische Nachrichten.

(a) Nachrichtengeräte zur Verstärkung

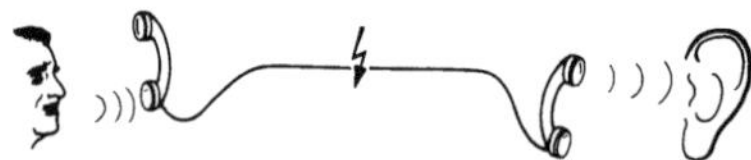

(b) Elektrischer Strom als Nachrichtenträger

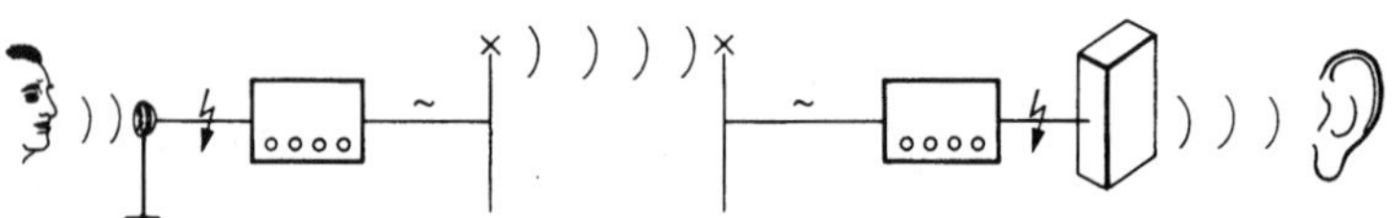

(c) Übertragung mit mehrfacher Wandlung

Abb. 15. Einfache und zusammengesetzte Nachrichtengeräte

Ausgehend von Beispielen dieser Art nennt man den Weg vom Sender eines Nachrichtengeräts zum Empfänger eines anderen Geräts, der durch einen Nachrichtenträger überbrückt wird, einen **(Übertragungs-)Kanal**.

Als Nachrichtenträger zur Nachrichtenübertragung auf einem Kanal kommen in heutiger Technik am häufigsten vor:

Mechanische Bewegung,
Mechanischer Druck in Flüssigkeiten und Gasen (Hydraulik, Pneumatik),

Druckwellen in Flüssigkeiten und Gasen (bis 1 MHz, einschließlich Schallwellen),
Elektrische Spannungen und Ströme,
Freie elektromagnetische Wellen (10^2 kHz bis 10^6 MHz) und Lichtwellen,
Gebündelte elektromagnetische Wellen (Blinkgeräte, Laser).

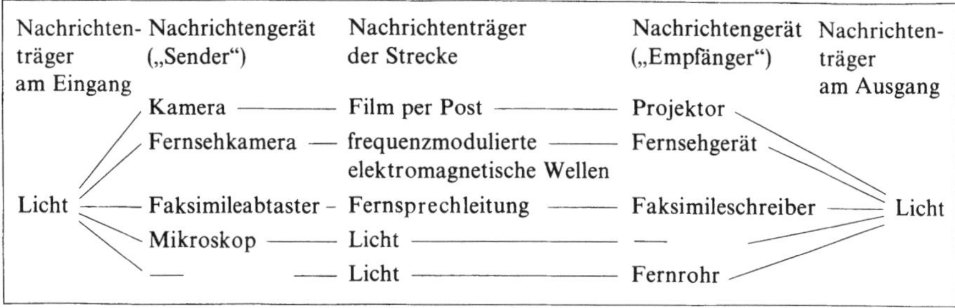

Abb. 16. Übertragung optischer Nachrichten

Als dauerhafte Nachrichtenträger, d.h. als Schriftträger, kommen, abgesehen vom menschlichen Schreiben und Lesen, in der heutigen Technik am häufigsten magnetisierbare und lichtempfindliche Schichten, sowie lochbares Papier (Lochkarten, Lochstreifen) zur Verwendung.

Die Analogie zwischen menschlichen Effektoren und technischen Sendegeräten, sowie zwischen menschlichen Rezeptoren und technischen Empfangsgeräten, ist Gegenstand der Untersuchung in der **Kybernetik**. Dort beschäftigt man sich vornehmlich mit den gemeinsamen Aspekten von Mensch und Gerät bezüglich Nachrichtenübertragung und -verarbeitung.

1.3.2 Signale und Signalparameter

Nachrichtenübertragung erfolgt grundsätzlich in der Zeit. Als Träger kommen daher nur physikalische Größen in Betracht, welche in der Zeit veränderbar sind. Der eine Nachricht übertragende (und damit Information wiedergebende) zeitliche Verlauf einer physikalischen Größe heißt ein **Signal** (lat. *signum*, Zeichen). Die Nachricht kann dabei in verschiedener Weise durch Eigenschaften des Signals wiedergegeben werden. Diejenige Kenngröße des Signals, welche die Nachricht darstellt, heißt der **Signalparameter**.

Betrachten wir als Beispiel den Rundfunk: Hier sind die Signale stets elektromagnetische Schwingungen. Im Mittelwellenbereich wird die Nachricht durch die Schwingungsamplitude, im Ultrakurzwellenbereich durch die

Schwingungsfrequenz wiedergegeben (**Amplituden-** bzw. **Frequenzmodulation**). Der Signalparameter ist also im ersten Fall die Amplitude, im zweiten Fall die Frequenz der Schwingung (Abb. 17).

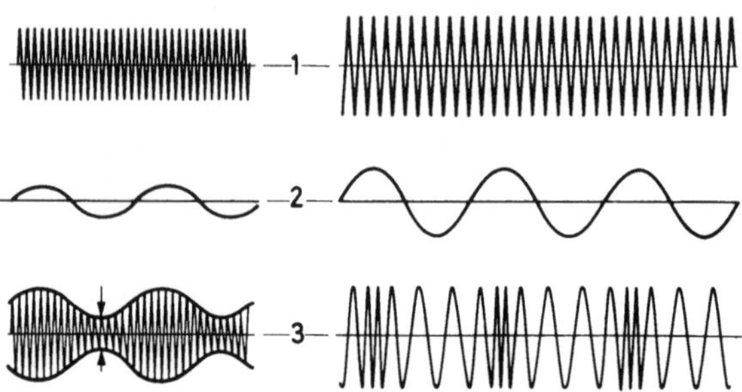

Abb. 17. Amplitudenmodulation (links) und Frequenzmodulation (rechts), 1) Trägerschwingung, 2) zu übertragende Schwingung, 3) modulierte Schwingung mit Amplitude (links), Frequenz (rechts) als Signalparameter

Verwendet man Impulse zur Nachrichtenübertragung, so kann entweder die Höhe der Impulse oder der Abstand der Impulse als Signalparameter auftreten (**Pulshöhenmodulation** bzw. **Pulsfrequenzmodulation**). Die letztere Möglichkeit lernten wir bereits bei der Nervenreizleitung kennen (vgl. 1.2.1, Abb. 4).

1.4 Digitale Nachrichten

Zur Darstellung und Übermittlung von Information dienen Nachrichten auf der Basis kontinuierlich veränderlicher physikalischer Größen (Signalparameter). **Analoge Nachrichten** benutzen dabei die Fiktion von Funktionen mit kontinuierlichem Wertebereich. Wir betrachten im weiteren ausschließlich **digitale Nachrichten**, die durch endlich viele (oder höchstens abzählbar viele) **Zeichen**, oder durch **Zusammensetzungen** solcher Zeichen, dargestellt werden. Sie erfordern, daß der Signalparameter nur endlich viele (oder höchstens abzählbar viele) Werte annimmt. Daß durch **Diskretisierung** (vgl. Anhang B.1) keine Qualitätseinbuße zu entstehen braucht, zeigt das Beispiel der digitalen Musikaufzeichnung.

Die Ursprünge digitaler Nachrichten liegen in den Bilderschriften (Abb. 2). **Bildzeichen** können räumlich zwei- oder sogar dreidimensional sein. Die Zusammensetzung kann flächenhaft erfolgen und sogar überdeckend sein (Buchstaben mit **diakritischen** Zeichen wie é, ç, ł, ř, ñ, å und **Ligaturen** wie æ, ff),

Bildzeichen finden sich insbesondere bei chinesischen **Ideogrammen**: 東 dong »Osten«, die Sonne 日 ist noch hinter einem Baum 木 (die heute eingeführte vereinfachte Schreibung 东 läßt die alte Symbolik nicht mehr erkennen).

Vorherrschend ist jedoch in entwickelten Schriftsystemen die eindimensionale, die **lineare** Zusammensetzung von Zeichen; nebeneinander in den Schriften des mediterranen Kulturkreises (– von rechts nach links in den hamitosemitischen Sprachen, von links nach rechts in der griechischen, der lateinischen und weiteren davon abstammenden Schriften), untereinander in den ostasiatischen Schriften, insbesondere im Chinesischen und im Japanischen. Wir sprechen in solchen Fällen allgemein von einer **endlichen Zeichenfolge**[7] oder einem **Wort** (Plural Worte, nicht Wörter), deren **Komponenten** Einzelzeichen sind[8].

Daneben betrachtet man, vor allem im theoretischen Sinn, auch **(rechts-) unendliche Zeichenfolgen.** Sie werden oft **Ströme** genannt. Worte und Ströme werden unter dem Begriff **Texte** zusammengefaßt.

Digitale Nachrichten sind Texte.

1.4.1 Semiotik

„Das Zeichen ist das sinnlich Wahrnehmbare am Symbol."

LUDWIG WITTGENSTEIN

Die Lehre von den Zeichen und ihrer Bedeutung, die **Semiotik**, ist, gleich der Kybernetik, eine übergreifende Idee, die neben der Informatik Linguistik, Publizistik, Kommunikationswissenschaft, Psychologie und Logik umfaßt. Man unterscheidet dabei Syntaktik, Semantik und Pragmatik.

In der **Syntaktik** untersucht man die Eigenschaften von Zeichenfolgen (allgemeiner: Zeichenstrukturen) ohne Bezug auf ihre Verwendung und Bedeutung. In der **Semantik** treten die Beziehungen zwischen einem Zeichen und dem Bezeichneten in den Vordergrund. Die **Pragmatik** handelt von der Zeichenverwendung, insbesondere in der Kommunikation Sender–Empfänger. Sie umfaßt auch die Erklärung und Auslegung der Zeichen (Hermeneutik).

Ein Zeichen zusammen mit seiner Bedeutung heißt **Symbol** (gr. συμβολον, Zeichen), insbesondere wenn es eine feststehende, an keine natürliche Sprache gebundene, publikumswirksame Bedeutung hat. Beispiele für Symbole mit ehrfurchtheischender oder auch provozierender Bedeutung sind religiöse Symbole (Kreuz, Halbmond) und politische Symbole (Hammer und Sichel, Ha-

---

[7] Synonym **Zeichenreihen** (THUE, SKOLEM).

[8] Nach DIN 44300: **Wort**: *Eine Folge von Zeichen, die in einem bestimmten Zusammenhang als eine Einheit betrachtet wird.* Auch das **leere Wort** ist mit inbegriffen.

kenkreuz). Im Wirtschaftsleben spielen Markenzeichen und Firmenzeichen (urheberrechtlich geschützt durch Eintrag in der Gebrauchsmusterrolle beim Dt. Patentamt) eine große Rolle (Symbolpublizistik); als Beispiel mögen Drucker- und Verlegerzeichen (Signets) dienen. Im täglichen Leben werden neben suggestiv gewählten Zeichen (viele Verkehrszeichen, Warnzeichen, Leitzeichen) mehr und mehr stilisierte Bilder (**Piktogramme**) zur international verständlichen Kennzeichnung herangezogen (Abb. 18). Es gibt auch akustische Symbole, wie etwa die Eingangstöne von Beethovens 5. Symphonie („di-di-di-da"), mit der Bedeutung von »wir werden siegen« bzw. »victory«, vgl. auch das Morsezeichen v (Abb. 27). Als korrespondierende Geste wird das Spreizen von Zeige- und Mittelfinger verwandt.

Abb. 18. Piktogramme

Zu unterscheiden ist zwischen einem Zeichen selbst und seiner Bedeutung. Das Flaggenzeichen in Abb. 24, zweite Zeile, zweites von links, bedeutet den Buchstaben *G*, in anderer Verwendung aber auch »Ich benötige einen Lotsen« bzw. »I require a pilot«. Schon Athanasius Kircher hat 1663 eine internationale, 1048 Symbole umfassende Begriffsschrift angegeben. Eine verwandte Idee findet sich im mehrsprachigen Marconi-Code (Abb. 31).

Je nach dem Verwendungszweck hat ein Zeichen oft verschiedene Bedeutung; ♀ ist sowohl in der Astronomie Symbol für den Planeten Venus als auch in der Biologie Symbol für ein weibliches Lebewesen. Unglücklicherweise haben oft auch verschiedene Zeichen die gleiche Bedeutung, die Zeichen $\cdot$, $\times$ und neuerdings auch $*$ werden als Symbol »multipliziere« verstanden.

Üblicherweise hat jede Nachricht eine Bedeutung, ist also selbst Symbol. Offensichtlich ist es die zur Nachricht hinzutretende Information, die das Symbol ergibt.

„Die ganze sichtbare Welt ist nur ein Vorratslager von Bildern und Zeichen."
CHARLES BAUDELAIRE

1.4.2 Zeichen

„Das Abc ist äußerst wichtig,
im Telefonbuch steht es richtig."
JOACHIM RINGELNATZ

Sprachliche Nachrichten in schriftlicher Form baut man normalerweise als Folgen von Schriftzeichen (**Graphemen**) auf. Längere Nachrichten werden zwar auf mehrere Zeilen und Seiten verteilt, aber diese Einteilung ist im allgemeinen belanglos, sie trägt keine Information. Das gleiche gilt für gesprochene sprachliche Nachrichten, wenn man den gesprochenen Text in elementare Bestandteile, sogenannte **Phoneme**, zerlegt und die Phoneme als Zeichen auffaßt. Um die Phoneme auch schriftlich wiedergeben zu können, sind für die einzelnen Phoneme internationale Schriftzeichen vereinbart. Die in der deutschen Sprache (ohne Fremdwörter) vorkommenden Phoneme sind in Tabelle 3 zusammengestellt.

Natürlich ist die Auffassung, eine Nachricht sei eine Zeichenfolge, nicht auf den Fall beschränkt, daß die Zeichen Phoneme oder Grapheme (z. B. Buchstabenzeichen, Ziffernzeichen, Interpunktionszeichen) sind. Auch Planeten- oder Tierkreiszeichen, ja sogar das Nicken und Schütteln des Kopfes, könnten als Zeichen auftreten[9]. Wir definieren daher den Begriff ‚Zeichen' wesentlich umfassender als es unseren Beispielen am Anfang des Abschnitts entspricht:

Ein **Zeichen**[10] *ist ein Element einer endlichen Menge*[11] *von unterscheidbaren „Dingen", dem* **Zeichenvorrat**.

[9] In Deutschland gibt Kopfnicken üblicherweise die Information »ja« bzw. »richtig« und Kopfschütteln die Information »nein« bzw. »falsch« wieder. In Griechenland hingegen ist Nach-oben-Nicken für »nein« und Nach-unten-Nicken für »ja« gebräuchlich. Auch die elementarsten Zeichen können also verschiedener Interpretation fähig sein und verschiedene Information wiedergeben.

[10] DIN 44300 sagt aus: **Zeichen**: *Ein Element aus einer vereinbarten endlichen Menge von (verschiedenen) Elementen. Die Menge wird* **Zeichenvorrat** *(character set) genannt.*

[11] Theoretisch könnte man auch abzählbar unendliche Zeichenvorräte betrachten. Die formale Logik tut das gelegentlich. Praktisch spielt diese Frage keine Rolle, da man in endlicher Zeit immer nur Nachrichten übermitteln kann, die aus endlich vielen Zeichen aufgebaut sind.

Tabelle 3. Phoneme der deutschen Hochsprache

Zeichen der internationalen Lautschrift	Beispiel in Lautschrift	Beispiel in deutscher Rechtschreibung
[:]	[rɑ:tə]	Rate
[ɑ]	[rɑtə]	Ratte
[ɛ]	[fɛt]	Fett
[e]	[lebɛn]	Leben
[ə]	[mɑxə]	mache
[ɪ]	[mɪç]	mich
[i]	[filɑiçt]	vielleicht
[œ]	[hœlə]	Hölle
[ø]	[hølə]	Höhle
[ʏ]	[fʏnf]	fünf
[y]	[kyn]	kühn
[ɔ]	[fɔl]	voll
[o]	[zon]	Sohn
[ʊ]	[kʊrts]	kurz
[u]	[mut]	Mut
[p]	[pɑr]	Paar
[b]	[bɑl]	Ball
[t]	[tɑkt]	Takt
[d]	[dɑn]	dann
[k]	[kɑlt]	kalt
[g]	[gɑst]	Gast
[m]	[mɑrkt]	Markt
[n]	[næn]	nein
[ŋ]	[lɑŋ]	lang
[l]	[lant]	Land
[r]	[redə]	Rede
[f]	[fal]	Fall
[v]	[vant]	Wand
[s]	[lasən]	lassen
[z]	[razən]	Rasen
[ʃ]	[ʃandə]	Schande
[ʒ]	[ʒeni]	Genie
[ç]	[ɪç]	ich
[j]	[ja]	ja
[x]	[bax]	Bach
[h]	[hant]	Hand
[ae]	[baen]	Bein
[ao]	[haot]	Hauz
[ˈ]	[beˈobaxtʊŋ]	Beobachtung

Ein Zeichenvorrat, in dem eine Reihenfolge (lineare Ordnung) für die Zeichen definiert ist, heißt ein **Alphabet**[12].

Worte über einem Alphabet können wie im Lexikon angeordnet werden (**lexikographische Ordnung**).

1.4.2.1 *Alphabete und Zeichenvorräte*

Einige Beispiele von Schrift-Alphabeten (die Ordnung ist die des Aufzählens) sind:

a) Das Alphabet der Dezimalziffern
{0, 1, 2, 3, 4, 5, 6, 7, 8, 9}
Wie auf der Telefon-Wählscheibe steht die Null bereits in der frühen arabischen Arithmetik am Ende der Ziffernreihe: im *Carmen de Algorismo* (Abb. 19) finden sich die von rechts nach links zu lesenden Ziffern 0 9 8 7 6 5 4 3 2 1.

Abb. 19. Das Carmen de Algorismo des ALEXANDER DE VILLA DEI lehrt das neue Ziffernrechnen in Versen. Handschrift aus dem 13. Jahrhundert. Hessische Landesbibliothek, Darmstadt

b) Das Alphabet der großen lateinischen Buchstaben
{*A*, *B*, *C*, *D*, *E*, *F*, *G*, *H*, *I*, *J*, *K*, *L*, *M*, *N*, *O*, *P*, *Q*, *R*, *S*, *T*, *U*, *V*, *W*, *X*, *Y*, *Z*}.

---

[12] DIN 44300 sagt aus: **Alphabet**: *Ein (in vereinbarter Reihenfolge) geordneter Zeichenvorrat*. Der Unterschied zwischen Alphabet und Zeichenvorrat wird häufig übersehen.

c) Das Alphabet der kleinen griechischen Buchstaben
$\{\alpha, \beta, \gamma, \delta, \varepsilon, \zeta, \eta, \vartheta, \iota, \kappa, \lambda, \mu, \nu, \xi, o, \pi, \rho, \sigma, \tau, \upsilon, \varphi, \chi, \psi, \omega\}$.

d) Das Alphabet der großen kyrillischen Buchstaben
{А, Б, В, Г, Д, Е, Ё, Ж, З, И, Й, К, Л, М, Н, О, П, Р, С, Т, У, Ф, Х, Ц, Ч, Ш, Щ, Ъ, Ы, Ь, Э, Ю, Я}.

e) Das Alphabet der 12 Tierkreiszeichen
{♈, ♉, ♊, ♋, ♌, ♍, ♎, ♏, ♐, ♑, ♒, ♓}.

f) Das Alphabet der japanischen Katakana-Schrift (Abb. 20)

Abb. 20. Katakana-Schrift

Zeichenvorräte ohne eine allgemein akzeptierte Reihenfolge der Zeichen sind etwa

g) Der Zeichenvorrat der Internationalen Lautschrift (SWEET 1877, PASSY 1887), d.h. der in natürlichen Sprachen vorkommenden Phoneme (Tabelle 3). (SWEET war SHAWS Vorbild für 'Mr. Higgins').

h) Der Zeichenvorrat einer Schreibmaschine.

i) Der Zeichenvorrat chinesischer Ideogramme (einige tausend Zeichen).

k) Der Zeichenvorrat der Planetenzeichen
{☿, ♀, ♁, ♂, ♃, ♄, ♅, ♆, ♇}.

l) Der Zeichenvorrat der Mondphasen {●, ◐, ○, ◑}.

m) Der Zeichenvorrat der Spielkartenfarben {♣, ♠, ♡, ♢}.

n) Der Zeichenvorrat von SHERLOCK HOLMES (vgl. Abb. 21).

Abb. 21. Eine Geheimnachricht ("Am here Abe Slaney") aus "The Adventure of the Dancing Man" von ARTHUR CONAN DOYLE

o) Der Zeichenvorrat des ‚genetischen Codes', bestehend aus den vier Buchstaben *A*, *C*, *G* und *T*, die für die chemischen Verbindungen **A**denin, **C**ytosin, **G**uanin und **T**hymin stehen.

1.4.2.2 *Binäre Zeichenvorräte*

Von besonderer Bedeutung sind Zeichenvorräte, die nur aus zwei Zeichen bestehen. Man nennt einen solchen Zeichenvorrat einen **binären Zeichenvorrat**[13], und die Zeichen heißen **Binärzeichen**[14]. Binärzeichen (engl. *binary digit*) wird häufig abgekürzt zu **Bit**. Beispiele binärer Zeichenvorräte sind:

aa) Das Ziffernpaar {0, 1},
bb) Das Intensitätspaar {»hell«, »dunkel«},
cc) Das Farbenpaar {»rot«, »grün«},
dd) Das Zustandspaar {»gelocht«, »ungelocht«},
ee) Das Gestenpaar {»Kopfnicken«, »Kopfschütteln«},
ff) Das Paar von Wahrheitswerten {»wahr«, »falsch«},
gg) Das Paar von Antworten {»ja«, »nein«},
hh) Das Paar von Zeichen {↶, ↷} (»linksherum«, »rechtsherum«),
ii) Das Paar von Zeichen {♂, ♀} (»männlich«, »weiblich«),
jj) Das Paar von Zeichen {⊙, ◎} (»ein«, »aus«),
kk) Das Paar von Spannungen {12 V, 2 V},
ll) Das Paar von Impulsen {⎍, ⊔},
mm) Das Paar von Zeichen {·, -} (»kurz«, »lang«),
nn) Das Paar von Zeichen {+, −},
oo) Das Paar von Zeichen {→, ←} (»rechts«, »links«),
pp) Das Paar von Zeichen {○, ●},
qq) Das Paar von Zeichen {<, >} (»kleiner«, »größer«).

Als abstrakte Zeichen für binäre Zeichenvorräte verwenden wir insbesondere das Zeichenpaar {**L**, **O**}. Dabei ist keine feste Zuordnung zu anderen binären Zeichenvorräten beabsichtigt, **L** kann mit 1, »ja«, »wahr«, »hell« identifiziert werden, muß aber nicht.

---

[13] DIN 44300 sagt aus: **binär**: *zweier Werte fähig.*

[14] DIN 44300 sagt aus: **Binärzeichen**: *Jedes Zeichen aus einem Zeichenvorrat von zwei Zeichen.*

1.4.2.3 *Charakteristische Funktionen*

Die unter anderem in der Mengenlehre und in der Logik auftretenden „charakteristischen Funktionen" sind Funktionen mit binärem Wertebereich, üblicherweise {0, 1}. Charakteristische Funktionen mit anderen binären Wertebereichen sind Schaltfunktionen (vgl. 1.4.3.2), Wahrheitsfunktionen, Boolesche Funktionen (siehe 4.1.1.5) und Prädikate (siehe 2.1.2).

1.4.3 Codes und Codierungen

Eine Vorschrift zur Zuordnung eines Zeichenvorrats oder Wortvorrats zu einem anderen Zeichen- oder Wortvorrat[15] heißt **Code**[16]; die Tätigkeit wird **Codierung** genannt. Auch die Bildmenge einer solchen Zuordnung wird als **Code** bezeichnet; ihre Elemente heißen **Codezeichen** oder **Codeworte**, die der Urbildmenge **Klarzeichen** oder **Klarworte**. Meist ist die Zuordnung eindeutig, also eine **Abbildung (deterministischer** Code); andernfalls enthält der Code **Wahlzeichen** oder **Wahlworte**, unter denen man bei der Codierung jeweils eine Auswahl treffen muß, er ist **nichtdeterministisch**.

Beispiel:

Klarzeichenvorrat {e, g, l, n, o, p, s, u}	Codezeichenvorrat {+, −, 0, 1}
Code pos ⤚ +1 null ⤚ +0 null ⤚ −0 neg ⤚ −1	

Abgesehen von der Hauptbedeutung »Gesetzbuch« (*Code civil, Code Napoléon*), bedeutet Code seit der Mitte des 19. Jahrhunderts ein Buch, in dem den Vokabeln einer natürlichen Sprache Zahlengruppen oder Buchstabengruppen zugeordnet sind. Der Gebrauch solcher Codes war weniger aus Gründen der Geheimhaltung als vielmehr aus Gründen der Ersparnis von Tele-

[15] Tritt zu diesen Worten noch eine Bedeutung hinzu (1.4.1), so spricht man von **Wortsymbolen**. Wortsymbole finden sich häufig in Programmiersprachen.

[16] DIN 44300 sagt aus: **Code**: *1. Eine Vorschrift für die eindeutige Zuordnung* (**Codierung**) *der Zeichen eines Zeichenvorrats zu denjenigen eines anderen Zeichenvorrats (Bildmenge). 2. Der bei der Codierung als Bildmenge auftretende Zeichenvorrat.*

grammkosten zu einiger Bedeutung gelangt (ABC-Code von W. CLAUSEN-THUE, 1874).

Sind die Bilder oder die Urbilder einer Codierung sämtlich Einzelzeichen, so nennen wir die Zuordnung eine **Chiffrierung** und die Bilder **Chiffren** (engl. *cipher*).

In der Regel fordert man die eindeutige Umkehrbarkeit (**Injektivität**) der Zuordnung. Sofern eine kryptographische Absicht vorliegt, wird die Umkehrung der Zuordnung als **Decodierung** bzw. **Dechiffrierung** bezeichnet.

1.4.3.1 *Codes für Nachrichtenübertragung*

Der einfachste Fall einer Codierung liegt vor, wenn Buchstaben- oder Ziffernalphabete durch geeignete, gut unterscheidbare optische, akustische oder haptische Signale dargestellt werden.

Eine lange Geschichte hat die optische Nachrichtenübertragung, beginnend mit den Fackeln des POLYBIUS und erstmals militärisch-politisch bedeutsam im optischen Telegraphen von C. CHAPPE (1791), Abb. 22. Noch heute sind in der Seefahrt in Gebrauch

a) Der internationale Code der Winkersignale (Abb. 23);

b) Der internationale Flaggencode (Abb. 24) in der Fassung von 1934.

Bei der Schwarz-Weiß-Darstellung des Flaggencodes wurde verwendet

c) Der internationale Schraffur-Code der Heraldiker für Farben.

Abb. 22. Telegraph von CHAPPE in einer zeitgenössischen Darstellung

A
B
C
D
E
F
G
H
I
J
K
L
M
N
O
P
Q
R
S
T
U
V
W
X
Y
Z

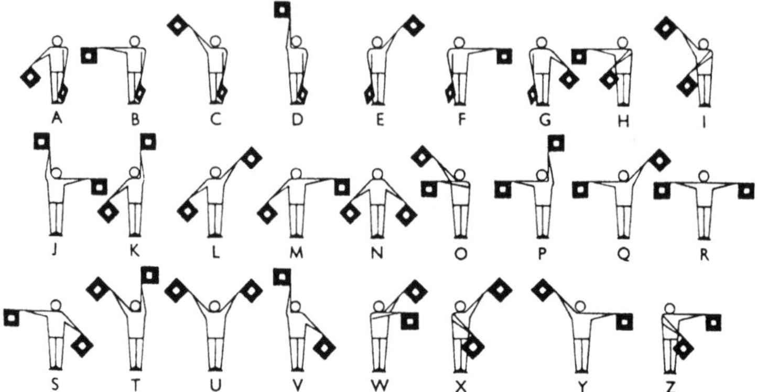

Abb. 23. Internationaler Code der Winkersignale

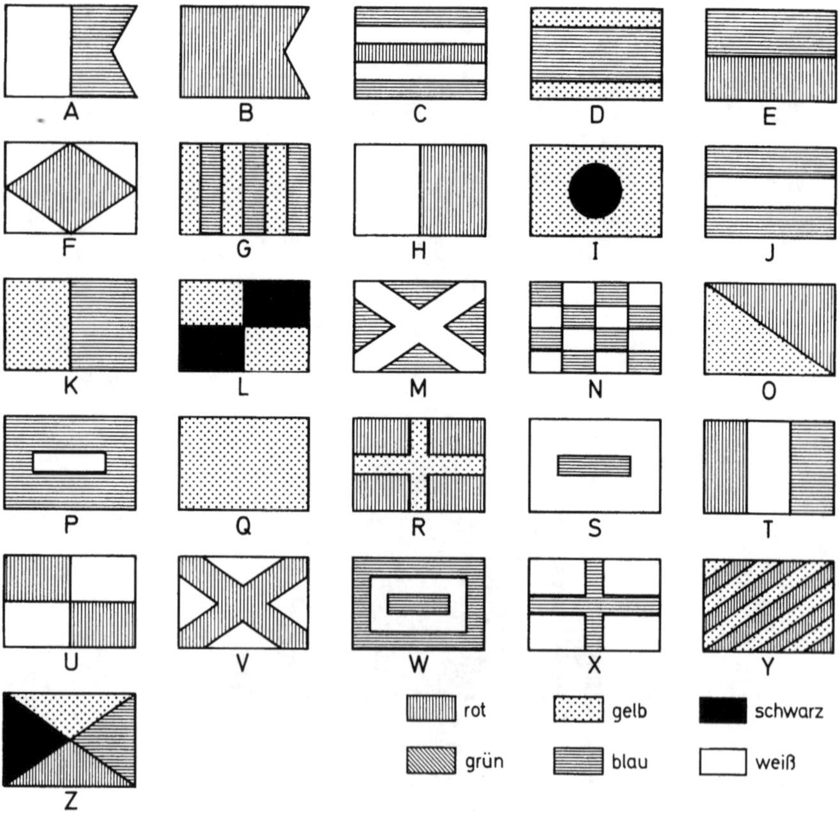

A
B
C
D
E
F
G
H
I
J
K
L
M
N
O
P
Q
R
S
T
U
V
W
X
Y
Z
rot
gelb
schwarz
grün
blau
weiß

Abb. 24. Internationaler Flaggencode

In der akustischen Nachrichtenübertragung finden **Buchstabiercodes** Verwendung, beispielsweise im internationalen Sprechfunk (Abb. 25).

Alfa	**H**otel	**O**scar	**V**ictor
Bravo	**I**ndia	**P**apa	**W**hiskey
Charlie	**J**uliett	**Q**uebec	**X**-Ray
Delta	**K**ilo	**R**omeo	**Y**ankee
Echo	**L**ama	**S**ierra	**Z**ulu
Foxtrott	**M**ike	**T**ango	
Golf	**N**ovember	**U**niform	

Abb. 25. Internationales Buchstabieralphabet für Sprechfunk

Zur haptischen Nachrichtenübertragung dient
d) Der Code der Blindenschrift von Louis Braille, 1865 (Abb. 26).

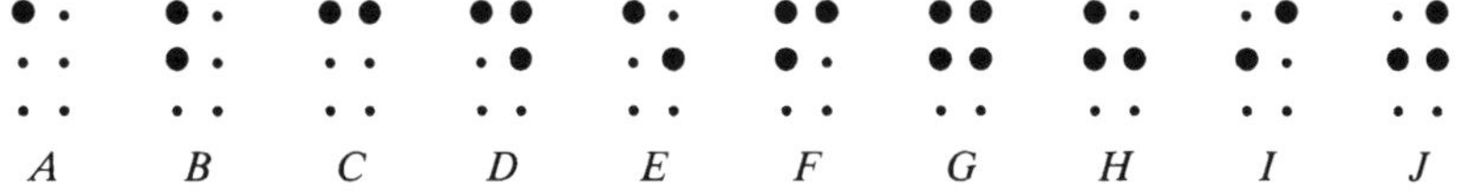

Abb. 26. Einige Zeichen der Braille-Schrift

Mit dem Aufkommen elektrischer Telegraphen und später der Datenverarbeitung entstanden wichtige technische Codes (über Details siehe 1.4.3.2):
e) Der Morse-Code (Abb. 27);
f) Der CCIT-2-Code für Fernschreibverkehr (Abb. 28);
g) Der Lochkartencode IBM (Abb. 29)[17];
h) Der ISO 7-Bit-Code (Abb. 30).

1.4.3.2 *Unterteilung in Codeworte*

Ist N ein Satz in einer natürlichen Sprache, so kann man N in wenigstens dreierlei Weisen als Zeichenfolge auffassen:

Zunächst ist N eine Folge von Buchstaben, Ziffern, Interpunktionszeichen usw.; weiterhin ist N eine Folge von Worten, die sich in anderem Zusammenhang wieder als Zeichen auffassen lassen; schließlich kann man sogar den ganzen Satz als ein Zeichen auffassen.

---

[17] Die Größe einer Lochkarte 82.5 × 187.3 mm entspricht der Größe einer 1-Dollar-Note um 1900.

Spur-Nr.	(T = Taktspur)	5	4	3	T	2	1
Leerzeichen	Leerzeichen				•		
3	E				•		●
Zeilenvorschub	Zeilenvorschub				•	●	
Zwischenraum	Zwischenraum			●	•		
Wagenrücklauf	Wagenrücklauf		●		•		
5	T	●			•		
–	A				•	●	●
8	I			●	•	●	
,	N		●	●	•		
9	O	●	●		•		
'	S			●	•		●
4	R		●		•	●	
10	H	●		●	•		
Wer da	D		●		•		●
)	L	●			•	●	
+	Z	●			•		●
7	U			●	•	●	●
:	C		●	●	•	●	
.	M	●	●	●	•		
[	F		●	●	•		●
]	G	●	●		•	●	
;	J		●		•	●	●
0	P	●		●	•	●	
2	W	●			•	●	●
×	B	●	●		•		●
6	Y	●		●	•		●
(	K		●	●	•	●	●
=	V	●	●	●	•	●	
/	X	●	●	●	•		●
1…	1…	●	●		•	●	●
1	Q	●		●	•	●	●
A…	A…	●	●	●	•	●	●
A… Buchstabenumschaltung (Löschung einer Irrung bei Lochstreifenbetrieb)							
1… Ziffern- u. Zeichenumschaltung							

Buchstaben

a	·—	n	—·
ä	·—·—	o	———
b	—···	ö	———·
c	—·—·	p	·——·
ch	————	q	——·—
d	—··	r	·—·
e	·	s	···
f	··—·	t	—
g	——·	u	··—
h	····	ü	··——
i	··	v	···—
j	·———	w	·——
k	—·—	x	—··—
l	·—··	y	—·——
m	——	z	——··

Ziffern

1	·————	6	—····
2	··———	7	——···
3	···——	8	———··
4	····—	9	————·
5	·····	0	—————

Abb. 27. Morse-Code

◄ Abb 28. Zeichenvorrat des CCIT-2-Codes, Zeichenbelegung der ALCOR-Gruppe

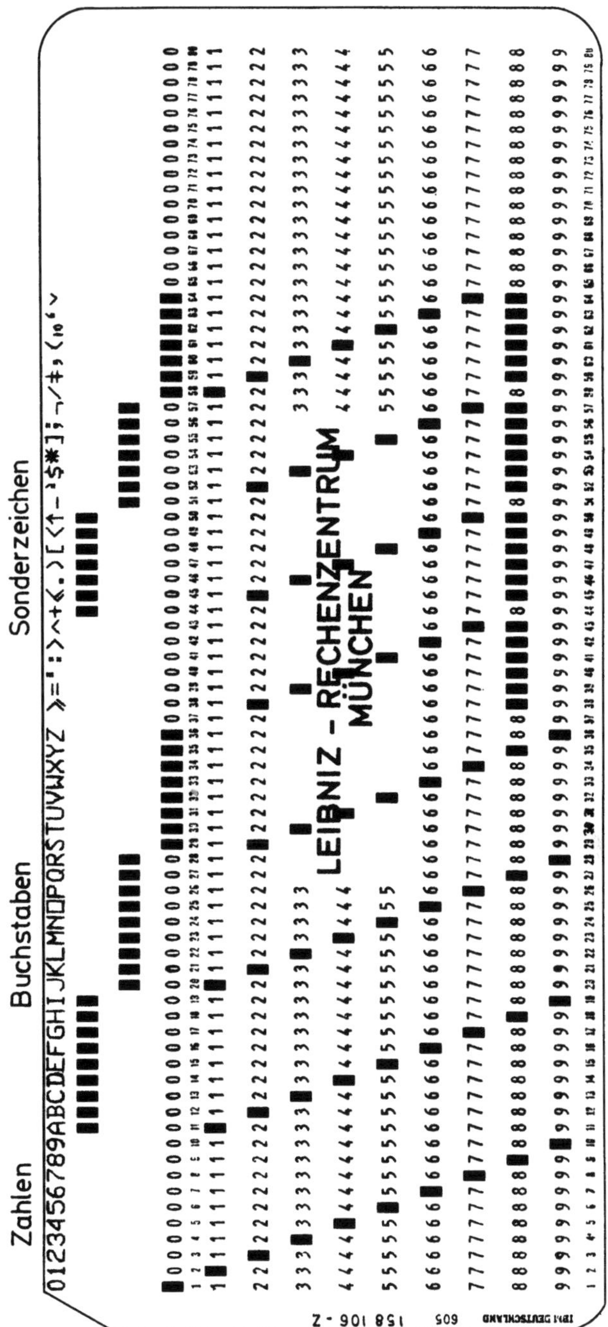

Abb. 29. Zeichenvorrat des IBM Lochkartencodes (Schreiblocher IBM 029 Mod. A22, Zeichenbelegung DFG)

	OOO	**OOL**	**OLO**	**OLL**	**LOO**	**LOL**	**LLO**	**LLL**
OOOO	NUL	DLE		0	@ ⌝	P	⌝	p
OOOL	SOH	DC1	!	1	A	Q	a	q
OOLO	STX	DC2	″	2	B	R	b	r
OOLL	ETX	DC3	# ⌝	3	C	S	c	s
OLOO	EOT	DC4	$	4	D	T	d	t
OLOL	ENQ	NAK	%	5	E	U	e	u
OLLO	ACK	SYN	&	6	F	V	f	v
OLLL	BEL	ETB	′	7	G	W	g	w
LOOO	BS	CAN	(	8	H	X	h	x
LOOL	HT	EM	)	9	I	Y	i	y
LOLO	LF	SUB	*	:	J	Z	j	z
LOLL	VT	ESC	+	;	K	[⌝	k	{ ⌝
LLOO	FF	FS	,	<	L	\ ⌝	l	| ⌝
LLOL	CR	GS	–	=	M	] ⌝	m	} ⌝
LLLO	SO	RS	.	>	N	^ ⌝	n	‾ ⌝
LLLL	SI	US	/	?	O	_	o	DEL

Abb. 30. Zeichenvorrat des ISO 7-Bit-Codes in der US-Fassung (ASCII-Code). Die ersten beiden Spalten enthalten sogenannte Steuerzeichen. ⌝ kennzeichnet Plätze, die in anderen nationalen Normen anderweitig belegt sein können. Die Kombination **OOOOOLO** bedeutet »Zwischenraum«.

Die erste Auffassung wird etwa benutzt, wenn eine Vorschrift zur Übertragung von N auf Lochkarten vorliegt; die zweite Auffassung liegt den Kürzeln der Stenographie zugrunde; die extreme dritte Auffassung kommt bei der Übersetzung in andere natürliche Sprachen vor, wenn man ein Sprichwort der einen Sprache durch ein dem Sinn nach gleiches Sprichwort der anderen Sprache wiedergibt.

Digitale Nachrichten sind Texte, nämlich endliche oder unendliche Zeichenfolgen. Sie werden aus technischen oder sinnesphysiologischen Gründen in endliche (Teil-)Zeichenfolgen, in Worte, unterteilt. Jedes Wort kann auf einer höheren Ebene wieder als Zeichen betrachtet werden, der entsprechende Zeichenvorrat ist dabei i.allg. umfangreicher als der ursprüngliche. Umgekehrt kann aber auch ein Zeichenvorrat durch Wortbildung über einem geringeren Zeichenvorrat, insbesondere einem binären Zeichenvorrat, gebildet werden. Manche der zuvor aufgezählten Zeichenvorräte sind durch Wortbildung über einem konkreten binären Zeichenvorrat, oder, abstrakt, über dem binären Zeichenvorrat {**L**, **O**} gewonnen.

In kommerziellen und kryptographischen Codes werden Wörter, Phrasen oder Begriffe aus natürlichen Sprachen meist durch Worte über einem Buchstaben- oder Ziffernalphabet codiert, üblicherweise in Fünfergruppen (Abb. 31).

M. N. O. P. R. S. T. U. Y. Z.
0 1 2 3 4 5 6 7 8 9

19140	**UVVIM**	slackness.	Schlaffheit, Geschäftsstille.	slapheid, stilte.
19141	**UVVON**	**Slag(s).**	**Schlacke(n).**	**Schuim,** slak(ken), metaalschuim(-slakken).
19142	**UVWEO**	**Slander(s).**	**Verleumden(-e,-t),** Verleumdung(en).	**Belasteren,** belaster(t), laster.
19143	**UVWUP**	slandered.	verleumdet.	belasterd.
19144	**UVWYR**	slandering.	verleumdend.	belasterend.
19145	**UVYBS**	slanderous.	verleumderisch.	lasterlijk.
19146	**UVYCT**	**Slate(s).**	**Schiefer,** Schiefertafel(n).	**Lei(en).**
19147	**UVYDU**	**Sleeper(s).**	**(Bahn-)Schwelle(n).**	**Dwarsligger(s).**
19148	**UVYFY**	**Sleeve-valve.**	**Muffenventil.**	**Mofklep.**
19149	**UVYMZ**	**Slide(s).**	**Gleiten(-e, -et),** Gleitbahn(en), Gleitführung(en).	**Glijden(-t);** schuif (schuiven), leibaan (leibanen), windklep(pen).
19150	**UVYUM**	slide-valve.	Schieberventil, Ventilschieber.	schuif, stoomschuif, schuifklep.
19151	**UVYVN**	sliding.	gleitend.	verschuifbaar, glijdend.
19152	**UVYWO**	sliding scale.	Gleitskala.	kalibermaat, proportioneele schaal.
19153	**UVYZP**	**Slight.**	**Gering,** von geringer Wichtigkeit.	**Gering,** onbeduidend.
19154	**UVZUR**	slightest.	geringst.	geringste.
19155	**UVZYS**	not the slightest.	nicht das (der, die) geringste.	niet de (het) geringste.
19156	**UWAFT**	slightly.	in geringem Masse, leicht.	lichtelijk.
19157	**UWAGU**	**Slime(s).**	**Schleim(e),** Schlamm (Schlämme).	**Slijk,** silk(ken).
19158	**UWAHY**	slimy.	schleimig, schlammig.	slikachtig, kleverig.
19159	**UWALZ**	**Slip(s).**	**Schlüpfen(-e, -t),** (aus)gleiten(-e, -t); Fehltritt(e).	**Ontglippen,** ontglip(t), uitglijden, sleephelling(en), abuis (abuizen).

Abb. 31. Mehrsprachiger kommerzieller Code von JAMES C. H. MACBETH (Marconi Wireless Telegraph Co. Ltd.)

Ternärcodierung hat sich - trotz mancher technischer Ansätze - nicht durchsetzen können. Quaternärcodierung hat schon ALBERTI - bekannt als Baumeister und Kunsttheoretiker (Perspektive!) - 1466 zu kryptographischen Zwecken verwendet. Sie liegt auch im ‚genetischen Code‘ (siehe 1.4.2) vor; es werden Worte der Länge 3 benutzt. 61 der 64 Kombinationen sind den 20 in der Natur vorkommenden Aminosäuren zugeordnet, selbstverständlich in nicht-eindeutiger Weise, so wird z. B. Glutaminsäure (Glu) durch die 2 Codeworte CTT und CTC, Alanin (Ala) durch die 4 Codeworte CGA, CGG, CGT und CGC, Arginin (Arg) durch die 6 Codeworte GCA, GCG, GCT, GCC, TCT und TCC dargestellt. Die genaue Bedeutung der restlichen 3 Codeworte ist noch ungeklärt. Vermutlich dienen sie der Markierung von Anfang und Ende einer Aminosäurenkette.

Worte über einem binären Zeichenvorrat heißen **Binärworte**. Sie brauchen keine feste Länge zu haben (vgl. den Morse-Code); ist dem aber so, dann spricht man von ***n*-Bit-Worten** und ***n*-Bit-Codes** (vgl. etwa den CCIT-2-Code (5-Bit-Code), den ISO 7-Bit-Code).

Funktionen mit n-Bit-Worten als Argumenten heißen, insbesondere wenn sie auch einen binären Wertebereich haben, **Schaltfunktionen**. In technischen Codes werden Buchstaben, Ziffern und andere Zeichen fast ausschließlich durch Binärworte codiert. Beispiele sind in den vorangehenden Abbildungen zu finden.

Die meisten technisch genutzten Codes haben Worte gleicher Länge. Der älteste (Abb. 28) ist das auf I. M. E. BAUDOT zurückgehende internationale

Telegraphenalphabet Nr. 2 (CCIT-2), ein 5-Bit-Code, der im deutschen und internationalen öffentlichen Fernschreibverkehr (Telex) bis heute verwendet wird[18]. Jüngeren Datums ist der ISO 7-Bit-Code (Abb. 30), international genormt[19]. Ein 12-Bit-Code ist der IBM Lochkartencode, der auf H. HOLLERITH (1860–1929) zurückgeht (Abb. 29).

Codes mit Worten verschiedener Länge[20] finden sich im technischen Bereich nicht allzu häufig. Eine Ausnahme bildet der Morsecode (Abb. 27). Oberflächlich betrachtet ist es ein Binärcode mit dem Zeichenvorrat {»Punkt«, »Strich«} und Worten bis zur Länge 5 für Buchstaben und Ziffern. Genauer genommen tritt die »Lücke« noch als drittes Zeichen hinzu, das die Fuge zwischen zwei (durch die Länge nicht abgrenzbaren) Worten markiert. Beispielsweise wird durch die Zuordnung

· ≻—	**OL**
– ≻—	**OLLL**
»Lücke« ≻—	**OOO**

der Morsecode als Binärcode auffaßbar. Diese, der üblichen Regel „Punkt ist so lang wie Pause, Strich ist dreimal so lang wie Punkt, Lücke ist drei Pausen lang“ der Funker entsprechende Binärcocierung liegt der technischen Realisierung (Strom ein – Strom aus, Ton ein – Ton aus) meistens zugrunde. Beispielsweise wird in zwei Stufen codiert

a ≻— ·– ≻— **OLOLLL**,
y ≻— –·–– ≻— **OLLLOLOLLLOLLL**.

Ein anderes Beispiel liefert der Zählcode, der z. B. dem Fernsprechwählsystem zugrundeliegt:

1 ≻— **LO**	6 ≻— **LLLLLLO**
2 ≻— **LLO**	7 ≻— **LLLLLLLO**
3 ≻— **LLLO**	8 ≻— **LLLLLLLLO**
4 ≻— **LLLLO**	9 ≻— **LLLLLLLLLO**
5 ≻— **LLLLLO**	0 ≻— **LLLLLLLLLLO**

[18] **CCIT** ist die Abkürzung für **C**omité **c**onsultatif **i**nternational de **t**élégraphie. Auf Einfachleitungen wird **L** durch »Strom ein« (‚Stromschritt‘), **O** durch »Strom aus« (‚Pausenschritt‘) wiedergegeben.

[19] Deutsche Fassung in DIN 66003. **ISO** ist die Abkürzung für die internationale Normenorganisation (**I**nternational **S**tandards **O**rganization).

[20] In der Kryptographie Codes mit „gespreiztem Codewortvorrat“ (engl. *straddling*).

1.4.3.3 *Codebäume*

Endliche Codes (und nur solche) lassen sich auflisten. Sie lassen sich auch durch einen (endlichen) **Codebaum** darstellen. Ist der Codezeichen-Vorrat endlich und ist die Anzahl seiner Codezeichen n, so kommen im Codebaum höchstens n-fache Vergabelungen vor. Bei den nachfolgenden Beispielen von Binärcodes treten also Binärbäume auf. Abb. 32 zeigt den **bezeichneten geordneten Binärbaum** für Links-nach-rechts-Lesen für den Morsecode, Abb. 33

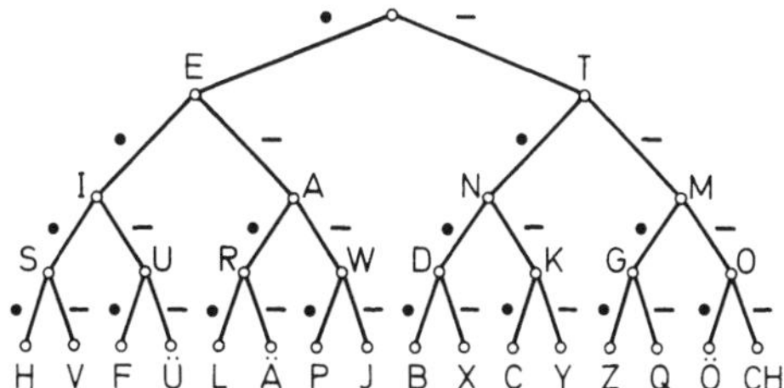

Abb. 32. Codebaum für den Morse-Code

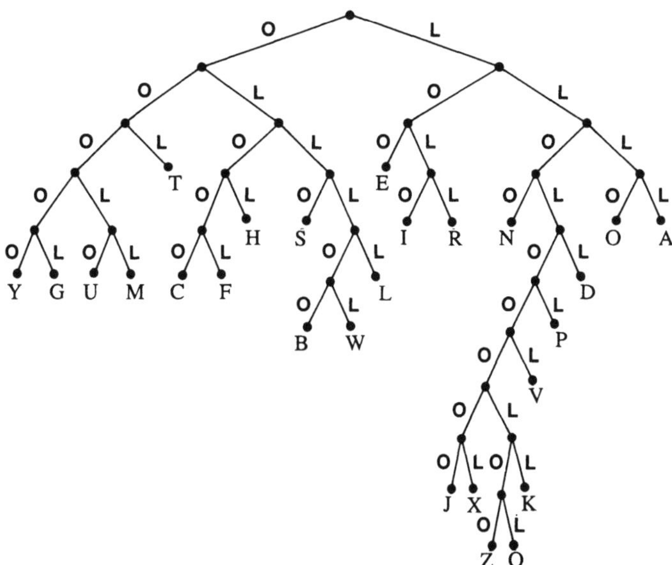

Abb. 33. Codebaum für einen Code, der der Fano-Bedingung genügt

den **beblätterten geordneten Binärbaum** für einen von HUFFMAN angegebenen Code (vgl. Abb. 140). Für einen Code mit Worten gleicher Länge stehen alle Blätter auf gleicher Tiefe (Abb. 34).

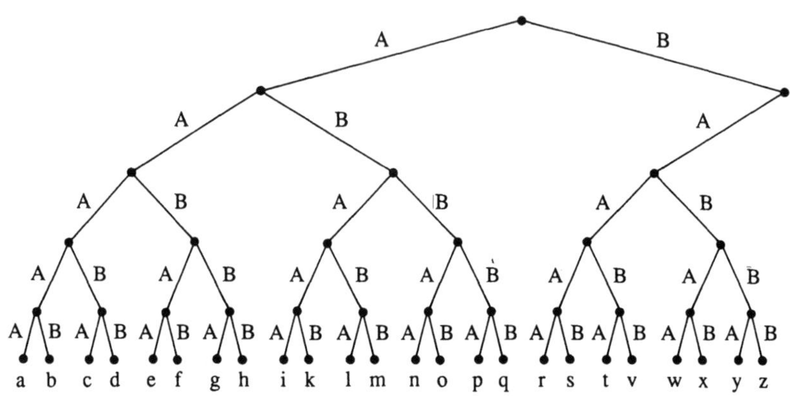

Abb. 34. Codebaum für den Code von FRANCIS BACON

1.4.3.4 *Rekonstruktion der Wortfugen*

In Binärcodes mit konstanter Wortlänge können Worte unmittelbar hintereinandergesetzt werden (**Serienübertragung**), wodurch sich eine einzige Folge von Binärzeichen ergibt. Durch Abzählen kann die Lage der Wortfugen gefunden und damit die klartextseitige **Zerteilung** in Worte durchgeführt werden; aus gleichlangen Worten zusammengesetzte Nachrichten sind also eindeutig decodierbar. Allerdings darf kein Verzählen, kein ‚aus-der-Phase-Fallen' vorkommen, was technisch zu Komplikationen (Gleichlauf, Synchronisation) führt.

Bei Codes mit wechselnder Wortlänge ist demgegenüber die Lage der Wortfugen im allgemeinen nicht rekonstruierbar; aus mehreren Worten bestehende Nachrichten sind u.U. nicht oder nicht eindeutig decodierbar. Die Decodierbarkeit für Links-nach-rechts-Lesen ist aber gewährleistet, wenn die folgende Bedingung eingehalten wird:

(Links-)Fano-Bedingung: Kein Wort aus dem Code ist Anfang eines anderen Wortes aus dem Code (‚Präfix-Eigenschaft').

Dann ist offensichtlich die Fuge durch das ‚Nicht-mehr-weiter-Lesen-Können' bestimmt. Offensichtlich genügt ein Code der Fano-Bedingung genau dann, wenn im Codebaum kein Zeichen in einem ‚inneren' Knoten steht – wenn es sich also um einen beblätterten Baum handelt, wie es in Abb. 33 der Fall ist.

Die Fano-Bedingung ist hinreichend, aber nicht notwendig für die eindeutige Decodierbarkeit, wie folgendes Gegenbeispiel zeigt:

$$A \succ\!\!\!- \mathbf{L}$$
$$B \succ\!\!\!- \mathbf{LOL}.$$

Eine triviale Möglichkeit, die Fano-Bedingung zu gewährleisten, besteht darin, jedes Codewort mit einem spezifischen Zeichen oder einer Zeichengruppe, **Trennzeichen** genannt, enden zu lassen. Dies ist beim Morsecode offensichtlich der Fall, und zwar fungiert die Lücke als Trennzeichen der Punkt-Strich-Folge, die Zeichengruppe **OOO** als Trennzeichen der Binärcodierung des Morsecodes. Bei Fernschreibübertragung wird, technisch gesehen, ebenfalls ein Trennzeichen (der synchronisierende »Sperrschritt«) übertragen.

Das Problem der Decodierung von Codes mit wechselnder Wortlänge wurde erstmals von den ARGENTIS, die im 16. Jahrhundert am päpstlichen Hof lebte, als solches erkannt.

Im Gegensatz zur Serienübertragung ist die **Parallelübertragung** auf Codes mit fester Wortlänge beschränkt: für einen n-Bit-Code werden n binäre Übertragungskanäle nebeneinander benützt. Bei optischen, elektrostatischen, elektrolytischen und elektromagnetischen Telegraphen ging der Weg der technischen Entwicklung zunächst von der Parallel- zur Serienübertragung.

Welche Codes vom Standpunkt der Übertragung optimal sind, untersucht die Informationstheorie (Anhang B.2).

Klartextseitig ist die Rekonstruierbarkeit der Wortfugen ebenfalls von Bedeutung: der Text „Meisterstücke" erlaubt zwei verschiedene Zerteilungen in Worte.

1.4.3.5 *Codealphabete*

Als kryptographischer Code wurde ein binärer Code – ebenfalls ein 5-Bit-Code – bereits um 1580 benutzt, und zwar von FRANCIS BACON[21]. Abb. 35 zeigt die Codetafel mit 24 Zeichen, wobei zu bedenken ist, daß u und v, der Auffassung der Zeit entsprechend, nicht unterschieden werden. Der zugehörige Codebaum findet sich in Abb. 34. Dieser Code findet sich auch in einem optischen Lampentelegraphen von CHUDY, 1787. Die Worte des Codes sind lexikographisch angeordnet.

Allgemeiner spricht man von einem **direkten Code**, wenn die Zuordnung ordnungstreu ist gegenüber einer lückenlosen lexikographischen Ordnung des

[21] FRANCIS BACON, 1561–1626, englischer Philosoph, Zeitgenosse SHAKESPEARES.

klartextseitigen und des codetextseitigen Wortvorrats. Im Spezialfall eines binären Alphabets und fester Wortlänge spricht man von einem **direkten *m*-Bit-Code**.

a AAAAA	e AABAA	i ABAAA	n ABBAA	r BAAAA	w BABAA
b AAAAB	f AABAB	k ABAAB	o ABBAB	s BAAAB	x BABAB
c AAABA	g AABBA	l ABABA	p ABBBA	t BAABA	y BABBA
d AAABB	h AABBB	m ABABB	q ABBBB	v BAABB	z BABBB

Abb. 35. Binärer Code von FRANCIS BACON (um 1580)

Die zufällig erscheinende Anordnung des Baudotschen Codes hingegen ist unter Berücksichtigung der Häufigkeit der Zeichen so bestimmt, daß die Anzahl der Stromschritte und damit die Belastung der Stromquellen minimal wird. Im Englischen ist die Häufigkeitsreihenfolge der Buchstaben

E T A O N I R S H D L U … .

Sie findet sich auch in der Tastatur von OTTMAR MERGENTHALERS Setzmaschine LINOTYPE von 1886.

Von einem **reflektierten *m*-Bit-Code** spricht man, wenn das i-te Codewort für alle s mit $s \leqq m$, $2^s > i$ mit dem $(2^s - i + 1)$-ten Codewort in allen Stellen bis auf die s-te Stelle (von rechts) übereinstimmt:

für $m = 4$

```
OOOO
OOOL
OOLL
OOLO
OLLO
OLLL
OLOL
OLOO
LLOO
LLOL
LLLL
LLLO
LOLO
LOLL
LOOL
LOOO
```

In Alphabeten kann es erwünscht sein, daß benachbarte Binärworte sich möglichst wenig, d.h. lediglich um ein Bit, unterscheiden. Es gibt Codes, die das erreichen, sie werden als **Gray-Codes** oder **einschrittige** Codes bezeichnet.

Abb. 36a zeigt eine mäanderartige Reihenfolge, mit der die 16 in 4 Zeilen angeordneten 4-Bit-Kombinationen durchlaufen werden können, um einen Gray-Code zu ergeben, der sogar **zyklisch einschrittig** ist. Abb. 36b zeigt eine Variante für Dezimalziffern, die auch von 9 nach 0 einschrittig ist. Erstmals verwendete BAUDOT (1874) einen einschrittigen 5-Bit-Code für seinen Drucktelegraphen. Ein reflektierter Code ist einschrittig.

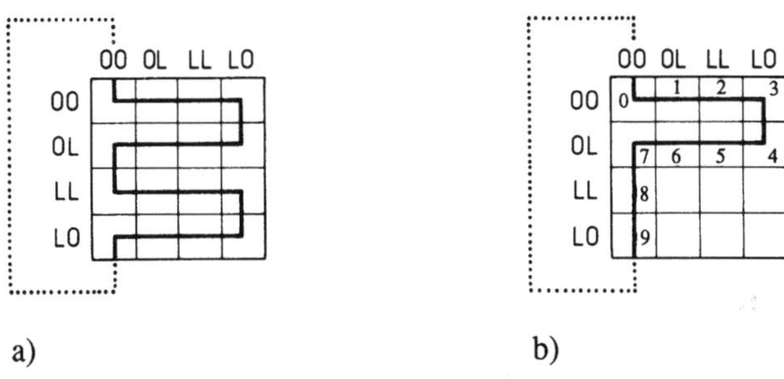

Abb. 36. Gray-Codes

Interessant ist, daß man einen n-Bit-Code für ein Alphabet oft auch dadurch erhalten kann, daß man über eine geeignete zyklische Anordnung von höchstens 2^n Bits ein **Ablesefenster** wandern läßt, das je n aufeinanderfolgende Bits herausgreift. Für $n = 3$ ist das z. B. möglich mittels der Anordnung

→OOOLLLOL

von $8 = 2^3$ Bits oder der Anordnung

→OOOLLOL

von 7 Bits. Codes mit einer so definierten Reihenfolge des Alphabets heißen **Kettencodes**. Der erste Kettencode ($n = 5$) wurde ebenfalls von BAUDOT (1882) erfunden. Auch ein **1-aus-*n*-Code** kann als Kettencode aufgefaßt werden, und zwar als n-Bit-Code mit einer zyklischen Anordnung von n Bits, von denen alle bis auf eines gleich sind (Beispiel 1-aus-10-Code in Abb. 37).

1.4.3.6 *Codes für Ziffern und Zahlen*

Ein Sonderfall ist die Binärcodierung von Ziffern. Sie erfordert nach Gesichtspunkten, die auch die Verarbeitung von Zahlen, insbesondere die Addition, berücksichtigen. In Abb. 37 sind einige gängige Binärcodes fester Länge für Dezimalziffern wiedergegeben.

Ziffern-symbol	Binäre Codierung								
	direkt	Ausschnitt Gray	Exzeß-3 (Stibitz)	Gray-Stibitz	Aiken	biquinär	1 - aus - 10	2 - aus - 5	CCIT-2
0	OOOO	OOOO	OOLL	OOLO	OOOO	OOOOOL	OOOOOOOOOL	LLOOO	OLLOL
1	OOOL	OOOL	OLOO	OLLO	OOOL	OOOOLO	OOOOOOOOLO	OOOLL	LLLOL
2	OOLO	OOLL	OLOL	OLLL	OOLO	OOOLOO	OOOOOOOLOO	OOLOL	LLOOL
3	OOLL	OOLO	OLLO	OLOL	OOLL	OOLOOO	OOOOOOLOOO	OOLLO	LOOOO
4	OLOO	OLLO	OLLL	OLOO	OLOO	OLOOOO	OOOOOLOOOO	OLOOL	OLOLO
5	OLOL	OLLL	LOOO	LLOO	LOLL	LOOOOL	OOOOLOOOOO	OLOLO	OOOOL
6	OLLO	OLOL	LOOL	LLOL	LLOO	LOOOLO	OOOLOOOOOO	OLLOO	LOLOL
7	OLLL	OLOO	LOLO	LLLL	LLOL	LOOLOO	OOLOOOOOOO	LOOOL	LLLOO
8	LOOO	LLOO	LOLL	LLLO	LLLO	LOLOOO	OLOOOOOOOO	LOOLO	OLLOO
9	LOOL	LLOL	LLOO	LOLO	LLLL	LLOOOO	LOOOOOOOOO	LOLOO	OOOLL
Stellenwerte	8 4 2 1				2 4 2 1	5 4 3 2 1 0	9 8 7 6 5 4 3 2 1 0	7 4 2 1 0	

Abb. 37. Gängige Binärcodes für Dezimalziffern

Werden die Binärworte wie bei BACON (Abb. 35) lexikographisch, beginnend mit **OO**...**O**, den Ziffern zugeordnet, so handelt es sich um einen *direkten Code.* Die durch die Ziffern bestimmte Dualzahl heißt das direkte Zahläquivalent des Binärwortes. Dieser und einige andere der in Abb. 37 wiedergegebenen Codes für Dezimalziffern sind binäre **Stellenwertcodes** - der direkte Code mit den bitweisen Stellenwerten 8-4-2-1, der Aiken-Code mit den Stellenwerten 2-4-2-1. Stellenwertcodes vereinfachen ganz offensichtlich die Addition - nämlich zu einer bitweise erfolgenden Addition mit Übertrag. Der Exzeß-3-Code ist ein verschobener direkter Code: vom direkten ganzzahligen Äquivalent ist 3 abzuziehen, um die dargestellte Ziffer zu erhalten. In diesem Code gehen 0 und 9, 1 und 8 usw. durch **O**-**L**-Vertauschung ineinander über: Er vereinfacht die Gewinnung des Negativums aus einer gegebenen Zahl (vgl. auch A.2).

Diese Codes stammen aus den fünfziger Jahren. Ihre Bedeutung ist später stark zurückgegangen, da interne Zahlenrechnungen meist im Zahlsystem zur Basis 2, mit **Dualziffern** 0 und 1, durchgeführt werden. Zahlen, die im dualen Zahlensystem geschrieben sind, **Dualzahlen**, sind Worte aus Dualziffern und *eo ipso* Binärworte. Meist findet man die Entsprechung

0 ⤚ **O**,
1 ⤚ **L**,

aber gegen die umgekehrte Zuordnung

0 ⤚ **L**,
1 ⤚ **O**,

kann ebenfalls nichts eingewandt werden.

Ein weiteres Beispiel für einen Code mit Worten verschiedener Länge ist die Codierung natürlicher Zahlen im Dualsystem durch Worte ohne führende Nullen (vgl. 4.2). Die Null wird dabei durch das leere Wort dargestellt.

1.4.3.7 *Codes für Sichtanzeige und Druck*

Zur Sichtanzeige von Ziffern (und Buchstaben) werden spezielle Codes verwendet. Abb. 38 zeigt Codes für Lampenanzeigen, Abb. 39 einen häufig verwendeten Code mit Leuchtsegmenten. Abb. 40 bringt eine Zusammenstellung der bei der Deutschen Bundesbahn im Signalwesen verwendeten Lampenfelder (mit einem 5×8-Raster) für Ziffern und Buchstaben.

Auch zur Steuerung von Nadeldruckern benutzt man einen binären Code. Abb. 41 zeigt ein Schriftbild, das mit einem 5×7-Raster gewonnen wurde. Bessere Auflösung geben Nadel-Drucker mit 9×11-, 11×18- und 18×24-Raster, Tintenstrahldrucker mit 9×12- und 12×14-Raster. Laserdrucker arbei-

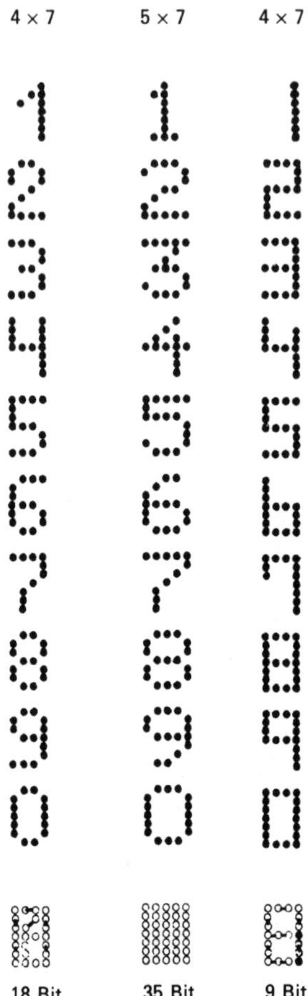

Abb. 38. Codes für Lampenfelder

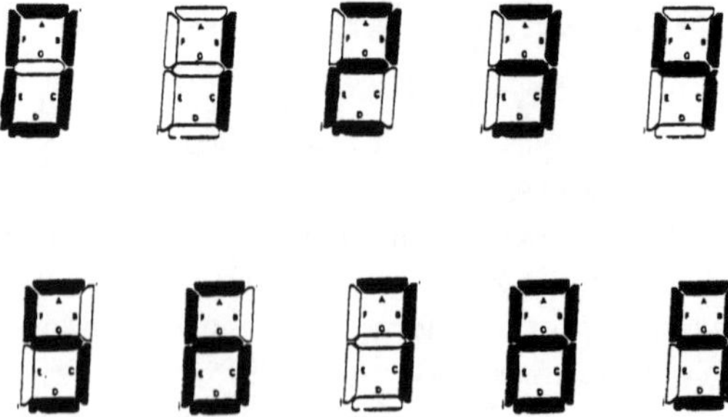

Abb. 39. 7-Segment-Code für Taschenrechner-Sichtanzeigen

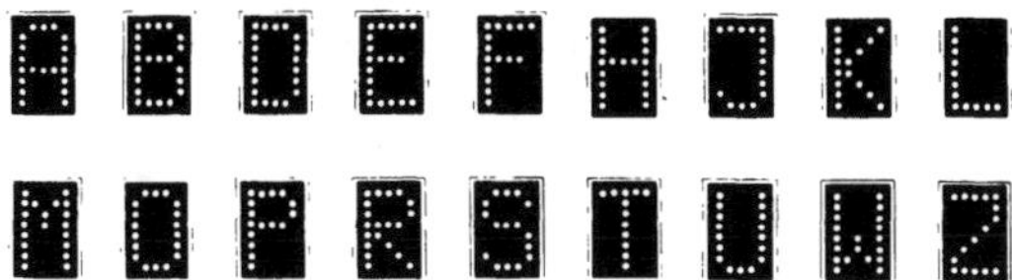

Abb. 40. Lampenfelder im Eisenbahn-Signalwesen (eisenbahn magazin, Heft 5/84)

Charles Babbage kam am 26. Dezember
1791 im Hause seines Vaters in Walworth
in der Grafschaft Surrey zur Welt.
Seine Eltern waren jungverheiratet in
die Nähe von London gezogen, wo der
Vater arbeitete, wahrscheinlich als
Kaufmann und Bankier: Die Funktionen
waren zur damaligen Zeit austauschbar.

Abb. 41. Mit einem Nadeldrucker, 5×7-Raster, gewonnenes Schriftbild

ten mit einem 18×24-Raster und erzielen ein typographisch einwandfreies Schriftbild.

1.4.4 Codierung als Textersetzung

Die Definition von ‚Codierung' in 1.4.3 ist weit genug, um jede Nachrichtenverarbeitung als Zuordnung eines (möglicherweise unendlichen) Klartext-Vorrats zu einem (möglicherweise unendlichen) Codetext-Vorrat zu umfassen. Als Beispiel mag dienen die Abbildung der (abstrakten) Menge der natürlichen Zahlen auf Zeichenfolgen über dem Alphabet $\{|\}$ (‚Strichzahlen'), die der Zahl n ein Wort mit n Strichen zuordnet. Eine solche Zuordnung kann aber im allgemeinen nicht mehr explizit aufgeschrieben werden. Deshalb arbeitet man auf Texten praktisch oft mit **induzierten** Codierungen, die auf einer in endlich vielen Zeilen aufschreibbaren Menge von elementaren Textersetzungsoperationen, nämlich einem Code, aufbauen. Zweifelsohne kann in einer Zeichenfolge das Ersetzen eines Teilworts a durch ein Wort b als elementare Operation gelten[22]. Eine solche einzelne **Ersetzungsregel**[23] (‚Produktion') soll als

$$a \succ\!\!- b$$

geschrieben werden, wobei wir a das **Suchmuster** nennen. $a \succ\!\!- b$ bedeutet operativ:

(*) „Wenn a Teilwort des vorgelegten Wortes x ist, so wird es an seiner Stelle durch das Wort b verdrängt, andernfalls geschieht nichts."[24]

Für ein beliebiges Wort x und die Ersetzungsregel $a \succ\!\!- b$ ist die zugehörige Ersetzung entweder gar nicht, oder an genau einer Stelle, oder an einer von mehreren verschiedenen Stellen durchführbar.

Ein Code wurde schon in 1.4.3 angegeben durch eine endliche Anzahl von Ersetzungsregeln $a \succ\!\!- b$, wobei a ein Wort über dem Klarzeichen-Vorrat und b ein Wort über dem Codezeichen-Vorrat ist - wir dürfen voraussetzen, daß beide Zeichenvorräte kein Element gemeinsam haben[25].

Die induzierte Codierung kann auf verschiedenartige Weise erfolgen, beispielsweise:

(a) Es wird eine Zerlegung in Teilworte gesucht, derart daß jedes der entstehenden Teilworte als Suchmuster auftritt. Anschließend werden über die ganze Breite des Wortes zugehörige Ersetzungen durchgeführt (‚parallele Ersetzung').

(b) Es wird ein Teilwort gesucht, das Suchmuster ist, derart daß links davon kein Suchmuster beginnt. Anschließend wird die Ersetzung durchgeführt. Dieser Vorgang wird wiederholt, bis keine Ersetzung mehr möglich ist (‚sequentielle Ersetzung', speziell ‚*leftmost*').

(c) Es wird an beliebiger Stelle ein Teilwort, das Suchmuster ist, gesucht. Anschließend wird die Ersetzung durchgeführt. Dieser Vorgang wird wiederholt, bis keine Ersetzung mehr möglich ist (‚ungesteuerte Ersetzung').

Wenn im Code das leere Wort als Suchmuster nicht auftritt, kommen diese Verfahren in endlich vielen Schritten an ein Ende. Wenn dabei alle Klartext-Zeichen eliminiert sind, sagen wir, daß das vorgelegte Wort codiert, also ein Codetext erzielt werden kann.

---

[22] Für eine detaillierte Beschreibung siehe 3.5.7.

[23] Beachte: Beim **Ersetzen** wird irgendein passendes Vorkommnis verdrängt (engl. *replacement*), beim **Einsetzen** werden alle Vorkommnisse ersetzt (engl. *substitution*).

[24] Zieht man dabei auch das leere Wort (1.4) in Betracht, so umfaßt Textersetzung das Einfügen oder Anhängen von Zeichen, wie auch das Streichen von Zeichen. Wir erwähnen daher diese Sonderfälle nicht noch eigens.

[25] Andernfalls müßten gemeinsame Zeichen durch zusätzliche Kennzeichen unterschieden werden, etwa durch Apostrophe.

Bereits für einen deterministischen Code kann es verschiedene Zerlegungen eines vorgelegten codierbaren Textes geben. (Dies ist allerdings ausgeschlossen, wenn die Suchmuster einer Fano-Bedingung genügen, insbesondere wenn sie alle gleiche Wortlänge aufweisen.)

Für den Fall eines nichtdeterministischen Codes besteht ferner die freie Auswahlmöglichkeit von Wahlzeichen oder -worten. Die Menge der aus einem vorgelegten Klartext erzielbaren Codetexte ist jedoch für alle drei Verfahren ein und dieselbe. (Man mache sich klar, daß dies nur deshalb so ist, weil Klarzeichenvorrat und Codezeichenvorrat kein gemeinsames Element besitzen.) Ist die induzierte Codierung eine Abbildung, so liefern die drei Verfahren entweder sämtlich kein Codewort, oder sämtlich das selbe Codewort. Aus dem ungesteuerten **Stammverfahren** (c) ergeben sich Verfahren wie (a) oder (b) als **Abkömmlinge** durch nähere Vorschriften über den **Ablauf**.

Beispiel:

Klarzeichenvorrat {A, B}	Codezeichenvorrat {**O**, **LL**}
Code A ⤚ **O** B ⤚ **LL** BB ⤚ **O**	

Das Suchmuster B ist Anfang des Suchmusters BB. Aus dem vorgelegten Wort ABBB läßt sich mit jedem der drei Verfahren die Menge

{**OLLLLLL**, **OLLO**, **OOLL**}

von Codeworten erzielen.

1.5 Nachrichtenverarbeitung und Informationsverarbeitung

1.5.1 Nachrichtenverarbeitung als Codierung

Eine Vorschrift zur Nachrichtenverarbeitung läßt sich auffassen als eine Zuordnungs- oder Abbildungsvorschrift (Funktion) ν

$$\mathfrak{N} \xrightarrow{\nu} \mathfrak{N}',$$

welche den Nachrichten N aus einer Nachrichtenmenge $\mathfrak{N}$ neue Nachrichten N' aus einer Nachrichtenmenge $\mathfrak{N}'$ zuordnet. Jede Nachricht N bzw. N' ist eine Zeichenfolge (vgl. 1.4).

Der aus den behandelten Beispielen ersichtliche breite Spielraum bei der Auffassung von Nachrichten als Texten erlaubt zusammen mit den Überlegungen von 1.4.4 die Feststellung: *Jede Nachrichtenverarbeitung ist eine Codierung*. Diese Überlegung ist zwar auch bei der Untersuchung von Verarbeitungsvorgängen bei Lebewesen von Bedeutung, vor allem aber liegt sie jeder maschinellen Verarbeitung digitaler Nachrichten zugrunde.

Codierungen sind technisch stets mit einer Nachrichtenübertragung verbunden und erfolgen daher in der Zeit (vgl. 1.3.2). Eine Codierung, also die Verarbeitung einer Nachricht, erfolgt nie ‚augenblicklich', sondern benötigt stets eine gewisse Zeit, die häufig nicht vernachlässigt werden darf. Diese Tatsache kommt bei der Verarbeitung von Nachrichten wesentlich zum Abbildungsbegriff der reinen Mathematik hinzu. Sie wird gern übersehen, namentlich, da die Verarbeitungsvorschrift ν – nicht aber die aktuelle Durchführung der Abbildung – häufig als Abbildung im Sinne der Mathematik angebbar ist. Die Zeitbezogenheit führt zum Begriff der **Effizienz einer Verarbeitungsvorschrift**, nämlich des Umfangs und der Dauer eines Verarbeitungsvorgangs gemäß der Vorschrift, verglichen mit anderen, gleichwertigen Verarbeitungsvorgängen. Wir kommen darauf in späteren Kapiteln zurück.

Da die Verarbeitung digitaler Nachrichten als Codierung aufgefaßt werden kann, müssen sich die anzugebenden Operationen auf die bloße Umformung von Texten beschränken („reines Spiel mit Zeichen").

1.5.2 Die Interpretation einer Nachrichtenverarbeitung

Eine Menge $\mathfrak{N}$ von Nachrichten N ist von Interesse, wenn ihr (mindestens) eine Menge $\mathfrak{J}$ von Informationen J mittels einer Abbildungsvorschrift α, der Interpretation, zugeordnet ist:

$$\mathfrak{N} \xrightarrow{\alpha} \mathfrak{J}.$$

Da der Nachrichtenmenge $\mathfrak{N}'$ ebenfalls eine Informationsmenge $\mathfrak{J}'$ entspricht, erhalten wir durch eine Verarbeitungsvorschrift $\mathfrak{N} \xrightarrow{\nu} \mathfrak{N}'$ den im folgenden Diagramm dargestellten Übergang:

$$\begin{array}{ccc} \mathfrak{N} & \xrightarrow{\alpha} & \mathfrak{J} \\ \nu \downarrow & & \vdots\, \sigma \\ \mathfrak{N}' & \xrightarrow{\alpha'} & \mathfrak{J}' \end{array}$$

Welche Beziehung herrscht nun zwischen $\mathfrak{J}$ und $\mathfrak{J}'$? Sicher entspricht jeder Nachricht $N \in \mathfrak{N}$ ein Paar (J, J'), $J = \alpha(N)$, $J' = \alpha'(\nu(N))$, also eine Relation σ zwischen $\mathfrak{J}$ und $\mathfrak{J}'$. Ist α nicht umkehrbar, gibt es also zwei Nachrichten N_1, N_2, welche die gleiche Information J wiedergeben, so braucht die Relation σ keine Abbildung zu sein, da die verarbeiteten Nachrichten $\nu(N_1)$, $\nu(N_2)$ zwei verschiedene Informationen $J_1' = \alpha'(\nu(N_1))$, $J_2' = \alpha'(\nu(N_2))$ wiedergeben könnten. *Eine Verarbeitungsvorschrift ν heißt* **informationstreu**, *wenn die Relation σ eine Abbildung ist*. Es gilt dann

$$(*)\qquad \begin{array}{ccc} \mathfrak{N} & \xrightarrow{\alpha} & \mathfrak{J} \\ \big\downarrow{\scriptstyle \nu} & & \big\downarrow{\scriptstyle \sigma} \\ \mathfrak{N}' & \xrightarrow{\alpha'} & \mathfrak{J}' \end{array}$$

wobei α gefolgt von σ dasselbe ergibt, wie ν gefolgt von α':

$$\sigma\alpha = \alpha'\nu .$$

Das Diagramm (*) heißt in diesem Fall **kommutativ**, und die Abbildungsvorschrift σ heißt eine Vorschrift zur **Informationsverarbeitung**.

Gewöhnlich werden Nachrichten überhaupt nur bearbeitet, um eine bestimmte Informationsverarbeitung zu erreichen. Man geht in Wirklichkeit von einer beabsichtigten Vorschrift σ aus und versucht ν, α und α' so zu bestimmen, daß die durch das Diagramm (*) wiedergegebene Situation entsteht. Wir können daher im folgenden voraussetzen, daß die Vorschrift ν informationstreu ist, so daß die Abbildungsvorschriften ν, α und α' zusammen eine Vorschrift σ zur Informationsverarbeitung definieren.

Je nachdem, ob σ umkehrbar ist oder nicht, unterscheiden wir folgende Fälle:

1. Ist σ umkehrbar, geht also keine Information bei der Verarbeitung verloren, so nennen wir die zugehörige Nachrichtenverarbeitung eine **Umschlüsselung**.

1.1 Ist auch ν umkehrbar, so haben wir den einfachen Fall der Umcodierung vor uns: Aus der Nachricht $N' = \nu(N)$ läßt sich nicht nur die ursprüngliche Information, sondern auch die ursprüngliche Nachricht N erschließen. Besonders häufig ist der Spezialfall, in dem $\mathfrak{J} = \mathfrak{J}'$ und σ die Identität ist. Im Idealfall hat jede Nachrichtenübertragung diese Form.

1.2 Ist σ umkehrbar, ν jedoch nicht, so werden mehrere Nachrichten $N \in \mathfrak{N}$ in dieselbe Nachricht $N' \in \mathfrak{N}'$ umgeschlüsselt. Da jedoch keine Information verloren geht, bedeutet das, daß die ursprüngliche Nachrichtenmenge aufgebläht war: In $\mathfrak{N}$ befinden sich mehrere Nachrichten, welche alle die gleiche Information wiedergeben. In $\mathfrak{N}'$ ist die Anzahl der Nachrichten mit dieser Eigenschaft auf jeden Fall kleiner als in $\mathfrak{N}$. Eine Umschlüsselung ν dieser Art nennen wir **komprimierend**. Wenn α' sogar umkehrbar ist, so nennen wir ν **vollständig komprimierend**.

2. Ist σ nicht umkehrbar, werden also mehrere Informationen $J \in \mathfrak{J}$ in dieselbe Information $J' \in \mathfrak{J}'$ abgebildet, so nennen wir die zugehörige Nachrich-

tenverarbeitung ν **selektiv**. Besonders häufig ist der Fall, daß $\mathfrak{J}'$ eine Teilmenge von $\mathfrak{J}$ und σ für die Informationen aus $\mathfrak{J}'$ die Identität ist. In diesem Fall bewirkt σ im wesentlichen eine Auswahl aus der gegebenen Informationsmenge. Die Auswahl kann bereits durch eine Abbildung mehrerer verschiedener Nachrichten $N \in \mathfrak{N}$ in dieselbe Nachricht $N' \in \mathfrak{N}'$ vorgezeichnet sein. Die Nachrichtenverarbeitung ν könnte jedoch auch umkehrbar sein. In diesem Fall wird die Auswahl durch die ‚einseitige' Interpretation α' besorgt.

Wir erläutern den Sachverhalt an einigen Beispielen:

a) Die übliche Art des Zeitungslesens ist selektiv. Das Durcharbeiten einer Anzahl Zeitungsartikel, die ein Zeitgeschehen beschreiben, ist komprimierend.

b) Der Übergang von einem redundanten Code zu einem weniger oder gar nicht redundanten Code ist nichtsdestoweniger in der Regel umkehrbar eindeutig. Es handelt sich also um eine Umschlüsselung, die nicht komprimiert: Nicht die Anzahl der Nachrichten, sondern ihre Länge wird verringert (vgl. Abb. 37).

c) Durch die Nachricht (a, b), bestehend aus einem Paar binär codierter ganzer Zahlen (wo $b>0$), werde die Information „die durch a/b dargestellte rationale Zahl r" wiedergegeben. Die Abbildung

$$\alpha:(a, b) \rightarrowtail r$$

ist nicht umkehrbar. Die Menge $\mathfrak{N}$ der Zahlenpaare werde nun in die Teilmenge $\mathfrak{N}'$ der teilerfremden Zahlenpaare abgebildet, wobei $\nu:(np, nq) \rightarrowtail (p, q)$. ν ist komprimierend, die verbleibende Abbildung α' ist umkehrbar.

Für die im nächsten Abschnitt einzuführenden Verarbeitungsvorschriften (‚Algorithmen') für Texte (‚Objekte') wird die gemeinsame Interpretation der Objekte und der Algorithmen bedeutsam werden.

1.6 Algorithmen

Damit eine Verarbeitungsvorschrift $\mathfrak{N} \xrightarrow{\nu} \mathfrak{N}'$ die Grundlage einer Nachrichtenverarbeitung bilden kann, genügt es nicht, daß die Vorschrift ν axiomatisch die Bedingungen spezifiziert, denen die Nachrichten $N' = \nu(N) \in \mathfrak{N}'$ zu genügen haben. Vielmehr muß ν einen Weg angeben, wie man ausgehend von einer Nachricht $N \in \mathfrak{N}$ die Nachricht $\nu(N) \in \mathfrak{N}'$ konstruieren kann. Ist $\mathfrak{N}$ eine endliche Menge, so kann dies natürlich durch Auflisten der einzelnen Paare geschehen. Ist jedoch $\mathfrak{N}$ nichtendlich, oder doch so umfangreich, daß Auflisten nicht praktikabel erscheint, so muß man anderweitig eine endliche Menge von Operationen (**elementaren Verarbeitungsschritten**) spezifizieren, derart daß jeder Übergang durch Ausführung von endlich vielen elementaren Verarbeitungsschritten erfolgen kann. Es muß nach wie vor eine *operative* **Verarbeitungsvorschrift** angegeben werden – wir werden darauf nach Einführung des Algorithmenbegriffs in 1.6.4.1 zurückkommen.

1.6.1 Charakteristische Eigenschaften von Algorithmen

In nahezu allen Lebensbereichen haben wir es mit Anweisungen (Vorschriften, Rezepten, Regeln) zu tun, nach denen man etwas ausführen muß oder soll. Simple Beispiele sind:

(a) Die Bedienungsanleitung für einen Münzfernsprecher (Abb. 42).

Abb. 42. Bedienungsanleitung für einen Münzfernsprecher

(b) „1. Geldstück einwerfen.
2. Gewünschtes Fach einstellen.
3. Zugstange ziehen und festhalten bis Ware heruntergefallen.
Bei Versagen Knopf drücken."

(c) „Wenn vom Arzt nicht anders verordnet, 3–4 mal täglich 15–20 Tropfen, am besten in heißem Zuckerwasser. Kinder nur die halbe Tropfenzahl."

Ähnlich lauten Anweisungen zur Inbetriebnahme eines Staubsaugers, einer Nähmaschine, eines Autos; zum Zusammenbau eines Zeltes, eines Faltbootes; zum Bau eines Schiffs- oder Flugmodells.

Wenn solche Anweisungen gewisse Mindestanforderungen erfüllen, spricht man von einem Algorithmus[26].

Ein **Algorithmus** *ist eine präzise, d. h. in einer festgelegten Sprache abgefaßte, endliche Beschreibung eines allgemeinen (Nachrichtenverarbeitungs-)Verfahrens unter Verwendung ausführbarer elementarer (Verarbeitungs-)Schritte.*

---

[26] Nach AL-CHORESMI, 9. Jahrhundert n. Chr., aus Choresmien (in der heutigen Sowjetrepublik Usbekistan) stammend, im ‚Haus der Weisheit' des Kalifen in Bagdad lebend.

Die Beschreibung muß so präzise abgefaßt sein, daß eine eindeutige Verständigung möglich ist. Rechtschreibfehler stören dabei i. a. ebensowenig wie harmlose Druckfehler; der selbe Algorithmus kann in deutscher oder in englischer Zunge abgefaßt sein, oder in einer Kunstsprache, oder auch als Pictogramm wie im Beispiel (a). Es ist unerheblich, ob die einzelnen Verarbeitungsschritte mehr verbal oder mehr formelhaft beschrieben sind. *Es muß sich allerdings wirklich um ein Verfahren handeln, eine Wunschvorstellung genügt nicht.*

Elementare Verarbeitungsschritte werden oft nacheinander (**sequentiell**), manchmal auch nebeneinander (**parallel**) ausgeführt. Wenn sowohl sequentielle wie parallele Ausführung erlaubt ist, spricht man von einer **kollateralen** Situation. Auch Ausnahmefälle müssen berücksichtigt sein („Bei Versagen Knopf drücken"). Schließlich muß die Beschreibung endlich sein, sonst würde ihre Mitteilung an den Ausführenden - einen Menschen oder eine Maschine - unendlich lange dauern. Ein Verfahren ist allgemein, wenn es für mehr als eine Gelegenheit verwendbar ist.

Die obigen Beispiele erfüllen nicht so ganz alle Anforderungen an einen Algorithmus: (a) ist kein genügend allgemeines Verfahren, (c) ist nicht präzise genug. (Wann soll man aufhören, die Tropfen zu nehmen - wenn der Husten vorüber oder wenn die Flasche leer ist?)

Weitere Beispiele von Algorithmen findet man, für Menschen bestimmt, in Strickanleitungen (für Dicke und Dünne) und Kochrezepten (für kleine und große Familien), hier kommt übrigens auch das Nebeneinander der Verarbeitungsschritte vor; für Maschinen bestimmt, in Wasch- und Geschirrspülautomaten mit ‚Programmwahl'. Auch Schaltpläne werden von Radiobastlern als Algorithmen zum Bau von Geräten aufgefaßt, und schließlich gibt es gar Algorithmen zum unbefugten Öffnen eines Schlosses. Umgangssprachlich wird oft zwischen dem Algorithmus selbst und der Ausführung des Algorithmus nicht unterschieden.

Man verlangt von einem Algorithmus häufig, daß er zu einem Ende kommt, daß er nur endlich viele elementare Schritte umfaßt. Ein solcher Algorithmus heißt **terminierend**. Ein Algorithmus braucht ferner keinen eindeutig vorgeschriebenen Ablauf zu haben. Ist dies der Fall, so spricht man von einem **nicht-deterministischen** Algorithmus. Manche interessanten nicht-deterministischen Algorithmen führen trotzdem zu einem eindeutig bestimmten Ergebnis, sie heißen dann **determiniert**. Natürlich sind deterministische Algorithmen stets determiniert.

Determinierte Algorithmen definieren also Abbildungen (‚Funktionen'): Zu jeder einzelnen Gelegenheit gehört ein ganz bestimmtes Ergebnis. Selbstverständlich können verschiedene Algorithmen die gleiche Abbildung bewirken, wobei jeder einzelne das Ergebnis auf einem eigentümlichen Weg konstruktiv erzielt. Nichtdeterminierte Algorithmen definieren lediglich Zuordnungen (,mehrdeutige Funktionen'), ihre Ausführung liefert irgendein Ergebnis **(Auswahl)** aus einer Menge möglicher Ergebnisse.

1.6.2 Beispiele von Algorithmen

Technisch etwas anspruchsvoller als die obigen Alltagsalgorithmen sind nachfolgende Beispiele, die zunächst recht informell (,umgangssprachlich') abgefaßt sind.

(a) Algorithmus zur Berechnung von $(a+b)/(a-b)$, wobei $a \neq b$.

Man berechnet (gestützt auf Algorithmen für Addition und Subtraktion) zuerst sowohl $a+b$ als auch $a-b$ (nacheinander oder nebeneinander, die Situation ist kollateral) und bildet den Quotienten (gestützt auf einen Divisionsalgorithmus) der Zwischenergebnisse.

Formeln zeigen im allgemeinen sowohl Sequentialität wie auch Kollateralität.

(b) Algorithmus zur Addition zweier positiver Dezimalzahlen.

Dieser Algorithmus ist uns durch die Grundschule eingeprägt worden; wir führen ihn normalerweise halb unbewußt aus. Beim Versuch, diese vertraute Tätigkeit zu beschreiben, bemerkt man erst die Kompliziertheit des Algorithmus.

(c) Algorithmen zur Primfaktorzerlegung einer positiven natürlichen Zahl.

Steht eine hinlänglich weit reichende Tabelle von Primzahlen zur Verfügung, so versuche man, der Reihe nach 2, 3, 5, 7, ... - jeweils sofern bzw. solange das möglich ist - abzudividieren, bis schließlich 1 verbleibt.

Hat man keine Primzahltabelle zur Verfügung, so kann man auch nacheinander versuchen, die natürlichen Zahlen 2, 3, 4, 5, 6, 7, ... abzudividieren, bis 1 verbleibt; dabei wird mit jeder zusammengesetzten Zahl als Teiler ein unnötiger Versuch gemacht.

Die (eventuell leere) Folge der so erhaltenen Teiler ist die gesuchte Primfaktorzerlegung.

(d) Algorithmus zur Berechnung der Zahl e (d.h. einer Folge von Näherungsbrüchen für e).

Die Basis der natürlichen Logarithmen e ist irrational und kann nur durch eine unendliche Folge rationaler Zahlen, die sie besser und besser annähern, bestimmt werden. Nach LAMBERT (1766) erhält man eine solche folgendermaßen:

Beginnend mit $A_0 = 1$ und $A_1 = 2$ sowie mit
$B_0 = 0$ und $B_1 = 1$ berechne man sukzessive

$$A_{i+1} = (4 \times i + 2) \times A_i + A_{i-1} \quad \text{sowie}$$
$$B_{i+1} = (4 \times i + 2) \times B_i + B_{i-1}$$

und bilde die Folge der rationalen Zahlen $(A_i + B_i)/(A_i - B_i)$.

Hier handelt es sich um einen nicht-terminierenden Algorithmus zur Berechnung einer berechenbaren reellen Zahl, der sich hierarchisch auf den Algorithmus aus (a) stützt. (MYHILL hat 1953 gezeigt, daß es auch nicht-berechenbare reelle Zahlen gibt.)

(e) Algorithmus zur Feststellung, ob eine Zeichenfolge *a* aus einer Zeichenfolge *b* durch Streichen einzelner Zeichen gewonnen werden kann.

Ist *a* die leere Zeichenfolge, so ist die Antwort »ja«. Anderenfalls ist zu prüfen, ob die Zeichenfolge *b* leer ist. Ist das so, so ist die Antwort »nein«. Anderenfalls ist das erste Zeichen der Zeichenfolge *a* mit dem ersten Zeichen der Zeichenfolge *b* zu vergleichen. Stimmen sie überein, so ist der Algorithmus mit dem verbleibenden Rest der Zeichenfolge *a* und dem verbleibenden Rest der Zeichenfolge *b* erneut durchzuführen. Anderenfalls ist der Algorithmus mit der unveränderten Zeichenfolge *a* und dem verbleibenden Rest der Zeichenfolge *b* erneut durchzuführen.

Dieser Algorithmus hat ein zweiwertiges Ergebnis »ja« oder »nein«, er ist ein **Erkennungsalgorithmus** für ‚Teilzeichenfolgen'. Man beachte auch, daß die Feststellung, ob *a* (zusammenhängendes) Teilwort von *b* ist, d.h. *a* als Suchmuster in *b* auftritt, komplizierter ist.

(f) Algorithmus zum Einsortieren einer Karte in eine (sortierte) Kartei. (Es sei angenommen, die Kartei haben keine Reiter.)

Im Fall einer leeren Kartei (‚leerer Karteikasten') ist das Einsortieren einer Kartei trivial. Sonst greift man an beliebiger Stelle in die Kartei und vergleicht nach dem Sortiermerkmal (‚Sortierbegriff') die einzusortierende Karte mit der aufgeschlagenen Karte. Je nach dem Ergebnis des Vergleichs verfährt man auf die gleiche Weise mit dem Einsortieren in den vorderen bzw. hinteren Teil. Man ist fertig, wenn die Karte in eine leere Kartenmenge einzusortieren ist.

(g) Algorithmus zum Sortieren einer (unsortierten) Kartei.

Das Sortieren einer leeren oder einelementigen Kartei ist trivial. Sonst zerlegt man den Kartenstapel beliebig in zwei nichtleere Teile, sortiert den einen und den anderen Teil für sich und ‚mischt' anschließend die beiden sortierten Teilstapel zu einer einzigen sortierten Kartei.

Für dieses Mischen muß selbstverständlich seinerseits ein Algorithmus angegeben werden:

(g′) Algorithmus zum Mischen zweier Stapel.

Wenn einer der beiden Stapel leer ist, so nimmt man den anderen. Anderenfalls vergleicht man die vordersten Karten beider Stapel nach dem Sortiermerkmal. Kommt dabei die eine Karteikarte vor der anderen oder ist sie ihr gleichrangig, so hebt man sie ab, mischt den Rest des einen Stapels mit dem anderen Stapel und legt sodann die abgehobene Karteikarte davor.

Dieses Beispiel zeigt einen **hierarchischen** Aufbau: Der Algorithmus (g) des Sortierens stützt sich auf den Algorithmus (g′) des Mischens.

Bei (f) und (g) handelt es sich um nicht-deterministische, im allgemeinen nichtdeterminierte Algorithmen. Alle anderen Algorithmen sind deterministisch, alle außer (d) sind terminierend.

Der Leser ist nachdrücklich eingeladen, einige dieser Algorithmen mit geeigneten Beispielen selbst durchzuspielen.

1.6.3 Rekursion und Iteration

In (a) liegt ein besonders einfacher Fall vor: Die Anzahl der elementaren Verfahrensschritte ist fest, unabhängig von den Zahlen a, b. Dies ist nicht so in den anderen Beispielen: Bei (b) hängt diese Anzahl von der Stellenzahl des größeren der beiden Summanden ab, bei (c) von der zu zerlegenden Zahl, bei (f) und (g) vom Umfang der Kartei; bei (d) ist sie gar unendlich. Trotz fester endlicher Beschreibung schwankt die Anzahl der tatsächlich durchzuführenden Verfahrensschritte: Dies wird ermöglicht durch den Beschreibungstrick der Zurückführung der allgemeinen Aufgabe auf eine ‚einfachere' Aufgabe der selben Klasse. Man nennt dies **Rekursion.** In (f) und (g) ist die Rekursion aus der sprachlichen Formulierung evident. In (b), (c) und (e) liegt ein Spezialfall der Rekursion vor, die rein wiederholende, **repetitive** Rekursion. Sie wird häufig, z.B. in Fall (c), in der sprachlichen Fassung einer **Iteration** geschrieben: «Solange eine gewisse Bedingung erfüllt ist, wiederhole ...». Im Falle (d) handelt es sich um eine bedingungslose Wiederholung.

Rekursion ist eine weitverbreitete, dem ‚Mann auf der Straße' auch ohne mathematische Formalisierung faßbare und unbewußt vertraute Methode[27]. Typisch für sie in ihrer allgemeinsten, nicht-repetitiven Form ist die Notwendigkeit des Zurückstellens von Tätigkeiten, man vergleiche insbesondere (g). Aus diesem Grunde ist sie auch für vergeßliche Leute schlecht angezeigt, wohl aber für geeignet ausgestattete Maschinen. Wiederholung insbesondere ist eine alltägliche Erfahrung.

Neben Rekursion bzw. Wiederholung kommen in Algorithmen auch Fallunterscheidungen vor, vgl. (e). Ohne Fallunterscheidungen wäre insbesondere eine Terminierung rekursiver Algorithmen nicht möglich - vgl. (e), (f), (g).

1.6.4 Besondere Beschreibungsformen von Algorithmen

Algorithmen arbeiten mit (Eingangs-)Objekten (‚Daten') und haben Objekte als Ergebnisse. Objekte können so konkret sein wie eine Dezimalzahl in (b),

---

[27] Rekursion steckt auch hinter der Idee des ‚Bilds im Bild' (Abb. 43) und der sich gegenseitig zeichnenden Hände (Abb. 44), sie findet sich ebenfalls in RINGELNATZ' Vers „... daß dieser Wurm an Würmern litt, die wiederum an Würmern litten". Die „weitverbreitete Antipathie gegen die Rekursion" (WIRTH) ist lediglich eine Folge falscher Erziehung.

oder so abstrakt wie eine natürliche Zahl (für die vielerlei gleichbedeutende Zahldarstellungssysteme unterstellt werden können) in (c) – für den dortigen Algorithmus ist es völlig unerheblich, ob die Zahlen im Dezimalsystem, im Dualsystem oder mit römischen Zahlen geschrieben werden, die Teilbarkeitseigenschaften bleiben davon unberührt. Bei theoretischen Untersuchungen stützt man sich gerne auf Algorithmen, die beispielsweise nur mit natürlichen

Abb. 43. Rekursion: Bild im Bild

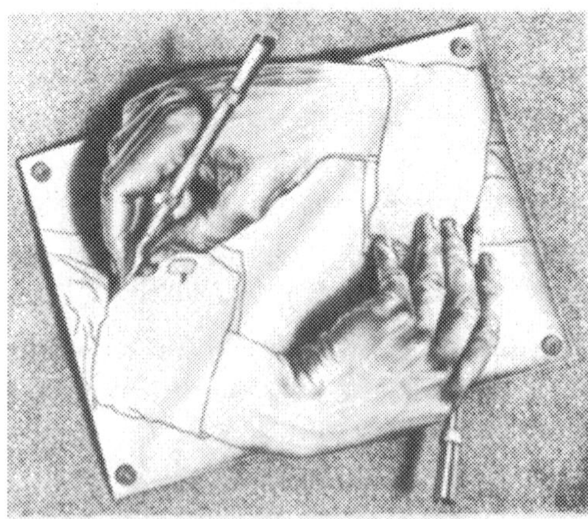

Abb. 44. Rekursion: Zeichnende Hände, Lithographie von M. C. Escher, 1948.

Zahlen (GÖDEL) oder nur mit Zeichenfolgen (MARKOV) arbeiten. Praktisch gesehen, ist keine dieser Beschränkungen notwendig oder nützlich; man kann beliebige Objektmengen zulassen, wenn man ihre Eigenschaften sauber definieren kann. Sofern man aber mit Fallunterscheidungen arbeiten will, muß man mindestens die Objektmenge mit den Wahrheitswerten »wahr«, »falsch« einführen.

Zwar ist vom theoretischen Standpunkt aus das ‚Material', das einem Algorithmus zugrundeliegt, belanglos (HERMES [13]), vom praktischen Standpunkt aus ergeben sich jedoch Unterschiede wie Tag und Nacht.

1.6.4.1 *Textersetzungsalgorithmen, speziell Markov-Algorithmen*

Anknüpfend an 1.5.1 können wir feststellen, daß operative digitale Nachrichtenverarbeitungsvorschriften Algorithmen über Texten (endlichen oder unendlichen Zeichenfolgen) sind. Es kommt uns dabei nun auf eine Präzisierung des bisherigen intuitiven Algorithmenbegriffs an. Insbesondere soll geklärt werden, was als ‚elementare Verarbeitungsschritte' angesehen werden kann.

Wir gehen aus von einer endlichen Menge $\mathscr{P}$ von Ersetzungsregeln, Produktionen genannt, wie in 1.4.4, lassen jetzt jedoch die Bedingung fallen, daß der Klar- und der Codezeichenvorrat disjunkt sind. Wir nehmen im Gegenteil an, in $a \succ\!\!- b$ seien a und b Worte über einem Zeichenvorrat $\mathbb{V}$. Der Algorithmus soll dann, sofern keine Ersetzung möglich ist, das vorgelegte Wort unberührt lassen; andernfalls aber irgend eine Ersetzung (ungesteuert) vornehmen und von vorn beginnen. Er ist also rekursiv, und sogar iterativ (eine formale Beschreibung findet sich in 7.2.3). Ist die Menge der in den linksseitigen Worten vorkommenden Zeichen zu der der in den rechtsseitigen Worten vorkommenden disjunkt, so kommt man auf den Fall der Codierung zurück.

Dieser **ungesteuerte Textersetzungsalgorithmus** ist nichtdeterministisch und im allgemeinen auch nichtdeterminiert. Insbesondere für Ströme ist er wesensgemäß nichtterminierend.

Beispiel (i): $\mathbb{V} = \{\mathbf{O}, \mathbf{L}\}$

$$\mathscr{P} = \left\{\begin{array}{rcl} \mathbf{L} & \succ\!\!- & \mathbf{LLL} \\ \mathbf{LOLLL} & \succ\!\!- & \mathbf{LO} \\ \mathbf{LO} & \succ\!\!- & \mathbf{O} \end{array}\right\}$$

1) Der vorgelegte Text **LOLLLLLLO** führt, wenn auf die einzelnen Teilworte **LOLLL**, **L**, **L** und **LO** jeweils die passenden Produktionen angewandt werden, zu den Teilworten **LO**, **LLL**, **LLL** und **O**, also zum vorgelegten Text zurück – wodurch man einen unendlichen Weg gehen kann, aber nicht gehen muß:

2) Der vorgelegte Text **LOLLLLLLO** führt auch schrittweise zu **LOLLLO**, das seinerseits zu **LOO** und dann zu **OO** führt, welches abgeliefert wird. (Beachte: **OO** ist auch mit der dritten Regel allein erzielbar.)

Man kann nun aber die Ersetzung auch steuern, etwa indem man stets eine links-nach-rechts sequentielle Ersetzung (1.4.4(b)) vorschreibt, oder stets eine Abfolge von parallelen Ersetzungen (1.4.4(a)). Durch solche Steuerungen werden die Möglichkeiten jetzt aber echt eingeschränkt: Der zyklisch unendliche Weg von 1) ist mit links-nach-rechts-sequentieller Ersetzung nicht begehbar, der Weg von 2) nicht mit paralleler Ersetzung.

Verlangt man bei sequentieller Ersetzung außerdem, daß von den Produktionen stets die in der Aufschreibung am weitesten oben stehende benutzt wird (indem man also zu einer geordneten Menge von Produktionen übergeht), so erhält man einen deterministischen Abkömmling. Man kann außerdem verlangen, daß gewisse Produktionen den Algorithmus beenden.

Textersetzungsalgorithmen solch spezieller Art nennt man nach dem russischen Mathematiker A. A. MARKOV, der sie 1951 zuerst angegeben hat, **Markov-Algorithmen**; MARKOV selbst bezeichnete sie als ‚normale Algorithmen'. Wir finden in ihnen eine mittels einer besonderen Beschreibungsform gewonnene Präzisierung des Algorithmenbegriffs für endliche Zeichenfolgen.

Als Beispiel geben wir einen Markov-Algorithmus über dem Zeichenvorrat $\mathbb{V} = \{\alpha, \beta, \mathbf{O}, \mathbf{L}\}$ an, der zu einem Binärwort das ‚differenzierte' Binärwort ergibt. Er benutzt die Hilfszeichen α, β (‚Schiffchen') und umfaßt die Produktionen

$$\begin{array}{rcl}
\alpha\mathbf{O} & \succ\!\!- & \mathbf{O}\alpha \\
\alpha\mathbf{L} & \succ\!\!- & \mathbf{L}\beta \\
\beta\mathbf{O} & \succ\!\!- & \mathbf{L}\alpha \\
\beta\mathbf{L} & \succ\!\!- & \mathbf{O}\beta \\
\alpha & \succ\!\!\dot{-} & \\
\beta & \succ\!\!\dot{-} & \\
 & \succ\!\!- & \alpha
\end{array}$$

Die ‚haltenden' Produktionen sind durch einen Punkt gekennzeichnet. Die Anwendung des Algorithmus für das Wort **OOLLOLLLOLOL** zeigt Abb. 45.

Ungesteuerte Textersetzungsalgorithmen und ihre diversen Abkömmlinge, darunter speziell Markov-Algorithmen, sind dank ihrer kompakten Ersetzungsregel ‚mächtige' Beschreibungsmittel: Man hat bisher keinen Algorithmus über endlichen Zeichenfolgen angegeben, zu dem es nicht einen Markov-Algorithmus gibt, der die gleiche Verarbeitung leistet. Oft sind Beschreibungen durch Markov-Algorithmen recht kurz, verglichen mit anderen, weniger ‚raffinierten' Beschreibungsformen[28].

[28] Sehr viel detaillierter müssen häufig die Beschreibungen von Algorithmen sein, die auf sog. Turing-Maschinen (TURING 1936) ausgeführt werden sollen. Für Einzelheiten über diese mehr theoretisch relevanten Fragen sei auf Vorlesungen über Algorithmentheorie verwiesen, etwa J. LOECKX, Algorithmentheorie [16].

Man beachte, daß die elementare Ersetzungsoperation (*) von 1.4.4 bereits als komplexe, rekursiv zu definierende Operation über Zeichenfolgen aufgefaßt werden kann – für eine detaillierte Beschreibung siehe 3.5.7. ‚Elementar' ist also stets relativ zu verstehen.

OOLLOLLLOLOL
α**OOLLOLLLOLOL**
Oα**OLLOLLLOLOL**
OOα**LLOLLLOLOL**
OOLβ**LOLLLOLOL**
OOLOβ**OLLLOLOL**
OOLOLα**LLLOLOL**
OOLOLLβ**LLOLOL**
OOLOLLOβ**LOLOL**
OOLOLLOOβ**OLOL**
OOLOLLOOLα**LOL**
OOLOLLOOLLβ**OL**
OOLOLLOOLLLα**L**
OOLOLLOOLLLLβ
OOLOLLOOLLLL

Abb. 45. Das „Schiffchen"

Abhängig von den Informationen, die mit den zu verarbeitenden Nachrichten verbunden sind, werden häufig Verarbeitungsschritte, die eigentlich komplex sind, als elementar bezeichnet. Voraussetzung hierfür ist etwa, daß sich diese Schritte tatsächlich aus endlich vielen der oben genannten Textersetzungen zusammensetzen lassen, und überdies die Art des internen Aufbaus dieser Schritte für die beabsichtigte Verarbeitung unerheblich ist. Dies gilt z. B. für die Addition, Subtraktion, Multiplikation und Division mit Rest, wenn die Nachrichten ganze Zahlen in Ziffernschreibweise darstellen. Im übrigen ist es auch unerheblich, ob die Abfolge der Anweisungen mehr diagrammartig oder mehr schematisch dargestellt ist, genauso wie es unerheblich ist, ob die einzelnen Verarbeitungsschritte mehr verbal oder mehr formelhaft beschrieben sind.

Selbst das Arbeiten mit Zahlen in Ziffernschreibweise fällt also in die Klasse der Algorithmen über Zeichenfolgen. Hier in der Arithmetik findet sich auch die historische Wurzel des Wortes *algorismo*; noch LEIBNIZ sprach vom Algorithmus der Multiplikation.

1.6.4.2 *Funktionale Algorithmen nach* McCARTHY

Bei den Algorithmen mit natürlichen Zahlen als ‚Material' ist es theoretisch am einfachsten, dafür Strichzahlen zu verwenden und sich auf die Nachfolgerfunktion . +1 (die einen Strich hinzufügt) und die Vorgängerfunktion . ∸1 (die einen Strich wegnimmt, sofern einer weggenommen werden kann) zu beschränken. Die üblichen arithmetischen (und auch höhere, ‚zahlentheoretische') Operationen können rekursiv darauf aufgebaut werden. Dieser extreme Standpunkt hat bloßes theoretisches Interesse. Realistischer ist es, als ‚Material' Binärworte zu nehmen, also Zahlen in Dualdarstellung ohne führende Nullen. Operationen wie Addition, Multiplikation etc. sind auch dann als Grundoperationen aufzufassen, wenn man nicht ständig die Durchführung der Grundrechenarten ‚bis zum Bit hin' verfolgen will. Die klassische Theorie definiert im übrigen Algorithmen mit natürlichen Zahlen mittels Zusammensetzungen von Funktionen und gewisser spezieller Rekursionsschemata, wobei statt Fallunterscheidungen eine praktisch wenig befriedigende, bei Programmiersprachen unübliche Minimalisierungskonstruktion verwendet wird (‚μ-rekursive Funktionen', ‚partiell-rekursive Funktionen', HERBRAND und GÖDEL um 1934, KLEENE 1938).

Das Beispiel der natürlichen Zahlen zeigt typischerweise, daß es bei der Beschreibung von Algorithmen im allgemeinen wenig zweckmäßig ist, die Verarbeitungsvorschrift wie bei Markov-Algorithmen aus einfachen Textersetzungsschritten zusammenzusetzen:

Die mosaikhafte Beschreibung durch einzelne Ersetzungsoperationen erschwert unnötigerweise sowohl die Abfassung eines Algorithmus als auch die Feststellung der Übereinstimmung der Niederschrift mit der Spezifikation des Algorithmus. Bereits für die schulmäßige Durchführung einer Rechenoperation mit Zahlen in Ziffernschreibweise wird dabei die Beschreibung umfänglich. Das Werkzeug Rechenanlage legt dem Benutzer geradezu nahe, manche von Haus aus komplexen Verarbeitungsschritte als elementar anzusehen; wobei übrigens die Rückführung dieser Verarbeitungsschritte auf Textersetzungen bei verschiedenen Rechenanlagen in unterschiedlicher Weise erfolgen kann.

Eine flexiblere, überlagerten Aufbau erlaubende Beschreibungsform von Algorithmen, die überdies den Vorzug hat, daß ihre begrifflichen Grundlagen nicht auf das explizite Arbeiten mit endlichen Zeichenfolgen oder natürlichen Zahlen eingeschränkt sind, werden wir im folgenden Kapitel als Basis der Programmierung zugrunde legen. Diese **funktionalen Algorithmen** – wir werden sie auch Rechenvorschriften nennen – definieren partielle Funktionen durch formelhaften Aufbau (Zusammensetzung von Funktionen durch Hintereinanderausführung) und Fallunterscheidung, ihre Berechnungsstärke erhalten sie durch Zulassen der allgemeinsten Rekursion[29].

---

[29] Diese Algorithmenklasse, zuerst von MCCARTHY 1962 studiert, ist äquivalent der Klasse der μ-rekursiven Funktionen der Logik.

Als Grundlage des Aufbaus werden Objekte (‚Daten') und (Rechen-)Operationen über Objekten benutzt, die auch **abstrakt**, also *lediglich durch Angabe ihrer Eigenschaften* (‚axiomatisch') *beschrieben sein können*. Solche Einheiten von Objektmengen und zugehörigen (Rechen-)Operationen sollen **primitive (Rechen-)Strukturen** genannt werden. Musterbeispiel sind die nach PEANO abstrakt definierten natürlichen Zahlen mit den arithmetischen Grundoperationen. Im nächsten Kapitel werden wir einige solche Rechenstrukturen angeben, von denen wir zunächst ausgehen wollen. Darunter ist auch eine Rechenstruktur der Zeichenfolgen; die Klasse der darüber formulierbaren (rekursiven) Rechenvorschriften leistet ebensoviel wie die Klasse der Markov-Algorithmen.

2 Begriffliche Grundlagen der Programmierung

Von den am Ende des vorigen Kapitels erörterten Beschreibungsformen für Algorithmen kommt die der Rechenvorschriften (‚Programme'), die auf Fallunterscheidung, Zusammensetzung und Rekursion über gewissen vorgegebenen, primitiven Rechenstrukturen aufgebaut sind, den Verhältnissen bei gebräuchlichen Programmiersprachen am nächsten[1].

Während in der sogenannten numerischen Informationsverarbeitung verhältnismäßig einfache, zahlartige Objekte komplizierten zusammengesetzten Operationen unterworfen werden, liegen andererseits in der sogenannten nicht-numerischen Informationsverarbeitung häufig verhältnismäßig kompliziert strukturierte Objekte vor, auf denen einfachere Operationen durchgeführt werden sollen. Wir werden dementsprechend mit der Problematik der Operationsstruktur wie mit der der Objektstruktur konfrontiert werden.

Beim Aufbau einer **algorithmischen Sprache** wird man von gewissen, als primitiv anzusehenden Operationen ausgehen können, die für gewisse ‚Sorten' von Objekten kennzeichnend sind. Man hat überdies dafür zu sorgen, daß neben zusammengesetzten Operationen auch zusammengesetzte Objekte eingeführt werden können (6. Kap.). Dabei tut man gut daran, eine Form zu wählen, die dem Menschen, der die Verarbeitungsvorschrift abfaßt, wie dem Menschen, der sie lesen und verstehen soll, angepaßt ist – die seiner begrifflichen Vorstellungswelt angehört. Aus denkökonomischen und lerntechnischen Gründen sind möglichst wenige und möglichst universelle strukturelle und operative Grundbegriffe zu verwenden. Ihr Zusammenspiel macht den Bedeutungsumfang, die **Semantik** der algorithmischen Sprache aus.

Überdies muß die algorithmische Sprache bestimmten äußeren Formgesetzen genügen. Sie machen in ihrer Gesamtheit die **Syntax** der algorithmischen Sprache aus.

Im weiteren Verlauf dieses Kapitels werden wir die Semantik als primär, die Syntax nur als sekundär ansehen. Insbesondere der Unterschied zwischen der ALGOL-Schreibweise von CIP-L und der PASCAL-Schreibweise sollte nicht überbewertet werden. Die Semantik wird, da wir uns mit einer algorithmi-

---

[1] Der begriffliche Aufbau und auch die verwendete Notation lehnen sich in diesem Buch weitgehend an die algorithmischen Sprachen ALGOL (in der Fassung von CIP-L, vgl. [01]) und PASCAL ([04]) an, auch werden Konzepte von LISP berücksichtigt.

schen Sprache beschäftigen, stets operativ sein: Es stehen auch bei der Beschreibung der zu manipulierenden strukturierten Objekte die Bildung und Änderung solcher Strukturen im Vordergrund und nicht, wie in der Mathematik, irgendwelche ‚statischen' Eigenschaften der Objekte. Die Zurückführung der in der Sprache als primitiv anzusehenden Operationen auf einzelne Textersetzungsschritte - also die Angabe der Bedeutung der vorgegebenen primitiven Rechenstrukturen - gehört nicht zur Semantik der Sprache, sie wird als **Pragmatik** bezeichnet. Wir werden darauf im 8. Kap. zurückkommen.

Dieser einleitende Abschnitt muß mit einer Bemerkung abgeschlossen werden, deren volle Tragweite erst später ersichtlich werden wird. Jede Formulierung einer operativen Nachrichtenverarbeitung durch einen Algorithmus geschieht mittels endlich vieler Zeichen, ist also selbst eine Nachricht. (Die in dieser Nachricht steckende Information ist der Algorithmus, die Interpretationsvorschrift α (vgl. 1.1 und 1.5.2) wird geregelt durch den semantischen und pragmatischen Inhalt der syntaktischen Formulierungen.) Auch eine solche Nachricht kann selbst wieder Gegenstand einer Nachrichtenverarbeitung sein. Dies spiegelt sich vor allem in den substantiellen Umformungen wider, denen die Beschreibung eines Algorithmus im Laufe seiner Entwicklung unterworfen ist.

Die stufenweise Existenz von Nachrichten, die die Verarbeitung von Nachrichten bedeuten - in der Philosophie reichen die Wurzeln dieser Erkenntnis weit zurück - ist eines der bemerkenswertesten Phänomene der Informatik. Es wurde 1951 von H. Rutishauser im Zusammenhang mit der Übersetzung von Programmiersprachen auf Rechenanlagen kommerzieller Bauart entdeckt, ausgehend von grundlegenden Erkenntnissen von Neumanns; McCarthy hat 1960 erstmals die Verarbeitung einer Programmiersprache (LISP) mit den Mitteln ebendieser Programmiersprache beschrieben.

2.1 Grundlegende Rechenstrukturen

2.1.1 Objekte und Sorten

„Die Gegenstände kann ich nur nennen. Zeichen vertreten sie. Ich kann nur von ihnen sprechen, sie aussprechen kann ich nicht."

Ludwig Wittgenstein

Eine Nachricht N zusammen mit der ihr zugeordneten Information J (vgl. 1.5.2) soll hinfort **Objekt** (auch ‚Angabe'[2], ‚Datum', Mehrzahl **Daten**) ge-

[2] K. Zuse 1944, in einer Vorstudie zum Plankalkül.

nannt werden. Beispiele sind die (in Stellenschreibweise mit den arabischen Ziffern geschriebenen) Nachrichten und die mit ihnen verbundenen Informationen, die ,natürliche Zahlen' heißen, allgemeiner die Symbole (1.4).

Ein Objekt ist also ein Paar (N, J) mit $N \stackrel{\alpha}{\longmapsto} J$, dabei wird die Information J **Wert** des Objekts, die Nachricht N **Bezeichnung** des Objekts genannt. Man sagt, die Bezeichnung N **besitzt** den Wert J (unter der Interpretation α).

Beispielsweise besitze die Bezeichnung 7 den Wert »sieben«, die Bezeichnung 007 den Wert »sieben«, die Bezeichnung 3.14 den Wert »dreihundertvierzehn Hundertstel«. Dabei identifiziert die Bezeichnung den Wert, den sie besitzt, eindeutig. Man spricht daher kurz vom ,Objekt x' statt vom ,Objekt mit der Bezeichnung x'.

Verschiedene Bezeichnungen können den gleichen Wert besitzen - die Abbildung α ist meist nicht umkehrbar.

Objekte treten in Algorithmen als Gegenstände auf, mit denen gewisse Operationen ausgeführt werden. In der Praxis sind Objektklassen oft dadurch ausgezeicnnet, daß auf ihnen eine bestimmte Nachrichten- und Informationsverarbeitung in weithin üblicher Weise definiert ist. Mit den Objekten ,natürliche Zahlen' als Operanden sind definiert die einstellige Operation ,nächste natürliche Zahl' und die zweistelligen Operationen ,Addition' und ,Multiplikation', die als Ergebnis eine natürliche Zahl liefern. Als Umkehrung der Addition hat man die nur partiell definierte zweistellige Operation ,Subtraktion'. Außerdem hat man die ebenfalls nur partiell definierte zweistellige Operation ,Division mit Rest', die als Ergebnis zwei natürliche Zahlen, Quotient und Rest, liefert.

Nicht jedes Objekt ist als Operand für jede Operation geeignet. Eine Menge von Objekten, für die üblicherweise eine Anzahl Operationen definiert ist, heißt von einer bestimmten **Sorte** (ALGOL 68: ,Art', PASCAL: ,Typ'). Die Sorte von Objekten wird also mit charakterisiert durch die mit diesen Objekten ausführbaren Operationen. Zunächst fallen ins Auge die zahlartigen Objekte, die Mengen der ganzen, rationalen, numerisch-reellen, numerisch-komplexen Zahlen. Es gibt auch mathematische Objekte größerer Komplexität - in der Geometrie Räume und Mannigfaltigkeiten, in der Algebra Terme, in der Topologie Zellenkomplexe - auf denen komplizierte Operationen definiert sind. Nicht auf den mathematischen Bereich beschränkt gibt es als Objekte Symbole, die durch Worte über einem Zeichenvorrat oder Alphabet bezeichnet werden (Wortsymbole, vgl. 1.4).

Ferner gibt es Wahrheitswerte als Objekte, nämlich die Werte »wahr« und »falsch« mit den Bezeichnungen **T** bzw. **F**.

Universell definiert sind die (zweistelligen) Operationen des Prüfens auf ,Gleichheit' mit dem Ergebnis »wahr« oder »falsch«. Bei Zahlen wie bei Worten über einem Alphabet finden sich auch die (zweistelligen) Operationen des Prüfens auf ,vor' im Sinne der natürlichen bzw. lexikographischen Ordnung, ebenfalls mit einem Ergebnis »wahr« oder »falsch«. Die Wahrheitswerte »wahr«, »falsch« sind dementsprechend universelle Objekte.

Die Anzahl der Objekte einer bestimmten Sorte kann unendlich sein, die Objektmenge muß jedoch abzählbar sein. Mehr noch: damit ein Objekt als Operand in einem Algorithmus auftreten kann, muß es durch endlich viele Zeichen aus irgendeinem Zeichenvorrat wiedergebbar sein. Man fordert nämlich, daß jedes Objekt in endlich vielen Schritten aus endlich vielen Grundobjekten (‚ausgezeichneten Elementen') erzeugbar ist (‚Erzeugungsprinzip'). Die Objektmenge muß durch einen Algorithmus ‚aufzählbar' sein.

Für die im folgenden öfter verwendeten Sorten (Tabelle 4) verwenden wir Wortsymbole als Standard-Abkürzungen. Sie heißen **Indikationen**.

Tabelle 4. Häufig verwendete Sorten und ihre Indikationen

ALGOL-Schreibweise	PASCAL-Schreibweise	Objektmenge
int	*integer*	Menge der ganzen Zahlen (s. 2.1.3.1)
real	*real*	Menge der numerisch-reellen Zahlen[a] (s. 2.1.3.3)
bool	*Boolean*	Menge der Wahrheitswerte »wahr«, »falsch« (s. 2.1.3.6)
char	*char*	Menge der Symbole, die durch einzelne Zeichen bezeichnet werden[b] (s. 2.1.3.4)
string	*string*[e]	Menge der Symbole, die durch endliche Zeichenfolgen (Worte) über einem Zeichenvorrat bezeichnet werden (s. 2.1.3.4)
bit[d]	*bit*[e]	Menge der durch Binärzeichen **O**, **L** wiedergegebenen Symbole (s. 2.1.3.4)
bits[c]	*bitstring*[e]	Menge der durch Binärworte wiedergegebenen Symbole (s. 2.1.3.4)
lisp[f]	*lisp*[f]	Menge der durch beblätterte binäre Bäume (1.4.3.3) wiedergegebenen Symbole (s. 2.1.3.5)

[a] Approximation endlicher Stellenzahl an reelle Zahlen, siehe auch A.4.
[b] In PASCAL der Zeichenvorrat des ISO 7-Bit Code (Abb. 30).
[c] In ALGOL 68 auf (irgendeine) feste Wortlänge beschränkt.
[d] In ALGOL 68 nicht vorgesehen, durch **bits** mit Wortlänge 1 zu ersetzen.
[e] In PASCAL nicht eigens vorgesehen, aber mit den Mitteln der Sprache definierbar.
[f] In LISP eine typische Sorte, daher unsere Bezeichnung. In ALGOL 68 und PASCAL nicht standardmäßig vorgesehen, aber mit den Mitteln der Sprache definierbar.

Objekte von der Sorte **string, bits, lisp** bzw. *string*, *bitstring*, *lisp* bilden erste Beispiele **zusammengesetzter** Objekte. Einzelheiten darüber im 6. Kapitel. Demgegenüber heißen die sonstigen in diesem Abschnitt eingeführten

„einfachen" Objekte **elementar**. Vorerst soll es uns jedoch auf diesen Unterschied nicht ankommen.

Betont muß werden, daß z.B. die ganzen Zahlen nicht als Teilmenge der numerisch-reellen Zahlen aufgefaßt werden sollen, sondern nur als eindeutig zugeordnete Bilder einer entsprechenden Teilmenge. Für die Abbildung s. 2.1.3.7.

Zur Notierung von Objekten der oben genannten Sorten gibt es weithin geläufige sogenannte **Standardbezeichnungen**, sie werden in 2.1.3 einzeln eingeführt.

2.1.2 Operationen

Die Operationen, die wir zunächst kennenlernen, sind recht einfache und – aus pragmatischen Gründen – in der algorithmischen Sprache nicht weiter zerlegte Verarbeitungsvorschriften, die durch **Operationssymbole** bezeichnet werden. Je nach der Anzahl der Operanden heißen solche Operationen **einstellig** **(monadisch)** oder **zweistellig (dyadisch)**[3].

Für die Anwendung von Operationen sind verschiedene Schreibweisen in Gebrauch. Die **Funktionsschreibweise** ist geläufig, bei ihr wird die Operation durch ein Buchstabensymbol (oder auch durch ein Wortsymbol) bezeichnet; zur Anwendung werden, in Klammern und durch Kommata getrennt, dahinter die Operanden angegeben:

Die Operation *fac* (‚Fakultät') mit der Anwendung *fac*(17).
Die Operation *gcd* (‚Größter gemeinsamer Teiler')
mit der Anwendung *gcd*(72, 30).

Bei Grundoperationen wird jedoch, wegen der sichtbar auftretenden Klammergebirge, Funktionsschreibweise ungern verwendet. Für zweistellige Operationen vorherrschend ist die **Infix-Schreibweise**. Dabei ist das Operationssymbol meist ein Zeichensymbol. Bei der Anwendung steht es zwischen den beiden Operanden. Wir kennzeichnen die Position der Operanden durch Punkte, die wir vor und hinter das Operationszeichen setzen:

Die Operation $.+.$ mit der Anwendung $17+4$.
Die Operation .**mod**. mit der Anwendung 88 **mod** 17 .
Die Operation $.\leqq.$ mit der Anwendung $13\leqq 22$.

Im letzten Fall ist das Ergebnis ein Wahrheitswert.

Für einstellige Operationen gibt es dementsprechend die **Präfixschreibweise**, bei der in der Anwendung das Operationszeichen vor dem Operanden steht –

---

[3] Mehr als zweistellige Grundoperationen sind selten.

wir drücken das durch einen Punkt aus, den wir hinter das Operationszeichen setzen:

Die Operation $-.$ mit der Anwendung -273 .
Die Operation $\neg.$ mit der Anwendung $\neg$**T** .

Viele elementare Funktionen der Mathematik verwenden die Präfixschreibweise:

sin. cos. ln. .

Analog wird gelegentlich eine **Postfixschreibweise** verwendet, speziell für die einstelligen Operationen des Verdoppelns und Halbierens, des Herauf- und Herunterzählens, des Quadrierens usw.:

Die Operation .**div**2 mit der Anwendung 12870 **div**2 .
Die Operation $.-1$ mit der Anwendung $25-1$.
Die Operation $.\uparrow 2$ mit der Anwendung $5\uparrow 2$ (ALGOL-Schreibweise) .
Die Operation $.=0$ mit der Anwendung $5=0$.

Präfix- und Postfixschreibweisen für mehrstellige Operationen haben mehr theoretisches Interesse (klammerfreie Schreibweisen, insbesondere die polnische Schreibweise, engl. *Polish notation*, s. 3.7.3).

Eine Abart der Funktionsschreibweise besteht darin, das Operationssymbol zu unterdrücken und die Art der Operation durch die Form der Klammern anzuzeigen. In der Geometrie und Physik ist das für Skalar- und Vektorprodukt gebräuchlich:

$$(a, b) \qquad [f, g] \, .$$

Hier werden die Klammern (und Kommata) zu Operationssymbolen:

Die Operation der Paarbildung $\langle . . \rangle$ mit der Anwendung $\langle f\, g \rangle$, die uns in 2.1.3.5 und im 6. Kapitel begegnen wird.

Operationen bewirken Abbildungen; den Charakter der Abbildung - die Stelligkeit und die Sorten der Argumentbereiche und des Bildbereichs - drückt die **Funktionalität** aus. Wir können annehmen, daß bei den obigen Beispielen folgende Funktionalitäten vorliegen:

Für			
fac	: **(int) int**:	bzw.	(*integer*): *integer*
gcd, .+., .**mod**.	: **(int, int) int**:	bzw.	(*integer*, *integer*): *integer*
$.\leqq.$	: **(int, int) bool**:	bzw.	(*integer*, *integer*): *Boolean*
$-.$, .**div** 2, $.-1$, $.\uparrow 2$	: **(int) int**:	bzw.	(*integer*): *integer*

Als Grenzfall hat man nullstellige Operationen[4], die ein konstantes Ergebnis liefern, etwa 0 oder 1 mit der Funktionalität

$$\left.\begin{matrix}0\\1\end{matrix}\right\} : \textbf{int}: \qquad \text{bzw.} \quad : \textit{integer}$$

oder
$$\left.\begin{matrix}\mathsf{T}\\\mathsf{F}\end{matrix}\right\} : \textbf{bool}: \qquad \text{bzw.} \quad : \textit{Boolean}\ .$$

Gelegentlich kommen auch Operationen mit einem mehrfachen Ergebnis vor; beispielsweise bestehend aus Quotient und Rest einer ganzzahligen Division, mit der Funktionalität

divmod: **(int, int) (int, int)**: bzw. (*integer*, *integer*): (*integer*, *integer*).

Wegen ihrer notationellen Schwerfälligkeit sehen die meisten Programmiersprachen (auch ALGOL 68 und PASCAL) diese Möglichkeit nicht vor und zwingen zu Umschreibungen.

Im übrigen können im Prinzip auch „mehrdeutige“ Operationen vorkommen, bei denen Ergebnisse in freier Auswahl unter mehreren Möglichkeiten zustande kommen, vgl. 2.2.3.2.

Funktionen (Operationen), die in die Menge {»wahr«, »falsch«} der Wahrheitswerte abbilden, heißen **Prädikate**, etwa $.\leqq.$, $.=0$ und $\neg$. In so gut wie allen Rechenstrukturen kommen Prädikate vor. Auf die Rechenstruktur der Wahrheitswerte wird also ständig zurückgegriffen. Wir werden sie in 2.1.3.6 ausführlich behandeln.

2.1.3 Rechenstrukturen

> “The introduction of suitable abstractions is our only mental aid to organize and master complexity.”
>
> E. W. DIJKSTRA

Eine **Rechenstruktur** besteht aus einer oder mehreren Objektmengen, Sorten genannt, und gewissen Grundoperationen über diesen Sorten, jede mit einem Ergebnis aus einer dieser Sorten. Hinzu treten häufig Prädikate, mit einem Wahrheitswert als Ergebnis. Dabei werden in der Rechenstruktur auftretende **ausgezeichnete Elemente**, wie die Null bei den ganzen Zahlen, als nullstellige Operationen aufgefaßt und einbezogen. Die Gesamtheit der Sorten- und Ope-

---

[4] Obwohl zwischen ihnen aus Bequemlichkeit oft nicht unterschieden wird, sind Objekte der Sorte **int** bzw. *integer* begrifflich etwas anderes als nullstellige Operationen der Funktionalität ()**int**: bzw. :*integer*.

rations-Bezeichnungen heißt die **Signatur** der Rechenstruktur. Operationen, deren Operanden und deren Ergebnis von ein und derselben Sorte sind, heißen auch **innere Operationen** über dieser Sorte.

Für die Operationen gelten meistens gewisse Gesetze. So sind z.B. viele zweistellige Operationen assoziativ. Dies hat den wichtigen Effekt, daß in der Infixschreibweise Klammern erspart werden können. Manche zweistellige Operationen sind kommutativ, ihr Ergebnis ist also unabhängig von der Reihenfolge der Operanden. Von den einstelligen Operanden sind manche involutorisch - nochmals dieselbe Operation angewandt hebt die vorangehende auf; andere idempotent - nochmals dieselbe Operation angewandt ist wirkungslos.

Mit einer hinlänglichen Anzahl von Gesetzen kann eine Rechenstruktur eindeutig charakterisiert werden; sie kann als ‚schwarzer Kasten‘ (engl. *black box*) aufgefaßt werden. Damit wollen wir ausdrücken, daß man vom ‚inneren Aufbau‘ der Objekte und Operationen einer Rechenstruktur nichts wissen muß, ja daß sogar verschiedene Realisierungen mit gleichem ‚Verhalten‘ nach außen möglich sind - man denke etwa an verschiedene Möglichkeiten der (Binär-)Codierung natürlicher oder ganzer Zahlen und an die Vielfalt möglicher Schaltungen zur Durchführung der arithmetischen Operationen.

Nachfolgend geben wir einige Beispiele grundlegender Rechenstrukturen für die in Tabelle 4 aufgeführten Sorten. (Daß einige dieser auf andere zurückgeführt werden können, soll uns im Augenblick nicht interessieren.) Mit diesen **primitiven** Rechenstrukturen werden wir zunächst auskommen, um den Aufbau von Algorithmen zu illustrieren; die allgemeine Einführung neuer Rechenstrukturen wird erst im 6. Kapitel besprochen werden.

2.1.3.1 *Die Rechenstruktur $\mathbb{Z}$ der ganzen Zahlen*

Wohl am geläufigsten, weil im Alltag oft benutzt, ist die Rechenstruktur $\mathbb{Z}$ der **ganzen Zahlen**, bestehend aus der Sorte der ganzen Zahlen und einer Reihe darauf wirkender **arithmetischer** Operationen. Was man dabei zu den Grundoperationen nimmt, ist weitgehend willkürlich; etwa ob man zu den vier ‚Spezies‘ Addition, Subtraktion, Multiplikation und Division (letztere ist nur partiell definiert, s.u.), Quotient und Rest der ganzzahligen Division[5], Minimum

[5] Der ‚Quotient‘ $a\,\mathbf{div}\,b$ und der ‚Rest‘ $a\,\mathbf{mod}\,b$ sind nur für $b>0$ definiert, und zwar in zahlentheoretisch vernünftiger Weise durch

$$(1)\ (a\,\mathbf{div}\,b)\times b + a\,\mathbf{mod}\,b = a \quad \text{und} \quad (2)\ 0 \leqq a\,\mathbf{mod}\,b < b\,.$$

Damit gilt

$$(-a)\,\mathbf{mod}\,b + a\,\mathbf{mod}\,b = \begin{cases} 0 & \text{falls } b \mid a \\ b & \text{sonst} \end{cases}$$

und Maximum, größten gemeinsamen Teiler und kleinstes gemeinsames Vielfaches hinzunimmt, sowie an einstelligen Operationen Absolutbetrag, Quadrat, Signum, Negativum (Vorzeichenumkehr), ist nur eine Zweckmäßigkeits- und Geschmacksfrage. (Aber sogar auf die Speziesoperationen kann man als Grundoperationen verzichten und sich auf die beiden einstelligen Operationen ‚Nachfolger‘ und ‚Vorgänger‘ sowie auf ein ausgezeichnetes Element ‚Null‘ stützen. Wie die übrigen oben erwähnten Operationen daraus hergeleitet werden können, wird im weiteren Verlauf an einigen Beispielen gezeigt werden.) Neben diesen **inneren** Operationen sind für ganze Zahlen Vergleichsoperationen definiert: Gleichheit und Ungleichheit, Kleiner-Gleich- und Größer-Prädikat, Kleiner- und Größer-Gleich-Prädikat; sowie einstellige Prädikate wie die Eigenschaften, gerade oder ungerade zu sein.

Grundlegende Gesetze, wie Kommutativität und Assoziativität der Addition und der Multiplikation (aber auch des Minimums und Maximums, des g.g.T. und k.g.V.) und das Distributivgesetz sind aus dem Elementarunterricht geläufig. Die ganzen Zahlen erfüllen mit der Addition und Multiplikation die Gesetze eines **Ringes**[6] (‚Ring $\mathbb{Z}$ der ganzen Zahlen‘).

Für Subtraktion (und Division, soweit definiert) gilt das Gesetz der **Rechtskommutativität**

$$(a-b)-c=(a-c)-b \qquad (a/b)/c=(a/c)/b\,.$$

Die Vorzeichenumkehr ist involutorisch, die Betragsbildung idempotent.

Einen Überblick über die im weiteren Verlauf zunächst als primitiv angesehenen Operationen gibt Tabelle 5.

Aus technischen Gründen führt man in fast allen Programmiersprachen Bereichsbeschränkungen für ganze Zahlen ein. Sie sollen jedoch zunächst außer acht gelassen werden.

Die Operationen Quotient und Rest sind nur partiell definiert: der zweite Operand muß von Null verschieden sein.

---

und

$$-1 \leqq (-a)\,\mathbf{div}\,b+(a\,\mathbf{div}\,b) \leqq 0\,.$$

In PASCAL gilt (1), abweichend von (2) galt ursprünglich

$$\begin{aligned} 0 \leqq a\,\mathbf{mod}\,b<b \quad &\text{für} \quad a>0 \\ -b<a\,\mathbf{mod}\,b \leqq 0 \quad &\text{für} \quad a<0\,. \end{aligned}$$

In der dritten Auflage [04] wurde zu (2) übergegangen, dafür ist jetzt (1) (für negatives b) verletzt.
Die in ALGOL 68 geltende Definition, in der nicht einmal (1) gilt, ist unbrauchbar.

[6] Vgl. Birkhoff-Bartee, Angewandte Algebra, Oldenbourg 1973, S. 288.

Tabelle 5. Überblick: Rechenstruktur ℤ der ganzen Zahlen

	ALGOL-Schreibweise	PASCAL-Schreibweise
Sorte	**int**	*integer*
zweistellige innere Operationen:		
Funktionalität	(**int**, **int**) **int**:	(*integer*, *integer*): *integer*
Addition	. + .	. + .
Subtraktion	. − .	. − .
Multiplikation	. × .	.*.
Quotient (partiell)	.**div**. oder . ÷ . [a]	.**div**.
Rest (partiell)	.**mod**.	.**mod**.
Minimum *min*(.,.)	● [b]	● [b]
Maximum *max*(.,.)	●	●
g.g.T. *gcd*(.,.)	●	●
k.g.V. *lcm*(.,.)	●	●
Potenz	.↑.	●
einstellige innere Operationen:		
Funktionalität	(**int**) **int**:	(*integer*): *integer*
Nachfolger *succ*(.)	. + 1	*succ*(.) . + 1
Vorgänger *pred*(.)	. − 1	*pred*(.) . − 1
Verdoppeln	. × 2	.*2
Halbieren	.**div**2 oder . ÷ 2	.**div**2
Absolutbetrag	**abs**.	*abs*(.)
Signum	**sign**.	●
Quadrat	.↑2	*sqr*(.)
Negativum	−.	−.
ausgezeichnete Elemente:		
Funktionalität	**int**	*integer*
Null	0	0
Eins	1	1
Zwei	2	2
⋮		
Neun	9	9
Zehn	10	10
Prädikate:		
Funktionalität	(**int**, **int**) **bool**:	(*integer*, *integer*): *Boolean*
Gleich	. = .	. = .
Ungleich	. ≠ .	. ≠ . .<>.
Kleiner-gleich	. ≦ .	. ≦ . .<=.
Größer	. > .	. > .
Kleiner	. < .	. < .
Größer-gleich	. ≧ .	. ≧ . .>=.
Funktionalität	(**int**) **bool**:	(*integer*): *Boolean*
Nullsein-Eigenschaft	. = 0	. = 0
Nicht-Nullsein-Eigenschaft	. ≠ 0	. ≠ 0 .<>0
Geradesein-Eigenschaft	**even**.	●
Ungeradesein-Eigenschaft	**odd**.	*odd*(.)

[a] In ALGOL 68 .**over**. oder . ÷ . .

[b] Nicht standardmäßig vorgesehen.

Standardbezeichnungen von ganzen Zahlen erfolgen in Dezimalschreibweise unter eventueller Verwendung des Operationszeichens −. für das Negativum. Führende Nullen sind erlaubt[7].

Standardbezeichnungen wie

34 1000 123 00123

besitzen die ihnen üblicherweise zukommenden Werte ganzer Zahlen; sie sind Abkürzungen für die Terme (vgl. 2.2.2.1)

$$
\begin{array}{l}
3 \cdot 10 + 4 \\
\uparrow \quad\; \uparrow \\
((1 \cdot 10 + 0) \cdot 10 + 0) \cdot 10 + 0 \\
\quad \uparrow \qquad \uparrow \qquad \uparrow \qquad \uparrow \\
(1 \cdot 10 + 2) \cdot 10 + 3\ . \\
\uparrow \qquad \uparrow \qquad \uparrow \\
(((0 \cdot 10 + 0) \cdot 10 + 1) \cdot 10 + 2) \cdot 10 + 3 \\
\quad \uparrow \qquad \uparrow \qquad \uparrow \qquad \uparrow \qquad \uparrow
\end{array}
$$

Die letzten beiden Bezeichnungen besitzen den gleichen Wert.

2.1.3.2 *Die Rechenstruktur $\mathbb{N}$ der natürlichen Zahlen*

> 'There was an old man who said "Do
> Tell me how I'm to add two and two?
> Arithmetical lore
> claims they add up to four
> But I fear that is almost too few."'

Die Rechenstruktur $\mathbb{N}$ der natürlichen Zahlen kann ohne Bezug auf $\mathbb{Z}$ definiert werden, was auch der historischen Entwicklung des Zahlbegriffs entspricht. Dabei kann man sich auf eine einzige einstellige Operation ‚Nachfolger' sowie auf ein ausgezeichnetes Objekt ‚Null' stützen (DEDEKIND 1887, PEANO 1889)[8].

In Programmiersprachen ist es dagegen üblich, die natürlichen Zahlen als Teilmenge der ganzen Zahlen einzuführen, nämlich als die Menge der nichtnegativen Zahlen. Dementsprechend ist für sie in PASCAL standardmäßig keine Sortenbezeichnung vorgesehen, die Beschränkung muß durch Zusicherungen (s. 2.3.1.3) angezeigt werden. In der ALGOL-Schreibweise verwenden wir die Sortenbezeichnung **nat**. Bei den partiellen Operationen Quotient und Rest muß immer noch der zweite Operand von Null verschieden sein. Als Folge der Beschränkung sind einige weitere Operationen aus $\mathbb{Z}$ in $\mathbb{N}$ nur noch

---

[7] Verzichtet man auf Darstellungen mit führenden Nullen, so sind die positiven ganzen Zahlen eindeutig darstellbar.

[8] Die Null soll (entgegen einer früher üblichen Definition, vgl. VAN DER WAERDEN, Algebra I, 8. Aufl., Springer 1971) eingeschlossen sein.

partiell definiert, nämlich die Subtraktion und die Vorgängeroperation; das Negativum ist (außer für 0) undefiniert.

2.1.3.3 *Rechenstrukturen der rationalen und der numerisch-reellen Zahlen*

Für rationale Zahlen ist neben Addition, Subtraktion und Multiplikation auch die Division verfügbar; sie fällt mit der Quotientenbildung zusammen, der Rest wird trivialerweise immer Null. Auch g.g.T. und k.g.V. verlieren ihren Sinn, ebenso wie Nachfolger und Vorgänger, Gerade- und Ungeradesein. Rationale Zahlen bilden einen **Körper**[9] (,Körper $\mathbb{Q}$ der rationalen Zahlen').

Rationale Zahlen können zur Annäherung an reelle Zahlen gebraucht werden. In der Praxis beschränkt man sich jedoch auf Dezimal- oder Dualbrüche mit einer gewissen Höchstanzahl signifikanter Stellen, d.h. Stellen ohne führende Nullen. Dadurch wird jedoch nach der Durchführung arithmetischer Operationen in der Regel ein **Runden** erforderlich[10]. Mit den besonderen Genauigkeitsproblemen, die durch das Rechnen mit numerisch-reellen Zahlen entstehen, beschäftigt sich die Numerische Mathematik. Für Einzelheiten sei auf J. STOER, Numerische Mathematik 1, 5. Aufl., Springer 1989, insbes. Kap. 1, hingewiesen.

Von den für ganze Zahlen aufgeführten Operationen werden im folgenden die zweistelligen .+., .−., .×. und die einstelligen **abs**., **sign**., −. sowie die Vergleichsoperationen .=., .≠., .≦., .>., .<., .≧. mit entsprechend geänderter Funktionalität auch für numerisch-reelle Zahlen benutzt. .**div**. und .**mod**. entfallen, an ihre Stelle tritt die Division ./. . Sie ist immer noch nur partiell definiert, da die Division durch Null nach wie vor undefiniert ist. Für numerisch-reelle Divisoren ,in der Nähe von Null' ist die Durchführbarkeit der Division ,unsicher'. Für solche Zahlen sind auch die Vergleichsoperationen und die Signum-Operation ,wacklig'; es handelt sich dabei um eine durch den Rundungsmechanismus hervorgerufene Instabilität.

Die sogenannten elementaren Funktionen der Mathematik werden in der numerischen Mathematik so häufig gebraucht, daß man sie als **Standard-Funktionen** meistens in die Rechenstruktur der numerisch-reellen Zahlen einbezieht. Tabelle 6 gibt eine Zusammenfassung[11].

ALGOL 68 hat auch eine besondere Rechenstruktur für numerisch-komplexe Rechnung.

---

[9] Vgl. BIRKHOFF-BARTEE, Angewandte Algebra, Oldenbourg 1973, S. 292.

[10] Die numerisch-reellen Zahlen bilden deshalb auch keinen Körper.

[11] Abweichend vom üblichen mathematischen Gebrauch verwenden ALGOL 68 und PASCAL Funktionsschreibweise, *ln*(*a*), *sin*(*a*) anstatt ln *a*, sin *a*.

Tabelle 6. Überblick: Elementare Funktionen

	ALGOL-Schreibweise	PASCAL-Schreibweise	Bemerkungen
Funktionalität	**(real) real:**	*(real)*: *real*	
Quadrat	.↑2	*sqr*(.)	
Absolutbetrag	**abs**.	*abs*(.)	
Quadratwurzel	*sqrt*(.)	*sqrt*(.)	undefiniert für negatives Argument
Exponential-funktion	*exp*(.)	*exp*(.)	
natürlicher Logarithmus	*ln*(.)	*ln*(.)	undefiniert für nicht-positives Argument
Sinus	*sin*(.)	*sin*(.)	
Cosinus	*cos*(.)	*cos*(.)	
Tangens	*tan*(.)	•	
Arcussinus	*arcsin*(.)	•	Hauptwert aus dem Intervall $\left[-\frac{\pi}{2}, \frac{\pi}{2}\right]$
Arcuscosinus	*arccos*(.)	•	Hauptwert aus dem Intervall $[0, \pi]$
Arcustangens	*arctan*(.)	*arctan*(.)	Hauptwert aus dem Intervall $\left[-\frac{\pi}{2}, \frac{\pi}{2}\right]$

Standardbezeichnungen wie[12] (vgl. auch A.4)

$$0.000123 \quad 1.23_{10}-4 \quad 1_{10}-4 \quad 1.23 \quad 0.123$$

sind, wie in 2.1.3.2, Abkürzungen für Terme. Die ersten beiden Bezeichnungen besitzen den gleichen Wert.

Über Stellenwertsysteme zur Zahldarstellung, insbesondere das Dezimalsystem, siehe Anhang A.

2.1.3.4* *Rechenstrukturen für nicht-numerisches Rechnen: Zeichenfolgen*

Rechenstrukturen für nicht-numerisches Rechnen müssen in erster Linie das Arbeiten mit Worten (d.h. mit Zeichenfolgen endlicher Länge) über einem Al-

[12] Der Dezimalpunkt (anstelle des Kommas) ist international gebräuchlich. $_{10}-4$ bedeutet in üblicher Schreibweise 10^{-4}, und $1.23_{10}-4$ bedeutet 1.23×10^{-4}. Das Tiefsetzen der Basiszehn erlaubt das Fortschreiben des Exponenten auf der Zeile. In PASCAL ([04]) ist $_{10}$ durch *E* ersetzt.

* Die Behandlung dieses Abschnitts kann bis 2.3.2 zurückgestellt werden.

phabet $\mathbb{V}$ erlauben. Typische Operationen sind (symmetrisch für das eine oder andere Ende) das Anfügen eines Zeichens an eine Zeichenfolge sowie die (partiell definierten) Umkehrungen dieser Operationen. Als ausgezeichnetes Element dient die leere Zeichenfolge.

Auf diese Operationen kann die Verkettung zweier Zeichenfolgen (**Konkatenation**) zurückgeführt werden. Umgekehrt kann aus dem Übergang von einem Zeichen zu einer einelementigen Zeichenfolge, die aus diesem Zeichen besteht (**Ausweitung**), in Verbindung mit der Konkatenation das Anfügen eines Zeichens erreicht werden. In ALGOL 68 wird dies so gehandhabt, wobei die Ausweitung unbezeichnet bleibt; es fehlen jedoch die Umkehrungen; sie sind nur durch Umschreibungen erhältlich. In PASCAL sind Operationen für das Arbeiten mit Zeichenfolgen nicht standardmäßig verfügbar, können jedoch in speziellen Implementierungen eingeführt werden.

Wir behandeln nachfolgend explizit Zeichenfolgen der Sorte **string** bzw. *string* über dem Alphabet **char** bzw. *char*, vgl. Tabelle 4.

Einen Überblick über die im weiteren Verlauf zunächst als primitiv angesehenen Operationen der Rechenstruktur ($\mathbb{V}^*$, $\mathbb{V}$) der Zeichenfolgen über einem Alphabet $\mathbb{V}$ gibt Tabelle 7.

Speziell über dem Binäralphabet $\mathbb{V}_2 = \{\mathbf{O}, \mathbf{L}\}$ der Sorte **bit** bzw. *bit* erhält man die Rechenstruktur $\mathbb{B}$ITS der Binärworte (1.4.3.2) beliebiger Länge mit der Sorte **bits** bzw. *bitstring*; für sie gilt entsprechendes (siehe auch Tabelle 10).

Standardbezeichnungen für Zeichen und Zeichenfolgen erfolgen durch Einschließen in geeignete Zeichen.

Standardbezeichnungen wie

‘a’ ‘A’ ‘α’ ‘ω’ ‘♂’ ‘♀’ ‘␣’

bzw. in ALGOL-Schreibweise

'a' 'A' 'α' 'ω'
'♂' '♀' '␣'

in PASCAL-Schreibweise

'a' 'A' 'α' 'ω'
'♂' '♀' '␣'

bezeichnen gewisse Symbole, sie besitzen die Werte (von der Art **char** bzw. vom Typ *char*) »Buchstabe klein A«, ..., »Buchstabe klein Omega«, »Mars«, »Venus«, »Zwischenraum«. Der Zwischenraum muß eigens bezeichnet werden, um Irrtümer zu vermeiden.

Standardbezeichnungen wie ‘FAZ’, ‘liechtenstein’, ‘hans␣sachs’ und ‘dienstag’ bzw.

''FAZ'' ''liechtenstein''
''hans␣sachs'' ''dienstag''

'FAZ' 'liechtenstein'
'hans␣sachs' 'dienstag'

Tabelle 7. Überblick: Rechenstruktur ($\mathbb{V}^*$, $\mathbb{V}$) der Zeichenfolgen über einem Alphabet $\mathbb{V}$

	ALGOL-Schreibweise[a]	PASCAL-Schreibweise[b]
Sorten:		
Zeichen ($\mathbb{V}$)	**char**	*char*
Zeichenfolgen ($\mathbb{V}^*$)	**string**	*string*
zweistellige innere Operation:		
Funktionalität	(**string**, **string**) **string**:	(*string*, *string*): *string*
Konkatenation	. + .	*conc*(. , .)
einstellige innere Operationen:		
Funktionalität (partiell)	(**string**) **string**:	(*string*): *string*
„alle bis auf Erstes"	*rest*(.)	*rest*(.)
„alle bis auf Letztes"	*lead*(.)	*lead*(.)
zweistellige gemischte Operationen:		
Funktionalität	(**char**, **string**) **string**:	(*char*, *string*): *string*
Vorsetzen	*prefix*(. , .)	*prefix*(. , .)
Funktionalität	(**string**, **char**) **string**:	(*string*, *char*): *string*
Nachsetzen	*postfix*(. , .)	*postfix*(. , .)
einstellige gemischte Operationen:		
Funktionalität (partiell)	(**string**) **char**:	(*string*): *char*
„Erstes"	*first*(.)	*first*(.)
„Letztes"	*last*(.)	*last*(.)
Funktionalität	(**char**) **string**:	(*char*): *string*
Ausweitung	$\langle . \rangle$	*mkstring*(.)
ausgezeichnetes Element:		
Funktionalität	**string**	*string*
leere Zeichenfolge	$\diamond$	*empty*
Prädikate:		
Funktionalität	(**string**, **string**) **bool**:	(*string*, *string*): *Boolean*
Gleich	. = .	●
Ungleich	. $\neq$.	●
lexikographisch: Kleiner-Gleich	. $\leqq$.	●
Größer	. > .	●
Kleiner	. < .	●
Größer-Gleich	. $\geqq$.	●
Funktionalität	(**string**) **bool**:	(*string*): *Boolean*
Leersein-Eigenschaft	. = $\diamond$	*isempty*(.)

[a] Anmerkung: Die Ausweitungsoperation $\langle . \rangle$ bleibt in ALGOL 68 unbezeichnet. Für die leere Zeichenfolge muß die Standardbezeichnung '''' verwendet werden. Die Operationen *rest*, *lead*, *first*, *last* sind nicht standardmäßig vorgesehen, können jedoch mit den Mitteln von ALGOL 68 eingeführt werden, z.B.

first(a) als a[1] , *rest*(a) als a[2 : **upb** a] ,
last(a) als a[**upb** a] , *lead*(a) als a[1 : **upb** a − 1] .

[b] Anmerkung: Der Typ *string* ist in PASCAL nicht standardmäßig vorgesehen.

bezeichnen ebenfalls Symbole, sie besitzen als Wert (von der Art **string** bzw. vom Typ *string*) das Tupel der durch die einzelnen Zeichen wiedergegebenen Werte. Sie sind Abkürzungen für Terme (vgl. 2.2.2.1) wie ⟨'F'⟩ + ⟨'A'⟩ + ⟨'Z'⟩.

Die Bezeichnungen **O** und **L** besitzen als Werte (von der Art **bit** bzw. vom Typ *bit*) die Werte derjenigen Symbole, für die sie als abstrakte Repräsentanten eines binären Zeichenvorrats stehen.

Bezeichnungen wie **OOLOL LOLLO LLOOL** besitzen als Werte (von der Sorte **bits** bzw. *bitstring*) die derjenigen Symbole oder Symbolfolgen, für die die jeweiligen Binärworte als Codierung stehen.

Um Standardbezeichnungen für Binärzeichen und Binärworte zu erhalten, ist wiederum Einschließung durch geeignete Zeichen erforderlich.

Die Operationen *rest*(.), *lead*(.), *first*(.), *last*(.) sind nur partiell, nämlich für ein nichtleeres Argument, definiert[13]. Auf Leersein prüft das Prädikat $. = \diamond$ bzw. *isempty*(.).

Die Konkatenation ist eine assoziative, i.a. aber nicht kommutative Operation[14]. Zeichenfolgen erfüllen mit der Konkatenation und der leeren Zeichenfolge die Gesetze einer **Halbgruppe mit Einselement**[15] (Monoid $\mathbb{V}^*$ der Zeichenfolgen).

Charakteristisch für die weiteren auf Zeichenfolgen definierten Operationen sind folgende Gesetze:

$$first(prefix(x, a)) = x$$
$$rest(prefix(x, a)) = a\ ,$$

sowie für nicht-leeres a

$$prefix(first(a), rest(a)) = a\ .$$

Ihre Gegenstücke für das Arbeiten am anderen Ende lauten:

$$last\ (postfix(a, x)) = x$$
$$lead(postfix(a, x)) = a\ ,$$

sowie für nicht-leeres a

$$postfix(lead(a), last(a)) = a\ .$$

Für das Zusammenspiel mit der Konkatenation gilt ferner, falls $a \neq \diamond$ oder $b \neq \diamond$:

---

[13] Für rechts-unendliche Zeichenfolgen (s.u.) sind *lead* und *last* ebenfalls undefiniert.

[14] $a + b$ ist undefiniert, wenn a eine rechts-unendliche Zeichenfolge ist.

[15] Vgl. Birkhoff-Bartee, Angewandte Algebra, Oldenbourg 1973, S. 207.

$$first(a+b) = \begin{cases} first(a) & \text{falls} \quad a \neq \diamond \\ first(b) & \text{falls} \quad a = \diamond \end{cases}$$

und

$$rest(a+b) = \begin{cases} rest(a)+b & \text{falls} \quad a \neq \diamond \\ rest(b) & \text{falls} \quad a = \diamond \end{cases}$$

und entsprechendes für das Arbeiten am anderen Ende.

Man beachte, daß die Menge der Worte (d.h. der Zeichenfolgen endlicher Länge) über einem (nichtleeren) endlichen Alphabet abzählbar (und sogar durch einen Algorithmus aufzählbar) ist. Dasselbe gilt übrigens auch für die Menge aller Worte über einem abzählbaren Alphabet, etwa für die Menge aller endlichen Folgen natürlicher Zahlen (GÖDEL 1928). Dagegen ist bereits über einem *binären* Alphabet die Menge aller rechts-unendlichen Zeichenfolgen („Ströme", engl. streams) nicht mehr abzählbar. Sie kann nämlich eineindeutig der Menge aller echten unendlichen Dezimalbrüche zugeordnet werden, und diese entspricht der Menge aller reellen Zahlen im abgeschlossenen Intervall [0 .. 1]. CANTOR hat schon 1873 gezeigt, daß letztere nicht abzählbar ist; sein Beweis (‚Diagonal-Verfahren') überträgt sich auch direkt auf allgemeine unendliche Zeichenfolgen.

Die Informatik muß sich daher auf die Teilmenge der berechenbaren rechts-unendlichen Zeichenfolgen beschränken (entsprechend den berechenbaren reellen Zahlen, wozu etwa $\sqrt{2}$, e, π gehören). Zunächst wollen wir jedoch mit endlichen Zeichenfolgen auskommen.

2.1.3.5* *Rechenstrukturen für nicht-numerisches Rechnen: Beblätterte Binärbäume*

> "Whenever I think I see a tree,
> I see a string instead."
> J. MCCARTHY

In einer Zeichenfolge sind die einzelnen Zeichen konsekutiv (‚linear') aufgereiht. In einem Codebaum wie in Abb. 33 finden wir dagegen die Zeichen als Blätter an einem Baum. Wenn die Vergabelung stets in zwei Äste erfolgt, und dazu die Reihenfolge von Belang ist, handelt es sich um einen **binären**[16] **geordneten** Baum. Eine Rechenstruktur, die erhebliches historisches, theoretisches und praktisches Interesse beansprucht, ist die Rechenstruktur der binären, geordneten, mit Zeichen (aus $\mathbb{V}$) **beblätterten Bäume**. Als Grenzfall nimmt man auch die aus einem einzigen Zeichen gebildeten **atomaren** Bäume hinzu. Typische Operationen sind das Zusammenfügen zweier Bäume a und b zu einem

---

* Die Behandlung dieses Abschnitts kann bis 2.2.2.2 zurückgestellt werden.

[16] Genauer gesagt, einen **dyadischen** Baum. Im Englischen wird *binary* in der Bedeutung von binär (1.4.2), dual (1.4.3.6) und dyadisch gebraucht. ‚Baum' steht kurz für ‚gerichteter Wurzelbaum'.

Baum ⟨*ab*⟩, die **Kombination**[17] (mit *cons*(.,.) bezeichnet[18]) sowie (partiell definierte) Umkehrungen „linker Teilbaum", „rechter Teilbaum" (mit *car*(.) und *cdr*(.) bezeichnet[18]). Die **Ausweitung**, der Übergang von einem Zeichen zu einem atomaren Baum bleibt meist unbezeichnet. Schließlich benötigt man auch ein Prädikat *isatom*(.), das zwischen atomaren und eigentlichen, beblätterten Bäumen unterscheidet.

Mit Zeichen beblätterte Binärbäume sind graphische Darstellungen der Elemente einer abstrakten Rechenstruktur, die folgendermaßen definiert ist:

Ein beblätterter Binärbaum ist

entweder **atomar**:	aus einem Zeichen bestehend
oder **nicht atomar**:	ein geordnetes Paar von beblätterten Binärbäumen.

Verwendet man für das Zusammenfügen die Klammeroperation ⟨..⟩ und unterdrückt man die Ausweitung [19], so erhält man Standarddarstellungen beblätterter Binärbäume wie

'A' ⟨'A' 'B'⟩ ⟨⟨'A' 'B'⟩ 'C'⟩ ⟨'A' ⟨'B' 'C'⟩⟩ ⟨⟨'A' 'B'⟩ ⟨'B' 'C'⟩⟩ .

Bäume mit linksbündigen oder rechtsbündigen Klammern, wie

⟨⟨'A' 'B'⟩ 'C'⟩ bzw.
⟨'A' ⟨'B' ⟨'C' ⟨'D' 'E'⟩⟩⟩⟩

heißen speziell (links-) bzw. (rechts-)**lineare** Listen.

Beblätterte Binärbäume sind typische Objekte der Programmiersprache LISP (McCarthy 1959). Weder ALGOL 68 noch PASCAL kennen sie standardmäßig, sie können jedoch mit ihren Mitteln definiert werden. Einen Überblick über die im weiteren Verlauf zunächst als primitiv angesehenen Operationen der Rechenstruktur ($\mathbb{V}^{\curlywedge}$, $\mathbb{V}$) der beblätterten Binärbäume $\mathbb{V}^{\curlywedge}$ über einem Alphabet $\mathbb{V}$ zeigt Tabelle 8.

In ALGOL 68 und PASCAL existieren keine Standardbezeichnungen, die Bäume müssen operativ durch Kombination aufgebaut werden.

Die Operationen *car*(.) und *cdr*(.) sind nur partiell, nämlich für ein nichtatomares Argument, definiert.

Auf Atomarsein prüft das Prädikat *isatom*(.). Die Operation *val*(.) ist nur für atomare Bäume definiert.

---

[17] lat. *combinare*, je zwei zusammenfügen.

[18] Diese Bezeichnungen haben historischen Ursprung (McCarthy 1959).

[19] Allerdings wird dann in der Standarddarstellung nicht zwischen einem Zeichen und einem atomaren beblätterten Binärbaum unterschieden. Wenn der Unterschied deutlich gemacht werden soll, muß statt der Standardbezeichnung 'A' die volle Bezeichnung *mkatom*('A') verwendet werden.

Tabelle 8. Überblick: Rechenstruktur ($\mathbb{V}^{\curlywedge}$, $\mathbb{V}$) der beblätterten geordneten Binärbäume über einem Alphabet $\mathbb{V}$

	ALGOL-Schreibweise[a]	PASCAL-Schreibweise[a]
Sorten:		
Zeichen ($\mathbb{V}$)	**char**	*char*
binäre Bäume ($\mathbb{V}^{\curlywedge}$)	**lisp**	*lisp*
zweistellige innere Operation:		
Funktionalität	**(lisp, lisp) lisp**:	(*lisp*, *lisp*): *lisp*
Kombination ⟨..⟩	*cons*(.,.)	*cons*(.,.)
einstellige innere Operationen:		
Funktionalität	**(lisp) lisp**:	(*lisp*): *lisp*
„linker Teilbaum" (partiell)	*car*(.)	*car*(.)
„rechter Teilbaum" (partiell)	*cdr*(.)	*cdr*(.)
einstellige gemischte Operationen:		
Funktionalität	**(char) lisp**:	(*char*): *lisp*
Ausweitung	*mkatom*(.)	*mkatom*(.)
Funktionalität	**(lisp) char**:	(*lisp*): *char*
Entblößung (partiell)	*val*(.)	*val*(.)
Prädikate:		
Funktionalität	**(lisp, lisp) bool**:	(*lisp*, *lisp*): *Boolean*
Gleich	•	•
Ungleich	•	•
Funktionalität	**(lisp) bool**:	(*lisp*): *Boolean*
Atomarsein-Eigenschaft	*isatom*(.)	*isatom*(.)

[a] nicht standardmäßig vorgesehen, aber mit Sprachmitteln in ALGOL 68 bzw. PASCAL definierbar.

Die Kombination ist weder kommutativ noch assoziativ. In der Tat entsprechen sowohl

⟨'A' 'B'⟩ und ⟨'B' 'A'⟩

wie auch

⟨'A' ⟨'B' 'C'⟩⟩ und ⟨⟨'A' 'B'⟩ 'C'⟩

zweierlei Bäume (Abb. 46). Allgemein entsprechen den verschiedenen dyadischen Klammerungen, die man an einer Zeichenfolge vornehmen kann, ebensoviele verschiedene Binärbäume.

Beblätterte Binärbäume bilden unter der Kombination lediglich ein **Gruppoid**[20] (‚Gruppoid der beblätterten Bäume').

[20] Ein Gruppoid ist eine Algebra mit einer zweistelligen Verknüpfung ohne weitere Gesetze. Vgl. Birkhoff-Bartee, Angewandte Algebra, Oldenbourg 1973, S. 207.

Das Objekt „beblätterter Binärbaum“ kann mit der Formel, dem Term, der es bildet („erzeugt“), identifiziert werden. Die Operation *cons* wird deshalb als **Konstruktoroperation** bezeichnet. Die Operationen *car* und *cdr* sind **Selektoroperationen**. Die zu Abb. 46 gehörenden Terme lauten von links nach rechts:

$$mkatom(\text{‘A’})$$
$$cons(mkatom(\text{‘A’}), mkatom(\text{‘B’}))$$
$$cons(mkatom(\text{‘B’}), mkatom(\text{‘A’}))$$
$$cons(mkatom(\text{‘A’}), cons(mkatom(\text{‘B’}), mkatom(\text{‘C’})))$$
$$cons(cons(mkatom(\text{‘A’}), mkatom(\text{‘B’})), mkatom(\text{‘C’}))$$

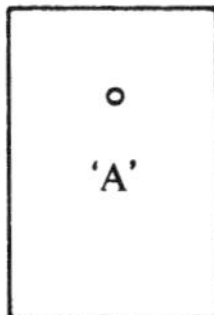

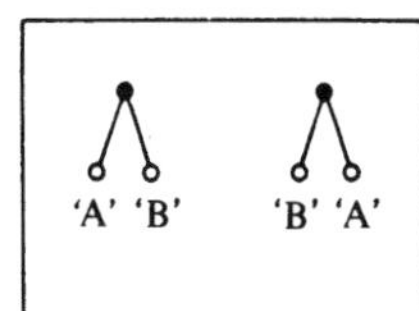

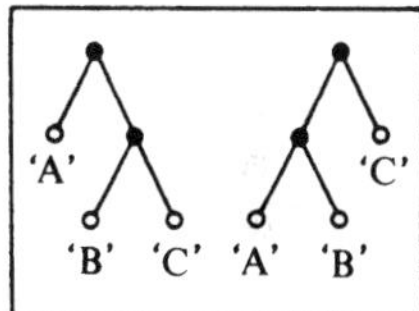

Abb. 46. Binärbäume

Charakteristisch für die erwähnten Operationen mit beblätterten Binärbäumen sind die Eigenschaften

$$car(cons(a, b)) = a\ ,$$
$$cdr(cons(a, b)) = b\ ,$$

sowie für nicht-atomares a

$$cons(car(a), cdr(a)) = a\ .$$

Ferner gilt

$$val(mkatom(x)) = x$$

und für atomares a

$$mkatom(val(a)) = a\ ,$$

sowie

$$isatom(mkatom(x)) = \mathsf{T}$$

und

$$isatom(cons(a, b)) = \mathsf{F}\ .$$

Dabei bezeichnen x ein Zeichen, a, b beblätterte Binärbäume.

2.1.3.6* *Die Rechenstruktur* $\mathbb{B}_2$ *der Wahrheitswerte*

Bei dem Aufbau einer algorithmischen Sprache nach McCarthy ist wegen des Vorkommens von Fallunterscheidungen die Möglichkeit der Formulierung von Bedingungen unerläßlich. Eine Rechenstruktur der Wahrheitswerte {**T**, **F**} muß also universell eingeführt werden.

Die Standardbezeichnungen **T F**

in ALGOL **true** **false**, | in PASCAL *true* *false*

besitzen die Wahrheitswerte »wahr« bzw. »falsch« (von der Art **bool** bzw. vom Typ *Boolean*).

Als Grundoperationen nimmt man meistens die beiden zweistelligen aussagenlogischen Operationen der **Konjunktion** und der **Disjunktion**, die in der Umgangssprache durch die Sprachpartikel ‚und' bzw. ‚oder' (lat. *vel*) ausgedrückt werden, und die einstellige Operation der **Negation**, umgangssprachlich ausgedrückt durch ‚nicht'. Da die Objektmenge hier endlich ist, lassen sich diese Operationen auch durch Angabe ihrer Wertetafel definieren (Abb. 47).

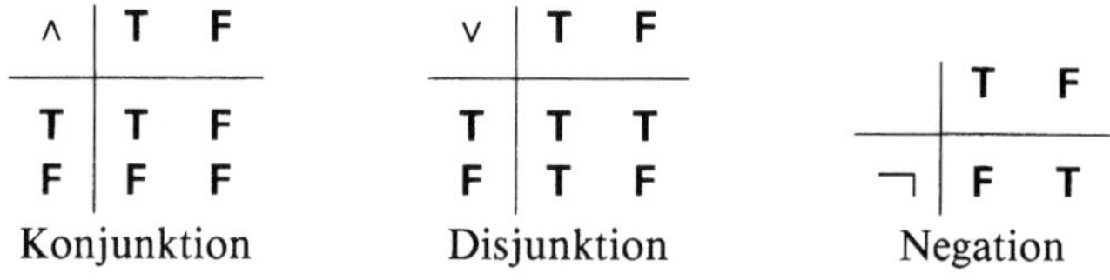

$\wedge$	T	F
T	T	F
F	F	F

Konjunktion

$\vee$	T	F
T	T	T
F	T	F

Disjunktion

	T	F
$\neg$	F	T

Negation

Abb. 47. Wertetafeln für Grundoperationen in $\mathbb{B}_2$

Auch hier kann man mit weniger Grundoperationen auskommen, was aber zunächst nur von theoretischem Interesse ist (vgl. jedoch die NAND- bzw. NOR-Verknüpfung in 4.1.1.3).

Konjunktion und Disjunktion sind assoziativ und kommutativ, die Negation ist involutorisch. Weitere Gesetze sind in Tabelle 9 zusammengestellt. Es sind die Gesetze einer sogenannten **Booleschen Algebra**[21]; die Rechenstruktur $\mathbb{B}_2$ ist ein zweielementiges Modell (und bis auf Isomorphie das einzige zweielementige Modell) einer Booleschen Algebra[22].

Mittels der Zuordnung

(i) $\mathbf{F} \triangleq \mathbf{O}, \quad \mathbf{T} \triangleq \mathbf{L}$

---

* Die Behandlung dieses Abschnitts kann bereits vor 2.1.3.1 erfolgen.

[21] George Boole, 1815–1864, englischer Mathematiker und Logiker.

[22] Vgl. Birkhoff-Bartee, Angewandte Algebra, Oldenbourg 1973, S. 141.

Tabelle 9. Gesetze einer Booleschen Algebra

$\neg(\neg f) = f$		(Involutionsgesetz)
$f \wedge g = g \wedge f$	$f \vee g = g \vee f$	(Kommutativgesetze)
$(f \wedge g) \wedge h = f \wedge (g \wedge h)$	$(f \vee g) \vee h = f \vee (g \vee h)$	(Assoziativgesetze)
$f \wedge f = f$	$f \vee f = f$	(Idempotenzgesetze)
$f \wedge (f \vee g) = f$	$f \vee (f \wedge g) = f$	(Absorptionsgesetze)
$f \wedge (g \vee h) = (f \wedge g) \vee (f \wedge h)$	$f \vee (g \wedge h) = (f \vee g) \wedge (f \vee h)$	(Distributivgesetze)
$\neg(f \wedge g) = \neg f \vee \neg g$	$\neg(f \vee g) = \neg f \wedge \neg g$	(Gesetze von DE MORGAN)
$f \wedge (g \vee \neg g) = f$	$f \vee (g \wedge \neg g) = f$	(Neutralitätsgesetze)

überträgt man die Operationen Negation, Konjunktion und Disjunktion auch auf die Sorte **bit** bzw. *bit* der Binärzeichen und erhält eine zu $\mathbb{B}_2$ isomorphe Rechenstruktur $\mathbb{B}$IT.

Einen Überblick über die im folgenden universell vorausgesetzten aussagenlogischen (‚Booleschen') Operationen gibt Tabelle 10.

Tabelle 10. Überblick: Rechenstruktur $\mathbb{B}_2$ der Wahrheitswerte

	ALGOL-Schreibweise	PASCAL-Schreibweise
Sorte	**bool**	*Boolean*
zweistellige innere Operationen:		
Funktionalität	**(bool, bool) bool:**	(*Boolean*, *Boolean*): *Boolean*
Konjunktion	. ∧ .	**.and.**
Disjunktion	. ∨ .	**.or.**
einstellige innere Operation:		
Funktionalität	**(bool) bool:**	(*Boolean*): *Boolean*
Negation	¬.	**not.**
ausgezeichnete Elemente:		
Funktionalität	**bool**	*Boolean*
T (»wahr«)	**true**	*true*
F (»falsch«)	**false**	*false*
Prädikate:		
Funktionalität	**(bool, bool) bool:**	(*Boolean*, *Boolean*): *Boolean*
Gleich	. = .	. = .
Ungleich	. ≠ .	. ≠ . oder . <> .
Kleiner-gleich	. ≦ .	. ≦ . oder . <= .
Größer	. > .	. > .
Kleiner	. < .	. < .
Größer-gleich	. ≧ .	. ≧ . oder . >= .

2.1.3.7 *Übergänge zwischen Sorten*

Neben der gemeinsamen Verwendung einiger Operationszeichen für innere Operationen auf den ganzen und den numerisch-reellen Zahlen erlauben ALGOL 68 und PASCAL auch gemischte Operanden. Man erreicht dieses Ziel durch Abbildung des Ringes der ganzen Zahlen in einen isomorphen Unterring der numerisch-reellen Zahlen. Die Abbildung bleibt unbezeichnet. Eine solche unterstellte Operation, die von einer Sorte in eine andere führt, nennt man **implizite Ausweitung**[23].

Ferner führt man auch Operationen der Funktionalität

(real) int: bzw. (*real*): *integer*

ein, die in die ganzen Zahlen führen, wie[24] (für die Definitionen s. Tabelle 11)

in ALGOL 68

sign.	für das Vorzeichen
entier.	für die nächstniedrigere ganze Zahl
round.	für die Rundung,

in PASCAL

trunc(.)	für die zur Null hin nächstgelegene ganze Zahl,
round(.)	wobei $round(x) = \begin{cases} trunc(x+0.5) & \text{falls } x \geqq 0 \\ trunc(x-0.5) & \text{falls } x \leqq 0 \,. \end{cases}$

In ALGOL 68 gibt es auch die gemischte Operation der Potenzierung mit ganzzahligem Exponenten

.↑. mit der Funktionalität **(real, int) real**: .

Über $\mathbb{V}$ (eigentlich auch über $\mathbb{V}^*$) wird[25] eine Abbildung in die natürlichen Zahlen definiert, die **Abzählung**, die dadurch charakterisiert ist, daß sie ordnungserhaltend (im Falle von $\mathbb{V}^*$ bzgl. der lexikographischen Ordnung der Worte) und lückenlos und damit auch eindeutig umkehrbar ist. Diese Abbildung mit der Funktionalität **(char) int**: bzw. (*char*): *integer* wird in ALGOL 68 durch **abs**., in PASCAL durch *ord*(.) bezeichnet.

Über Einzelheiten, insbesondere auch die Umkehrfunktion **repr**. von **abs**. s. Tabelle 11.

---

[23] Ebenfalls um eine implizite Ausweitung mit der Funktionalität **(char) string**: handelt es sich, wenn in ($\mathbb{V}^*$, $\mathbb{V}$) ⟨.⟩ durch . ersetzt wird (ALGOL 68, vgl. Tabelle 7).

[24] Eine weitere (partielle) Operation dieser Funktionalität, die Abbildung ganzer reeller Zahlen in die entsprechenden ganzen Zahlen, bleibt meistens unbezeichnet.

[25] Da $\mathbb{V}$ ein endlicher oder wenigstens abzählbarer Zeichenvorrat ist.

Eine andere wichtige Operation auf $\mathbb{V}^*$ mit einem Wert aus $\mathbb{N}$ ist die Länge *length*(.) einer Zeichenfolge (in ALGOL 68 **upb**.). Es besteht keine Notwendigkeit, diese Operation unter die grundlegenden Operationen einer Rechenstruktur aufzunehmen, weil sie sich, wie sich im weiteren Verlauf noch ergeben wird, auf andere primitive Operationen zurückführen läßt.

Das gilt auch für gemischte Operationen wie

«das *i*-te Element einer Zeichenfolge *a*»

(die Zählung beginnt bei 1)[26] mit der Funktionalität **(string, nat) char**:

sel(a, i) (in ALGOL 68 mit $a[i]$ bezeichnet)[27],

oder

«diejenige Zeichenfolge, die aus der Zeichenfolge *a* durch *i*-malige Anwendung von *rest* entsteht (falls *i* nichtnegativ) bzw. durch $(-i)$-malige Anwendung von *lead* (falls *i* nichtpositiv)»

mit der Funktionalität **(string, int) string**:

(in ALGOL 68 für positives *i* mit $a[i+1:\mathbf{upb}\,a]$,
für negatives *i* mit $a[1:(\mathbf{upb}\,a)+i]$ bezeichnet)[27],

oder

«diejenige Zeichenfolge, die mit der Zeichenfolge *a* in allen Komponenten übereinstimmt mit Ausnahme der *i*-ten, welche *x* ist»

mit der Funktionalität **(string, nat, char) string**:

(von GRIES mit $(a;\ i:x)$ bezeichnet).

Diese Operationen sind für eine Zeichenfolge *a* nur dann definiert, wenn $1 \leqq i \leqq length(a)$ bzw. $-length(a) \leqq i \leqq length(a)$ gilt.

Ganz allgemein kann man sagen: die Auswahl der als primitiv anzusehenden Operationen ist bis zu einem gewissen Grade Geschmacksfrage, die von Fall zu Fall durch Zweckmäßigkeitsüberlegungen beeinflußt wird und schließlich auch unter Gesichtspunkten der maschinellen Realisierung (Kap. 4, Kap. 6) gesehen werden muß.

---

[26] E. W. DIJKSTRA plädiert dafür, die Zählung mit 0 zu beginnen. Im allgemeinen läßt sich dafür manches vorbringen. Ob es jedoch in diesem Fall praktisch ist, bleibt umstritten. Dazu BERTRAND MEYER: "I think it is just natural that the *i*-th element of *b* should be written *b*(*i*) ... Follow Professor DIJKSTRA's advice only if it is really good." In der Systemprogrammierung ist es allerdings üblich, die Indexzählung mit 0 beginnen zu lassen.

[27] In ALGOL 68 ist diese Operation direkt verfügbar, in PASCAL muß sie geeignet mit den Mitteln der Sprache eingeführt werden.

2.1.3.8* *Zusammengesetzte Objekte*

Zeichenfolgen und beblätterte Binärbäume sind Beispiele zusammengesetzter Objekte: sie sind aus Einzelzeichen zusammengesetzt. Ebensogut kann man Folgen oder beblätterte Binärbäume, die aus Objekten anderer Sorten bestehen, betrachten. Im Vorgriff auf allgemeine Erörterungen im 6. Kapitel werden wir zunächst, der Reichhaltigkeit der Beispiele wegen, die naheliegende Verallgemeinerung der Zeichenfolgen auf Folgen (‚Sequenzen') ganzer Zahlen, Folgen numerisch-reeller Zahlen und Folgen von Wahrheitswerten bzw. Bitfolgen in Betracht ziehen, wobei lediglich in Tabelle 7 **char** durch **int**, **real**, **bool**, **bit** zu ersetzen ist. Wir werden die Indikationen dieser neuen Objektmengen durch Vorsetzen von **sequ** vor die Indikation der Bestandteile bilden:

sequ int, **sequ real**, **sequ bool**, **sequ bit**.

string steht dann kurz für **sequ char**, **bits** für **sequ bit**. Analoges gilt für die PASCAL-Notation.

2.2 Formeln

2.2.1 Parameterbezeichnungen

„Der Name ist durch keine Definition weiter zu zergliedern: Er ist ein Urzeichen."
LUDWIG WITTGENSTEIN

Algorithmen sind Beschreibungen allgemeiner Verfahren; feste Standardbezeichnungen von Objekten können in ihnen zwar vorkommen, reichen jedoch zur Beschreibung nicht aus: Algorithmen sollen mit wechselnden Objekten, mit **(Objekt-)Parametern** durchgeführt werden. Dazu sind **Parameterbezeichnungen** erforderlich. Solche Bezeichnungen können frei gewählt[28] werden (**frei wählbare Bezeichnungen, Identifikatoren** (engl. *identifier*)), sie sind meistens beschränkt auf Buchstaben, auf Buchstabenkombinationen, oder auf Buchstaben-Ziffern-Kombinationen, die mit einem Buchstaben beginnen. (Um hier

* Die Behandlung dieses Abschnitts kann bis 3.3.3.2 zurückgestellt werden.

[28] Nach DIN 1338 sollen frei wählbare Bezeichnungen im Druck kursiv wiedergegeben werden, Bezeichnungen mit feststehender Bedeutung dagegen aufrecht.

Freiheit zu haben, hat man in 2.1.3.4 die Standardbezeichnungen für Zeichen und Zeichenfolgen in Anführungszeichen eingeschlossen.)

Beispiele: *a* *x* *mvar* *anton* *a1* *x0*.

Parameterbezeichnungen vertreten Standardbezeichnungen von Objekten, sie sind dem Charakter nach ‚Namen', die sich die Objekte zulegen können. Die wechselnde Belegung mit Objekten (‚Instantiierung') kommt auch in dem Wort ‚Variable' zum Ausdruck. (Wir werden diese Sprechweisen vermeiden, um Verwechslungen einerseits mit dem Namensbegriff von ALGOL 68, andrerseits mit den (Programm-)Variablen von Kap. 3 zu vermeiden.)

"The name of the song is called 'Haddocks' Eyes'."
"Oh, that's the name of the song, is it?" Alice said, trying to feel interested.
"No, you don't understand", the Knight said, looking a little vexed. "That's what the name is called. The name really is 'The Aged Aged Man'."
"Then I ought to have said 'That's what the song is called'?" Alice corrected herself.
"No, you oughtn't: that's quite another thing! The song is called 'Ways and Means': but that's only what it's called, you know!"
"Well, what is the song then?" said Alice, who was by this time completely bewildered.
"I was coming to that", the Knight said. "The song really is 'A-sitting On A Gate': and the tune's my own invention."

Lewis Carroll (Charles Lutwidge Dodgson, 1832–1898, engl. Mathematiker) aus: Through the Looking-Glass, Chap. VIII.

2.2.2 Formeln und Formulare

2.2.2.1 *Aufbau von Formeln*

Formeln entstehen durch Einsetzen von Operationen in Operationen (Zusammensetzung von Operationen), etwa

$$gcd(gcd(a, b)c), \quad \text{oder} \quad (u+1)\times(u-1)$$
$$first(rest(rest(a))) \quad \text{oder} \quad \langle x\rangle + rest(a)\,.$$

Insbesondere entstehen **(Grund-)Terme**, in denen keine Parameterbezeichnungen vorkommen:

$$gcd(gcd(60, 24), 15) \quad \text{oder} \quad (4+1)\times(4-1)$$
$$first(rest(rest(''ABCD''))) \quad \text{oder} \quad \langle\text{'H'}\rangle + rest(\text{'MAUS'})$$

Beim Einsetzen müssen selbstverständlich die Funktionalitäten zusammenpassen: das **erarbeitete Ergebnis** einer eingesetzten Formel muß von der Sorte sein, die für die Formel, in die eingesetzt wird, an der Stelle der Einsetzung verlangt wird. Es ergibt sich also:

Eine **Formel** *ist*

entweder eine Parameterbezeichnung

oder eine Standardbezeichnung für ein festes Objekt (**Festwert, Konstante**)[29], *insbesondere für ausgezeichnete Elemente,*

oder ein Operationszeichen mit Formeln als Operanden. (Die durch dieses Operationszeichen bestimmte Operation heißt auch die dominierende Operation der Formel und diese eine **echte** *Formel.)*

Bei Infix-, Präfix- und Postfix-Schreibweise schließt man (zunächst) die eingesetzten Formeln in Klammern ein:

$$-(-a) \qquad (a-1)-1$$
$$((a+b)+c)+d \qquad ((t\times u)\times v)\times w$$
$$a+(b+(c+d)) \qquad t\times(u\times(v\times w))$$

Im Falle assoziativer Operationen können diese Klammern aber auch wieder weggelassen werden:

$$a+b+c+d \qquad t\times u\times v\times w\,.$$

Genaugenommen handelt es sich in diesem Fall um mehrstellige Operationen

$$.+.+.+. \qquad .\times.\times.\times.\,,$$

die nach Belieben von links nach rechts oder umgekehrt ‚gelesen', d. h. durch eine Abfolge zweistelliger Operationen ausgedrückt werden können.

Für nicht-assoziative Operationen können die Klammern selbstverständlich nicht entbehrt werden:

$$a-(b-c) \quad \text{oder} \quad u/(v/w)$$

ist etwas anderes als

$$(a-b)-c \quad \text{oder} \quad (u/v)/w\,.$$

Zur Klammerersparnis benutzt man ferner in der Arithmetik seit Jahrhunderten eine implizite **Vorrangregel**: Die Infixsymbole für Multiplikation und Division binden stärker als die Infixsymbole für Addition und Subtraktion.

---

[29] In PASCAL können zu Abkürzungszwecken auch Konstanten mit frei gewählten Bezeichnungen für standardbezeichnete Objekte eingeführt werden.

Darüber hinausgehend legt man beispielsweise in ALGOL 68 einen Vorrang in etlichen Gruppen von Zeichen für zweistellige arithmetische Verknüpfungen, Vergleiche und Boolesche Operationen fest (Tabelle 11), in PASCAL in drei Gruppen von Multiplikationszeichen, Additionszeichen und Vergleichszeichen (Tabelle 12). Diese Festlegungen haben manches gemeinsam - $(a-b) \leqq x$ darf zu $a-b \leqq x$ verkürzt werden -, sie sind jedoch im ganzen untereinander inkongruent; andere Programmiersprachen verwenden noch andere. Eine internationale Normung ist bislang nicht erfolgt und vielleicht auch nicht wünschenswert.

Tabelle 12. Prioritäten in PASCAL

Rangnummer	Operatoren
1	**not**
2	* / **div mod and**
3	+ − **or**
4	= ≠ < ≦ ≧ >

Auch zwischen Präfixzeichen für einstellige Operationen und Infixzeichen legt man einen Vorrang fest: In ALGOL 68 haben alle Präfixzeichen (Tabelle 11, Gruppe 10) Vorrang vor allen Infixzeichen, in PASCAL hat das Negationszeichen einen Vorrang vor dem Konjunktionszeichen, das Negativumzeichen jedoch keinen Vorrang[30]. Trotz dieser Präzedenzregeln ist es (nicht nur für Anfänger) empfehlenswert, durch ‚überflüssige' Klammern seine Absicht deutlich auszudrücken;

$$(7\times 3)<(4\times 5)\wedge(2\times 2=5) \quad \text{oder} \quad (-3)\uparrow 2+(-4)\uparrow 2 \quad \text{oder} \quad 3\times(-1)$$

ist sicherlich leichter lesbar als (ALGOL 68)

$$7\times 3<4\times 5\wedge 2\times 2=5 \quad \text{oder} \quad -3\uparrow 2+-4\uparrow 2 \quad \text{oder} \quad 3\times -1\,.$$

PASCAL fordert sogar, z.B.

$$(7*3<4*5)\ \textbf{and}\ (2*2=5) \quad \text{oder} \quad (m\geqq 0)\ \textbf{and}\ (n\geqq 0)$$

zu schreiben!

In den meisten gängigen Programmiersprachen kann man aber nicht nur Klammern einsparen, auch eine völlig überflüssige Klammerung wie in $(3\times((-1)))$ ist üblicherweise (zumindest aber in ALGOL 68 und PASCAL) zulässig.

30 Es ist, in Einklang mit üblichem mathematischen Gebrauch, wo $-.$ abkürzend für $0-.$ steht, $-(-1)$ zu schreiben.

Tabelle 11. Prioritäten in ALGOL 68

Gruppe 10 *Einstellige Operationen*

Operations-symbol	Operand a	Ergebnis c	Bemerkungen
−	**int** **real**	**int** **real**	Negativum
sign	**int** **real**	**int** **int**	$c = \begin{cases} -1 \text{ für negatives } a \\ 1 \text{ für positives } a \\ 0 \text{ für } a=0 \end{cases}$
entier	**real**	**int**	liefert nächstniedrigere ganze Zahl (**entier**$(-0.5) = -1$)
round	**real**	**int**	liefert Rundung auf nächste ganze Zahl (**round** 0.5 undefiniert!)
abs	**int** **real** **char** **bool**	**int** **real** **int** **int**	} liefert Betrag ordnungserhaltend und lückenlos **false** $\mapsto 0$, **true** $\mapsto 1$
repr	**int**	**char**	Umkehrung von **abs** auf **char**, (für negatives a undefiniert)
odd	**int**	**bool**	$c = \begin{cases} \textbf{true}, \text{ falls } a \text{ ungerade,} \\ \textbf{false}, \text{ falls } a \text{ gerade} \end{cases}$
¬	**bool** **bit** **bits**	**bool** **bit** **bits**	} Negation elementweise Negation

Zweistellige Operationen

Gruppe	Opera-tions-symbol	linker Operand a	rechter Operand b	Ergebnis c	Bemerkungen
8	↑	**int** **real**	**int** **int**	**int** **real**	$c=a^b$ für $b \geqq 0$ $c=a^b$
	↑	**bits**	**int**	**bits**	Verschiebung von a um b Stellen nach links für $b>0$, $-b$ Stellen nach rechts für $b<0$, mit Auffüllen durch **0**.

Tabelle 11 (Fortsetzung)

Gruppe	Operations-symbol	linker Operand a	rechter Operand b	Ergebnis c	Bemerkungen
7	×	**int**	**int**	**int**	Multiplikation
	× /	**real**	**real**	**real**	Multiplikation, Division. Division durch 0 ist ausgeschlossen.
	div **mod**	**int** **int**	**int** **int**	**int** **int**	Ergebnis, Rest der ganzzahligen Division. Division durch 0 ist ausgeschlossen.
6	−	**int** **real**	**int** **real**	**int** **real**	Subtraktion
	+	**int** **real**	**int** **real**	**int** **real**	Addition
	+	**string**	**string**	**string**	Konkatenation
5	< >	**int** **real** **char**	**int** **real** **char**	**bool** **bool** **bool**	übliche Bedeutung
		string	**string**	**bool**	Lexikographisch über dem Alphabet der Objekte von der Art **char**
	≦ ≧	**int** **real** **char**	**int** **real** **char**	**bool** **bool** **bool**	übliche Bedeutung
		string	**string**	**bool**	Lexikographisch über dem Alphabet der Objekte von der Art **char**
		bool **bit** **bits**	**bool** **bit** **bits**	**bool** **bool** **bool**	≦: $c =$ **true**, falls $(a \vee b) = b$
4	= ≠	**int** **real** **char** **string** **bool** **bit** **bits**	**int** **real** **char** **string** **bool** **bit** **bits**	**bool** **bool** **bool** **bool** **bool** **bool** **bool**	
3	∧	**bool** **bit**	**bool** **bit**	**bool** **bit**	Konjunktion
		bits	**bits**	**bits**	komponentenweise Konjunktion
2	∨	**bool** **bit**	**bool** **bit**	**bool** **bit**	Disjunktion
		bits	**bits**	**bits**	komponentenweise Disjunktion

Formeln, die nach $\mathbb{B}_2$ führen, also einen Wahrheitswert als Ergebnis haben, (‚Boolesche Formeln') sind **Aussagen** und verwenden i. a. Prädikate.

Aussagen sind etwa (mit Parametern geeigneter Sorte)

$$x \neq 0 \qquad x \leqq y \qquad x \leqq z$$

oder zusammengesetzt

$$x \leqq y \wedge y \leqq z$$

(in der Mathematik oft abgekürzt zu $x \leqq y \leqq z$), Aussagen sind ferner

$$a \vee b \qquad \neg isatom(l) \wedge \neg isatom(r) \quad .$$

(Stets wahre Aussagen, wie

$$a \vee \neg a \qquad \neg p \vee (p \wedge q) \vee \neg q$$

heißen auch **Tautologien**.)

2.2.2.2 *Formulare*

Zu einer Formel gehört als einfachste und natürlichste Berechnungshilfe ein **(Rechen-)Formular** (Rechenblatt), auf dem die zugehörige **Berechnung durchgeführt** (die Formel **abgearbeitet**) wird. Typische Beispiele aus dem Alltag sind Formulare, die bei Behörden verwendet werden, etwa das Formular zur Einkommensteuererklärung (Abb. 48).

Anspruchsvollere Beispiele sind in den Ingenieurwissenschaften zu finden, ZUSE gibt ein Beispiel aus der Baustatik (Abb. 49).

Für die diesem Beispiel zugrundeliegende Formel

$$(b \times 2 + a) \times d + (a \times 2 + b) \times c \qquad (*)$$

mit den Parametern a, b, c und d kann man das kompakte Formular von Abb. 50 links benutzen (Multiplikationen erfolgen horizontal, Additionen vertikal), die hier gewählte graphische Anordnung ist dabei nur eine (platzsparende) von vielen möglichen. Wir werden im folgenden vollständige Formulare oft nur andeuten, mit rautenförmigen Kästchen zur Eintragung der Parameterwerte und (Zwischen- oder End-)Resultate, wie für dieses Beispiel in Abb. 50 rechts.

Für theoretische Zwecke sind weitere Vereinfachungen angezeigt: Der Zusammenhang zwischen Kästchen für Operanden und Kästchen für Resultate, der Einsetzungs-Zusammenhang der Formel wird topologisch[31] ausgedrückt

[31] Zwischen den sämtlichen in einer Formel vorkommenden Operationen herrscht eine zweistellige Relation „früher zu berechnen als", die eine (spezielle) partielle Ordnung (vgl. BIRKHOFF-BARTEE, Angewandte Algebra, Oldenbourg 1973, S. 51, ‚Ordnungsrelation') ist. Kantorovič-Baum und Datenflußplan drücken den erzeugenden Graphen dieser partiellen Ordnung aus.

Schema zur Selbstberechnung 1989:

Fußnoten siehe Seite 16

	Stpfl./Ehemann DM	Ehefrau DM	Stpfl./Ehemann DM	Ehefrau DM	Zeile
1. Einkünfte aus Land- und Forstwirtschaft					1
2. Einkünfte aus Gewerbebetrieb			+	+	2
3. Einkünfte aus selbständiger Arbeit			+	+	3
4. Einkünfte aus nichtselbständiger Arbeit	Stpfl./Ehemann DM	Ehefrau DM			
Bruttoarbeitslohn					4
Versorgungs-Freibetrag (40 v H d Versorgungsbezüge, höchst 4800 DM je Pers)	–	–			5
Weihnachts-Freibetrag	– 600	– 600			6
verbleiben					7
Arbeitnehmer-Freibetrag	– 480	– 480			8
Werbungskosten (ggf. Pauschbetrag von je 564 DM)	–	–	▸ +	▸ +	9
5. Einkünfte aus Kapitalvermögen					
Einnahmen					10
Werbungskosten (ggf. Pauschbetrag von 100 DM; bei Ehegatten 200 DM)	–	–			11
Sparer-Freibetrag (600 DM; bei Ehegatten 1200 DM)	–	–	▸ +	▸ +	12
6. Einkünfte aus Vermietung und Verpachtung			+	+	13
7. Sonstige Einkünfte					
Einnahmen (bei Leibrenten nur Ertragsanteil)					14
Werbungskosten (ggf. Pauschbetrag von 200 DM)	–	–	▸ +	▸ +	15
		Zwischensumme			16
Altersentlastungsbetrag für vor dem 2. 1. 1925 Geborene Bruttoarbeitslohn, **ohne** Versorgungsbezüge			→	+	17
Positive Summe der Einkünfte lt. Nummern 1 bis 3 und 5 bis 7 (jedoch ohne Einkünfte aus Leibrenten)	+	+	**Summe der Einkünfte**		18
zusammen					19
Davon 40 v. H., höchstens je 3000 DM	+		→	–	20
Freibetrag für Land- und Forstwirte (ggf. 2000 DM, bei Ehegatten 4000 DM)				–	21
			Gesamtbetrag der Einkünfte		22
Sonderausgaben, die nicht Vorsorgeaufwendungen sind:			DM		
Sonderausgaben lt. Zeilen 74 bis 78 des Vordrucks ESt/LSt 1 A					23
Aufwendungen für die eigene Berufsausbildung lt. Zeile 79 des Vordrucks ESt/LSt 1 A			+		24
Abziehbarer Betrag der Spenden und Beiträge (Z 80 u 81, Z 82 d Vordrucks ESt/LSt 1 A, soweit nicht in Z 87 d Schemas zu berücksichtigen)			+		25
Abziehbar (mindestens Pauschbetrag von 270 DM, bei Anwendung der Splittingtabelle 540 DM)				▸ –	26
			Übertrag nach Zeile 74		27

Abb. 48. Auszug aus einer Anleitung zur Einkommensteuererklärung

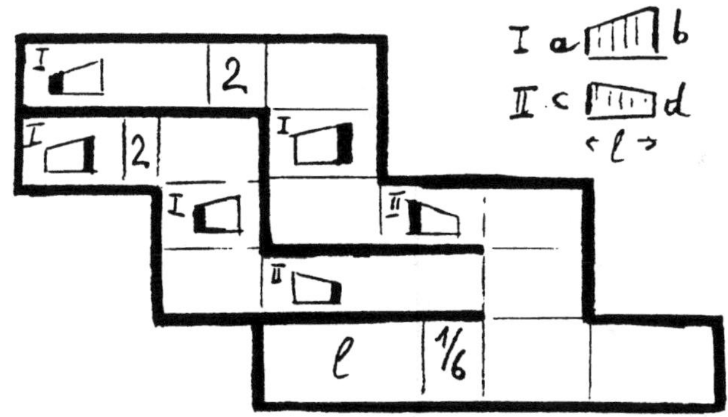

Abb. 49. Rechenformular „zur Berechnung der Übertragung zweier rechteckig verlaufender Momente", Originalfassung von K. ZUSE

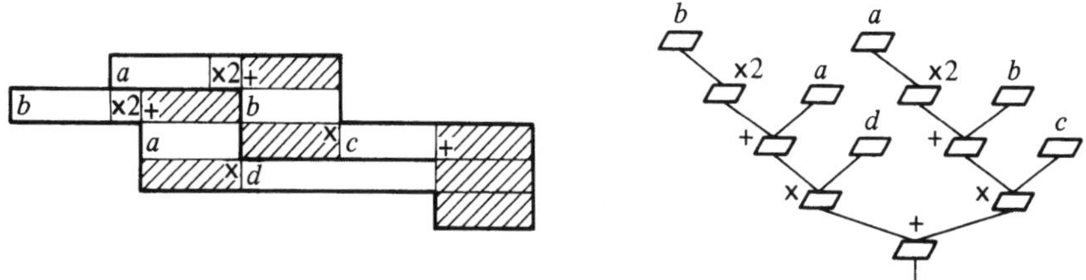

Abb. 50. Praktisches und schematisches Rechenformular für die Formel $(b\times 2+a)\times d+(a\times 2+b)\times c$

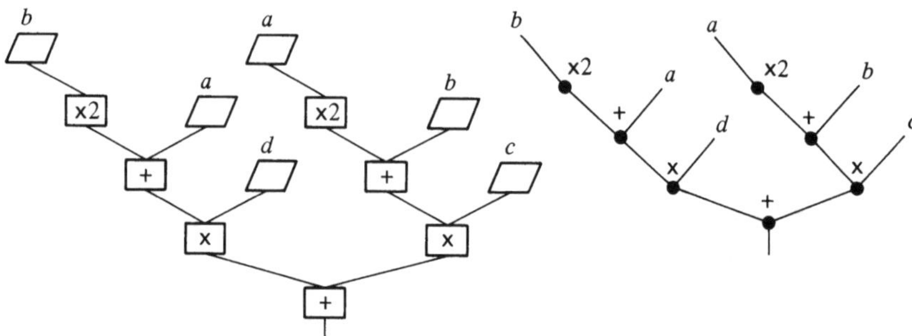

Abb. 51. Datenflußplan (links) und Kantorovič-Baum (rechts) für das Formular von Abb. 50

durch ihren **Kantorovič-Baum**[32, 33] oder auch durch ihren **Datenflußplan**[34] (für gebräuchliche Darstellungsformen siehe Abb. 51).

Rechenformulare, Kantorovič-Bäume und Datenflußpläne sind nicht auf das Rechnen mit Zahlen beschränkt. Abb. 52 zeigt Beispiele für die Formel

$$cons(cons(car(a), car(b)), cons(cdr(a), cdr(b))) ,$$

die das ‚Verdrillen' zweier Bäume beschreibt: Für $a = \langle$'A' 'B'$\rangle$ und $b = \langle$'C' 'D'$\rangle$ wird das Resultat $\langle\langle$'A' 'C'$\rangle\langle$'B' 'D'$\rangle\rangle$, vgl. Abb. 53.

Datenflußpläne für Boolesche Formeln sind unter der Bezeichnung **Schaltpläne** geläufig (Abb. 54), mehr darüber in 4.1.5.2.

Speziell handelt es sich dabei wegen des baumartigen Aufbaus um **Schaltnetze**. Ähnlichen Aufbau zeigten Rechnernetze in einem Maschinensaal Mitte der fünfziger Jahre (Abb. 55).

Formulare sind graphische Darstellungen des Kantorovič-Baums, die den Berechnungs-Zusammenhang festlegen und zusätzlich Platz für die Durchführung der Berechnung bieten. Gearbeitet werden kann jeweils in solchen Knoten, deren sämtliche Operanden schon bestimmt sind.

---

[32] Von L. V. KANTOROVIČ, russischer Mathematiker, 1955 am Beispiel arithmetischer Ausdrücke eingeführt.

[33] Im Curriculum Mathematik der Orientierungsstufe (5. Jahrgangsstufe) als ‚Rechenbaum' (für Grundrechenarten) eingeführt, man vgl. etwa SCHMITT-WOHLFAHRTH, Mathematik Buch 5, Bayerischer Schulbuch-Verlag München 1976.

[34] Datenflußpläne im engeren Sinn, in der kommerziellen Datenverarbeitung weit verbreitet, illustrieren Formeln für die Verarbeitung von Zeichenfolgen. Für die Normung der Sinnbilder s. DIN 66001.

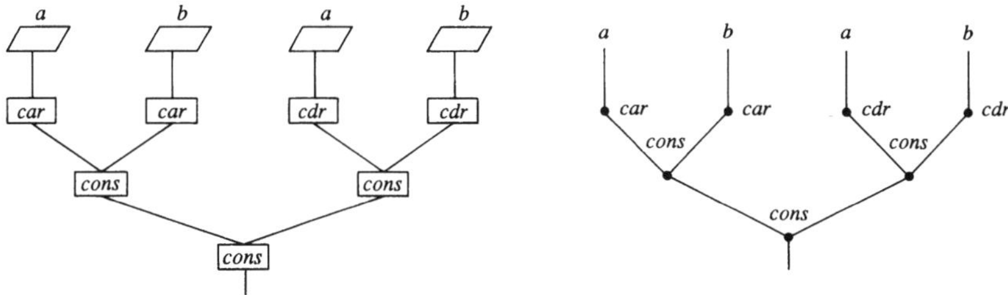

Abb. 52. Datenflußplan (links) und Kantorovič-Baum (rechts) für die Formel *cons*(*cons*(*car*(*a*), *car*(*b*)), *cons*(*cdr*(*a*), *cdr*(*b*)))

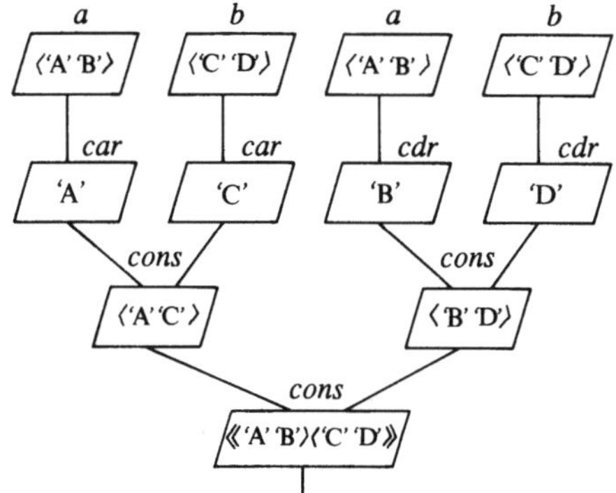

Abb. 53. Ausgefülltes Rechenformular zu Abb. 52

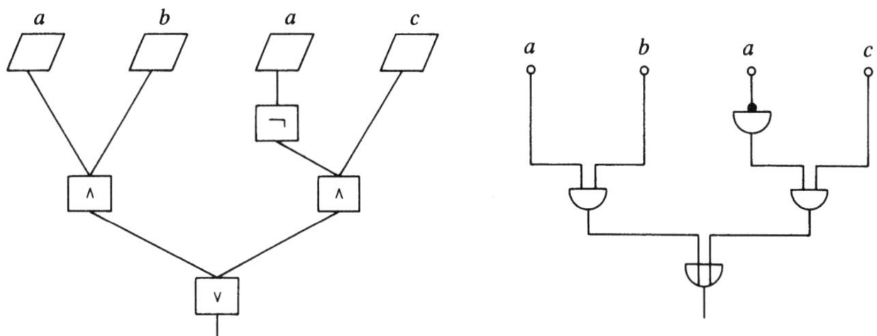

Abb. 54. Datenflußpläne in allgemeiner und in Schaltsymbolik für die Boolesche Formel $(a \wedge b) \vee ((\neg a) \wedge c)$

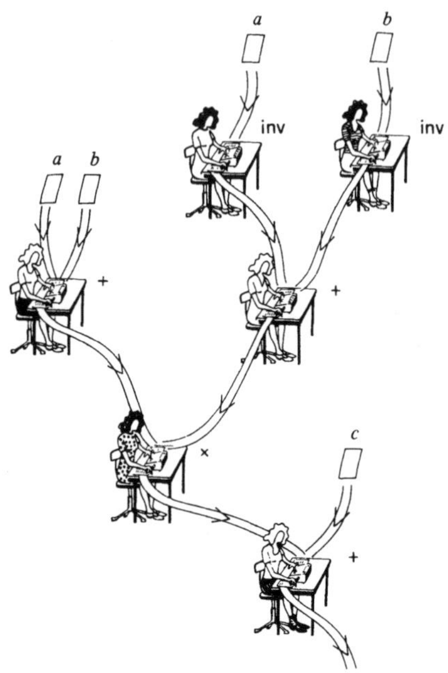

Abb. 55. Rechnernetz für die Formel $(a+b)\times(\mathrm{inv}(a)+\mathrm{inv}(b))+c$ als Beispiel eines Datenflußplans

Beachte, daß deshalb (im Gegensatz zu der in der Schulmathematik üblichen Auswertung einer Formel) ein Rechenformular wie das obige die organisatorische Durchführung der Berechnung (den **Berechnungsgang**) in vielerlei Weise erlaubt (Freiheit des Berechnungsgangs, entsprechend einer ungesteuerten Ersetzung): Es können zuerst etwa $a\times 2$, dann $b\times 2$, dann $a\times 2+b$, dann $b\times 2+a$, dann $(a\times 2+b)\times c$ usw. (‚Berechnung aus der Tiefe') ausgewertet werden, oder zuerst $b\times 2$, dann $b\times 2+a$, dann $(b\times 2+a)\times d$, dann $a\times 2$ usw. (‚Berechnung von links'). Ebenso können im allgemeinen auch mehrere Personen nebeneinander gewisse Teile einer Berechnung durchführen[35]. Allerdings müssen auch dabei *gewisse* Teilformeln vor anderen berechnet werden; für das obige Beispiel ist in Abb. 56 in den Zwischenergebnisfeldern eingetragen, in welchem Berechnungstakt sie frühestens berechnet werden können. Nur in speziellen Formeln wie

$$(((a1+b1)\times a2+b2)\times a3+b3)\times a4+b4$$

[35] Im 2. Weltkrieg wurden ballistische Berechnungen in dieser Weise arbeitsteilig von Dutzenden von (menschlichen) Rechnern durchgeführt (Mitteilung Alwin Walther).

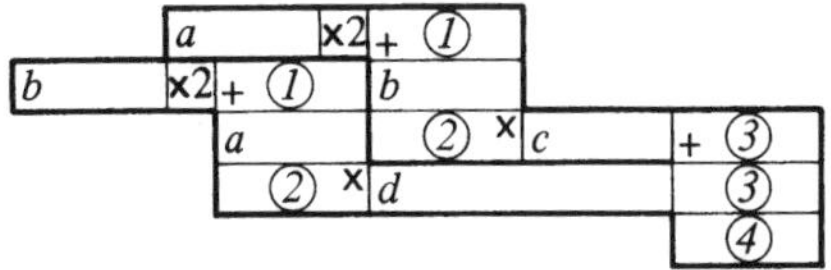

Abb. 56. Rechenformular für $(b \times 2 + a) \times d + (a \times 2 + b) \times c$ mit Angabe der Berechnungstakte bei paralleler Abarbeitung

hat man für den Berechnungsgang keine Wahl, er wird notgedrungen zu einem **sequentiellen Berechnungsweg**.

Im allgemeinen besitzen Formeln kollateralen Charakter (vgl. 1.6.1), insbesondere, wenn mehrstellige assoziative Operationen vorkommen (Abb. 57). (Unter-)Berechnungsgänge, die parallel ablaufen können, heißen **Prozesse**.

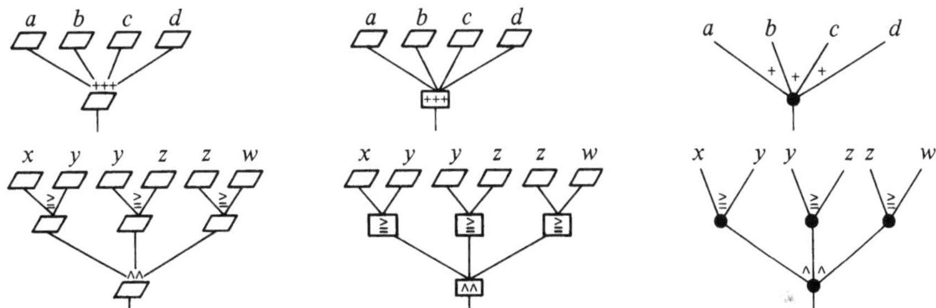

Abb. 57. Rechenformulare, Datenflußpläne und Kantorovič-Bäume mit mehrstelligen assoziativen Operationen

Kommen in einer Formel partielle Operationen vor, so ist die Abarbeitung unter Umständen nicht definiert. Um solche Situationen vermeiden zu helfen, verwendet man **Zusicherungen** (2.3.1.3) wie

$$x \neq 0 \quad \text{oder} \quad \neg isatom(l) \wedge \neg isatom(r) .$$

2.2.2.3 *Striktheit der Operationen*

Fassen wir zunächst über die Berechnung von Formeln zusammen:

Das Ergebnis einer Formel, die nicht eine bloße Parameterbezeichnung oder Standardbezeichnung ist, ist rekursiv definiert: Man erhält es mittels der die Formel dominierenden Operation aus den Ergebnissen der Operanden-Formeln.

Infolgedessen bleibt das Ergebnis einer Formel unverändert, wenn man eine Teilformel durch ihr Ergebnis ersetzt.

Dabei kann eine Operation durchaus die Eigenschaft haben, daß (in speziellen Fällen) das Ergebnis bestimmt werden kann, ohne daß alle Operanden bekannt sind. So ist das Ergebnis einer Multiplikation

›Links-Formel‹ × ›Rechts-Formel‹

bekannt, sobald etwa das Ergebnis von ›Links-Formel‹ berechnet ist und sich zu Null ergibt; man könnte in diesem Fall die Berechnung von ›Rechts-Formel‹ einsparen. Ähnlich steht es mit der Konjunktion und der Disjunktion von Aussagen.

Sonderbehandlungen solcher Art sollen jedoch nicht stillschweigend eingeführt werden, sondern durch geeignete Fallunterscheidungen explizit kenntlich gemacht werden. Hilfsmittel dazu werden in 2.2.3 eingeführt werden. Dementsprechend setzen wir fest:

Alle primitiven Operationen der zur Verwendung kommenden Rechenstrukturen sind **strikt**, d.h. bei ihrer Ausführung in Rechenformularen sind unter allen Umständen alle ihre Operanden zu berechnen.

Damit hat nicht nur die Formel

$$1/0$$

kein definiertes Ergebnis (./. ist eine partielle Operation, vgl. 2.1.3.3), sondern auch das Ergebnis von

$$0 \times (1/0)$$

ist undefiniert; ein Rechenformular mit dem Kantorovičbaum von Abb. 58, zur Formel $sin(x) \times (y/x)$ gehörend, liefert für $x=0$ besser kein Ergebnis als das Ergebnis 0.

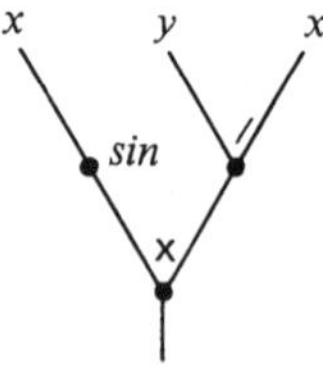

Abb. 58. Kantorovič-Baum für die Formel $sin(x) \times (y/x)$

Gleichermaßen ist $\neg isatom(l) \wedge \neg isatom(car(l))$ für einen atomaren Binärbaum l nicht definiert. Um sich dabei vor unliebsamen Überraschungen zu sichern, verwendet man besser eine Fallunterscheidung (2.2.3.1).

2.2.2.4 *Umformungen von Formeln*

Wendet man auf eine Formel, die über einer bestimmten Rechenstruktur formuliert ist, Gesetze dieser Rechenstruktur an, so erhält man eine **gleichwertige** Formel, d.h. eine Formel, die die selbe Abbildung definiert[36]. Üblicherweise entsteht bei derartigen Umformungen (trotz Gleichwertigkeit) ein anderes Rechenformular und damit auch ein anderer Kantorovič-Baum. Insbesondere beim Arbeiten mit Zeichenfolgen und mit beblätterten Binärbäumen ist das augenfällig.

Manchmal ist diese Änderung relativ geringfügig, z.B. wenn man die obige Formel (*) über $\mathbb{Z}$ mit Hilfe des Kommutativgesetzes in

$$(a\times 2+b)\times c+(b\times 2+a)\times d$$

umformt. Gleichwertig zu (*) sind aber auch (unter Benutzung des Distributivgesetzes in $\mathbb{Z}$) die (lediglich auf Vertauschung der Parameterbezeichnungen b und c wie auch a und d hinauslaufende) Formel

$$(c\times 2+d)\times a+(d\times 2+c)\times b$$

sowie, mit einer Multiplikation mehr, die Formel

$$(a\times c+b\times d)\times 2+(a\times d+b\times c)$$

mit dem Rechenformular der Abb. 59.

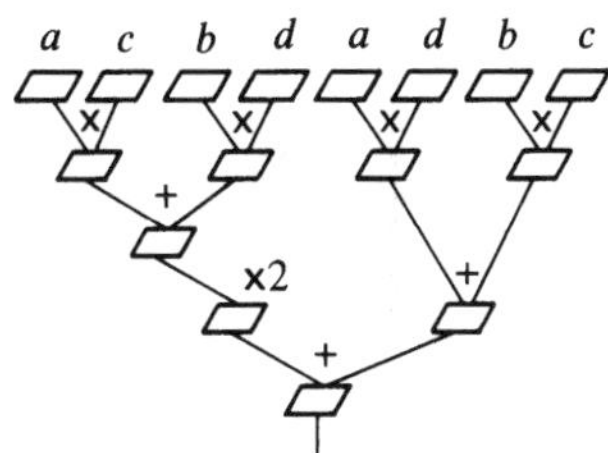

Abb. 59. Alternatives Rechenformular für die Momentenberechnung

Im Hinblick auf Arbeitsteilung durch Parallelarbeit interessiert man sich übrigens bei einer gegebenen Formel nicht nur für eine gleichwertige Formel mit kleinster Anzahl von Operationen, sondern (auch) für eine Formel, die

[36] Zur Gleichwertigkeit gehört auch, daß die Definitionsbereiche der Abbildungen übereinstimmen. Die Formeln $x\times(y \textbf{ div } x)$ über $\mathbb{Z}\setminus\{0\}$ und y über $\mathbb{Z}$ sind nicht gleichwertig!

eine Berechnung mit kleinster Anzahl von Berechnungstakten gestattet. Zur Berechnung des Polynomwertes

$$a_0x^4 + a_1x^3 + a_2x^2 + a_3x + a_4$$

gibt es die Formel

$$(((a0 \times x + a1) \times x + a2) \times x + a3) \times x + a4\ ,$$

die vier Multiplikationen und vier Additionen erfordert und acht Berechnungstakte (vgl. Abb. 60 für das zugehörige Formular, ,Horner-Schema' genannt, und für den Kantorovič-Baum).

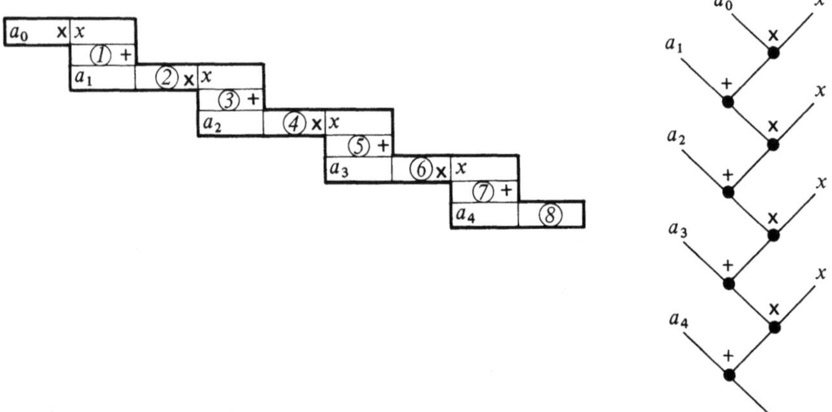

Abb. 60. ,Horner-Schema' für die Berechnung eines Polynomwertes $a_0x^4 + a_1x^3 + a_2x^2 + a_3x + a_4$ und zugehöriger Kantorovič-Baum

Es gibt aber auch das Formular von Abb. 61 für die Auswertung obigen Polynoms, bei dem sieben Multiplikationen und vier Additionen erforderlich sind, dafür aber eine Berechnung mit fünf Berechnungstakten (in den Zwischenergebnisfeldern ist eingetragen, in welchem Takt sie frühestens berechnet

	x × ×	x		
	a_3	① × ×	x	
a_4 +	①	a_2	② × ×	x
	② +	②	a_1	③ ×
		③ +	③	a_0
			④ +	④
				⑤

Abb. 61. Formular für Parallelberechnung eines Polynomwerts

werden können) den Polynomwert liefert. Die Erweiterung auf beliebigen Polynomgrad ist evident[37].

Mittel zur formelmäßigen Beschreibung solcher Formulare mit mehrfacher Verwendung von Zwischenergebnissen werden wir in 3.1.1 kennenlernen.

Umformungen Boolescher Formeln können aufgrund der Gesetze der Booleschen Algebra (Tab. 9) erfolgen. Oft sind dabei überraschende Ergebnisse erzielbar; zum Beispiel kann

$$(a \wedge b) \vee (\neg a \wedge c) \vee (b \wedge c)$$

vereinfacht werden zu („Gesetz von der Resolution")

$$(a \wedge b) \vee (\neg a \wedge c)\,.$$

2.2.3 Bedingte Formeln

Durch Hinzunehmen von Fallunterscheidungen zu Zusammensetzungen von Operationen entstehen **bedingte Formeln**.

2.2.3.1 *Alternative und sequentielle Fallunterscheidung*

Die einfachste Fallunterscheidung ist die **Alternative**[38], die aus zwei Teilformeln, der **Ja-Formel** und der **Nein-Formel**, gebildet wird, von denen jeweils genau eine abzuarbeiten ist. Man spricht auch von den beiden **Zweigen** einer Alternative.

Die Auswahl erfolgt aufgrund des erarbeiteten Ergebnisses einer weiteren Formel, einer Aussage, die **Bedingung** genannt wird. Das erarbeitete Ergebnis einer Bedingung ist ein Wahrheitswert, also **T** (‚wähle die Ja-Formel') oder **F** (‚wähle die Nein-Formel'). Bedingte Formeln haben demgemäß folgendes Aussehen:

if ›Bedingung‹ **then** ›Ja-Formel‹ **else** ›Nein-Formel‹ **fi**
(ALGOL-Schreibweise)

oder auch

(›Bedingung‹ → ›Ja-Formel‹; **T** → ›Nein-Formel‹) (LISP)[39]

Die hier auftretenden Symbole **if**, **then**, **else** und **fi** sind weitere Beispiele für die Verwendung von Wortsymbolen.

---

[37] Es gibt auch kaskadenartige Berechnungen, bei denen die Taktanzahl nur zum Logarithmus des Polynomgrades proportional ist.

[38] Auch **binäre Fallunterscheidung** genannt. Genauer müßte man sie **dyadisch** nennen.

[39] **T** steht für »wahr«, für die sequentielle Auffassung s. u.

Als Ja- oder Nein-Formel (wie auch als Bedingung) können (einfache) Formeln oder wieder bedingte Formeln stehen:

Bedingte Formeln sind selbst Formeln.

Selbstverständlich müssen Ja-Formel und Nein-Formel, die beiden Zweige einer Alternative, auf Ergebnisse der selben Sorte (‚Art', ‚Typ') führen, und die bedingte Formel führt dann auf die gleiche Sorte. Mit

if ›Bedingung‹ **then** ›Ja-Formel‹ **else** ›Nein-Formel‹ **fi**

ist natürlich gleichbedeutend und somit gleichwertig

if ¬›Bedingung‹ **then** ›Nein-Formel‹ **else** ›Ja-Formel‹ **fi**

(**Vertauschen der Zweige** einer Alternative unter Negation der Bedingung).

Beispiele (mit Parametern geeigneter Sorte):

(1) **if** $x>0$ **then** x **else** $-x$ **fi**   **if** $x\leqq 0$ **then** $-x$ **else** x **fi**

(2) **if** $m>n$ **then** m **else** n **fi**   **if** $m\leqq n$ **then** n **else** m **fi**

Mit Hilfe der Fallunterscheidungen können also Absolutbetrag, Maximum und Minimum auf andere Operationen über $\mathbb{Z}$ bzw. über numerisch-reellen Zahlen zurückgeführt werden.

Die Signumsfunktion (2.1.3.7 sowie Tab. 11) erhält man als

(3) **if** $x>0$ **then** 1 **else** (**if** $x\geqq 0$ **then** 0 **else** -1 **fi**) **fi** .

Unter Weglassung der (unnötigen) Klammern lautet das letzte Beispiel

if $x>0$
then 1
else if $x\geqq 0$
    then 0
    else -1 **fi fi** .

Fallunterscheidungen mit mehr als zwei Zweigen können also durch Schachtelung gewonnen werden.

In einer inneren Bedingung einer geschachtelten Fallunterscheidung kann, falls sie im Ja-Zweig bzw. Nein-Zweig steht, die Bedingung dieses Zweiges bzw. deren Negation hinzugefügt werden. Im obigen Beispiel kann man deshalb gleichwertig schreiben

if $x>0$
then 1
else if $(x\leqq 0)\wedge(x\geqq 0)$
    then 0
    else -1 **fi fi** ,

was sich zu

if $x>0$
then 1
else if $x=0$
    then 0
    else -1 **fi fi**

vereinfacht.

Für eine spezielle Schachtelung wie im letztgenannten Beispiel, bei der – abgesehen vom Ende – stets im Nein-Fall eine weitere Bedingung gestellt wird und dadurch sich die abschließenden **fi** am rechten Rand häufen (**sequentielle Fallunterscheidung**) ist eine abkürzende (**else if** zu **elsf** zusammenziehende) Schreibweise angezeigt[40], etwa für das obige Beispiel

if $x>0$ **then** 1 **elsf** $x\geqq 0$ **then** 0 **else** -1 **fi** (ALGOL 68)

(man beachte, daß bei dieser Schreibweise das **fi** der inneren bedingten Formel weggelassen wird) oder

$(x>0\rightarrow 1; x\geqq 0\rightarrow 0;$ **T** $\rightarrow -1)$ (LISP) .

In PASCAL-Schreibweise entfällt das abschließende **fi**, dafür ist Klammerung mittels **begin end** möglich:

begin if ›Bedingung‹ **then** ›Ja-Formel‹ **else** ›Nein-Formel‹ **end** .

Dies gilt auch für die sequentielle Fallunterscheidung, bei der **else if** nicht zusammengezogen wird.

Beispiele:

begin if $x>0$ **then** x **else** $-x$ **end** (PASCAL)
begin if $x>0$ **then** 1 **else if** $x\geqq 0$ **then** 0 **else** -1 **end** (PASCAL)

Im orthodoxen PASCAL sind jedoch bedingte Formeln, streng genommen, nicht vorgesehen, sie können insbesondere nicht in andere Formeln eingesetzt werden. Bedingte Formeln sind aber versteckt hinter Konstruktionen wie:

begin if ›Bedingung‹ **then** ›Res‹ $\Leftarrow$ ›Ja-Formel‹
    else ›Res‹ $\Leftarrow$ ›Nein-Formel‹ **end** ,

wo ›Res‹ eine Bezeichnung für ein ‚Ergebnis' ist, vgl. 2.3.1.1.

Das Beispiel

$x+$ **if** $x>0$ **then** x **else** $-x$ **fi**

---

[40] Die übliche Vorschrift, wie die Produktionen eines Markov-Algorithmus anzuwenden sind, läuft ebenfalls auf eine sequentielle Fallunterscheidung hinaus.

zeigt, daß bedingte Formeln auch als Bestandteile von (einfachen) Formeln auftreten können - allerdings nicht in PASCAL.

Solche Formeln können aber gleichwertig umgeformt werden, indem die übergeordnete Operation, weil sie strikt ist, auf die Ja-Formel und auf die Nein-Formel distributiert wird:

if $x>0$ **then** $x+x$ **else** $x-x$ **fi** .

Anwendung der Gesetze von $\mathbb{Z}$ ergibt schließlich

if $x>0$ **then** $x\times 2$ **else** 0 **fi** .

Hilfen für das Arbeiten mit umfangreichen Fallunterscheidungen - insbesondere verschachtelter Art - liefert die sogenannte ‚Entscheidungstabellen-Technik'. Eng verwandt (funktionell identisch) ist das Arbeiten mit zweiwertigen Schaltungen (‚Schaltalgebra'), vgl. 4. Kapitel.

In Datenflußauffassung bedeutet eine Alternative, daß jeweils eins von zwei Ergebnissen weggeworfen wird, oder daß einer der Datenströme aufgestaut wird. Abb. 62 erlaubt beide Deutungen.

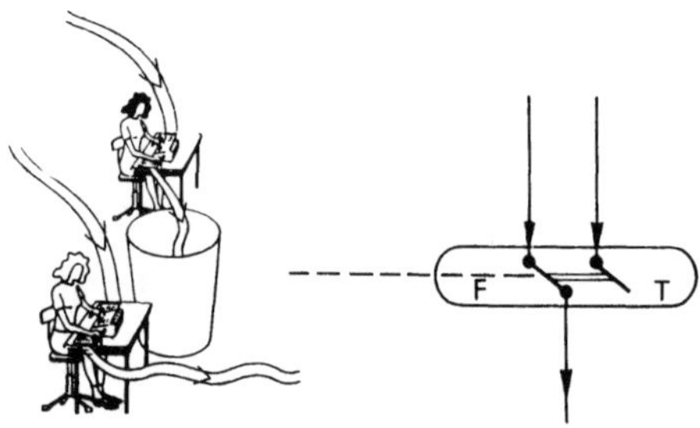

Abb. 62. Datenflußnetz für die alternative Fallunterscheidung

2.2.3.2 *Bewachte Fallunterscheidung*

Die Alternative ist ein (zweigliedriger) Spezialfall der **bewachten Fallunterscheidung** mit *n* **Zweigen**

if ›Bedingung1‹ **then** ›Formel1‹
▯ ›Bedingung2‹ **then** ›Formel2‹
⋮
▯ ›Bedingung*n*‹ **then** ›Formel*n*‹ **fi** ,

bei der vor jede Formel eine Bedingung, genannt **Wächter**, gestellt wird. Mit der Alternative

if ›Bedingung‹ **then** ›Ja-Formel‹
else ›Nein-Formel‹ **fi**

ist insbesondere gleichbedeutend die bewachte Fallunterscheidung mit zwei Zweigen (falls ›Bedingung‹ nicht mehrdeutig ist)

if ›Bedingung‹ **then** ›Ja-Formel‹
▯ ¬›Bedingung‹ **then** ›Nein-Formel‹ **fi** .

Dem Beispiel (1) in 2.2.3.1 entspricht die bewachte Fallunterscheidung

if $x>0$ **then** x
▯ $x\leqq 0$ **then** $-x$ **fi** .

Ein dreigliedriges Beispiel liefert die Signum-Funktion

if $x>0$ **then** 1
▯ $x=0$ **then** 0
▯ $x<0$ **then** -1 **fi** .

Die Reihenfolge, in der die einzelnen Zweige einer bewachten Fallunterscheidung aufgeschrieben werden, ist belanglos. Abgesehen davon, daß eine bewachte Fallunterscheidung also symmetrisch aufgebaut ist und die genauen Bedingungen aller Zweige, insbesondere auch die des **else**-Falls sichtbar macht, liegt in der bewachten Fallunterscheidung eine größere Allgemeinheit: Es kann vorkommen, daß mehrere Wächter den Wert »wahr« ergeben. Dann ist die Auswahl der betroffenen Formeln offen und kann beliebig erfolgen. Diese nichtdeterministische (vgl. 1.6.1) Fallunterscheidung kann zu Formeln führen, die kein eindeutiges Ergebnis haben und deshalb keine Abbildungen, sondern nur Korrespondenzen mit freier Auswahl definieren. Sie kann also die Quelle ‚mehrdeutiger' Funktionen sein. Daß dies nicht so sein muß, zeigt das Beispiel

if $x\geqq 0$ **then** x
▯ $x\leqq 0$ **then** $-x$ **fi** ,

eine völlig symmetrische Fassung des obigen Beispiels (1), der Definition des Absolutbetrages.

Keine feste Abbildung dagegen liefert

if $x\geqq 0$ **then** $sqrt(x)$
▯ $x\geqq 0$ **then** $-sqrt(x)$
▯ $x<0$ **then** 0 **fi** .

Diese Formel liefert für $x\geqq 0$ eine ‚Umkehrung' der Quadrat-Funktion. Welcher der beiden Werte als Ergebnis dient, bleibt offen: die Formel ist für $x>0$ nichtdeterminiert.

Determiniert ist jedoch, obschon unter Umständen die Wächter sich überlappen, die Formel

$$\begin{array}{lll}
\textbf{if} & x \leqq -y & \textbf{then}\ 0 \\
\square & -y \leqq x \wedge x \leqq 0 & \textbf{then}\ -sqrt(-x \times (y+x)) \\
\square & 0 \leqq x \wedge x \leqq y & \textbf{then}\ \ \ sqrt(x \times (y-x)) \\
\square & y \leqq x & \textbf{then}\ 0 \qquad\qquad\qquad\qquad \textbf{fi}\ .
\end{array}$$

Determiniert ist auch (vgl. 2.2.2.3)

$$\begin{array}{l}
\textbf{if}\ x=0\ \textbf{then}\ 0 \\
\square\ y=0\ \textbf{then}\ 0 \\
\square\ x \neq 0 \wedge y \neq 0\ \textbf{then}\ x \times y\ \textbf{fi}
\end{array}$$

und sogar

$$\begin{array}{l}
\textbf{if}\ x=0\ \textbf{then}\ 0 \\
\square\ y=0\ \textbf{then}\ 0 \\
\square\ \textbf{true}\ \ \textbf{then}\ x \times y\ \textbf{fi}\ .
\end{array}$$

Nur partiell definiert ist eine bewachte Fallunterscheidung, deren Wächter für gewisse Situationen sämtlich sperren, wie

$$\begin{array}{l}
\textbf{if}\ a>b\ \textbf{then}\ a-b \\
\square\ a<b\ \textbf{then}\ b-a\ \textbf{fi}\ .
\end{array}$$

Sie erfordert eine Nebenbedingung wie $a \neq b$. Auch die ‚eingliedrige' Fallunterscheidung wie

$$\textbf{if}\ x \geqq 0\ \textbf{then}\ sqrt(a)\ \textbf{fi}$$

ist nur partiell definiert. Total undefiniert ist die ‚nullgliedrige' Fallunterscheidung **if·fi**.

Die nicht-deterministische, bewachte Fallunterscheidung ist in ALGOL 68 wie in PASCAL nicht vorgesehen (in PASCAL-Schreibweise entfällt das abschließende **fi**). Die Idee geht auf DIJKSTRA 1975 (‘*guarded commands*’) zurück.

Für

$$\begin{array}{l}
\textbf{if}\ \textbf{true}\ \textbf{then}\ a \\
\square\ \textbf{true}\ \textbf{then}\ b\ \textbf{fi}
\end{array}$$

kann abkürzend $a \square b$ geschrieben werden. $.\square.$ bezeichnet dann die Operation der **freien Auswahl** (2.1.2).

Ein Zweig der Gestalt

$$\textbf{if}\ \textbf{false}\ \textbf{then}\ a$$

kann gestrichen werden.

Eine bewachte Fallunterscheidung wird ‚sequentialisiert', indem alle $\square$ bis auf das letzte durch **elsf** ersetzt werden, das letzte $\square$ und das darauffolgende

›Bedingung‹ **then** werden durch **else** ersetzt. Es erfolgt dadurch eine Einschränkung der freien Auswahl; falls alle Zweige determiniert sind, entsteht ein determinierter Abkömmling.

Verschiedene Reihenfolgen der Sequentialisierung einer bewachten Fallunterscheidung (deren Zweige ja in beliebiger Reihenfolge aufgeschrieben sein können) ergeben unter Umständen verschiedene Abkömmlinge.

Beispiel:

if $x \geqq 0$ **then** 1
▯ $x \leqq 0$ **then** -1 **fi**

liefert durch Sequentialisierung die zwei Abkömmlinge

if $x \geqq 0$ **then** 1 **else** -1 **fi**
if $x \leqq 0$ **then** -1 **else** 1 **fi**

und (nach Negation der Bedingung unter Vertauschen der Zweige)

if $x < 0$ **then** -1 **else** 1 **fi**
if $x > 0$ **then** 1 **else** -1 **fi** .

Auch für eine determinierte bewachte Fallunterscheidung ergeben sich nach der Sequentialisierung oft noch Vereinfachungsmöglichkeiten.

Beispiel:

if $x \geqq 18$ **then** 4
▯ $x < 18 \wedge x \geqq 10$ **then** 3
▯ $x < 10 \wedge x \geqq 4$ **then** 2
▯ $x < 4$ **then** 0 **fi**

In der sequentialisierten Fassung

if $x \geqq 18$ **then** 4
elsf $x < 18 \wedge x \geqq 10$ **then** 3
elsf $x < 10 \wedge x \geqq 4$ **then** 2
else 0 **fi**

gilt für den zweiten Zweig (als Negation der Bedingung $x \geqq 18$ des ersten Zweiges) ohnehin $x < 18$, das also entbehrt werden kann. Es verbleibt $x \geqq 10$, worauf im dritten Zweig $x < 10$ entbehrt werden kann. So entsteht eine Sequenz Schritt für Schritt verschärfter Abfragen:

if $x \geqq 18$ **then** 4
elsf $x \geqq 10$ **then** 3
elsf $x \geqq 4$ **then** 2
else 0 **fi** .

2.2.3.3 *Durchführung der Berechnung auf Formularen mit Fallunterscheidungen*

Zu bedingten Formeln gehören Rechenformulare mit Fallunterscheidungen. Die Alternative tritt in den zugehörigen Kantorovič-Bäumen bzw. Datenflußplänen zunächst als dreistellige Operation in Erscheinung, wie etwa in Abb. 63 für die bedingte Formel

$$\textbf{if } a>b \textbf{ then } a-b \textbf{ else } b-a \textbf{ fi} .$$

Geht man hier naiv vor (d.h. faßt man die Alternative als *strikte* dreistellige Operation auf), so berechnet man $a>b$, $a-b$ und $b-a$. Es ist aber wenig zweckmäßig, die letzteren beiden Formeln zu berechnen und sodann das eine oder das andere Ergebnis, je nach dem Ausfall von $a>b$, wegzuwerfen.

Arbeitssparend zunächst ist die folgende Festlegung für die nichtstrikte Auswertung einer Alternative:

Es ist zuerst die Bedingung einer Alternative auszuwerten und dann, je nach ihrem Ausfall, der nicht benötigte Zweig zu kappen; der verbleibende Zweig ist sodann auszuwerten.

Um dies zu unterstreichen, zeichnen wir im Formular und im Kantorovič-Baum sowie im Datenflußplan die Linien, die zur Ja-Formel und zur Nein-Formel führen, gestrichelt (Abb. 63). Bei der tatsächlichen Auswertung einer Alternative wird dann die zum ausgewählten Zweig gehörige Linie ausgezogen.

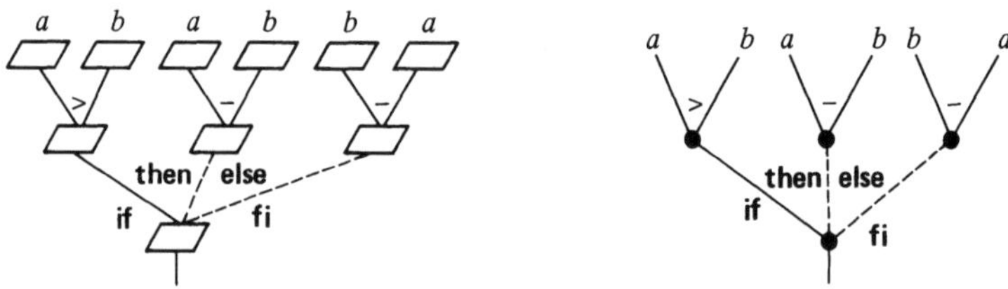

Abb. 63. Formular und Kantorovič-Baum für eine Alternative

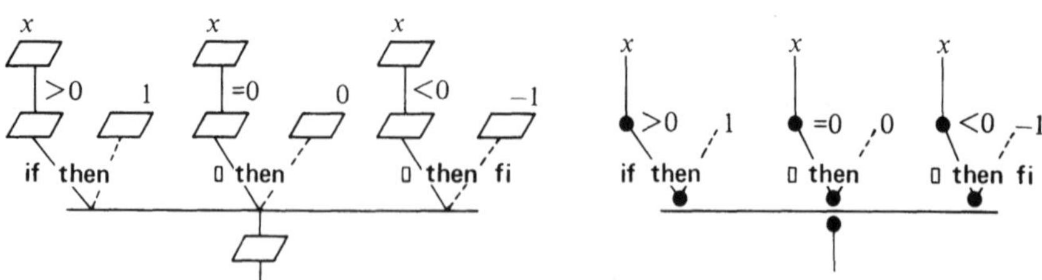

Abb. 64. Formular und Kantorovič-Baum für eine bewachte Fallunterscheidung

Entsprechend gehen wir bei einer bewachten Fallunterscheidung vor: Abb. 64 zeigt Rechenformular und Kantorovič-Baum für das obige Beispiel der Signum-Funktion.

Wir legen also für die Auswertung einer bewachten Fallunterscheidung fest:

> *Jeder Zweig, dessen Wächter* **F** *ergibt, ist auf alle Fälle zu kappen; die freie Auswahl erfolgt aus all den Zweigen, deren Wächter* **T** *ergeben.*

Die Bezeichnung ‚Wächter' bekommt so einen markanten Sinn: Die Wächter bewahren ‚ihren' Zweig vor unnötiger Auswertung. Auch die Bedingungen von Alternativen haben ‚Wächterfunktion'. Ergibt genau ein Wächter **T**, so verbleibt natürlich keine Wahl, es herrscht die klassische, **determinierte** Situation. Ergibt kein Wächter **T**, so ist das Ergebnis der Berechnung der Formel undefiniert.

Auch die bewachte Fallunterscheidung zeigt immer noch eine beträchtliche Freiheit der Berechnung: Die Reihenfolge, in der Wächter und Zweige zu berechnen sind, ist lediglich dadurch eingeschränkt, daß kein Zweig berechnet werden darf, bevor sein Wächter berechnet worden ist und diese Berechnung das Ergebnis **T** ergeben hat.

Eine einfache Möglichkeit besteht darin, zunächst alle Wächter (nacheinander oder nebeneinander) zu berechnen und erst dann einen zulässigen Zweig auszuwählen. Eine andere, arbeitssparende wählt Wächter frei aus und berechnet sie nacheinander; sobald sich erstmals **T** ergibt, wird mit der Berechnung des zugehörigen Zweiges der Vorgang beendet. Dabei ist vorausgesetzt, daß alle Wächter ein definiertes Ergebnis haben.

Beachte, daß ein Ausdruck wie

$$((a \,\square\, b) \,\square\, (c \,\square\, d)) \,\square\, ((e \,\square\, f) \,\square\, (g \,\square\, h))$$

nach der getroffenen Festlegung „von außen nach innen" auszuwerten ist – ganz im Gegensatz zur Formel

$$((a+b)+(c+d))+((e+f)+(g+h)),$$

die „von innen nach außen" ausgewertet werden muß.

Wächter bewahren aber nicht nur ‚ihren' Zweig vor unnötiger Berechnung, sie schützen ihn auch vor ungewollter Berechnung (und haben damit mehr als lediglich arbeitssparende Bedeutung). Dasselbe gilt für die Bedingung einer Alternative: die obige Festlegung erlaubt, auch über $\mathbb{N}$ die bedingte Formel

$$\textbf{if } a \geqq b \textbf{ then } a-b \textbf{ else } b-a \textbf{ fi}$$

zu betrachten, denn die (in $\mathbb{N}$) nur partiell definierte Subtraktion ist stets nur dann auszuführen, wenn sie ausführbar ist.

Grundsätzlich soll die Ausführbarkeit aller partiell definierten Operationen durch geeignete Wächter gewährleistet sein, wie etwa in

if $x \neq 0$ **then** $sin(x)/x$ **else** 1 **fi** .

Eine solche Gewährleistung ist auch für solche bewachte Fallunterscheidungen erforderlich, deren Ergebnis möglicherweise undefiniert ist, wie

if $a > b$ **then** $a - b$
▯ $a < b$ **then** $b - a$ **fi** ,

das die Nebenbedingung $a \neq b$ braucht. Zu diesem Zweck kann diese Formel unter den Wächter $a \neq b$ (oder auch unter eine stärkere Bedingung) gestellt werden, etwa in der Form

if $a = b$ **then** 0
▯ $a \neq b$ **then** **if** $a > b$ **then** $a - b$
▯ $a < b$ **then** $b - a$ **fi** **fi** .

Das gleiche gilt für eine bewachte Fallunterscheidung, wie

if **true** **then** $sin(x) \times (y/x)$
▯ **true** **then** y **fi** ,

die einen Zweig freigibt, der unter Umständen kein definiertes Ergebnis hat; sie muß zumindest unter den Wächter $x \neq 0$ gestellt werden, oder besser in die Form gebracht werden, in der der kritische Zweig bewacht wird:

if $x \neq 0$ **then** $sin(x) \times (y/x)$
▯ **true** **then** y **fi** .

2.2.3.4 *Der nicht-strikte Charakter der Fallunterscheidung*

Die Fallunterscheidung könnte ihre Nebenaufgabe, die Zweige zu bewachen, nicht erfüllen, wenn sie als strikte Operation eingeführt würde.

Der nicht-strikte Charakter der Fallunterscheidung tritt deutlich bei nachfolgenden Beispielen hervor:

Die Alternativen

if ›Bedingung1‹ **then** ›Bedingung2‹ **else** **false** **fi**
if ›Bedingung1‹ **then** **true** **else** ›Bedingung2‹ **fi**

haben Aussagen als Ja- und Nein-Formeln und sind Aussagenverknüpfungen. Abb. 65 zeigt die zugehörigen Kantorovič-Bäume. Funktional fallen diese Konstruktionen mit Konjunktion bzw. Disjunktion zusammen, nicht jedoch auswertungsmäßig: die Formel ›Bedingung2‹ wird unter Umständen nicht ausgewertet. Arbeitssparend kann die Konjunktion bzw. Disjunktion stets durch die entsprechende dieser beiden Konstruktionen ersetzt werden. Die umgekehrte Ersetzung ist jedoch im allgemeinen nicht zulässig, da die Wächterfunktion verlorengeht.

Als Schreibabkürzung für diese Konstruktionen führt man gelegentlich

$$›\text{Bedingung1}‹ \;\dot{\wedge}\; ›\text{Bedingung2}‹$$

bzw.

$$›\text{Bedingung1}‹ \;\dot{\vee}\; ›\text{Bedingung2}‹$$

ein. Dabei handelt es sich aber nach wie vor um nicht-strikte Operationen, die zur Unterscheidung **sequentielle Konjunktion** bzw. **sequentielle Disjunktion** genannt werden. Abb. 65 zeigt auch die dazu gehörigen Kantorovič-Bäume.

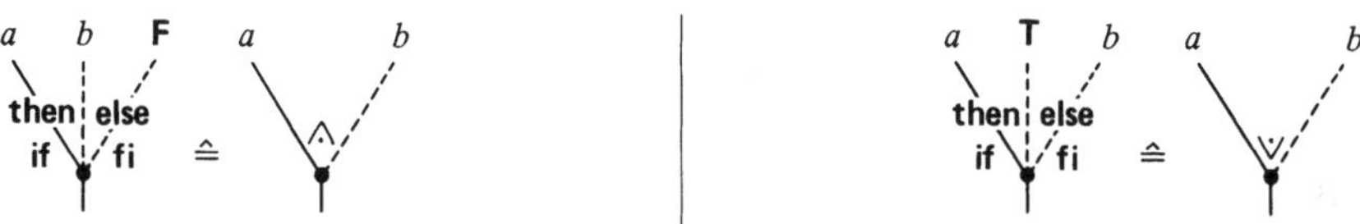

Abb. 65. Kantorovič-Bäume der sequentiellen Konjunktion und Disjunktion

Die Operationen $\dot{\wedge}$ und $\dot{\vee}$ sind assoziativ, aber nicht kommutativ; sie erfüllen die Gesetze von De Morgan.

Beispielsweise kann das Prädikat

$$length(a) \leqq 1$$

durch

$$a = \diamond \;\dot{\vee}\; rest(a) = \diamond \qquad | \qquad isempty(a) \;\dot{\vee}\; isempty(rest(a))$$

ausgedrückt werden.

Außer Fallunterscheidungen und den damit zusammenhängenden sequentiellen Konjunktionen und Disjunktionen kommen in einer Formel nach wie vor nur strikte Operationen vor.

Beispiel:

Für die zusammengesetzte Selektoroperation

$$car(cdr(car(a)))$$

auf beblätterten Binärbäumen ist die Zusicherung

$$\neg isatom(a) \;\dot{\wedge}\; \neg isatom(car(a)) \;\dot{\wedge}\; \neg isatom(cdr(car(a)))$$

erforderlich. Die Überführung in geschachtelte Alternativen ist auf vielerlei Weise operativ verschieden, aber funktional gleichwertig möglich. Zunächst besteht die Möglichkeit der Linksklammerung

$$(\neg isatom(a) \;\dot{\wedge}\; \neg isatom(car(a))) \;\dot{\wedge}\; \neg isatom(cdr(car(a))) \,,$$

die systematisch zu

```
(1) if   if   ¬isatom(a)
         then ¬isatom(car(a))
         else false           fi
    then ¬isatom(cdr(car(a)))
    else false                fi
```

führt (Abb. 66a). Die Möglichkeit der Rechtsklammerung

$$\neg isatom(a) \wedge (\neg isatom(car(a)) \wedge \neg isatom(cdr(car(a))))$$

führt systematisch zu (Abb. 66b)

```
(2) if   ¬isatom(a)
    then if ¬isatom(car(a))
         then ¬isatom(cdr(car(a)))
         else false              fi
    else false                   fi .
```

Weiterhin können in beiden Fällen unter entsprechendem Negieren der Bedingung Zweige vertauscht werden. Im Fall der Linksklammerung führt Vertauschen in beiden Alternativen zu (Abb. 66c)

```
(3) if   if isatom(a)
         then true
         else isatom(car(a)) fi
    then false
    else ¬isatom(cdr(car(a)))  fi .
```

„Natürlicher“ erscheint die entsprechende Variante der rechtsgeklammerten Formel (Abb. 66d)

```
(4) if isatom(a)
    then false
    else if isatom(car(a))
         then false
         else ¬isatom(cdr(car(a))) fi fi .
```

Die letzte Negation läßt sich auch noch beseitigen, was zu der „intuitiv richtigen“ sequentiellen Fallunterscheidung

```
(5) if   isatom(a)           then false
    elsf isatom(car(a))      then false
    elsf isatom(cdr(car(a))) then false
                             else true  fi
```

führt.

Beachte, daß bei diesem Vorgehen die Berechnung der Bedingung jedesmal ganz von vorne begonnen wird. Abhilfe bringt nur eine Umschreibung der Ausgangsformel unter Benutzung von Zwischenergebnisbezeichnungen (siehe 3. Kap.).

a)

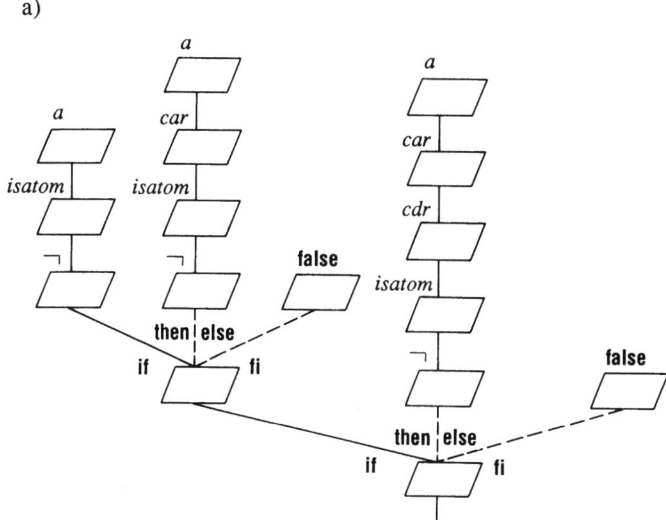

b)

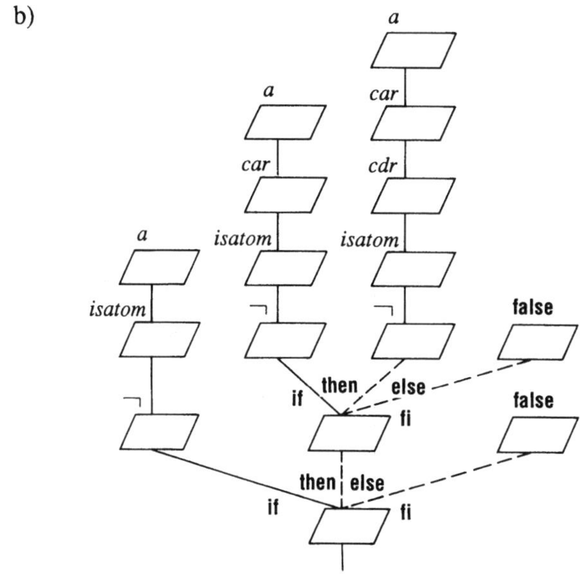

c)

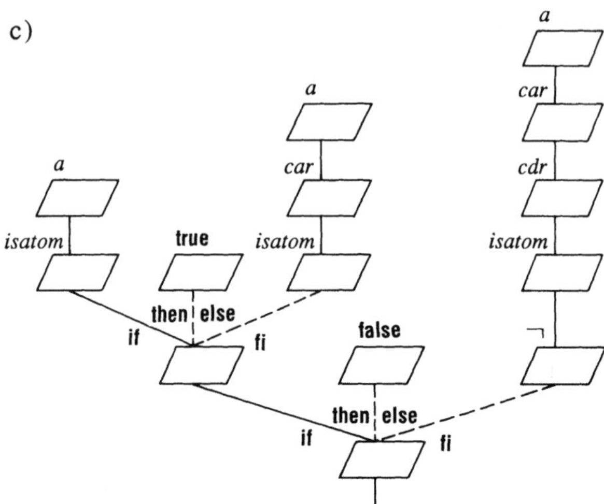

d)

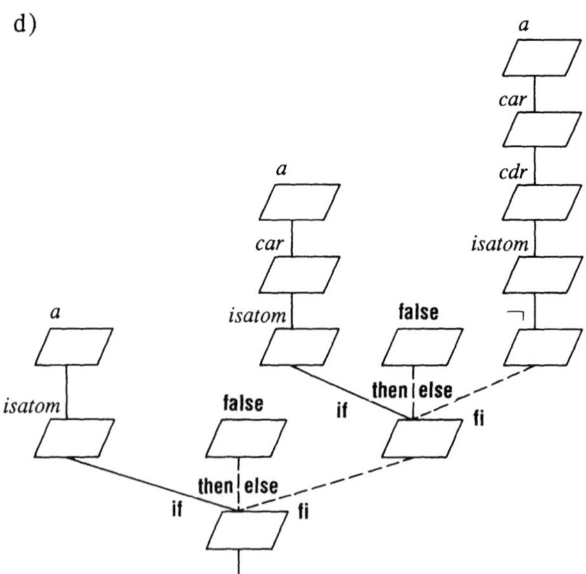

Abb. 66. Formulare von vier mit
$\neg isatom(a) \wedge \neg isatom(car(a)) \wedge \neg isatom(cdr(car(a)))$
gleichwertigen Formeln

2.3 Rechenvorschriften

2.3.1 Vereinbarung von Rechenvorschriften

2.3.1.1 *Schreibweisen*

Bevor wir nach Zusammensetzung und Fallunterscheidung das dritte Grundprinzip unseres Aufbaus von Rechenvorschriften, die Rekursion einführen, müssen wir notationelle Möglichkeiten der Definition von Rechenvorschriften besitzen.

Zur Festlegung einer Berechnungsvorschrift diente bisher eine Formel, die abzuarbeiten ist. Der Formel selbst war es nicht immer anzusehen, von welcher **Sorte** die Parameter sind. Deshalb muß die Funktionalität angegeben werden, also die Sorten (‚Arten', ‚Typen'), denen die Parameter angehören, und die Sorte des Ergebnisses. In der Mathematik geschieht dies in zwei getrennten Zeilen, etwa

$$f\colon \begin{cases} \mathbb{Z}\times\mathbb{Z}\rightarrow\mathbb{Z} \\ (u, v)\mapsto(u+v)\ \mathbf{div}\ (u-v) \end{cases} \qquad \text{oder} \qquad \begin{matrix} \mathbb{Z}\times\mathbb{Z}\xrightarrow{f}\mathbb{Z} \\ f(u, v)\Leftarrow(u+v)\ \mathbf{div}\ (u-v). \end{matrix}$$

Die gängigen Programmiersprachen benutzen zur **Vereinbarung** einer **Rechenvorschrift** etwas andere, historisch bedingte[41] Schreibweisen, die man im wesentlichen erhält, wenn man obige Zeilen spaltenweise liest. In ALGOL-Notation[42] schreibt man

$$\mathbf{funct}\ f\equiv(\mathbf{int}\ u,\ \mathbf{int}\ v)\ \mathbf{int}\colon(u+v)\ \mathbf{div}\ (u-v)\ ,$$

kürzer

$$\mathbf{funct}\ f\equiv(\mathbf{int}\ u,\ v)\ \mathbf{int}\colon(u+v)\ \mathbf{div}\ (u-v)\ .$$

In PASCAL-Notation[43] muß man

$$\begin{gathered}\mathbf{function}\ f(u\colon integer;\ v\colon integer)\colon integer; \\ \mathbf{begin}\ f\Leftarrow(u+v)\ \mathbf{div}\ (u-v)\ \mathbf{end}\ ,\end{gathered}$$

kürzer

$$\begin{gathered}\mathbf{function}\ f(u,\ v\colon integer)\colon integer; \\ \mathbf{begin}\ f\Leftarrow(u+v)\ \mathbf{div}\ (u-v)\ \mathbf{end}\end{gathered}$$

schreiben, mit der expliziten ‚Feststellung' des ‚Ergebnisses' durch die **frei wählbare Bezeichnung** der Rechenvorschrift.

---

[41] In ALGOL 68 ist das im wesentlichen die Notation des sogenannten Lambda-Kalküls von CHURCH: $f\equiv(\lambda u,\ \lambda v)(u+v)\ \mathbf{div}\ (u-v)$.

[42] In ALGOL 68 muß **proc** statt **funct** geschrieben werden, sowie = statt ≡.

[43] In PASCAL muß := statt ⇐ geschrieben werden.

ALGOL wie PASCAL benutzen also der Formel, auch **Rumpf** genannt, vorangestellte Kopfleisten zur Angabe der Parameterbezeichnungen und der Funktionalität, die sich nur durch die Reihenfolge Sorte/Parameterbezeichnung unterscheiden.

Selbstverständlich gilt:

Keine zwei Parameterbezeichnungen in der Kopfleiste einer Rechenvorschrift dürfen gleich sein.

Die Kopfleiste muß sich auch auf dem Formular finden. Die Vereinbarung einer Rechenvorschrift wird dabei wiedergegeben durch Gegenüberstellung des Kantorovič-Baums der in der Rechenvorschrift auftretenden Formel mit dem (trivialen) Kantorovič-Baum der definierten Operation, vgl. Abb. 67.

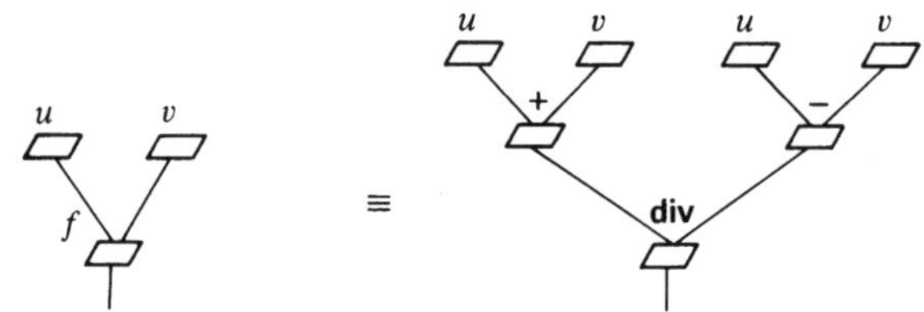

Abb. 67. Formular mit Vereinbarung einer Rechenvorschrift

Beim **Aufruf** einer Rechenvorschrift werden die aktuellen Werte der Parameter, in Klammern und durch Kommata getrennt, der Bezeichnung der Rechenvorschrift selbst beigefügt wie schon in 2.1.2, etwa $f(3, 1)$. Als aktuelle Werte können auch (die erarbeiteten Ergebnisse von) Formeln dienen (Zusammensetzung von Operationen, vgl. 2.2.2.1).

2.3.1.2 *Systeme von Rechenvorschriften*

Durch Einführung von Hilfsrechenvorschriften kann eine Formel in Bestandteile zerlegt, ‚strukturiert' werden. So kann etwa die Formel (*) von 2.2.2.2 umgeformt werden zu

$$h(b, a, d) + h(a, b, c)\,,$$

wobei

funct $h \equiv$ (**real** a, b, c) **real**: $(a \times 2 + b) \times c$	**function** $h(a, b, c{:}\,real){:}\,real;$ **begin** $h \Leftarrow (a*2+b)*c$ **end** .

Wird auch für die gesamte Formel (*) eine Rechenvorschrift eingeführt,

funct $f \equiv$ (**real** a, b, c, d) **real**: $h(b, a, d) + h(a, b, c)$	**function** $f(a, b, c, d{:}\,real){:}\,real;$ **begin** $f \Leftarrow h(b, a, d) + h(a, b, c)$ **end** ,

so ergibt sich das **hierarchisch gestaffelte System** von Rechenvorschriften (f, h), in dem f sich **direkt** auf h **stützt**. Abb. 68 zeigt ein Formular für dieses System. Zur Durchführung der Berechnung von f auf diesem Formular werden zwei Exemplare des Formulars von h gebraucht.

Auch eine weitergehende Strukturierung ist möglich, etwa wenn man die Vereinbarung von h ersetzt durch das System

funct $h \equiv$ (**real** a, b, c) **real**: $g(a, b) \times c$	**function** $h(a, b, c: real): real$; **begin** $h \Leftarrow g(a, b) * c$ **end**
funct $g \equiv$ (**real** u, v) **real**: $u \times 2 + v$	**function** $g(u, v: real): real$; **begin** $g \Leftarrow u * 2 + v$ **end**

Man sagt dann, f **stützt** sich **indirekt** auf g.

Die **Stützrelation** eines Systems von Rechenvorschriften kann als gerichteter Graph dargestellt werden (Abb. 69): man zeichnet einen Pfeil von f nach h genau dann, wenn im Rumpf der Rechenvorschrift f textuell ein Aufruf der Rechenvorschrift h vorkommt.

2.3.1.3 *Zusicherungen*

Manche Rechenvorschriften sind nur für gewisse Parameterwerte sinnvoll, sie definieren nur partielle Funktionen. Insbesondere kann es vorkommen, daß die zur Berechnung dienende Formel Operationen enthält, die nur partiell definiert sind, wie etwa die Rechenvorschrift f in 2.3.1.1 oder das Beispiel

funct $z \equiv$ (**real** a, b) **real**: $a/b + b/a$	**function** $z(a, b: real): real$; **begin** $z \Leftarrow a/b + b/a$ **end** .

Schränkt man das Definitionsgebiet geeignet ein – im Beispiel durch die Nebenbedingungen $u \neq v$ bzw. $a \neq 0 \wedge b \neq 0$ – so erhält man wieder eine **totale Funktion:**

funct $f \equiv$ (**int** u, v: $u \neq v$) **int**: $(u + v)$ **div** $(u - v)$	**function** $f(u, v: integer$ $\{u \neq v\}): integer$; **begin** $f \Leftarrow (u + v)$ **div** $(u - v)$ **end**

Die **Zusicherung** einer Nebenbedingung kann in den meisten Programmiersprachen nur in der Form eines Kommentars angegeben werden, das heißt eines beliebigen Textes, der in PASCAL zwischen den Klammerzeichen { } eingeschlossen wird:

funct $z \equiv$ (**real** a, b: $a \neq 0 \wedge b \neq 0$) **real**: $a/b + b/a$	**function** $z(a, b: real$ $\{(a \neq 0)$ **and** $(b \neq 0)\}): real$; **begin** $z \Leftarrow a/b + b/a$ **end** .

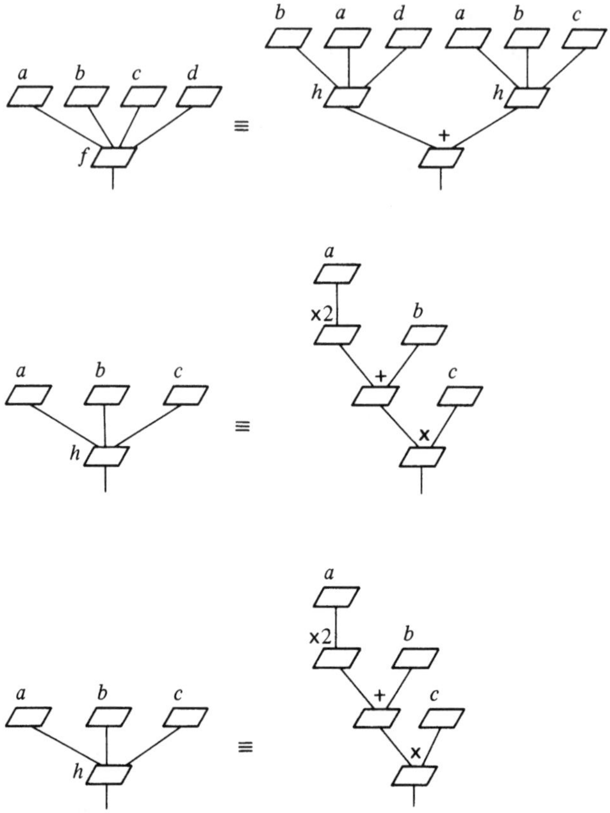

Abb. 68. Formular mit Hilfsformularen

In der ALGOL-Schreibweise wird die Einhaltung der hinter dem Doppelpunkt stehenden Zusicherung beim Aufruf der Rechenvorschrift überprüft; dagegen werden Kommentare durch die Wortsymbole **co** und **oc** begrenzt.

Abb. 69. Stützgraph des System (f, h, g) von Rechenvorschriften

Zusicherungen konstatieren also Bedingungen zur Einschränkung des Parameterbereichs von Rechenvorschriften. Beim Aufruf muß sichergestellt sein, daß sie erfüllt sind[44].

2.3.1.4 *Gebundene Bezeichnungen*

Die Bezeichnung eines Parameters einer Rechenvorschrift kann durch eine beliebige andere Bezeichnung ersetzt werden, wenn dies konsistent geschieht, weil die Parameterbezeichnung ‚nach außen' völlig irrelevant ist. Auch

(**int** a, b) **int**: $a-b$

und (**int** b, a) **int**: $b-a$

bedeuten dieselbe Rechenvorschrift. Man sagt, Parameterbezeichnungen sind (an die betreffende Rechenvorschrift) **gebundene Bezeichnungen**[45] (engl. *bound identifier*), ihr **Bindungsbereich** ist die ganze Rechenvorschrift.

2.3.2 Rekursion

Das dritte und entscheidende Grundprinzip des Aufbaus von Rechenvorschriften, die **Rekursion**, erhält man, wenn bei der Definition einer Rechenvorschrift (unmittelbar oder mittelbar) auf die definierte Rechenvorschrift zurückgegriffen wird, wenn eine Rechenvorschrift sich also direkt oder indirekt auf sich selbst stützt.

Die Rekursion ist weder begrifflich schwer verständlich, noch ist dieses Verständnis an einen bestimmten Formalismus (und schon gar nicht an eine bestimmte Notation) gebunden. Alle nachfolgend behandelten Beispiele sind auch verbal formulierbar. Der ‚Mann auf der Straße' ist ohne weiteres in der Lage, sich der Rekursion zu bedienen, wenn sie in seiner Erfahrungswelt vorkommt, und jedenfalls imstande, sie zu verstehen, wenn man in seiner Sprache redet. Beispiele dafür wurden in 1.6.2 (f) und (g) gegeben.

Eine Warnung ist allerdings angebracht: Bisher konnten wir sicher sein, daß mit der Abarbeitung der im Rumpf einer Rechenvorschrift stehenden Formel, wenn alle auszuführenden Operationen total waren, keine Probleme auftreten, insbesondere daß eine feste Höchstanzahl von Operationen angebbar war. Jetzt ist das nicht mehr so: Um sicher zu sein, daß wir mit dem Selbstaufruf

---

[44] In Standard-Übersetzern für ALGOL 68 und PASCAL wird ihre Einhaltung allerdings nicht überprüft, sie werden als bloßer Kommentar überlesen.

[45] Die Verwendung von gebundenen Bezeichnungen in formalen Systemen hat A. Church in seinen Arbeiten über den Lambda-Kalkül (ab 1936) genauer untersucht.

nicht in einen circulus vitiosus geraten, müssen wir für rekursive Rechenvorschriften stets einen **Terminierungsbeweis**[46] führen (vgl. 2.4.3).

Zunächst geben wir einige elementare Beispiele direkter Rekursion:

(a) Die Rechenvorschrift zur Berechnung der Fakultät einer nichtnegativen Zahl. Dieses Standardbeispiel soll hier nicht fehlen, für das Formular vgl. Abb. 70.

funct $fac \equiv$ (**nat** n) **nat**:	**function** $fac(n\colon integer\ \{n \geqq 0\})\colon integer$;
	begin
if $n=0$	**if** $n=0$
then 1	**then** $fac \Leftarrow 1$
else $n \times fac(n-1)$ **fi**	**else** $fac \Leftarrow n * fac(n-1)$
	end

ist die programmiersprachliche Umschrift der üblichen mathematischen Definition

$$n! = \begin{cases} n \times (n-1)! & \text{falls} \quad n>0 \\ 1 & \text{falls} \quad n=0\,, \end{cases}$$

die nichts anderes darstellt als zwei (bedingte) Gleichungen, die die gewünschte Funktion charakterisieren.

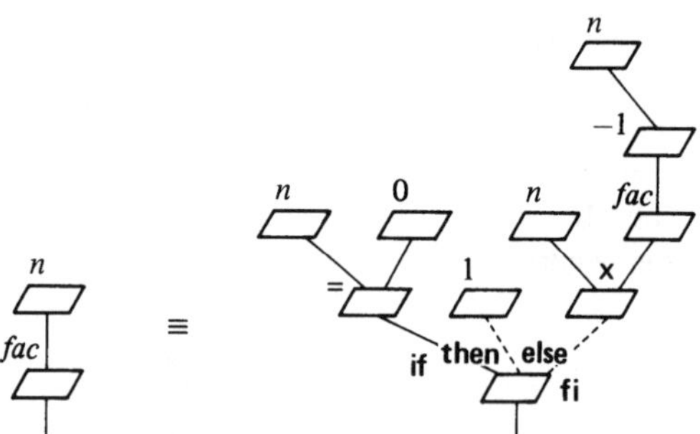

Abb. 70. Formular von *fac*

(b) Die Rechenvorschrift zur Berechnung des größten gemeinsamen Teilers zweier positiver Zahlen, vgl. Abb. 71.

[46] Scherzhaft: „Wie fängt man ein Rudel Löwen in der Wüste? Man fängt einen Löwen und führt damit die Aufgabe auf einen einfacheren Fall zurück." Der Terminierungsbeweis ist hier evident, wenn jeder Löwe in endlicher Zeit gefangen werden kann.

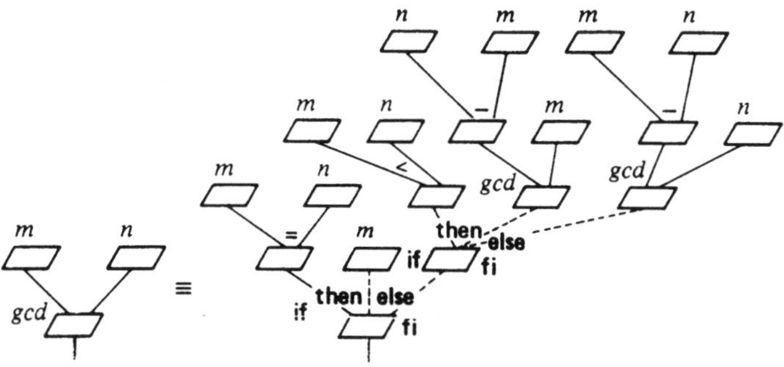

Abb. 71. Formular von *gcd*

```
funct gcd ≡ (nat m, nat n:
                 m>0 ∧ n>0) nat:

  if m = n
  then m
  else if m < n
       then gcd(n − m, m)
       else gcd(m − n, n) fi fi
```

```
function gcd(m, n: integer
        {(m>0) and (n>0)}): integer;
begin
if m = n
then gcd ⇐ m
else if m < n
     then gcd ⇐ gcd(n − m, m)
     else gcd ⇐ gcd(m − n, n)
end
```

ist die formale Niederschrift eines schon von EUKLID beschriebenen Algorithmus (EUKLID, Elemente, 7. Buch, Satz 2) der „Wechselwegnahme".

Indirekte Rekursion kann in einem System von Rechenvorschriften, die Seite an Seite vereinbart werden und sich **gegenseitig stützen**, definiert werden.

(c) Ein Paar von Rechenvorschriften (*iseven*, *isodd*) zur Feststellung, ob eine Zeichenfolge eine gerade bzw. eine ungerade Anzahl von Zeichen enthält, vgl. Abb. 72:

```
funct iseven ≡ (string m) bool:

  if m = ◇
  then true
  else isodd(rest(m)) fi
```

```
function iseven (m: string): Boolean;
begin
if isempty(m)
then iseven ⇐ true
else iseven ⇐ isodd(rest(m))
end
```

```
funct isodd ≡ (string m) bool:

  if m = ◇
  then false
  else iseven(rest(m)) fi
```

```
function isodd(m: string): Boolean;
begin
if isempty(m)
then isodd ⇐ false
else isodd ⇐ iseven(rest(m))
end
```

In diesem Beispiel kann durch Einsetzen etwa von *isodd* in *iseven* (‚Expandieren‘) unmittelbare Rekursion für *iseven* hergestellt werden:

```
funct iseven ≡ (string m) bool:

  if m = ◇
  then true
  elsf rest(m) = ◇
  then false
  else iseven(rest(rest(m))) fi
```

```
function iseven(m: string): Boolean;
begin
if isempty(m)
then iseven ⇐ true
else if isempty(rest(m))
  then iseven ⇐ false
  else iseven ⇐ iseven(rest(rest(m)))
end
```

Der Elimination von *isodd* entspricht ein Einsetzen des Formulars von *isodd* in das Formular von *iseven*.

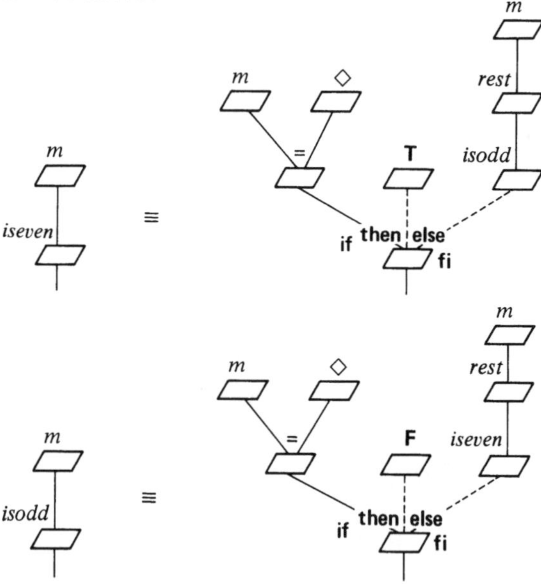

Abb. 72. Formulare des Systems (*iseven*, *isodd*)

Terminierung ist evident, da die Länge der Zeichenfolge stets abnimmt. Die Stützrelation des Systems (*iseven*, *isodd*) ist in Abb. 74a als Graph dargestellt.

(d) Ein **hierarchisch gestaffeltes** rekursives System von zwei Rechenvorschriften stellt das folgende Paar (*gcd1*, *mod*) dar, wobei *mod* eine Rechenvorschrift für die Operation **.mod.** (für positiven Divisor) darstellt und *gcd1* den größten gemeinsamen Teiler zweier nichtnegativer Zahlen liefert, vgl. Abb. 73:

funct $mod \equiv$ (**nat** m, **nat** n: $n>0$) **nat**:	**function** $mod(m, n: integer$ $\{(m \geqq 0)$ **and** $(n>0)\}): integer;$
	begin
if $m<n$	**if** $m<n$
then m	**then** $mod \Leftarrow m$
else $mod(m-n, n)$ **fi**	**else** $mod \Leftarrow mod(m-n, n)$
	end

funct $gcd1 \equiv$ (**nat** m, **nat** n) **nat**:	**function** $gcd1(m, n: integer$ $\{(m \geqq 0)$ **and** $(n \geqq 0)\}): integer;$
	begin
if $n=0$	**if** $n=0$
then m	**then** $gcd1 \Leftarrow m$
else $gcd1(n, mod(m, n))$ **fi**	**else** $gcd1 \Leftarrow gcd1(n, mod(m, n))$
	end

Eine einfache Elimination von *mod*, um etwa zur Rechenvorschrift *gcd* von (b) zu gelangen, ist allerdings hier nicht möglich.

Die Terminierung der Rechenvorschrift *mod* ist evident: wegen der Zusicherung $n>0$ gilt $m-n<m$, also nimmt der erste Parameter streng monoton ab. Damit terminiert auch die Rechenvorschrift *gcd1*, denn ihr zweiter Parameter

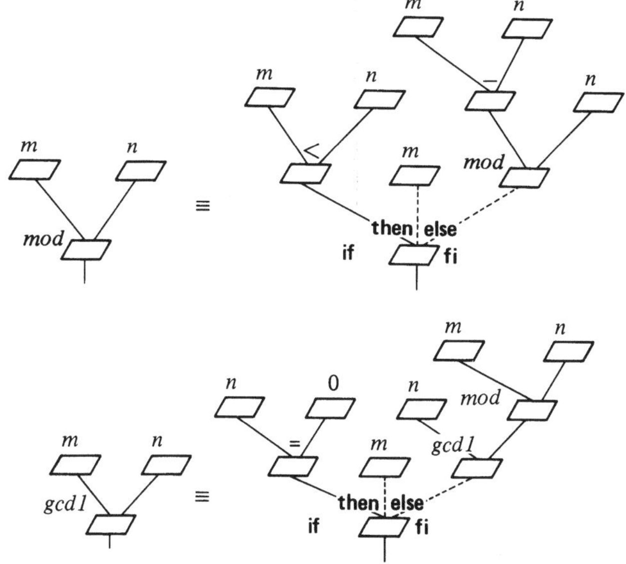

Abb. 73. Formulare des Systems (*gcd1*, *mod*)

wird wegen $mod(m, n) < n$ stets kleiner. Der Stützgraph des Systems *gcd1*, *mod* ist in Abb. 74b gezeichnet.

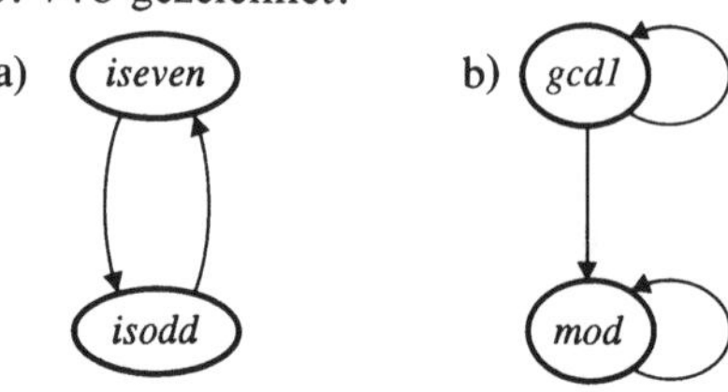

Abb. 74. Stützgraph der Systeme
a) (*iseven*, *isodd*) und b) (*gcd1*, *mod*)

(e) Die Berechnung der Länge einer Zeichenfolge (2.1.3.7) geschieht durch

funct *length* ≡ (**string** *x*) **nat**:
 	
  if $x = \diamond$
  then 0
  else *length*(*rest*(*x*)) + 1 **fi**
	function *length*(*x*: *string*): *integer*;
	begin
	if *isempty*(*x*)
	then *length* ⇐ 0
	else *length* ⇐ *length*(*rest*(*x*)) + 1
	end

Damit könnte selbstverständlich auch das Problem (c) einfach durch

funct *iseven* ≡ (**string** *m*) **bool**: **even** *length*(*m*)	**function** *iseven*(*m*: *string*): *Boolean*; **begin** *iseven* ⇐ **not** *odd*(*length*(*m*)) **end**

gelöst werden.

(f) Wir können auch einige der Algorithmen aus 1.6.2 formulieren. Für das dortige Beispiel (g) stützt man sich zunächst auf eine primitive Operation «zerteile eine (nichtleere und nicht einelementige) Zeichenfolge *a* nach einem beliebigen Verfahren determiniert in zwei nichtleere Bestandteile *lpart*(*a*), *rpart*(*a*)».

Damit ergibt sich (wenn man der Einfachheit halber annimmt, jede Karteikarte bestünde aus einem Zeichen) die Rechenvorschrift *sort*, vgl. Abb. 75:

funct *sort* ≡ (**string** *a*) **string**:
 	
  if $a = \diamond \mathbin{\dot\vee} rest(a) = \diamond$
  then *a*
  else *merge*(*sort*(*lpart*(*a*)),
            sort(*rpart*(*a*)))
  co $lpart(a) + rpart(a) = a$ **oc fi**
	function *sort*(*a*: *string*): *string*;
	begin
	if *isempty*(*a*) $\dot\vee$ *isempty*(*rest*(*a*))
	then *sort* ⇐ *a*
	else *sort* ⇐ *merge*(*sort*(*lpart*(*a*)),
	                  sort(*rpart*(*a*)))
	{*conc*(*lpart*(*a*), *rpart*(*a*)) = *a*}
	end

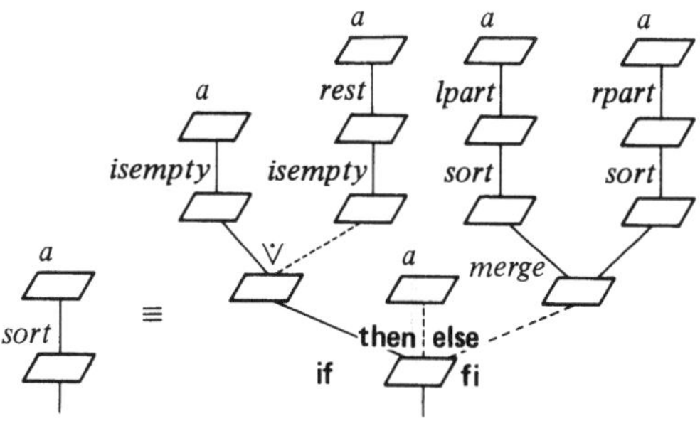

Abb. 75. Formular von *sort*

Für das Zusammenmischen zweier sortierter Zeichenfolgen in eine einzige, sortierte ergibt sich die Rechenvorschrift *merge*:

```
funct merge ≡ (string u, v) string:

  if u = ◇
  then v
  ▯ v = ◇
  then u
  else if first(u) ≦ first(v)
       then ⟨first(u)⟩ +
                 merge(rest(u), v)
       ▯ first(u) ≧ first(v)
       then ⟨first(v)⟩ +
                 merge(rest(v), u)
                                   fi fi
```

```
function merge(u, v: string): string;
begin
if isempty(u)
then merge ⇐ v
▯ isempty(v)
then merge ⇐ u
else if first(u) ≦ first(v)
     then merge ⇐ prefix(first(u),
                   merge(rest(u), v))
     ▯ first(u) ≧ first(v)
     then merge ⇐ prefix(first(v),
                   merge(rest(v), u))
end
```

Beachte, daß die nicht-deterministische Fallunterscheidung hier problemgemäß ist. Weil sie in ALGOL 68 und in PASCAL fehlt, ist man dort gezwungen, unter Verletzung der Symmetrie eine deterministische Fallunterscheidung vorzunehmen.

Es verbleibt noch die Aufgabe, die Zeichenfolgen zu zerlegen. Dies ist auf vielerlei Weise möglich, der Algorithmus ist nichtdeterminiert. Es ist natürlich erlaubt, die Zerlegung immer auf eine bestimmte Weise (determiniert) vorzunehmen, z.B. in zwei Teile *lpart*(*a*) und *rpart*(*a*) mit

$$0 \leqq length(lpart(a)) - length(rpart(a)) \leqq 1$$

(„Binäres Sortieren").

Man kann auch ⟨*first*(*a*)⟩ für *lpart*(*a*) und *rest*(*a*) für *rpart*(*a*) nehmen. Dann degeneriert aber *sort*(*lpart*(*a*)) = *sort*(⟨*first*(*a*)⟩) zu ⟨*first*(*a*)⟩, und man erhält den ‚linearen' Sortieralgorithmus:

```
funct linsort ≡ (string a) string:

   if a = ◇
   then a
   else merge (⟨first(a)⟩,
               linsort(rest(a))) fi
```

```
function linsort(a: string): string;
begin
if isempty(a)
then linsort ⇐ a
else linsort ⇐ merge(mkstring(first(a)),
                     linsort(rest(a)))
end
```

Der Algorithmus *merge* zum Mischen zweier sortierter Folgen enthält als Spezialfall einen Algorithmus für das Einsortieren eines Elements, wenn nämlich etwa *u* einelementig ist, $u = \langle x \rangle$. Dafür ergibt sich aus *merge* (beachte, daß $(\langle x \rangle = \diamond) =$ **false** und $first(\langle x \rangle) = x$ ist!):

```
funct insort ≡ (char x, string v)
                             string:

   if v = ◇
   then ⟨x⟩
   else if x ≦ first(v)
        then ⟨x⟩ + v
        else ⟨first(v)⟩ +
             insort(x, rest(v)) fi fi
```

```
function insort(x: char; v: string):
                             string;
begin
if isempty(v)
then insort ⇐ mkstring(x)
else if x ≦ first(v)
     then insort ⇐ prefix(x, v)
     else insort ⇐ prefix(first(v),
                   insort(x, rest(v)))
end
```

insort kann nun statt *merge* in *linsort* gebraucht werden, das dann lautet:

```
funct linsort ≡ (string a) string:

   if a = ◇
   then a
   else insort(first(a),
               linsort(rest(a))) fi
```

```
function linsort(a: string): string;
begin
if isempty(a)
then linsort ⇐ a
else linsort ⇐ insort(first(a),
                      linsort(rest(a)))
end
```

Der in Beispiel (f) von 1.6.2 gegebene nicht-deterministische Algorithmus zum Einsortieren ist allgemeiner: Er lautet generalisiert

```
funct insort ≡ (char x, string v)
                             string:

   if v = ◇
   then ⟨x⟩
   elsf x < first(rpart(v))
   then insort(x, lpart(v)) +
          rpart(v)
```

```
function insort(x: char; v: string):
                             string;
begin
if isempty(v)
then insort ⇐ mkstring(x)
else if x < first(rpart(v))
  then insort ⇐ conc(insort(x, lpart(v)),
                     rpart(v))
```

else *lpart*(v) +	**else** *insort* ⇐ *conc*(*lpart*(v),
insort(x, *rpart*(v))	*insort*(x, *rpart*(v)))
fi	**end**

Eine ,lineare' Fassung des Algorithmus erhält man wieder durch eine spezielle Realisierung, nämlich von *lpart*(v) durch ⟨*first*(v)⟩ und von *rpart*(v) durch *rest*(v); sie ist der obigen linearen Fassung verwandt.

(g) Auch einige der gemischten Operationen, die in 2.1.3.7 besprochen wurden, können jetzt rekursiv eingeführt werden, etwa

funct *sel* ≡ (**string** *a*, **nat** *i*:	**function** *sel*(*a*: *string*; *i*: *integer*
$1 \leqq i \wedge i \leqq length(a)$) **char**:	{$(1 \leqq i)$ **and** $(i \leqq length(a))$}): *char*;
	begin
if $i = 1$	**if** $i = 1$
then *first*(*a*)	**then** *sel* ⇐ *first*(*a*)
▯ $i > 1$	▯ $i > 1$
then *sel*(*rest*(*a*), $i - 1$)	**then** *sel* ⇐ *sel*(*rest*(*a*), $i - 1$)
▯ $i < length(a)$	▯ $i < length(a)$
then *sel*(*lead*(*a*), *i*)	**then** *sel* ⇐ *sel*(*lead*(*a*), *i*)
▯ $i = length(a)$	▯ $i = length(a)$
then *last*(*a*) **fi**	**then** *sel* ⇐ *last*(*a*)
	end

Beachte, daß *sel*(*a*, *i*) die in ALGOL 68 mit *a*[*i*] bezeichnete Operation liefert.

2.3.3 Die (rekursive) Formularmaschine

Der Gang der Berechnung einer Rechenvorschrift ist bis auf Kollateralität durch ein zugehöriges Formular festgelegt. Kommt im Formular selbst wieder eine Rechenvorschrift als Operation vor[47], so ist ein Formular dieser Rechenvorschrift anzulegen (,Aufruf') und deren Ergebnis schließlich rückzuübertragen. Dies gilt auch für eine rekursiv definierte Rechenvorschrift – mit der Besonderheit, daß im Lauf der Berechnung entsprechend den rekursiven Aufrufen weitere Exemplare des Formulars eben dieser Rechenvorschrift benötigt werden.

Zu jedem Aufruf werden in ein neues Exemplar des Formulars zunächst linksseitig die jeweiligen Argumentwerte (,Daten') eingetragen ('*call by value*'). Man nennt jedes solche Exemplar eine **Inkarnation** der Rechenvorschrift; um die Übersicht zu behalten, kann man die Inkarnationen und die entsprechenden Aufrufe im Verlauf der Berechnung durchnumerieren.

Für den rekursiven Fall ist es nun besonders bedeutsam, daß die Fallunterscheidung eine arbeitssparende Auswahl trifft: nachdem die Parameterbe-

[47] Für primitive, d.h. den zugrundeliegenden Rechenstrukturen entstammende Operationen ist kein Formular erforderlich.

zeichnungen durch die linksseitig festgestellten Argumente ersetzt sind, werden daher auf dem Urformular und allen folgenden Inkarnationen möglichst zuerst die Bedingungen ausgewertet und sodann die unzulässigen Zweige gekappt. Die Rekursion endet mit Inkarnationen, in denen kein Zweig mehr verbleibt, der einen rekursiven Aufruf enthält. Die ganze Berechnung **terminiert** (für einen bestimmten Parametersatz), wenn sie nur endlich viele Inkarnationen benötigt.

Die Tätigkeit eines Menschen, der auf diese Weise mit Formularen arbeitet, kann in einsichtiger Weise auch mechanisiert werden. Man gelangt so zum Begriff einer rekursiv arbeitenden (Gedanken-)Maschine, der **Formularmaschine** (vgl. [21]), in der die volle Freiheit der Berechnung noch erhalten ist. Man beachte, daß ein neues Exemplar eines Formulars auch dann angelegt wird, wenn die gleichen Argumente schon einmal aufgetreten sind: die Formularmaschine macht (auf der hier geschilderten Stufe) von einer möglichen Mehrfachverwendung eines Ergebnisses keinen Gebrauch.

Das oben erwähnte Kappen von Zweigen ist insbesondere dann ohne weiteres möglich, wenn in den Bedingungen des Formulars keine rekursiven Aufrufe vorkommen[48]. Noch übersichtlicher ist der Fall der **linearen Rekursion**, bei der außerdem in den einzelnen Zweigen der Fallunterscheidung höchstens ein rekursiver Aufruf vorkommt; dann wird nämlich in jeder Inkarnation höchstens eine neue Inkarnation angestoßen. Fast alle bisher behandelten Beispiele fallen übrigens in diese Klasse.

---

[48] Mit der Rechenvorschrift

funct $u \equiv$(**int** x) **int**: **if** $u(x)=1$ **then** 0 **else** 1 **fi**	**function** u (x: *integer*): *integer*; **begin** **if** $u(x)=1$ **then** $u \Leftarrow 0$ **else** $u \Leftarrow 1$ **end**

kann die Formularmaschine nicht fertig werden: würde die Berechnung des Aufrufs $u(n)$ für ein gewisses n terminieren, so wäre $u(n)$ entweder 1 oder 0. Wäre aber $u(n)=1$, so müßte $u(n)$ sich zu 0 ergeben; wäre $u(n)=0$, so müßte sich $u(n)$ zu 1 ergeben.

Auch jeder Aufruf $one(n)$ der Rechenvorschrift

funct $one \equiv$(**int** x) **int**: **if** $one(x)=1$ **then** 1 **else** 1 **fi**	**function** one (x: *integer*): *integer*; **begin** **if** $one(x)=1$ **then** $one \Leftarrow 1$ **else** $one \Leftarrow 1$ **end**

terminiert nicht, da die Formularmaschine stets die Bedingung der Alternative vollständig auswertet, bevor entweder der Ja- oder der Nein-Zweig betreten wird.

Für *fac* von 2.3.2 arbeitet eine Formularmaschine wie in Abb. 76 angegeben. Typisch für die Rekursion ist das ‚Nachklappern' der Berechnung: Erst wenn die Rekursion mit der Inkarnation $fac^{(3)}$ geendet hat, werden die zurückgestellten Berechnungen in $fac^{(2)}$, $fac^{(1)}$ und $fac^{(0)}$ durchführbar und auch durchgeführt[49]; das Urformular $fac^{(0)}$ liefert schließlich das Endergebnis. Das Nachklappern kann in besonders gelagerten Fällen von Aufrufen zu einem bloßen Rückübertragen der Ergebnisse der einzelnen Inkarnationen degenerieren, wie Abb. 77a für das Beispiel *gcd1*(15, 9), vgl. 2.3.2 zeigt. Ein solcher Aufruf heißt **schlicht**. Wenn in linearer Rekursion ausschließlich schlichte Aufrufe vorliegen, spricht man von **repetitiver Rekursion**.

Bei linear rekursiven Rechenvorschriften ist - abgesehen von der sonstigen Kollateralität des Formulars - die Reihenfolge, in der die benötigten Inkarnationen angestoßen werden, eindeutig bestimmt. Dies ist nicht notwendig so im allgemeinen Fall: wenn in einem Zweig mehrere Aufrufe vorkommen, so erlaubt die Kollateralität unter Umständen verschiedene Reihenfolgen und sogar Parallelarbeit.

Dies zeigt sich in Abb. 77b für das Beispiel der Rechenvorschrift *sort* von 2.3.2 unter der Annahme des ‚binären Sortierens'. Hier ergeben sich für eine Zeichenfolge der Länge 2^n gerade $2^{n+1}-1$ Inkarnationen, jedoch nur $n+1$ Takte, während ‚lineares Sortieren' nur 2^n Inkarnationen, aber 2^n Takte erfordert. Auch bezüglich des Aufwands an Zeichenvergleichen, die für die Durchführung von *merge* erforderlich sind, ist das binäre Sortieren vorteilhafter: es erfordert höchstens $(n-1)\times 2^n+1$ Vergleiche, während das lineare Sortieren bis zu $2^{n-1}\times(2^n-1)$ Vergleiche erfordern kann.

In allen bisherigen Beispielen wurde stillschweigend nach der naheliegenden Vorschrift verfahren, eine neue Inkarnation erst zu beginnen, also ein neues Formular erst anzulegen, wenn alle Argumentwerte bereitgestellt sind. Dies soll auch im folgenden stets unterstellt sein. Wir setzen nämlich fest:

Die durch eine vereinbarte Rechenvorschrift definierte Operation ist stets als strikt anzusehen.

Im Fall von geschachtelten Aufrufen, wie sie in der folgenden Rechenvorschrift (einer ‚schnellen' Variante von *mod* aus 2.3.2) zur Berechnung des Rests der Division auftreten, bedeutet das ein Arbeiten „von innen nach außen":

```
funct mod1 ≡ (nat m, nat n: n > 0) nat:
        if m ≧ 2×n then mod1(mod1(m, 2×n), n)
      elsf m ≧ n   then mod1(m−n, n)
                   else m                    fi .
```

[49] Die nachklappernden Operationen sind in Abb. 76 durch Schraffieren der zugehörigen Felder kenntlich gemacht.

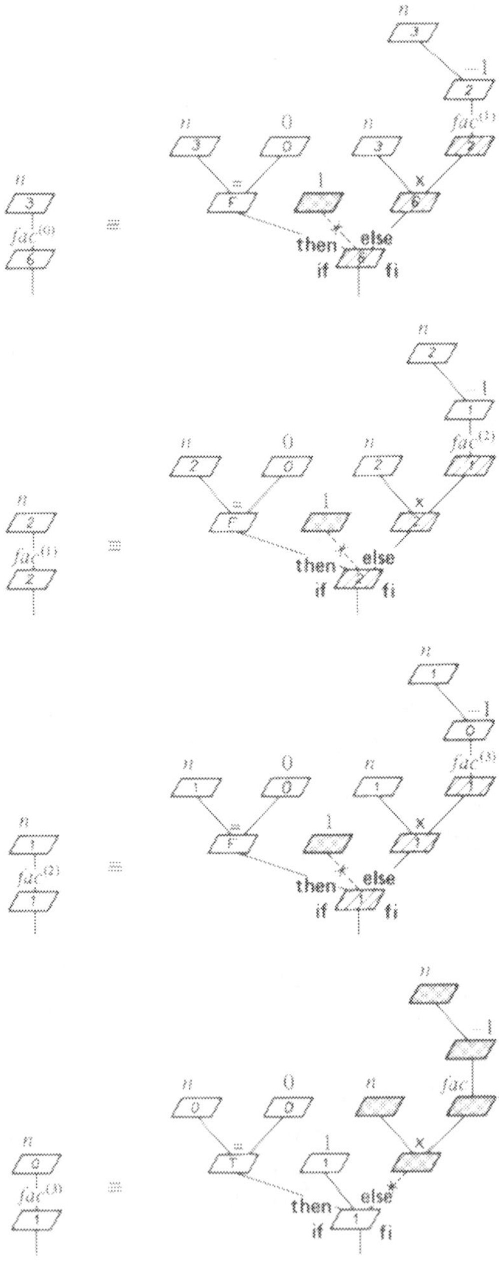

Abb. 76. Arbeitsweise der Formularmaschine am Beispiel *fac*(3)

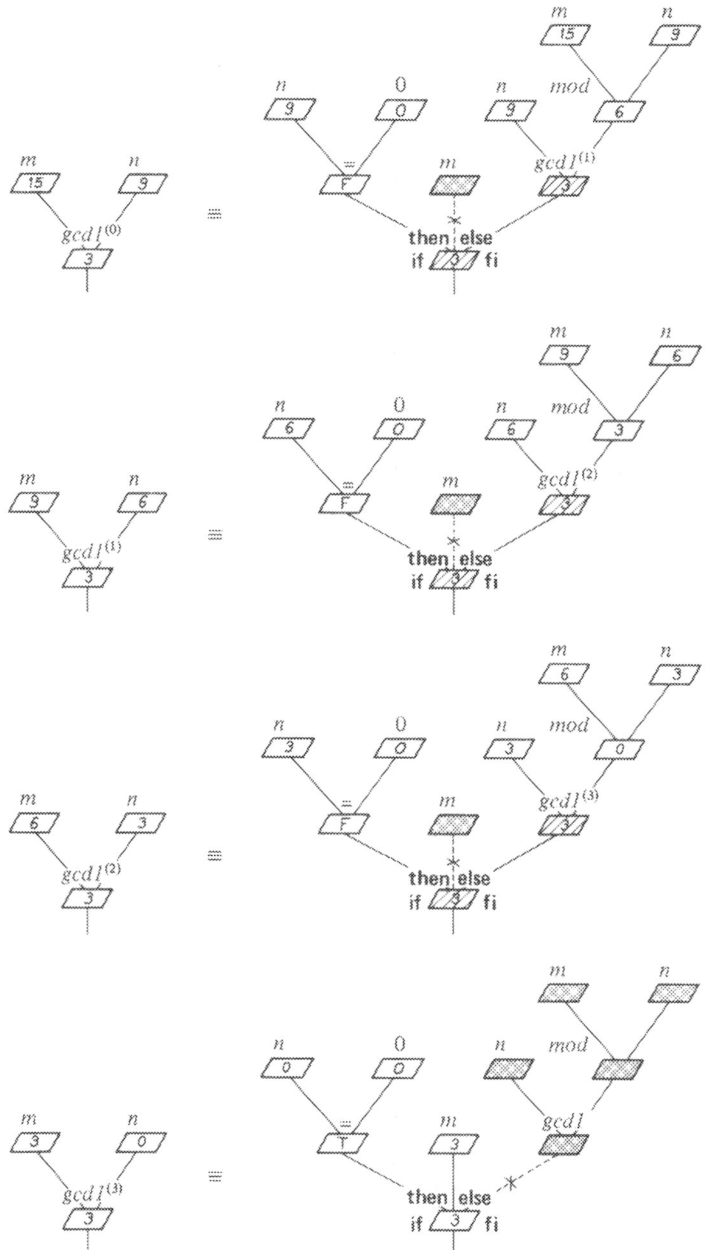

Abb. 77a. Arbeitsweise der Formularmaschine am Beispiel *gcd1*(15, 9)

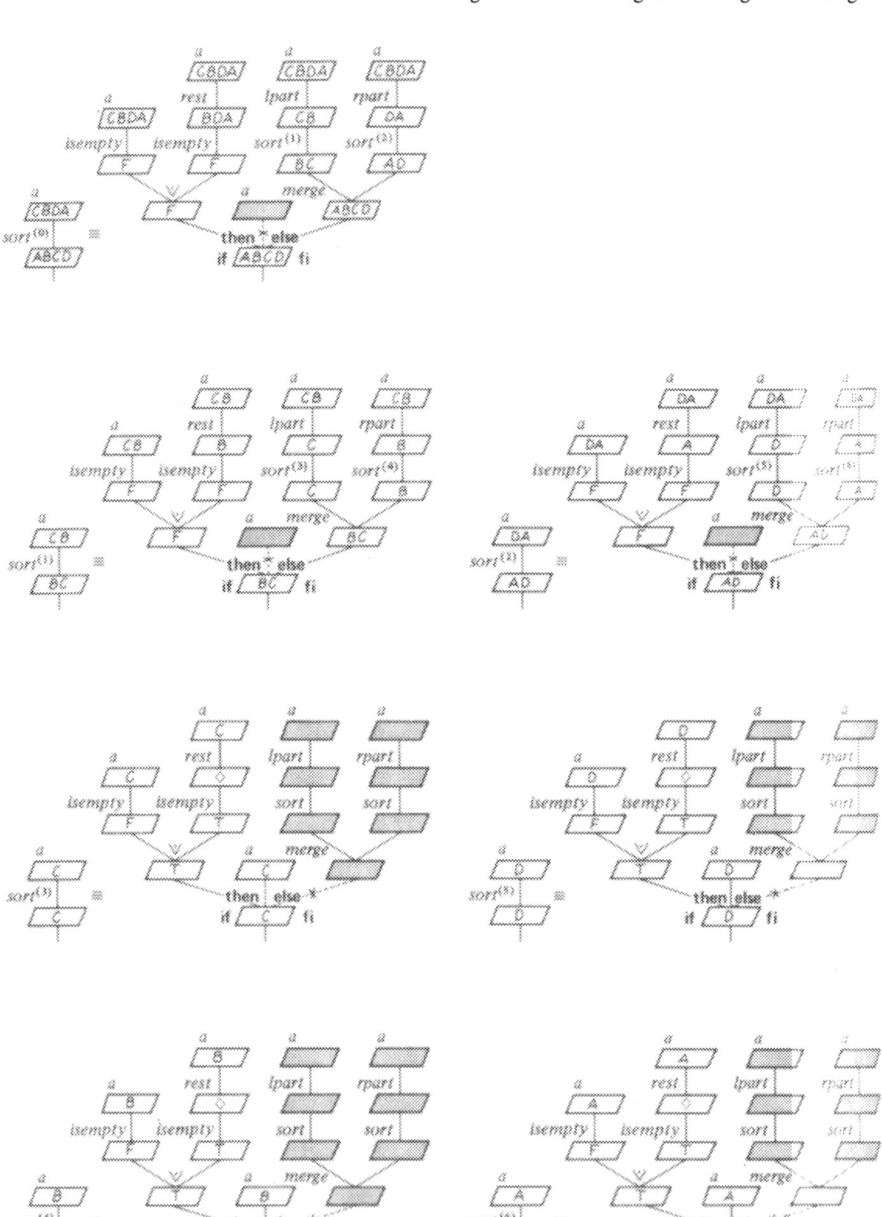

Abb. 77 b. Arbeitsweise der Formularmaschine am Beispiel *sort* ('CBDA'). (Verarbeitung von links nach rechts)

Noch immer verbleibt eine Freiheit der Berechnung in kollateralen Situationen. Sie wird in konkreten Versionen der Formularmaschine oft aufgegeben. Legt man zusätzlich fest, daß im Falle von Kollateralität sequentiell „von links nach rechts" gearbeitet wird, so ergibt sich das ‚Kellerprinzip' von BAUER und SAMELSON (1957)[50] für einen sequentiellen Berechnungsablauf:

Im Verlauf der Berechnung werden (von links nach rechts gelesen) Operationen (sowohl primitive als auch vereinbarte) zurückgestellt, wenn ihre Argumente noch nicht (vollständig) beschafft sind, und ausgeführt sobald ihre Argumente vollständig vorliegen – „zurückgestellt wenn nötig, ausgeführt sobald möglich"[51].

Die sich so ergebende Reihenfolge für die Formel (*) von 2.2.2 zeigt Abb. 78. Den Berechnungsablauf für *modl*(137, 19) zeigt Abb. 79.

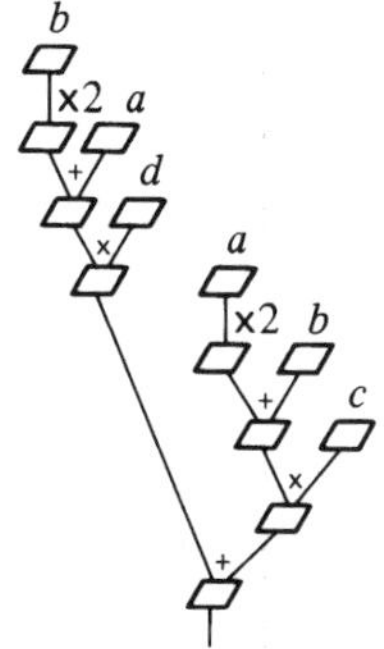

Abb. 78. Rechenformular und Kellerprinzip

modl(137, 19) *modl*(*modl*(137, 38), 19) *modl*(*modl*(*modl*(137, 76), 38), 19) *modl*(*modl*(*modl*(61, 76), 38), 19) *modl*(*modl*(61, 38), 19) *modl*(*modl*(23, 38), 19) *modl*(23, 19) *modl*(4, 19) 4

Abb. 79. Berechnungsablauf für *modl*(137, 19)

[50] US Patent Nr. 3047228, dt. Patent Nr. 1094019.

[51] Die Berechnungsregel entspricht der '*leftmost-innermost computation rule*' von MORRIS (1968).

Die bisherigen Überlegungen übertragen sich ohne weiteres auch auf Systeme von (rekursiv definierten) Rechenvorschriften, etwa auf das System (*iseven*, *isodd*) von 2.3.2, das indirekte Rekursion zeigt. Für ein gestaffelt rekursives System wie (*gcd1*, *mod*) handelt es sich offensichtlich um Rekursion innerhalb der Rekursion.

Auf die besondere Bedeutung des Spezialfalles repetitiver Rekursion werden wir in 3.3 zurückkommen.

Häufig will man bei einer Berechnung mit der Formularmaschine von den einzelnen Berechnungsschritten innerhalb eines Formulars abstrahieren und interessiert sich nur für den Zusammenhang zwischen den Inkarnationen. Dazu zeichnet man als **Aufrufbaum** die Folge der Aufrufe der Rechenvorschriften samt den aktuellen Argumentwerten baumartig auf. Für die linear rekursive Rechenvorschrift *fac* aus 2.3.2 (a) ergibt sich als Aufrufbaum speziell eine Kette (Abb. 80).

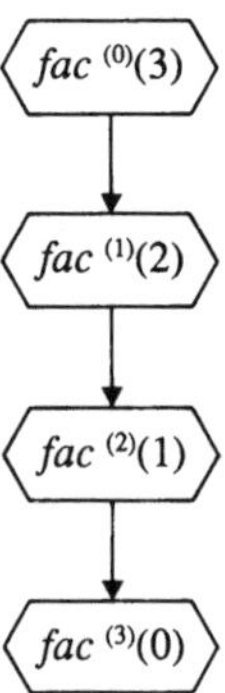

Abb. 80. Aufrufbaum der Rechenvorschrift *fac* zum Aufruf *fac*(3)

Bei dem hierarchisch gestaffelten System (*gcd1*, *mod*) aus 2.3.2 (d) führt jeder Aufruf von *gcd1* zu einer Kette von Aufrufen der linear rekursiven Rechenvorschrift *mod1* (Abb. 81).

Der Aufrufbaum gibt eine Übersicht über die zeitliche Abfolge der Berechnung der einzelnen Formulare. Betrachtet man etwa den Zeitpunkt zur Auswertung der Inkarnation $mod^{(4)}(6, 3)$, so enthält der Pfad von der Wurzel $gcd1^{(0)}(15, 9)$ zum aktuellen Aufruf $mod^{(4)}(6, 3)$ alle angelegten, aber noch nicht abgeschlossenen Inkarnationen. Links dieses Pfades liegen alle bis zu diesem Zeitpunkt schon vollständig ausgewerteten Formulare, also die Vorgeschichte (helle Schraffur). Rechts und in Verlängerung des Pfades findet man alle im weiteren Berechnungsablauf noch anzulegenden Inkarnationen, also die Nachgeschichte (dunkle Schraffur).

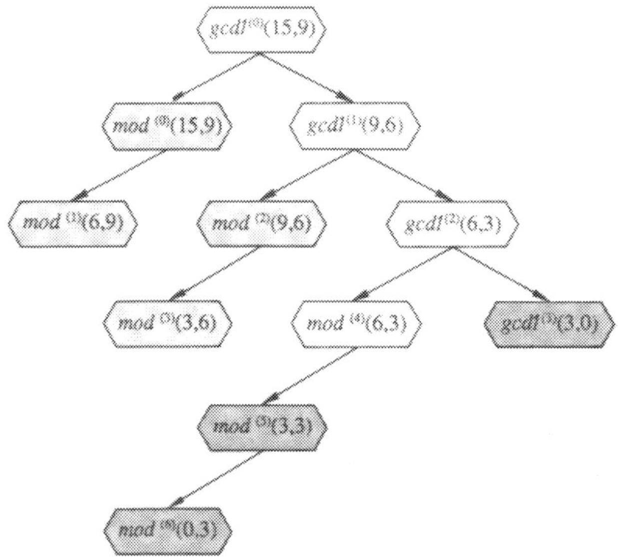

Abb. 81. Aufrufbaum des Systems (*gcd1*, *mod*) für den Aufruf *gcd1*(15, 9)

2.4 Zur Technik der rekursiven Programmierung

2.4.1* Wie kommt man zu rekursiven Rechenvorschriften?

Es gibt kein Rezeptbuch, wie man für ein beliebiges Problem zu einem (rekursiven) Lösungsalgorithmus kommt. Einige Hinweise sind jedoch angebracht.

2.4.1.1 *Inhärent rekursive Definitionen*

Manche rekursive Rechenvorschriften sind nichts als getreue Nachbildungen von Definitionen. Dies ist sicher so für *fac*. Ein anderes Beispiel liefern die klassischen Definitionen der Multiplikation und der Potenzierung. Sie fallen unter das folgende Schema der n-fach iterierten Operation ρ, in dem $.\rho.$ eine beliebige innere zweistellige assoziative Operation über einer beliebigen Sorte $\boldsymbol{\lambda}$ bzw. λ bedeutet (und der Parameter n auf positive natürliche Zahlen beschränkt ist):

* Die Behandlung dieses Abschnitts kann zurückgestellt werden.

funct $iter \equiv (\boldsymbol{\lambda}\ a,$ **nat** $n{:}\ n>0)\ \boldsymbol{\lambda}{:}$
  if $n=1$
  then a
  else $a\ \rho\ iter(a, n-1)$ **fi**
	function $iter(a{:}\lambda;\ n{:}integer\ \{n>0\}){:}\lambda;$
	begin if $n=1$
	    then $iter \Leftarrow a$
	    else $iter \Leftarrow a\ \rho\ iter(a, n-1)$
	end

2.4.1.2 *Ableitung einer Rekursion aus der Aufgabenstellung*

In den meisten Fällen ist jedoch die Aufgabenstellung nicht bereits algorithmisch formuliert. Dann versucht man zu einem (rekursiven) Algorithmus zu kommen, indem man die allgemeine Aufgabe auf eine ‚einfachere' Aufgabe der selben Klasse zurückführt, vgl. 1.6.3 und 2.3.2. Genauer gesagt, handelt es sich um die Ableitung genügend vieler (bedingter) Gleichungen, die die gewünschte Funktion charakterisieren.

In manchen Fällen gelingt dies unmittelbar – in den meisten Fällen ist Intuition erforderlich. So zieht man etwa bei der Behandlung der Aufgabe, den größten gemeinsamen Teiler zweier (positiver) Zahlen zu finden, die folgende mathematische Erkenntnis heran: Wenn a die größere der beiden Zahlen a, b ist, besitzen das Paar a, b und das Paar $a-b$, b die selben gemeinsamen Teiler und damit auch den selben größten gemeinsamen Teiler. Daraus ergibt sich unmittelbar der Algorithmus *gcd* von 2.3.2 (b).

Anknüpfend an eine Bemerkung in 2.1.3.1 kann hier auch angegeben werden, wie die Addition ganzer Zahlen auf die Nachfolger- und die Vorgängeroperationen $.+1$ und $.-1$ gestützt werden kann. Dabei wird gleichzeitig auch die Subtraktion mitbehandelt, denn die Addition einer negativen Zahl ist die Subtraktion ihres (positiven) Negativums.

Wegen des Assoziativ- und Kommutativ-Gesetzes gilt
$(a+1)+(b-1)=a+b$. Somit gilt

funct $plus \equiv ($**int** $a, b)$ **int**:
 	
  if $b=0$
  then a
  ▯ $b>0$
  then $plus(a+1, b-1)$
  ▯ $b<0$
  then $plus(a-1, b+1)$
            fi
	function $plus(a, b{:}integer){:}integer;$
	begin
	if $b=0$
	then $plus \Leftarrow a$
	▯ $b>0$
	then $plus \Leftarrow plus(succ(a), pred(b))$
	▯ $b<0$
	then $plus \Leftarrow plus(pred(a), succ(b))$
	end

Schränkt man sich auf die Addition natürlicher Zahlen ein, so entfällt der dritte Zweig.

2.4.1.3 *Einbettung*

Gelingt es aber nicht, unmittelbar aus der Aufgabenstellung eine Rekursion abzuleiten, so hilft es häufig weiter, die Aufgabe (z. B. durch Einführung weiterer Parameter) zu verallgemeinern; die geeignet verallgemeinerte Aufgabe läßt dann vielleicht eine Rekursionsmöglichkeit erkennen, und durch Spezialisierung erhält man einen Algorithmus für die ursprüngliche Aufgabenstellung.

Ein klassisches Beispiel für diese Technik der **Einbettung** hat McCarthy 1962 gegeben. Die Aufgabe lautet:

> *isprim*(n): «Stelle fest, ob eine positive natürliche Zahl n prim ist.»

Dabei wird angenommen, daß die mathematische Definition des Prim-Seins bekannt ist:

> «n ist prim, wenn n größer als 1 ist und durch keine Zahl größer oder gleich 2 und kleiner als n teilbar ist.»

Eine geeignete Verallgemeinerung lautet (unter Einführung eines weiteren Parameters)

> *ispr*(n, m): «Stelle fest, ob eine natürliche Zahl n durch keine Zahl größer oder gleich der natürlichen Zahl m und kleiner als n teilbar ist.»

Dabei darf $2 \leqq m \leqq n$ angenommen werden.

Nunmehr gilt aber *ispr*(n, m) sicher, wenn $m = n$ ist, ferner auch, wenn *ispr*(n, $m+1$) gilt und n nicht durch m teilbar ist; es ergibt sich

```
funct ispr ≡ (nat n, m:
          2 ≦ m ∧ m ≦ n) bool:

  if m = n
  then true
  else (n mod m ≠ 0) ∧
          ispr(n, m + 1) fi
```

```
function ispr(n, m: integer
     {(2 ≦ m) and (m ≦ n)}): Boolean;
begin
if m = n
then ispr ⇐ true
else ispr ⇐ (n mod m ≠ 0) and
          ispr(n, m + 1)
end
```

In dieser Rechenvorschrift erfolgt noch ein abschließendes ‚Nachklappern' aller Konjunktionen. Man erspart sich dieses Nachklappern und erhält überdies frühestmögliche Terminierung, wenn man die Konjunktion durch eine Alternative (2.2.3.4) ersetzt und dadurch zu einer repetitiven Rekursion übergeht.

Es ergibt sich

funct *ispr* $\equiv$ (**nat** n, m: $2 \leqq m \wedge m \leqq n$) **bool**:	**function** *ispr*(n, m: *integer* $\{(2 \leqq m)$ **and** $(m \leqq n)\}$): *Boolean*;
	begin
if $m = n$	**if** $m = n$
then true	**then** *ispr* $\Leftarrow$ *true*
else if n **mod** $m = 0$	**else if** n **mod** $m = 0$
then false	**then** *ispr* $\Leftarrow$ *false*
else *ispr*$(n, m+1)$ **fi fi**	**else** *ispr* $\Leftarrow$ *ispr*$(n, m+1)$
	end

Schließlich ergibt sich *isprim* durch Spezialisierung:

funct *isprim* $\equiv$ (**nat** n: $n \geqq 1$) **bool**:	**function** *isprim*(n: *integer* $\{n \geqq 1\}$): *Boolean*;
	begin
if $n = 1$	**if** $n = 1$
then false	**then** *isprim* $\Leftarrow$ *false*
else *ispr*$(n, 2)$ **fi**	**else** *isprim* $\Leftarrow$ *ispr*$(n, 2)$
	end

Übrigens kann *ispr* weiter verbessert werden, indem die Bedingung $m = n$ durch $m \uparrow 2 > n$ ersetzt wird. Diese Rechenvorschrift soll mit *ispr'* bezeichnet werden. Gilt dann *ispr'*$(n, 2)$, so gibt es keinen Teiler t von n mit $2 \leqq t < m$, wo m die kleinste Zahl mit $m^2 > n$ ist, andernfalls wäre Terminierung mit **false** erfolgt. Gäbe es aber einen Teiler t_1, $m \leqq t_1 < n$, so gäbe es auch einen Teiler t_2, $1 < t_2 < m$. Also gibt es keinen Teiler t von n mit $2 \leqq t < n$.

Einbettung verhilft auch gelegentlich dazu, zu einer bereits vorliegenden Rekursion eine repetitive Fassung zu gewinnen. Definiert man die zweistellige Funktion *facr* durch $facr(y, n) = y \times fac(n)$ – anschaulich gesprochen (für $n > 0$) durch die Formel $y \times n \times (n-1) \times (n-2) \times \ldots \times 2 \times 1$ – so gilt wegen des Assoziativgesetzes der Multiplikation für $n > 0$

$$facr(y, n) = facr(y \times n, n-1), \quad \text{sowie} \quad facr(y, 0) = y,$$

und man erhält das repetitive System

funct *fac* $\equiv$ (**nat** n) **nat**:	**function** *fac*(n: *integer* $\{n \geqq 0\}$): *integer*;
	begin
facr$(1, n)$	*fac* $\Leftarrow$ *facr*$(1, n)$
	end

funct $facr \equiv$ (**nat** y, n) **nat**:	**function** $facr(y, n: integer$ $\{(y \geqq 0)$ **and** $(n \geqq 0)\}): integer;$
	begin
if $n=0$	**if** $n=0$
then y	**then** $facr \Leftarrow y$
else $facr(y \times n, n-1)$ **fi**	**else** $facr \Leftarrow facr(y * n, n-1)$
	end

2.4.1.4 *Verwandte Aufgaben*

Wie kommt man aber zu dem Paar (*iseven*, *isodd*) von rekursiven Rechenvorschriften in 2.3.2? Statt die Aufgabe in eine allgemeinere Aufgabe einzubetten, werden ihr bei der zu schildernden Technik der **verwandten Aufgaben** eine oder mehrere Aufgaben zur Seite gestellt, sodaß sich die Rechenvorschriften des entstehenden Gesamtsystems gegenseitig stützen.

Verbal läßt sich die Aufgabe (c) von 2.3.2 zunächst so formulieren:

> *iseven*(m): «Stelle fest, ob eine Zeichenfolge m eine gerade Anzahl von Zeichen enthält.»

Dabei läßt sich präzisieren:

> «Eine gerade Anzahl von Zeichen liegt genau dann vor, wenn die Zeichen sich zu Paaren gruppieren lassen.»

Führt man nun noch die verwandte Aufgabe ein

> *isodd*(m): «Stelle fest, ob eine Zeichenfolge m eine ungerade (d.h. nicht eine gerade) Anzahl von Zeichen enthält.»,

so erkennt man den Zusammenhang: Eine nichtleere Zeichenfolge enthält genau dann eine ungerade Anzahl von Zeichen, wenn sie nach Wegnahme eines Zeichens eine gerade Anzahl von Zeichen enthält - und eine gerade, wenn sie nach Wegnahme eines Zeichens eine ungerade Anzahl von Zeichen enthält. Ferner läßt sich auch die leere Zeichenfolge zu (einer leeren Menge von) Paaren gruppieren und enthält also eine gerade und somit nicht eine ungerade Anzahl von Zeichen. Damit ergibt sich:

> *iseven*(m): «Falls die Zeichenfolge m leer ist: ja. Andernfalls stelle fest, ob die um ein Zeichen verkürzte Zeichenfolge eine ungerade Anzahl von Zeichen enthält.»
> *isodd*(m): «Falls die Zeichenfolge m leer ist: nein. Andernfalls stelle fest, ob die um ein Zeichen verkürzte Zeichenfolge eine gerade Zahl von Zeichen enthält.»

Aus dieser verbalen Formulierung ergeben sich, abgestützt auf die primitive Operation *rest* von 2.1.3.4, die Formulierungen in 2.3.2 (c).

Eine ähnliche Aufgabe lautet:

> *ispos*(*m*): «Stelle fest, ob eine Zeichenfolge *m* aus Plus- und Minuszeichen eine gerade Anzahl von Minuszeichen besitzt.»

Sie kann zur Bestimmung des Vorzeichens eines Produkts aus den Vorzeichen der einzelnen Faktoren dienen. Nunmehr ist nur die Anzahl von Minuszeichen von Belang:

> *ispos*(*m*): «Falls die Zeichenfolge *m* leer ist: ja. Andernfalls, wenn das an erster Stelle befindliche Zeichen von *m* ein Minuszeichen ist: Stelle fest, ob die um dieses Zeichen verkürzte Zeichenfolge eine ungerade Anzahl von Minuszeichen enthält; sonst aber: Stelle fest, ob die um dieses Zeichen verkürzte Zeichenfolge eine gerade Anzahl von Minuszeichen enthält.»

und entsprechend für *isneg*. Damit ergibt sich

```
funct ispos ≡ (string m) bool:

 if m = ◇
 then true
 else if first(m) = ''−''
      then isneg(rest(m))
      ▯ first(m) = ''+''
      then ispos(rest(m)) fi fi
```

```
function ispos(m:string):Boolean;
begin
if isempty(m)
then ispos ⇐ true
else if first(m) = '−'
     then ispos ⇐ isneg(rest(m))
     ▯ first(m) = '+'
     then ispos ⇐ ispos(rest(m))
end
```

```
funct isneg ≡ (string m) bool:

 if m = ◇
 then false
 else if first(m) = ''−''
      then ispos(rest(m))
      ▯ first(m) = ''+''
      then isneg(rest(m)) fi fi
```

```
function isneg(m:string):Boolean;
begin
if isempty(m)
then isneg ⇐ false
else if first(m) = '−'
     then isneg ⇐ ispos(rest(m))
     ▯ first(m) = '+'
     then isneg ⇐ isneg(rest(m))
end
```

Nun kann nicht mehr durch Einsetzen eine Rechenvorschrift eliminiert werden; es handelt sich um ein Paar mit echt **verschränkter** Rekursion.

2.4.1.5 *Das Arbeiten mit charakterisierenden Eigenschaften*

Oft ist es nützlich, zunächst die charakterisierenden Eigenschaften einer Problemstellung, die „Spezifikation“, herauszuarbeiten. Beispielsweise lautet für das Problem, ob a Teilwort von b ist (vgl. 1.6.2 (e)), das charakterisierende Prädikat:

«Es existieren Zeichenfolgen u, v derart, daß $u+a+v=b$ gilt» .

Durch Unterscheidung der Fälle, ob u leer ist oder nicht, wird man auf einen rekursiven Algorithmus geführt, gestützt auf die Hilfsaufgabe

«Die Zeichenfolge a ist Anfang der Zeichenfolge b» .

Gelegentlich ist es auch zweckmäßig, die charakterisierenden Eigenschaften eines Problems umzuformen, um einen (anderen) Algorithmus ablesen zu können.

So führt die Aufgabe, zu gegebener natürlicher Zahl $n \geqq 1$ eine (eindeutig bestimmte) natürliche Zahl $ld(n)$ zu bestimmen, so daß

$$2^{ld(n)-1} \leqq n < 2^{ld(n)}$$

gilt, darauf, das Prädikat $P(ld(n), n)$ zu erfüllen, wobei P definiert ist durch

$$P(a, n) \equiv 2^{a-1} \leqq n < 2^a .$$

Nun gilt aber für das charakterisierende Prädikat $P(a, n)$ offensichtlich rekursiv

$$P(a, n) = \begin{cases} a=1 & \text{falls} \quad n=1 \\ P(a-1, n \textbf{ div } 2) & \text{falls} \quad n>1 ; \end{cases}$$

also gilt auch rekursiv

$$ld(n) = \begin{cases} 1 & \text{falls} \quad n=1 \\ ld(n \textbf{ div } 2)+1 & \text{falls} \quad n>1 , \end{cases}$$

woraus man den Algorithmus abliest:

funct $ld \equiv$ (**nat** n : $n \geqq 1$) **nat**:	**function** $ld(n$: *integer* $\{n \geqq 1\})$: *integer*;
	begin
if $n=1$	**if** $n=1$
then 1	**then** $ld \Leftarrow 1$
else $ld(n$ **div** $2)+1$ **fi**	**else** $ld \Leftarrow ld(n$ **div** $2)+1$
	end

Meist legen charakterisierende Eigenschaften einen Algorithmus nicht eindeutig fest. Dies ist uns besonders drastisch beim Sortierverfahren in 1.6.2 begegnet, wo in der Wahl von *lpart* und *rpart* erhebliche Freiheit besteht. Die charakterisierende Eigenschaft ist hier: die neue Zeichenfolge soll eine Permutation der ursprünglichen sein und das Prädikat *issorted* erfüllen, das man etwa folgendermaßen definiert:

```
funct issorted ≡ (string a) bool:            function issorted(a: string): Boolean;
                                              begin
  if length(a) ≤ 1                            if length(a) ≤ 1
  then true                                   then issorted ⇐ true
  else if first(a) > first(rest(a))           else if first(a) > first(rest(a))
       then false                                  then issorted ⇐ false
       else issorted(rest(a)) fi fi                else issorted ⇐ issorted(rest(a))
                                              end
```

Unter Verwendung von *lpart* und *rpart* läßt sich dies gleichwertig, aber allgemeiner schreiben

```
funct issorted1 ≡ (string a) bool:               function issorted1(a: string): Boolean;
                                                  begin
if length(a) ≤ 1                                  if length(a) ≤ 1
then true                                         then issorted1 ⇐ true
else if last(lpart(a)) > first(rpart(a))          else if last(lpart(a)) > first(rpart(a))
     then false                                     then issorted1 ⇐ false
     else issorted1(lpart(a)) ∧                     else issorted1 ⇐ issorted1(lpart(a))
             issorted1(rpart(a)) fi fi                          and issorted1(rpart(a))
                                                  end
```

woraus die Lösung (f) von 2.3.2 leichter zu erschließen ist.

2.4.1.6 *Umkehrung*

Eine der häufigsten Problemstellungen ist die Funktionsumkehr. Wir besprechen abschließend (an einem Beispiel mit beblätterten Binärbäumen, vgl. 2.1.3.5) die Umkehrung einer durch einen Algorithmus definierten Funktion.

Beblätterte Binärbäume können als Codebäume von Binärcodierungen, die der Fano-Bedingung genügen, aufgefaßt werden. Für die Decodierung einer {**O**, **L**}-Zeichenfolge ergibt sich damit

```
funct decod ≡ (lisp s, bits a                  function decod(s: lisp; a: bitstring
  co a ist Element aus dem                       {a ist Element aus dem
  durch s definierten Code oc) char:             durch s definierten Code}): char;
  if isatom(s)                                  begin if isatom(s)
    co isatom(s) gdw. a = ◇ oc                   {isatom(s) gdw. isempty(a)}
  then val(s)                                    then decod ⇐ val(s)
  else if first(a) = O                           else if first(a) = O
    then decod(car(s), rest(a))                    then decod ⇐ decod(car(s), rest(a))
    ▯ first(a) = L                                 ▯ first(a) = L
    then decod(cdr(s), rest(a)) fi fi              then decod ⇐ decod(cdr(s), rest(a))
                                                end
```

Die Umkehrung ist definiert durch

```
funct cod ≡ (lisp s, char x) bits:              | function cod(s: lisp; x: char): bitstring;
  «irgendeine binäre Zeichenfolge a,            |   «irgendeine binäre Zeichenfolge a,
  derart daß gilt decod(s, a) = x» .            |   derart daß gilt decod(s, a) = x» .
```

Eine Lösung lautet

```
funct cod ≡ (lisp s, char x:                    | function cod(s: lisp; x: char
                 contains(s, x)) bits:          |              {contains(s, x)}): bitstring;
                                                | begin
 if isatom(s)                                   |  if isatom(s)
 then ◇                                         |  then cod ⇐ empty
 else if contains(car(s), x)                    |  else if contains(car(s), x)
  then prefix(O, cod(car(s), x))                |   then cod ⇐ prefix(O, cod(car(s), x))
  ▯ contains(cdr(s), x))                        |   ▯ contains(cdr(s), x)
  then prefix(L, cod(cdr(s), x))                |   then cod ⇐ prefix(L, cod(cdr(s), x))
                                     fi fi      | end
```

wobei

```
funct contains ≡ (lisp s, char x)               | function contains(s: lisp; x: char):
                                  bool:         |                                Boolean;
                                                | begin
  if isatom(s)                                  |   if isatom(s)
  then x = val(s)                               |   then contains ⇐ x = val(s)
  else contains(car(s), x) ∨                    |   else contains ⇐ contains(car(s), x)
       contains(cdr(s), x) fi                   |                 or contains(cdr(s), x)
                                                | end .
```

Spielt man diesen Algorithmus auf der Formularmaschine durch, so erkennt man, daß in der (kaskadenartigen) Rekursion von *contains* wiederholt Aufrufe für gleiche Argumentwerte berechnet werden. Will man dies vermeiden, so muß man die vollständige Codetabelle aufstellen. Dies wird sich insbesondere lohnen, wenn viele Aufrufe von *cod* mit demselben Argumentwert für *s* erfolgen (‚Teilberechnung', s. 2.6.3).

2.4.2 Wie beweist man Eigenschaften von Algorithmen?

Aussagen über Eigenschaften von Algorithmen können wichtige Aufschlüsse über ihr Wesen geben. So ist es bezeichnend, daß die Rechenvorschriften *merge*, *gcd1* und *plus* eine Vertauschung der Argumente erlauben, also kommutative zweistellige Operationen ergeben. Dies aus der rekursiven Definition zu beweisen, kann aber durchaus verschiedene Anstrengungen kosten.

Einfach ist es im Fall *merge* von 2.3.2 (f): die dortige Rechenvorschrift ist in der Aufschreibung symmetrisch in u und v, sie geht beim Vertauschen von u und v in sich über, da die Aufschreibungsreihenfolge der einzelnen Zweige einer bewachten Fallunterscheidung unerheblich ist. Wir haben hier eine in der Rechenvorschrift direkt sichtbare Eigenschaft.

Im Falle *gcd1* von 2.3.2 (d) ist erst eine Umformung der Rechenvorschrift erforderlich. Es genügt zu zeigen, daß für $m<n$ $gcd1(n, m) = gcd1(m, n)$ gilt. Für $m<n$ ist aber aus der Definition von *mod* in 2.3.2 (d) zu entnehmen

$$m<n \Rightarrow mod(m, n) = m\ ,$$

somit gilt

$$gcd1(m, n) = (\textbf{if}\ n=0\ \textbf{then}\ m\ \textbf{else}\ gcd1(n, m)\ \textbf{fi})\ .$$

Für $n>0$ ist gezeigt $gcd1(m, n) = gcd1(n, m)$. Um $gcd1(m, 0) = gcd1(0, m)$ zu zeigen, genügt es, den Fall $m \neq 0$ zu betrachten. Dann ist aber definitionsgemäß $gcd1(0, m) = gcd1(m, mod(0, m))$ und $mod(0, m) = 0$.

Das Beispiel *plus* von 2.4.1.2 schließlich erlaubt nicht mehr, mit solchen Umformungen die Kommutativität zu zeigen, es muß zu einem Induktionsbeweis gegriffen werden (SKOLEM 1923).

Probleme sind häufig (vgl. 2.4.1.5) durch Eigenschaften der gewünschten algorithmischen Lösung charakterisierbar. Ist eine (rekursive) Rechenvorschrift dann angeblich eine Lösung, so beweist („verifiziert") man das, indem man aus ihr sämtliche verlangten Eigenschaften herleitet. Beispielsweise erfüllt die Rechenvorschrift *mod* von 2.3.2 (d) die charakterisierenden Eigenschaften

$$0 \leq mod(a, b) < b$$

und

$$\exists\ \textbf{int}\ q: a = q \times b + mod(a, b)\ .$$

Dies zu beweisen, ist aber nicht einfacher als aus diesen Eigenschaften direkt abzuleiten

$$mod(a, b) = \begin{cases} mod(a-b, b) & \text{falls}\quad a \geq b \\ a & \text{falls}\quad a<b\ , \end{cases}$$

woraus sich die Rekursion in der Rechenvorschrift *mod* ablesen läßt – lediglich der Terminierungsbeweis ist noch zu führen.

Manchmal lassen sich Aussagen über einen Algorithmus leichter aus seinen charakterisierenden Eigenschaften als aus dem Algorithmus selbst gewinnen.

Oft lassen sich auch aus einen charakterisierenden Prädikat Eigenschaften, die für jeden zugehörigen (korrekten) Algorithmus gültig sind, direkt gewinnen. Dabei braucht es auf Einzelheiten des charakterisierenden Prädikats gar nicht anzukommen. Dies zeigen folgende extreme Beispiele:

Sei eine Abbildung f für eine beliebige Sorte $\boldsymbol{\lambda}$ definiert durch

$$\textbf{funct}\ f \equiv (\boldsymbol{\lambda}\, a)\,\boldsymbol{\lambda}: \text{«dasjenige } x \text{ der Sorte } \boldsymbol{\lambda}, \text{ für welches } x\rho a = b \text{ gilt»},$$

wobei b ein beliebiges festes Element aus $\boldsymbol{\lambda}$ ist und $.\rho.$ eine zweistellige Operation über $\boldsymbol{\lambda}$, die assoziativ und eindeutig auflösbar ist. Dann gilt

$$f(f(a))\rho b = b\rho a\,;$$

f ist also involutorisch, falls b mit allen Elementen von $\boldsymbol{\lambda}$ kommutiert. Anwendung auf Subtraktion und Division liegt auf der Hand.

Ähnlich braucht man nur zu wissen - der Beweis ist allerdings nicht trivial - daß durch *sort* (vgl. 2.3.2 (f)) alle Permutationen einer Zeichenfolge in die selbe Zeichenfolge abgebildet werden, um zu zeigen, daß

$$sort(sort(a)) = sort(a)$$

gilt, die Operation des Sortierens also idempotent ist. (Erfolgt das Sortieren lediglich nach einem Sortiermerkmal, so kann es verschiedene Karteikarten mit gleichem Sortiermerkmal geben, bei einer nicht-deterministischen Ausführung von *sort* ist die Reihenfolge dieser Karten nicht vorgeschrieben, also gilt jetzt die Idempotenz nicht.)

2.4.3 Bemerkungen über Terminierung und die Bedeutung von Zusicherungen und Wächtern

„Bei allem, was du tust, denk an das Ende“
SIRACH 7, 36

2.4.3.1 Die vorangegangenen Beispiele zeigen, daß die Terminierung eines rekursiven Algorithmus nicht selbstverständlich ist. Daß ein Algorithmus zur Berechnung der Fakultät für negative Argumente oder ein Algorithmus zur Bestimmung des Divisionsrestes für den Divisor Null terminiert, wird man allerdings nicht erwarten. Hier ist Nichtterminierung sicher sinnvoller, als einen Wert abzuliefern, der mit der Problemstellung nichts zu tun hat.

Um das Terminierungsgebiet eines Algorithmus anzuzeigen, gibt man in der Kopfleiste der Rechenvorschrift eine geeignete Zusicherung (2.3.1.3) und kommt so zu einer total definierten Funktion über einem eingeschränkten Parameterbereich als Definitionsbereich. Sieht man nun noch zu, daß die Einhaltung der Zusicherung stets durch Wächter gewährleistet ist, besteht kein Bedürfnis mehr nach einer ‚Fehlermeldung‘.

Der Definitionsbereich einer rekursiven Rechenvorschrift darf allerdings durch Zusicherungen nicht beliebig eingeschränkt werden. Der eingeschränkte Bereich muß alle Inkarnationen berücksichtigen. Eine Einschränkung wie in

funct $facl \equiv$ (**nat** $n: n \geqq 1$) **nat**: **if** $n=0$ **then** 1 **else** $n \times facl(n-1)$ **fi**	**function** $facl(n: integer\ \{n \geqq 1\}): integer;$ **begin** **if** $n=0$ **then** $facl \Leftarrow 1$ **else** $facl \Leftarrow n * facl(n-1)$ **end**

ist nicht zulässig: die letzte, terminierende Inkarnation von *facl* verletzt die Zusicherung. Man muß zuerst die ursprüngliche Rekursion einmal „abrollen"

funct $fac \equiv$ (**nat** n) **nat**: **if** $n=0$ **then** 1 **else if** $n=1$ **then** $1 \times fac(0)$ **else** $n \times fac(n-1)$ **fi fi**	**function** $fac(n: integer\ \{n \geqq 0\}): integer;$ **begin** **if** $n=0$ **then** $fac \Leftarrow 1$ **else if** $n=1$ **then** $fac \Leftarrow 1 * fac(0)$ **else** $fac \Leftarrow n * fac(n-1)$ **end**

und kann dann unter der Zusicherung $n \geqq 1$ den ersten Zweig kappen: das ergibt die „richtig eingeschränkte" Fassung

funct $fac \equiv$ (**nat** $n: n \geqq 1$) **nat**: **if** $n=1$ **then** 1 **else** $n \times fac(n-1)$ **fi**	**function** $fac(n: integer\ \{n \geqq 1\}): integer;$ **begin** **if** $n=1$ **then** $fac \Leftarrow 1$ **else** $fac \Leftarrow n * fac(n-1)$ **end**

2.4.3.2 Häufig garantieren die Bedingungen von Alternativen und sequentiellen Fallunterscheidungen oder die Wächter bewachter Fallunterscheidungen genau, daß in den jeweiligen Zweigen die für die Terminierung rekursiver Aufrufe erforderlichen Zusicherungen eingehalten werden.

Beispielsweise wird in *gcd1* von 2.3.2 (d) *mod* nur in dem Zweig mit dem Wächter $n>0$ aufgerufen, die Zusicherung $n>0$ des stets terminierenden Algorithmus

funct $mod \equiv$ (**nat** m, **nat** n: $n>0$) **nat**:	**function** $mod(m, n{:}\,integer$ $\{(m \geqq 0)$ **and** $(n>0)\}){:}\,integer$;
	begin
if $m<n$	**if** $m<n$
then m	**then** $mod \Leftarrow m$
else $mod(m-n, n)$ **fi**	**else** $mod \Leftarrow mod(m-n, n)$
	end

wird also garantiert. $m \geqq 0$ wird von *gcd1* vererbt.

2.4.3.3 Schließlich ist noch zu beachten, daß die Ersetzung einer sequentiellen Konjunktion oder Disjunktion durch eine strikte nicht nur zu mehr Arbeit führt, sondern auch zum Verlust einer geraden in rekursiven Situationen erforderlichen Wächterfunktion führen kann. Wird z. B. der Rumpf der terminierenden Rechenvorschrift *issorted* von 2.4.1.5 umgeformt,

```
funct issorted2 ≡ (string a) bool:
  length(a) ≦ 1 ∨
    if first(a) > first(rest(a))
    then false
    else issorted2(rest(a)) fi
```

so läuft der Algorithmus in eine undefinierte Situation.

2.4.3.4 Baut man Rechenvorschriften mit Hilfe von Rekursionsgleichungen auf, so muß man darauf achten, auch wirklich Terminierung zu erhalten. So gilt nach 2.3.2 für die Rechenvorschrift *gcd1*

für $n>0$: $gcd1(m, n) = gcd1(m$ **mod** $n, n)$.

Der Algorithmus

funct $gcd2 \equiv$ (**nat** m, n) **nat**:	**function** $gcd2(m, n{:}\,integer$ $\{(m \geqq 0)$ **and** $(n \geqq 0)\}){:}\,integer$;
	begin
if $n=0$	**if** $n=0$
then m	**then** $gcd2 \Leftarrow m$
else $gcd2(m$ **mod** $n, n)$ **fi**	**else** $gcd2 \Leftarrow gcd2(m$ **mod** $n, n)$
	end

terminiert jedoch für $n>0$ nicht!

2.4.3.5 Der Beweis der Terminierung einer Rechenvorschrift kann komplizierte logische oder mathematische Überlegungen erfordern. Das Grundmuster eines solchen Beweises kann man am obigen Beispiel *mod* sehen:

Falls $n>0$, so ist $m-n<m$; mit jedem Rekursionsschritt nimmt der Wert des ersten Arguments ab. Damit wird aber in endlich vielen Schritten n unterschritten, der Algorithmus terminiert unter der Zusicherung stets.

2.5 Unterordnung von Rechenvorschriften

2.5.1 Untergeordnete Rechenvorschriften

Häufig ist man „nach außen hin" nur an einer Rechenvorschrift eines Systems interessiert - etwa bei hierarchisch gestaffelten Systemen wie (*isprim*, *ispr*) in 2.4.1.3, aber auch bei verschränkt rekursiven Systemen wie (*ispos*, *isneg*) in 2.4.1.4. In solchen Fällen lokaler Verwendung der hilfsweise eingeführten Rechenvorschriften kann durch **Unterordnung** zum Ausdruck gebracht werden, daß sich ihr Gebrauch „von außen" verbietet. Die Unterordnung wird sichtbar gemacht durch Klammerung mit den Symbolen ⌈ und ⌋ bzw. **begin** und **end**.

```
funct isprim ≡ (nat n : n ≧ 1) bool:

⌈funct ispr ≡ (nat n, m:
                 2 ≦ m ∧ m ≦ n) bool:

   if m = n
   then true
   else if n mod m = 0
        then false
        else ispr(n, m + 1) fi fi;


   if n = 1
   then false
   else ispr(n, 2) fi                 ⌋
```

```
function isprim(n: integer
                   {n ≧ 1}): Boolean;
   function ispr(n, m: integer
      {(2 ≦ m) and (m ≦ n)}): Boolean;
   begin
   if m = n
   then ispr ⇐ true
   else if n mod m = 0
        then ispr ⇐ false
        else ispr ⇐ ispr(n, m + 1)
   end;
begin
if n = 1
then isprim ⇐ false
else isprim ⇐ ispr(n, 2)
end
```

Ähnlich für *fac* und *facr* (2.4.1.3), *gcd1* und *mod* (2.3.2). Für *ispos* und *isneg* ergibt sich[52]:

[52] In PASCAL verlangt der Übersetzer generell, daß aufschreibungsmäßig vor dem Aufruf einer Rechenvorschrift deren Vereinbarung (oder ersatzweise eine ‚Vorwärts-Deklaration', bestehend aus der Kopfzeile und einer Direktiven ([04]) steht.

```
funct ispos ≡ (string m) bool:
⌜funct isneg ≡ (string m) bool:

    if m = ◇
    then false
    else if first(m) = ''−''
         then ispos(rest(m))
         □ first(m) = ''+''
         then isneg(rest(m)) fi fi;


  if m = ◇
  then true
  else if first(m) = ''−''
       then isneg(rest(m))
       □ first(m) = ''+''
       then ispos(rest(m)) fi fi
                                  ⌟
```

```
function ispos(m: string): Boolean;
  function isneg(m: string): Boolean;
  begin
  if isempty(m)
  then isneg ⇐ false
  else if first(m) = '−'
       then isneg ⇐ ispos(rest(m))
       □ first(m) = '+'
       then isneg ⇐ isneg(rest(m))
  end;
begin
if isempty(m)
then ispos ⇐ true
else if first(m) = '−'
     then ispos ⇐ isneg(rest(m))
     □ first(m) = '+'
     then ispos ⇐ ispos(rest(m))
end
```

In ALGOL heißt eine Formel, der eine untergeordnete Rechenvorschrift vorangestellt ist, ein **Abschnitt**. Winkelklammern[53] ⌜ ⌟ schließen den Abschnitt ein, als Trennzeichen dient ein Semikolon.

Ein Abschnitt ist selbst wieder eine Formel (im verallgemeinerten Sinn) und kann sowohl als Operand einer Operation (auch in Fallunterscheidungen[54]) wie als Rumpf einer Rechenvorschrift auftreten.

In PASCAL wird das Ende der untergeordneten Rechenvorschrift durch das **end** angezeigt, das zu dem eingangs des Rumpfes stehenden **begin** gehört; die dem Abschnitt entsprechende Konstruktion (samt der Feststellung des Ergebnisses unter einer Bezeichnung) wird in 3.2.4 **Anweisung** genannt werden.

Nach erfolgter Unterordnung werden auch die Bezeichnungen der untergeordneten Rechenvorschriften (und nicht nur ihre Parameter) gebunden, und zwar an den Abschnitt – wenn der Abschnitt Rumpf einer Rechenvorschrift ist, also an diese Rechenvorschrift (**Bindungsbereich**).

Bindungsbereich von *isneg* (in dem die Bezeichnung *isneg* beliebig, aber konsistent ersetzt werden darf) ist der Rumpf der übergeordneten Rechenvorschrift *ispos*.

Untergeordnete Rechenvorschriften werden insbesondere eingeführt, wenn Teilausdrücke gleichen Aufbaus, aber mit wechselnden Parameterbezeichnungen, abkürzend behandelt werden sollen:

---

[53] In ALGOL 68 **begin end**.

[54] **if . then** , **elsf . then** , **□ . then** , **then . elsf** , **then . □** , **then . fi** , **then . else** , **else . fi** haben die Wirkung von Winkelklammern.

Beispiel: Die Formel (*) von (2.2.2.2)

$$(b\times 2+a)\times d+(a\times 2+b)\times c$$

läßt sich schreiben als Abschnitt bzw. Anweisung (wo ›Res‹ wieder für eine Bezeichnung des ‚Ergebnisses' steht, vgl. 2.3.1.2)

```
⌈funct h ≡ (real u, v, w) real:
        (u×2+v)×w ;

 h(b, a, d)+h(a, b, c)          ⌋
```

```
function h(u, v, w: real): real;
  begin h ⇐ (u*2+v)*w end;
begin
  ›Res‹ ⇐ h(b, a, d)+h(a, b, c)
end
```

Dieser Abschnitt bzw. die entsprechende Anweisung könnte im Rumpf der Rechenvorschrift *f* von 2.3.1.2 stehen.

Abgesehen von der Verkürzung der Aufschreibung wird durch eine solche Einführung einer Hilfsrechenvorschrift keine Berechnungseinsparung erzielt.

2.5.2 Unterdrückte Parameter

2.5.2.1 *Globale und nichtlokale Parameter*

"Dog! That ain't no fittin' name for a dog."
N. RICHARD NASH, The rainmaker.

Gelegentlich kommt es vor, daß ein Parameter einer untergeordneten Rechenvorschrift in allen beabsichtigten Aufrufen nicht auszuwechseln ist, daß er ‚paßt'. Dies ist der Fall in dem Abschnitt, der sich nach Unterordnung der Rechenvorschrift *ispr* als Rumpf von *isprim* in 2.5.1 ergibt: Der erste Parameter *n* von *ispr* ‚paßt' im Aufruf *ispr*(*n*, 2) und in allen rekursiven Aufrufen *ispr*(*n*, *m*+1). Da *ispr* untergeordnet ist, kann man auf die Angabe dieses Parameters verzichten (und ihn damit nicht-auswechselbar machen): der neue Rumpf von *isprim* lautet dann

```
⌈funct ispr1 ≡ (nat m:
              2≦m ∧ m≦n) bool:

  if m = n
  then true
  else if n mod m = 0
    then false
    else ispr1(m+1) fi fi;

 if n = 1
 then false
 else ispr1(2) fi               ⌋
```

```
function ispr1(m: integer
    {(2≦m) and (m≦n)}): Boolean;
  begin
  if m = n
  then ispr1 ⇐ true
  else if n mod m = 0
       then ispr1 ⇐ false
       else ispr1 ⇐ ispr1(m+1)
  end;
begin if n = 1
then isprim ⇐ false
else isprim ⇐ ispr1(2)
end
```

n bezeichnet in diesem Abschnitt bzw. in dieser Anweisung einen **unterdrückten Parameter.** Steht ein Abschnitt bzw. eine Anweisung, wie oben, isoliert – oder werden sie isoliert betrachtet –, so heißt ein unterdrückter Parameter auch **globaler** Parameter des Abschnitts bzw. der Anweisung.

Im allgemeinen ist ein unterdrückter Parameter jedoch an eine übergeordnete Rechenvorschrift gebunden, in unserem Beispiel ist der globale Parameter *n* an die Rechenvorschrift *isprim* mit der Kopfleiste

```
funct isprim ≡ (nat n : n ≧ 1) bool :
```

```
function isprim(n : integer
                {n ≧ 1}) : Boolean;
```

gebunden. Dann heißt ein unterdrückter Parameter **nichtlokal**, – im Unterschied zu einem aufgeführten Parameter, der auch **lokal** heißt. In unserem Beispiel ist *n* nichtlokaler, *m* lokaler Parameter der Rechenvorschrift *ispr1* im Rumpf von *isprim*.

Auch in dem System (*gcd1*, *mod*) von 2.3.2 (d) ‚paßt' der zweite Parameter von *mod*. Nach Unterordnung von *mod* kann dieser Parameter unterdrückt werden; als Rumpf von *gcd1* ergibt sich (wobei wir vorsichtshalber in *mod* den verbleibenden Parameter mit *u* anstatt *m* bezeichnen)

```
funct gcd1 ≡ (nat m, nat n) nat :

  ⌈funct mod1 ≡ (nat u) nat :

     if u < n
     then u
     else mod1(u − n) fi ;

if n = 0
then m
else gcd1(n, mod1(m)) fi                ⌋
```

```
function gcd1(m, n : integer
          {(m ≧ 0) and (n ≧ 0)}) : integer;
  function mod1(u : integer
                {u ≧ 0}) : integer;
    begin
    if u < n
    then mod1 ⇐ u
    else mod1 ⇐ mod1(u − n)
    end;
begin
if n = 0
then gcd1 ⇐ m
else gcd1 ⇐ gcd1(n, mod1(m))
end
```

Der globale Parameter *n* im Abschnitt bzw. in der Anweisung, die den Rumpf von *gcd1* darstellt, ist gebunden an *gcd1*.

2.5.2.2 *Verschattung*

„Name ist Schall und Rauch."
GOETHE, Faust I

Da eine gebundene Bezeichnung beliebig konsistent ausgewechselt werden kann, kann im obigen Beispiel der Parameter von *mod1* weiterhin durch *m* bezeichnet werden:

```
funct gcd1 ≡ (nat m, n) nat:

⌈funct mod1 ≡ (nat m) nat:


   if m<n
   then m
   else mod1(m−n) fi;


 if n=0
 then m
 else gcd1(n, mod1(m)) fi                ⌋
```

```
function gcd1(m, n: integer
          {(m≧0) and (n≧0)}): integer;
   function mod1(m: integer
                       {m≧0}): integer;
      begin
         if m<n
         then mod1 ⇐ m
         else mod1 ⇐ mod1(m−n)
      end;
begin
   if n=0
   then gcd1 ⇐ m
   else gcd1 ⇐ gcd1(n, mod1(m))
end
```

Nun kommt die Bezeichnung *m* in zweierlei Bedeutung vor. Eine Verwechslung kann trotzdem nicht geschehen: Innerhalb des Rumpfes von *mod1* bedeutet *m* den Parameter von *mod1*, im übrigen Rumpf von *gcd1* bedeutet *m* den ersten Parameter von *gcd1*. Man sagt, der **Gültigkeitsbereich** (engl. *scope*) des Parameters *m* von *gcd1* hat ein ‚Loch'; der Gültigkeitsbereich ist der Bindungsbereich, vermindert um den Bindungsbereich einer ‚weiter innen' verwendeten gleichen Bezeichnung, die die ‚weiter außen' verwendete **verschattet**.

Um eine solche Verschattung braucht man sich nicht zu kümmern, wenn man konsequent verschiedene Bezeichnungen verwendet, bzw. wenn man bei ihrem Vorliegen eine Umbezeichnung vornimmt – etwa im obigen Beispiel den Parameter *m* von *mod1* durch *u* ersetzt denkt.

Beim Nebeneinander von *mod* und *gcd1* im System (*gcd1*, *mod*) von 2.3.2 (d) oder von *ispos* und *isneg* im System (*ispos*, *isneg*) von 2.4.1.4 tritt das Verschattungsproblem selbstverständlich noch nicht auf. Wird aber, wie in 2.5.1, der Rechenvorschrift *ispos* die Rechenvorschrift *isneg* ohne Umbezeichnung untergeordnet, so ergibt sich Verschattung!

2.5.2.3 *Konstant besetzte Parameter*

Es erhebt sich die Frage: Welche Parameter sind unterdrückbar? In einer nicht-rekursiven Rechenvorschrift sind sämtliche Parameter unterdrückbar, man verzichtet dann auf ihre Auswechslung. Bei rekursiven Rechenvorschriften ist das nicht so. Hier sind unterdrückbar nur solche Parameter einer Rechenvorschrift, die **starr** oder **konstant besetzt** sind, d.h. die auch in allen durch einen Aufruf der betreffenden Rechenvorschrift unmittelbar oder mittelbar bewirkten rekursiven Aufrufen eben dieser Rechenvorschrift nicht ausgewechselt werden müssen. Dies traf für den ersten Parameter von *ispr*

(2.4.1.3, 2.5.1) ebenso zu wie für den zweiten Parameter von *mod* (2.3.2 (d)). Konstant besetzt ist auch der erste Parameter der Rechenvorschrift *iter* (2.4.1.1). Offensichtlich ist jeder Parameter einer nicht-rekursiven Rechenvorschrift starr. Dagegen ist der Parameter einer rekursiven Rechenvorschrift, der bei einem Aufruf im Rumpf mit einer Konstanten besetzt ist, im allgemeinen kein starrer Parameter.

2.5.3 Parameterfreie Rechenvorschriften

Rechenvorschriften, die gänzlich ohne Parameter sind, (**parameterlose Rechenvorschriften**), dürften wenig nützen: Wenn sie determiniert sind, liefern sie ein konstantes Ergebnis. Eine Ausnahme bilden gewisse primitive Rechenvorschriften, die stochastische Quellen darstellen wie «eine zufällige numerisch reelle Zahl aus dem halbabgeschlossenen Intervall [0, 1)» (eine Standardfunktion in ALGOL 68) oder «**true** oder **false**, zufällig ausgewählt».

Anders ist es mit (nichtrekursiven) Rechenvorschriften, deren sämtliche Parameter unterdrückt sind (**parameterfreie Rechenvorschriften**). Zur Unterscheidung von Objekten wird der Formel, die eine parameterfreie Rechenvorschrift wiedergibt, die leere Parameterleiste und die Art des Ergebnisses, getrennt durch einen Doppelpunkt, vorangestellt.

Beispiele:

() **int**: $i+k-1$	(global i, k)
() **bool**: $(a \wedge b \wedge c) \vee (\neg a \wedge \neg b \wedge \neg c)$	(global a, b, c)
() **string**: $s+$ ''heit''	(global s)
() **real**: $(((a0 \times x + a1) \times x + a2) \times x + a3) \times x + a4$	(global $a0$, $a1$, $a2$, $a3$, $a4$, x)
() **real**: **if** $x>0$ **then** x **else** $-x$ **fi**	(global x)

In einer Vereinbarung kann auch einer solchen Rechenvorschrift eine frei gewählte Bezeichnung gegeben werden, etwa

funct *absx* ≡ () **real**: **if** $x>0$ **then** x **else** $-x$ **fi**	**function** *absx*: *real*; **begin if** $x>0$ **then** *absx* ⇐ x **else** *absx* ⇐ $-x$ **end**

absx ist dann die Bezeichnung für die Rechenvorschrift, den Betrag des globalen Parameters x zu bilden – äußerlich nicht von einer Parameterbezeichnung unterscheidbar.

Soll die Rechenvorschrift ausgeführt werden, so kann das durch Angabe ihrer Bezeichnung und einer leeren Parameterleiste geschehen. Die leere Parameterleiste wird in den meisten algorithmischen Sprachen unterdrückt und fehlt auch in PASCAL. Statt $x + absx()$ wird also

$$x + absx$$

geschrieben, es bedeutet den Ausdruck

$$x + \textbf{if } x > 0 \textbf{ then } x \textbf{ else } -x \textbf{ fi} \; .$$

Man sagt, die parameterfreie Rechenvorschrift wird bereits durch Angabe ihrer Bezeichnung aufgerufen.

2.6 Rechenvorschriften als Parameter und als Ergebnisse

2.6.1 Rechenvorschriften als Parameter

Auszuwechseln sind in einer Rechenvorschrift gelegentlich nicht nur die Objekte, mit denen sie durchzuführen ist, sondern auch Operationen. Dann muß eine entsprechende Rechenvorschrift als Parameter eingeführt werden (**Funktionsparameter**, ‚parametrische Funktion'). Als klassisches Beispiel gilt die Simpson'sche Formel zur näherungsweisen Berechnung des Integrals $\int_a^b f(x)\,dx$,

$$(b-a) \times (f(a) + 4 \times f((a+b)/2) + f(b))/6$$

bei der der Funktionsparameter f die zu integrierende Funktion bezeichnet. Für eine Rechenvorschrift als Parameter einer Rechenvorschrift wird in der Kopfleiste der letzteren die Funktionalität der ersteren in geeigneter Weise mit aufgeführt, z. B. [55]

funct *simpson* ≡ (**funct(real)real** *f*, **real** *a*, *b*) **real**: $(b-a)\times(f(a)+4\times f((a+b)/2)+f(b))/6$	**function** *simpson* (**function** *f*(*x*: *real*): *real*; *a*, *b*: *real*): *real*; **begin** *simpson* ⇐ $(b-a)*(f(a)+4*f((a+b)/2)+f(b))/6$ **end**

Bei einem Aufruf von *simpson* muß nun auch die aktuelle Rechenvorschrift angegeben werden, etwa

$$simpson(g, 2.05, 2.06)$$

---

[55] In älteren PASCAL-Implementierungen wurde für einen funktionalen Parameter nicht die volle Funktionalität angegeben, sondern etwa nur etwa der Typ des Ergebnisses. Der ISO-Standard ([04]) verlangt nun, die Kopfzeile der als Parameter einzubringenden Rechenvorschrift vollständig anzugeben. Überdies dürfen die Parameter von parametrischen Funktionen nicht ihrerseits Funktionsparameter sein.

wo die einzubringende Rechenvorschrift g etwa definiert ist durch

funct $g \equiv$ (**real** x) **real**: $exp(x)/x$	**function** $g(x: real): real$; **begin** $g \Leftarrow exp(x)/x$ **end**

In ALGOL-Notation kann auch die einzubringende Rechenvorschrift direkt, ohne Einführung einer Bezeichnung angegeben werden

$$simpson((\textbf{real}\ x)\ \textbf{real}: exp(x)/x,\ 2.05,\ 2.06),$$

was der mathematischen Schreibweise

$$\int_{2.05}^{2.06} dx\, exp(x)/x \quad \text{oder üblicher} \quad \int_{2.05}^{2.06} (exp(x)/x)\, dx$$

näher steht; in beiden Schreibweisen ist x eine gebundene Bezeichnung.

In PASCAL hingegen kann für einen Funktionsparameter beim Aufruf nur eine Funktionsbezeichnung eingebracht werden.

Die Durchführung mit einer Formularmaschine ist so zu verstehen, daß eine Vorlage des Formulars für (**real** x) **real**: $exp(x)/x$ eingebracht wird; im Rumpf der nichtrekursiven Rechenvorschrift *simpson* werden drei Kopien benötigt – die eingebrachte Rechenvorschrift tritt in drei Inkarnationen auf.

Mit einem Funktionsparameter kann nunmehr auch das rekursive Schema *iter* von 2.4.1.1 realisiert werden, beispielsweise unter Interpretation von **λ** bzw. λ als der Sorte **nat** bzw. *integer*:

funct *iter* ≡ (**funct** (**int**, **int**) **int** *rho*, **int** *a*, **nat** $n: n>0$) **int**: **if** $n=1$ **then** *a* **else** *rho*(*a*, *iter*(*rho*, *a*, $n-1$)) **fi**	**function** *iter* (**function** *rho*(*x*, *y*: *integer*): *integer*; *a*, *n*: *integer* $\{n>0\}$): *integer*; **begin** **if** $n=1$ **then** *iter* ⇐ *a* **else** *iter* ⇐ *rho*(*a*, *iter*(*rho*, *a*, $n-1$)) **end**

Beachte, daß hier auch *rho* sowie *a* konstant besetzte Parameter sind. Wie viele Kopien des Formulars von *rho* benötigt werden, hängt von *n* ab.

Auch das Einbringen eines Sortierprädikats in einen Sortieralgorithmus kann so gehandhabt werden. Ein typisches Beispiel ist ferner die Umkehrung einer Rechenvorschrift der Funktionalität (**int**) **int**: bzw. (*integer*): *integer*:

```
funct invert ≡
  (funct (int) int f, int a) int:


  «irgendein x ≧ 0 derart,
              daß f(x) = a gilt»
```

```
function invert
  (function f(x: integer): integer;
                    a: integer): integer;
begin invert ⇐
  «irgendein x ≧ 0 derart,
                    daß f(x) = a gilt»
end
```

Bettet man diese Aufgabe ein in die allgemeinere, irgendein $x \geqq i$ zu finden, derart daß $f(x) = a$ gilt, so ergibt sich als eine Lösung

```
funct invert ≡
        (funct (int) int f, int a) int:

 ⌜funct inv ≡ (funct (int) int f,
                     int a, int i) int:



    if f(i) = a
    then i
    else inv(f, a, i + 1) fi;



    inv(f, a, 0)
                                      ⌟
```

```
function invert
  (function f(x: integer): integer;
                    a: integer): integer;
  function inv
    (function f(y: integer): integer;
                 a, i: integer): integer;
  begin
  if f(i) = a
  then inv ⇐ i
  else inv ⇐ inv(f, a, i + 1)
  end;
begin
invert ⇐ inv(f, a, 0)
end
```

Die Rechenvorschrift *invert* terminiert, wenn die Umkehrung möglich ist. In der Tat bestimmt *inv* nur das kleinste $x \geqq i$ mit $f(x) = a$.

In *inv* sind sowohl f wie a konstant besetzt; wenn sie unterdrückt werden, ergibt sich

```
funct invert ≡
        (funct (int) int f, int a) int:

 ⌜funct inv ≡ (int i) int:

    if f(i) = a
    then i
    else inv(i + 1) fi;



    inv(0)
                                      ⌟
```

```
function invert
    (function f(x: integer): integer;
                    a: integer): integer;
  function inv(i: integer): integer;
  begin
  if f(i) = a
  then inv ⇐ i
  else inv ⇐ inv(i + 1)
  end;
begin
  invert ⇐ inv(0)
end
```

2.6.2 Verzögerte Auswertung durch Verwendung parameterfreier Rechenvorschriften als Parameter

Wird in einer Rechenvorschrift an Stelle eines Objektparameters der Sorte **λ** bzw. λ eine parameterfreie Rechenvorschrift der Funktionalität ( ) **λ**: (ALGOL) bzw. :λ (PASCAL) spezifiziert, so muß an Stelle einer Formel, mit deren erarbeitetem Ergebnis der gewöhnliche Parameter aktualisiert wird, die zur parameterfreien Rechenvorschrift ausgeweitete Formel verwendet werden. Dadurch ändert sich aber der Gang der Berechnung auf der Formularmaschine beträchtlich: es wird nicht die einzubringende Formel ein einziges Mal ausgewertet (‘*call by value*’), sondern so oft, wie sie im Rumpf aufgerufen wird (‘*call by expression*’). Das kann erhöhten, aber auch verminderten Arbeitsaufwand bedeuten. Man unterläuft auf diese Weise die Striktheit der Rechenvorschriften mit Objektparametern.

Beispiel: Gegeben seien zwei (sonst identische) Rechenvorschriften mit einem Objektparameter x:

funct $d \equiv$ (**real** x, **bool** a) **real**:
 	
  if a **then** $x \times ln(x)$
    else 0   **fi**
	function $d(x{:}real;\ a{:}Boolean){:}real;$
	begin
	  if a **then** $d \Leftarrow x * ln(x)$
	    else $d \Leftarrow 0$
	end

bzw. mit einer parameterfreien Rechenvorschrift e als Parameter

funct $dd \equiv$
  (**funct** ( )**real** e, **bool** a) **real**:
 	
  if a **then** $e() \times ln(e())$
    else 0   **fi**
	function dd
	  (**function** $e{:}real;\ a{:}Boolean){:}real;$
	begin
	  if a **then** $dd \Leftarrow e * ln(e)$
	    else $dd \Leftarrow 0$
	end

Die Aufrufe

$d(tan(18.325)$, **true**)   und $d(tan(18.325)$, **false**)

bewirken beide genau eine Auswertung von $tan(18.325)$. Im Gegensatz dazu zieht der Aufruf

dd(( )**real**: $tan(18.325)$, **true**)

zwei Auswertungen von $tan(18.325)$ nach sich, der Aufruf

dd(( )**real**: $tan(18.325)$, **false**)

löst jedoch gar keine Auswertung von $tan(18.325)$ aus.

Am effizientesten arbeitet man jedoch (HENDERSON, MORRIS 1976) mit **verzögerter**, höchstens einmaliger Auswertung:

funct *dd* ≡	**function** *dd*
(**funct** ( )**real** *e*, **bool** *a*) **real**:	(**function** *e*:*real*; *a*:*Boolean*):*real*;
⌈**funct** *h* ≡ (**real** *y*) **real**:	**function** *h*(*y*:*real*):*real*;
$y \times ln(y)$;	**begin** $h \Leftarrow y * ln(y)$ **end**;
	begin
if *a* **then** *h*(*e*())	**if** *a* **then** $dd \Leftarrow h(e)$
else 0 **fi**	**else** $dd \Leftarrow 0$
⌋	**end**

In PASCAL ist ein solcher direkter Gebrauch von parameterfreien Rechenvorschriften als Argumente nicht möglich. In manchen Programmiersprachen sind jedoch für eine entsprechende Behandlung einer aktuellen Formel als einzubringender Ausdruck anstatt als Wert Vorkehrungen getroffen (ALGOL 60, '*call by name*' – im Gegensatz zum gewöhnlichen '*call by value*'). In LISP erfolgt sogar grundsätzlich der Aufruf *aller* Parameter als '*call by expression*'. Damit ist jedoch in der Regel ein Effizienzverlust verbunden.

2.6.3 Rechenvorschriften als Ergebnisse, Teilberechnung

Wenn Rechenvorschriften als Parameter zugelassen werden – sollte man sie nicht auch als Ergebnisse erlauben? Nach einer Rechenvorschrift zu rechnen ist jedoch bedeutend einfacher, als eine Rechenvorschrift auszurechnen; deshalb soll hier auch nur der einfachste Fall besprochen werden: daß eine Rechenvorschrift aus einer anderen Rechenvorschrift durch Festhalten eines oder mehrerer Parameter entsteht. Dies ist uns schon in einigen Fällen der Einbettung begegnet: zuletzt in 2.6.1 bei der Einbettung von *invert* in *inv*, oder in 2.4.1.3 bei der Berechnung von *isprim*. Aus der Rechenvorschrift *iter* in 2.6.1 ergibt sich durch Festhalten von *rho* eine Rechenvorschrift der Funktionalität (**int**, **int**) **int**. Wir müßten für dieses **Funktional** in Allgemeinheit schreiben[56]

funct *geniter* ≡ (**funct** (**int**, **int**) **int** *rho*) **funct** (**int**, **nat**) **int**:
(**int** *a*, **nat** $n: n \geq 1$) **int**: *iter*(*rho*, *a*, *n*)

und erhalten durch den Aufruf

geniter(*plus*)

[56] Derartige Konstruktionen sind in PASCAL nicht vorgesehen, in SIMULA und ALGOL 68 sind sie unter Einschränkungen zulässig; der Lambda-Kalkül von CHURCH umfaßt sie.

den mit *mult* bezeichneten Algorithmus der gewöhnlichen Multiplikation

funct *mult* ≡ (**int** *a*, **nat** $n: n \geqq 1$) **int**:
if $n = 1$ **then** *a* **else** *plus*(*a*, *mult*(*a*, $n-1$)) **fi**

und durch den doppelten Aufruf

geniter(*geniter*(*plus*)),

d.h. durch *geniter*(*mult*), den mit *pow* bezeichneten Algorithmus der gewöhnlichen Potenzierung

funct *pow* ≡ (**int** *a*, **nat** $n: n \geqq 1$) **int**:
if $n = 1$ **then** *a* **else** *mult*(*a*, *pow*(*a*, $n-1$)) **fi** .

Hält man weiterhin in *mult* oder *pow* das zweite Argument fest, so erhält man Algorithmen der Funktionalität **(int) int** für feste Vervielfachung bzw. Potenzierung. Im letzten Fall etwa könnte man schreiben

funct *genpow* ≡ (**nat** $n: n \geqq 1$) **funct(int) int**:
(**int** *a*) **int**: *pow*(*a*, *n*)

und aufrufen

genpow(4),

um die Biquadratoperation darzustellen (**zweistufige Parametrisierung**).

In diesem Fall wird allerdings der einzige nicht-konstant besetzte Parameter von *pow* festgehalten, mit dem Ergebnis, daß durch sukzessives Einsetzen die Rekursion ein für allemal vorherberechnet werden kann (**Teilberechnung**), Ershov 1977.

Der obige Algorithmus *genpow* muß für jedes *n* eine rekursive Rechenvorschrift abliefern. Man sollte also eine effiziente „Abrollung" der Rekursion für den zweiten Parameter haben, die beispielsweise für *genpow*(4) tatsächlich die Rechenvorschrift

(**int** *a*) **int**: *mult*(*a*, *mult*(*a*, *mult*(*a*, *a*)))

abliefert. Damit würde man in das weite Feld der Formel- und Algorithmenmanipulation kommen.

Überhaupt muß man sich darüber im klaren sein, daß Funktionsparameter von Rechenvorschriften nur dann mit Sicherheit konstant besetzt sind, wenn man keine Rechenvorschriften als Ergebnisse von Rechenvorschriften zuläßt. Andernfalls ist die Arbeitsweise einer Formularmaschine nicht mehr mit dem einfachen Einbringen eines Vordrucks für das aktuelle Formular beschreibbar. Man betritt dann echt das Gebiet der „höheren Funktionale", dessen praktische Erschließung noch nicht abgeschlossen ist.

Ein abschließendes Beispiel soll die Mächtigkeit der Programmierung mit höheren Funktionalen aufzeigen.

Die folgende Rechenvorschrift *traverse* ist ein allgemeines Funktional zum Durchlaufen beblätterter Binärbäume. Sie ist parametrisiert mit einer einstelligen Operation *f*, die an den Blättern ausgeführt wird, und einer zweistelligen Operation *g*, mit der an inneren Knoten die Ergebnisse der Teilbäume verknüpft werden.

```
funct traverse ≡ (funct (char) nat f, funct (nat, nat) nat g) funct (lisp) nat:
(lisp a) nat:
   if isatom(a)
   then f(val(a))
   else g(traverse(f, g) (car(a)), traverse(f, g) (cdr(a))) fi
```

Durch den Aufruf *traverse*(*eins*, *add*) wird die Anzahl der Blätter des Binärbaumes berechnet, wobei

funct *eins* ≡ (**char** *c*) **nat** : 1 .

Hingegen liefert der Aufruf *traverse*(*null*, *maxplus1*) die Höhe des beblätterten Binärbaumes, wobei

funct *null* ≡ (**char** *c*) **nat** : 0
funct *maxplus1* ≡ (**nat** *x*, *y*) **nat** : *max*(*x*, *y*) + 1 .

Schließlich liefern der Aufruf *traverse*(**abs**, *max*) die Ordnung des größten im beblätterten Binärbaum vorkommenden Zeichens, der Aufruf *traverse*(*mkstring*, *conc*) das ‚Blattwort', also die aus den Blättern zusammengesetzte Zeichenfolge.

Das allgemeine Traversierungsfunktional beschreibt also den allen fünf Algorithmen zugrunde liegenden Baumdurchlauf ein für alle Mal; seine Ablaufstruktur orientiert sich an der Datenstruktur ‚beblätterter Binärbaum'.

3 Maschinenorientierte algorithmische Sprachen

Die begrifflichen Grundlagen der Programmierung wurden im 2. Kapitel vor dem operativen Hintergrund der Formularmaschine entwickelt. Diese ist eine sehr ‚menschliche' Maschine; man kann sich gut vorstellen, wie der Gang der Berechnung für einen Einzelrechner (etwa nach dem Kellerprinzip) oder für eine Rechnergruppe organisiert wird, wobei die Freiheit der Berechnung unter Umständen nicht oder nur wenig eingeschränkt wird.

In einer realen Formularmaschine muß jedoch die Organisation vollständig mechanisiert sein. Reale Maschinen der (noch) vorherrschenden Bauart („von Neumann-Typus") sind nicht so raffiniert wie eine Formularmaschine; insbesondere sind sie gegenüber der Rekursion in voller Allgemeinheit unmittelbar hilflos. Der Grund dafür liegt in den technologischen Zwängen, die um die Mitte dieses Jahrhunderts herrschten. Sie ließen eine Formularmaschine wegen ihrer ‚Wegwerftendenz' nicht brauchbar erscheinen: Für jede Inkarnation muß ein Formular angelegt werden, was nur auf dem Papier (oder, besser gesagt, mit Papier) leicht getan ist. Um das Schreiben in und das Lesen aus den Arbeitsfeldern eines Formulars mechanisieren zu können, fehlten damals billige Techniken. So ging KONRAD ZUSE[1] um 1934 zu wiederverwendbaren Formularen über, in denen man die Eintragungen in den Ergebnisfeldern überschreiben kann; für die gesamte Rekursion wird ein einziges Formular wieder und wieder benützt. Vordergründig schließt das eine Rekursion mit ‚Nachklappern' (vgl. 2.3.3) aus. Damit ist man auf schlichte Aufrufe beschränkt. Für den einfachen Fall der direkten Rekursion führt dies auf simple *Wiederholung*, sonst auf den Begriff des *Sprunges*. Wiederverwendbarkeit von Ergebnisfeldern führt ferner auf den Begriff der *Speichervariablen* und des *Speichers* als Menge von Speichervariablen. Der verwandte Begriff *Programmvariable* ist neben Wiederholung und Sprung das hauptsächliche Stichwort dieses Kapitels.

Die naheliegende Verwendung von Programmvariablen als Parameter führt von der streng funktionalen Auffassung einer Rechenvorschrift weg zum Begriff der *Prozedur* (Ebene der strukturierten prozeduralen Programmierung).

---

[1] Für Einzelheiten s. F. L. BAUER: Formulierung, Formalisierung und automatische Programmierung in den frühen Arbeiten KONRAD ZUSES. Inf. Spektrum **3**:2, 114–119 (1980).

Dem von Neumann-Typus einer Maschine entsprechen ferner eine lineare Anordnung der gesamten Speichervariablen *(linearer Speicher)* und eine streng sequentielle Organisation des Berechnungsablaufs, die unter Ausschluß jeder Parallelisierung eine Behandlung nach dem Kellerprinzip nahelegt.

Nach der im 2. Kapitel besprochenen funktionalen Programmierung wird nun die *imperative (prozedurale) Programmierung* behandelt.

«La plus belle ruse du Diable est de nous persuader qu'il n'existe pas.»

BAUDELAIRE

3.1 Allgemeine Abschnitte

In 2.5.1 wurden Formeln, denen Vereinbarungen von Rechenvorschriften vorangestellt waren, als Abschnitte eingeführt. Dies soll nun verallgemeinert werden durch Einbeziehung von Zwischenergebnis-Vereinbarungen, die einem schon am Ende von 2.2.2.4 festgestellten Mangel abhelfen.

3.1.1 Zwischenergebnis-Vereinbarungen

Für die drei Seiten a, b, c eines Dreiecks gilt

$$a \geqq 0 \wedge b \geqq 0 \wedge c \geqq 0 \wedge \; b+c \geqq a \;\wedge\; c+a \geqq b \;\wedge\; a+b \geqq c\,.$$

Die Überprüfung dieses Prädikats erfordert drei Additionen (und sechs Größenvergleiche). Formt man es um zu

$$a \geqq 0 \wedge b \geqq 0 \wedge c \geqq 0 \wedge \; (a+b+c)/2 \geqq a \;\wedge\; (a+b+c)/2 \geqq b \;\wedge\; (a+b+c)/2 \geqq c\,,$$

so kommt man mit zwei Additionen und einer Halbierung aus, wenn der mehrfach vorkommende Teilausdruck $(a+b+c)/2$ n u r e i n m a l berechnet werden muß. In Formeln, wie sie bisher betrachtet wurden, ist dafür keine Vorkehrung getroffen. Der strenge Datenflußcharakter, der sich in einem baumartigen Aufbau des Formulars ausdrückt, erlaubt nicht die Mehrfachverwendung eines Zwischenergebnisses. Umgekehrt bedeutet Mehrfachverwendung von Zwischenergebnissen für den Datenfluß Verzweigen, das in strengen Flußsystemen nicht vorkommt, bzw. Verzicht auf eine Baumstruktur und Übergang zu einer Netzstruktur. Mehrfachverwendung liegt jedoch in der Regel für die Parameter einer Rechenvorschrift vor: man sehe sich etwa das Formular für *fac* in 2.3.2 an (Abb. 70) gegenüber dem Formular mit deutlich gemachter Netzstruktur (Abb. 82). Man kann im obigen Beispiel den gewünschten Effekt erzielen, wenn man eine Rechenvorschrift

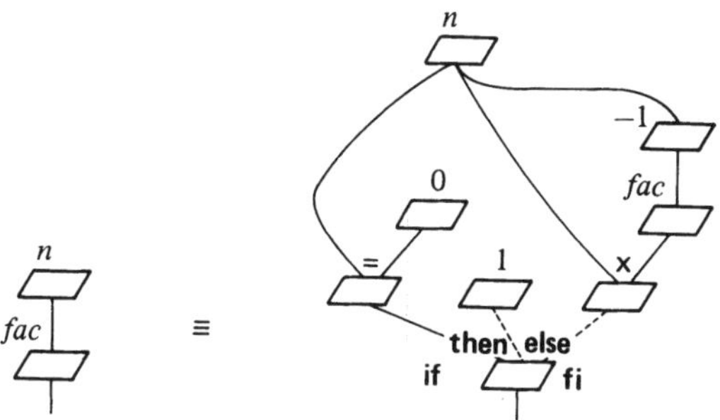

Abb. 82. Formular für *fac* mit Netzstruktur

```
funct p ≡ (real a, b, c, s) bool:

    s ≥ a ∧ s ≥ b ∧ s ≥ c
```

```
function p(a, b, c, s: real): Boolean;
begin
   p ⇐ (s ≥ a) and (s ≥ b) and (s ≥ c)
end
```

einführt und dann diese mit $(a+b+c)/2$ als letztem Argument anwendet,

```
funct istriangle ≡ (real a, b, c) bool:


    a ≥ 0 ∧ b ≥ 0 ∧ c ≥ 0
    ∧ p(a, b, c, (a + b + c)/2)
```

```
function istriangle(a, b, c: real):
                                  Boolean;
begin istriangle ⇐
   (a ≥ 0) and (b ≥ 0) and (c ≥ 0)
   and p(a, b, c, (a + b + c)/2)
end
```

weil nach Definition der Formularmaschine vor der Abarbeitung einer (strikten!) Rechenvorschrift alle Argumente (einmal) berechnet sein müssen.

Abb. 83 zeigt oben das Formular, das zu der ursprünglichen Formel gehört und unten seine Fassung mit der Hilfsrechenvorschrift *p*.

Mit Unterordnung und Unterdrückung der nicht auszuwechselnden Parameter schreibt sich *istriangle* kürzer als

```
funct istriangle ≡ (real a, b, c) bool:

 ⌈funct p ≡ (real s) bool:

     s ≥ a ∧ s ≥ b ∧ s ≥ c;


     a ≥ 0 ∧ b ≥ 0 ∧ c ≥ 0
     ∧ p((a + b + c)/2)
                                        ⌋
```

```
function istriangle(a, b, c: real):
                                  Boolean;
   function p(s: real): Boolean;
   begin
      p ⇐ (s ≥ a) and (s ≥ b) and (s ≥ c)
   end;
begin istriangle ⇐
   (a ≥ 0) and (b ≥ 0) and (c ≥ 0)
   and p((a + b + c)/2)
end
```

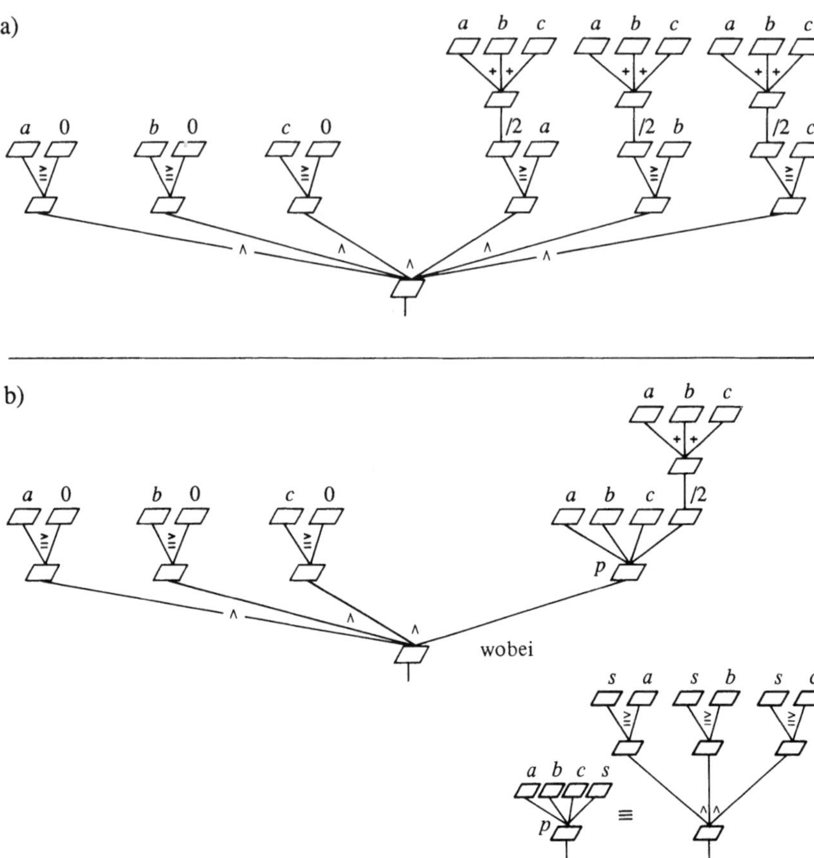

Abb. 83. (a) Formular einer Formel mit gemeinsamen Teilausdrücken und (b) Strukturierung durch eine Hilfsrechenvorschrift

3.1.1.1 *Eine vereinfachte Notation*

Notationell einfacher (obwohl im Prinzip für die Formularmaschine gleichbedeutend) ist es, s als Zwischenergebnis-Bezeichnung einzuführen. Auch dabei muß die Sorte, der s angehört, angegeben werden. Ferner muß die Formel, in der s Verwendung finden soll, angegeben werden. Dafür hat man in ALGOL die folgende Schreibweise[2] (es werden ebenfalls die Winkelklammern ⌜ und ⌟ verwendet, das Semikolon ist zu lesen als ‚innerhalb‘):

$$a \geqq 0 \wedge b \geqq 0 \wedge c \geqq 0 \wedge \ulcorner \textbf{real}\ s \equiv (a+b+c)/2;\ s \geqq a \wedge s \geqq b \wedge s \geqq c \lrcorner\ .$$

[2] In ALGOL 68 ist ein Gleichheitszeichen statt ≡ zu schreiben. Wir verwenden ≡, um Verwechslungen mit der universellen Gleichheitsoperation auszuschließen.

Wir nennen eine solche Einführung einer Zwischenergebnis-Bezeichnung eine **Zwischenergebnis-Vereinbarung** oder **Objekt-Vereinbarung**.

Abbildung 84 zeigt den Übergang vom baumartigen Formular der ursprünglichen Formel (mit eingetragener Bezeichnung s für den gemeinsamen Teilausdruck) zum Formular mit verzweigtem Datenfluß. Nunmehr liegt kein Baum mehr vor, sondern nur noch ein **Netz**, ein kreisfreier gerichteter Graph.

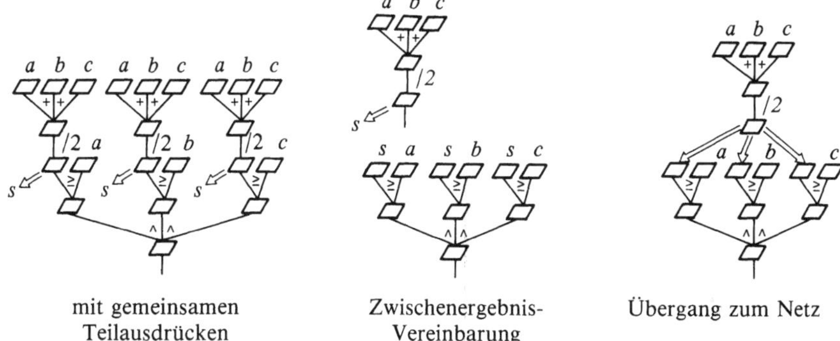

Abb. 84. Strukturierung eines Formulars durch eine Zwischenergebnis-Vereinbarung (Objekt-Vereinbarung)

Die solchermaßen erweiterte Formel soll ebenfalls als Abschnitt gelten; sie ist somit eine Formel (im verallgemeinerten Sinn).

Insgesamt haben wir also die folgende Rechenvorschrift

$$\begin{array}{l} \textbf{funct } \mathit{istriangle} \equiv (\textbf{real } a, b, c)\ \textbf{bool}: \\ \quad a \geqq 0 \wedge b \geqq 0 \wedge c \geqq 0 \wedge \\ \quad \ulcorner \textbf{real } s \equiv (a+b+c)/2;\ s \geqq a \wedge s \geqq b \wedge s \geqq c \lrcorner\ . \end{array}$$

Ein weiteres Beispiel ist die Berechnung des Flächeninhalts eines Dreiecks mittels

$$\begin{array}{l} \textbf{funct } \mathit{heron} \equiv (\textbf{real } a, b, c : \mathit{istriangle}(a, b, c))\ \textbf{real}: \\ \quad \ulcorner \textbf{real } s \equiv (a+b+c)/2;\ \mathit{sqrt}(s \times (s-a) \times (s-b) \times (s-c)) \lrcorner\ . \end{array}$$

Zwischenergebnis-Vereinbarungen können auch *schrittweise* eingeführt werden. So ist zur Formel des viergliedrigen Horner-Schemas (vgl. 2.2.2.4) gleichwertig (und sogar im Berechnungsablauf identisch)

$$\begin{array}{l} \ulcorner \textbf{real } s1 \equiv a0 \times x + a1; \\ \quad \ulcorner \textbf{real } s2 \equiv s1 \times x + a2; \\ \quad\quad \ulcorner \textbf{real } s3 \equiv s2 \times x + a3; \\ \quad\quad\quad s3 \times x + a4 \qquad \lrcorner \lrcorner \lrcorner\ . \end{array}$$

Wie schon bei der sequentiellen Fallunterscheidung spart man nun ebenfalls die sich am rechten Rand häufenden Klammern ein und schreibt kürzer

$$
\begin{aligned}
&\ulcorner \mathbf{real}\ s1 \equiv a0 \times + a1\,;\\
&\ \ \mathbf{real}\ s2 \equiv s1 \times x + a2\,;\\
&\ \ \mathbf{real}\ s3 \equiv s2 \times x + a3\,;\\
&\qquad\qquad s3 \times x + a4 \lrcorner \quad .
\end{aligned}
$$

Selbstverständlich müssen in jedem Abschnitt die durch Zwischenergebnis-Vereinbarungen eingeführten Bezeichnungen paarweise voneinander verschieden sein. Sie sind wieder gebunden: man kann sie konsistent durch andere Bezeichnungen ersetzen und erhält einen gleichwertigen Algorithmus. Der Bindungsbereich einer Zwischenergebnis-Bezeichnung ist der Abschnitt, an dessen Spitze die betreffende Vereinbarung steht – im Einklang mit dem Bindungsbereich des Parameters der Rechenvorschrift, die (vgl. p in *istriangle*) ersatzweise eingeführt wird[3]. Zwischenergebnisse heißen **lokal** für den Abschnitt, an dessen Spitze sie vereinbart sind. Der Gültigkeitsbereich entspricht dem Bindungsbereich, ggf. vermindert um den Bindungsbereich einer ‚weiter innen' vereinbarten gleichen Bezeichnung, die die ‚weiter außen' verwendete verschattet. Als Beispiel mag dienen

$$\ulcorner \mathbf{real}\ h \equiv \ulcorner \mathbf{real}\ h \equiv a \times a;\ h \times h \lrcorner;\ h \times h \lrcorner \quad .$$

Es bedeutet

$$\ulcorner \mathbf{real}\ h2 \equiv \ulcorner \mathbf{real}\ h1 \equiv a \times a;\ h1 \times h1 \lrcorner;\ h2 \times h2 \lrcorner$$

bzw. rechtsbündig geklammert

$$\ulcorner \mathbf{real}\ h1 \equiv a \times a;\ \ulcorner \mathbf{real}\ h2 \equiv h1 \times h1;\ h2 \times h2 \lrcorner \lrcorner$$

und beschreibt eine abgekürzte Berechnung von

$$((a \times a) \times (a \times a)) \times ((a \times a) \times (a \times a)) \,.$$

Der Nutzen von Zwischenergebnis-Bezeichnungen, sich die Mehrfachberechnung identischer Teilausdrücke zu ersparen, ist evident[4]. Oft gelingt es, wie oben gezeigt, geeignete Umformungen einer Formel vorzunehmen, beispielsweise für die Berechnung der logarithmischen Ableitung $p'(x)/p(x)$ eines Polynoms (‚doppelzeiliges Hornerschema'); in unserem obenstehenden Beispiel

$$
\begin{aligned}
&\ulcorner \mathbf{real}\ s1 \equiv a0 \times x + a1\,; && \mathbf{real}\ t2 \equiv a0 \times x + s1\,;\\
&\ \ \mathbf{real}\ s2 \equiv s1 \times x + a2\,; && \mathbf{real}\ t3 \equiv t2 \times x + s2\,;\\
&\ \ \mathbf{real}\ s3 \equiv s2 \times x + a3\,; && \mathbf{real}\ t4 \equiv t3 \times x + s3\,;\\
& && \qquad t4/(s3 \times x + a4) \lrcorner \quad .
\end{aligned}
$$

---

[3] Dieser Zusammenhang wurde von LANDIN 1966 erkannt.

[4] Im Falle nichtdeterministischer Ausdrücke wird dabei u.U. die Menge möglicher Ergebnisse eingeengt.

3.1.1.2 *Zwischenergebnis-Vereinbarungen in rekursiven Rechenvorschriften*

Zwischenergebnis-Vereinbarungen können gelegentlich dazu dienen, kaskadenartige Rekursion auf wesentlich einfachere, lineare Rekursion zu reduzieren, wie nachfolgendes Beispiel zeigt.

Die **Türme von Hanoi**, ein altes orientalisches Spiel, stehen für eine Klasse von Problemen mit gleicher Struktur.

Gegeben seien n Spielsteine A, B, C, D, ... mit wachsendem Durchmesser. Die Steine seien der Größe nach zu einem Turm geschichtet, der unterste Stein sei der größte. Dann lautet die Aufgabe, den Turm von einem gegebenen Platz (Nr. 1) auf einen anderen Platz (Nr. 2) zu verlegen. Als Hilfsmittel steht nur ein weiterer Platz (Nr. 3) zur Verfügung, auf dem zwischenzeitlich Steine abgelegt werden dürfen. Die Steine müssen einzeln bewegt werden, und es kann immer nur der oberste Stein eines Turms bewegt werden. Zu keiner Zeit darf auf einem der Plätze ein kleinerer Stein unter einem größeren liegen.

Die Aufgabe scheint recht schwierig zu sein und doch liegt eine rekursive Lösung auf der Hand: Sei der unterste Stein des Turms mit dem Buchstaben i bezeichnet. Dann bewege man den restlichen Turm, dessen unterster Stein mit dem Vorgänger von i bezeichnet ist, vom gegebenen Platz auf einen ‚freien' Hilfsplatz, bewege den mit i bezeichneten Stein auf den Endplatz und bewege sodann den vorher bewegten Turm vom Hilfsplatz auf den am Endplatz befindlichen Stein. Eine Rechenvorschrift, deren Ergebnis die Zeichenfolge der nacheinander bewegten Steine ist, lautet also[5]

```
funct toh ≡ (char i) string:

  if i > 'A'
  then toh(pred(i)) +
       ⟨i⟩ + toh(pred(i))
  ▯ i = 'A'
  then ⟨i⟩                    fi
```

```
function toh(i: char): string;
begin
  if i > 'A'
  then toh ⇐ conc(toh(pred(i)),
                  prefix(i, toh(pred(i))))
  ▯ i = 'A'
  then toh ⇐ mkstring(i)
end
```

Der Aufruf etwa von *toh*('D') führt zunächst zu

$$toh(\text{'C'}) + \langle\text{'D'}\rangle + toh(\text{'C'})\ ,$$

dann zu

$$toh(\text{'B'}) + \langle\text{'C'}\rangle + toh(\text{'B'}) + \langle\text{'D'}\rangle + toh(\text{'B'}) + \langle\text{'C'}\rangle + toh(\text{'B'})\ ,$$

---

[5] *pred* ist dabei definiert durch

```
funct pred ≡ (char n) char:
  repr (abs n − 1)
```

```
function pred(n: char): char;
begin pred ⇐ chr(ord(n) − 1) end
```

und schließlich zu

'A B A C A B A D A B A C A B A' .

Die erzeugte Zeichenfolge ist stets ein Palindrom der Form $h + \langle i \rangle + h$. (Sie gibt auch den Aufbau eines reflektierten, zyklisch einschrittigen n-stelligen Binärcodes von 2^n Elementen an, Abb. 85.)

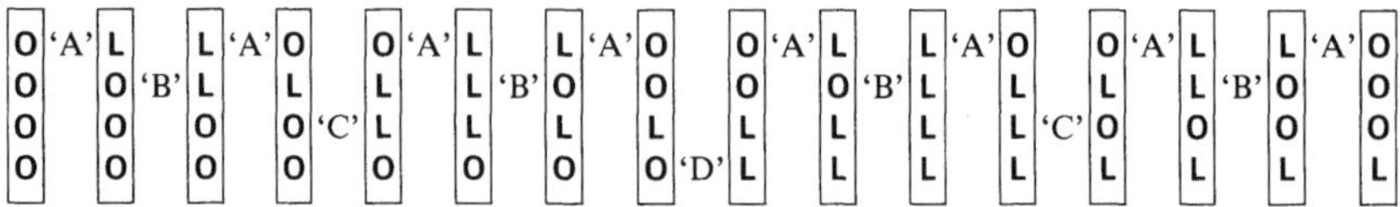

Abb. 85. Aufbau eines einschrittigen Binärcodes

Aus der obenstehenden Fassung von *toh* kommt man mittels einer Zwischenergebnisvereinbarung zu der wesentlich effizienteren Rechenvorschrift[6]

```
funct toh ≡ (char i) string:

   if i > 'A'
   then
        string h ≡ toh(pred(i));
        h + ⟨i⟩ + h

   ▯ i = 'A'
   then ⟨i⟩                       fi
```

```
function toh(i: char): string;
begin
   if i > 'A'
   then begin
           h: string = toh(pred(i));
           toh ⇐ conc(h, prefix(i, h))
        end
   ▯ i = 'A'
   then toh ⇐ mkstring(i)
end
```

bei der die kaskadenartige Rekursion durch eine lineare Rekursion ersetzt ist.

Beachte, daß selbstverständlich in der i-ten Inkarnation $toh^{(i)}$ von *toh* ein eigenes Zwischenergebnis $h^{(i)}$ auftritt. Beim Arbeiten mit der Formularmaschine erfolgt die eigentliche Berechnung erst, nachdem das letzte Formular angelegt worden ist und $toh^{(n)}$ (für das Argument 'A') sich zu 'A' ergeben hat; dann wird die ‚hängende' Operation **string** $h \equiv toh(pred(i))$ nachgeholt, also $h^{(n-1)}$ als Bezeichnung für 'A' eingeführt und $toh^{(n-1)}$ für das Argument 'B' zu 'ABA' berechnet; sodann wird $h^{(n-2)}$ als Bezeichnung für 'ABA' eingeführt und $toh^{(n-2)}$ für das Argument 'C' zu 'ABACABA' berechnet; usw.

Schließlich ist es auch nicht schwer, unter Einbettung daraus einen repetitiven Algorithmus herzuleiten (wobei *succ* die Umkehrung von *pred* ist):

[6] Zur PASCAL-Fassung s. auch eine Bemerkung in 3.1.1.4.

funct *toh* ≡ (**char** *t*) **string**:	**function** *toh*(*t*: *char*): *string*;
⌈**funct** *to* ≡ (**char** *i*, **string** *h*) **string**:	**function** *to*(*i*: *char*; *h*: *string*): *string*;
	begin
if $i<t$	**if** $i<t$
then *to*(*succ*(*i*), *h* + ⟨*i*⟩ + *h*)	**then** *to* ⇐
	to(*succ*(*i*), *conc*(*h*, *prefix*(*i*, *h*)))
else *h* + ⟨*i*⟩ + *h* **fi**;	**else** *to* ⇐ *conc*(*h*, *prefix*(*i*, *h*))
	end;
	begin
to('A', ◇) ⌋	*toh* ⇐ *to*('A', *empty*)
	end

Die Verwendung von Zwischenergebnis-Bezeichnungen zur Strukturierung fällt besonders bei einem Beispiel wie dem folgenden, der Berechnung der achten Potenz, ins Auge (vgl. 3.1.1.1):

```
funct pow8 ≡ (real a) real:
  ⌈real h1 ≡ a↑2; real h2 ≡ h↑2; h2↑2⌋ .
```

Beachte, daß diese ‚detaillierte' Form eine Kurzschreibweise ist für das System

```
funct pow8 ≡ (real a) real:  p1(a↑2)
funct p1   ≡ (real h1) real: p2(h1↑2)
funct p2   ≡ (real h2) real: h2↑2
```

bzw. mit Unterordnung

```
funct pow8 ≡ (real a) real:
⌈funct p1 ≡ (real h1) real:
  ⌈funct p2 ≡ (real h2) real: h2↑2;
   p2(h1↑2)                          ⌋;
 p1(a↑2)                              ⌋ .
```

Durch Einsetzen ergibt sich selbstverständlich

```
funct pow8 ≡ (real a) real: ((a↑2)↑2)↑2 .
```

3.1.1.3 *Sequentialisierung des Berechnungsganges*

Für Formeln mit kollateralem Charakter kann man durch Gliederung in Abschnitte die Freiheit der Berechnung einschränken. Für die Formel

$$(b\times 2+a)\times d+(a\times 2+b)\times c$$

aus 2.2.2.2 etwa kann man so zu

⌈**real** $h1 \equiv (b\times 2+a)\times d$; **real** $h2 \equiv (a\times 2+b)\times c$; $h1+h2$⌋

gelangen, was nunmehr eindeutig die sequentielle Berechnung „von links nach rechts" (vgl. Abb. 78) ausdrückt und eine Berechnung von „innen nach außen" nicht mehr erlaubt. Das Semikolon wird zum ablaufbestimmenden Zeichen.

Abb. 86 zeigt entsprechende Schreibweisen des Rechenformulars.

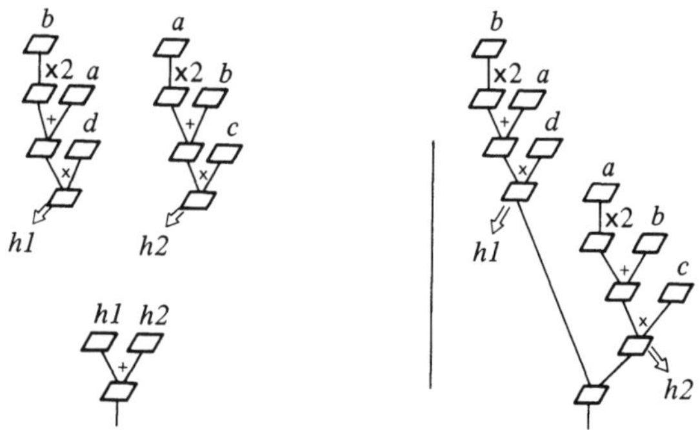

Abb. 86. Zerlegtes und ,sequentialisiertes' Formular

3.1.1.4 *Anmerkung betreffend* PASCAL

Zwischenergebnis-Vereinbarungen heißen in ALGOL 68 **Gleichheits-Vereinbarungen**. Streng genommen, fehlen sie in PASCAL; orthodoxes PASCAL kennt Abschnitte ebensowenig wie bedingte Ausdrücke. PASCAL-Varianten wie MESA erlauben jedoch Zwischenergebnis-Vereinbarungen, etwa

function *istriangle*$(a, b, c: real)$: *Boolean*;
begin $s: real = (a+b+c)/2$;
istriangle $\Leftarrow (a \geqq 0)$ **and** $(b \geqq 0)$ **and** $(c \geqq 0)$ **and** $(s \geqq 0)$
end

Davon wurde in 3.1.1.2 für *toh* Gebrauch gemacht.

3.1.2 Kollektive Zwischenergebnisvereinbarungen

Mit einer Hilfsrechenvorschrift, wie sie in 3.1.1 verwendet wurde, kann man auch für mehrere, in einer Formel jeweils mehrfach auftretende Teilausdrücke die einmalige Auswertung erzwingen. So führt man bei der Formel

$$(a\uparrow 2 + b\uparrow 2) \times ln((a+b)/(a-b)) + (a+b) \times (a-b)$$

die Hilfsrechenvorschrift

funct $p \equiv$ (**real** a, b, s, d) **real**: $(a\uparrow 2 + b\uparrow 2) \times ln(s/d) + s \times d$

ein mit dem Aufruf

$$p(a, b, a+b, a-b)\,.$$

Dafür sollte man abkürzend schreiben

$$\ulcorner(\textbf{real}\ s,\ \textbf{real}\ d) \equiv (a+b,\ a-b);\ (a\uparrow 2+b\uparrow 2)\times ln(s/d)+s\times d\lrcorner$$

- es besteht ja kein Grund, die Zwischenergebnisse nacheinander einzuführen. Will man weiterhin Parallelarbeit zulassen, muß man über die übliche, streng sequentielle, gestufte Einführung von Hilfsbezeichnungen hinaus eine **kollektive Zwischenergebnisvereinbarung** zulassen.

Bei mehreren Zwischenergebnisbezeichnungen gleicher Sorte kann auf wiederholte Angabe der Sorte verzichtet werden:

$$\ulcorner(\textbf{real}\ s,\ d) \equiv (a+b,\ a-b);\ (a\uparrow 2+b\uparrow 2)\times ln(s/d)+s\times d\lrcorner\ .$$

Zum Beispiel läßt sich für die Formel

$$(b\times 2+a)\times d+(a\times 2+b)\times c$$

auch schreiben

$$\ulcorner(\textbf{real}\ h1,\ h2) \equiv ((b\times 2+a)\times d,\ (a\times 2+b)\times c);\ h1+h2\lrcorner\ ,$$

wobei der kollaterale Charakter der beiden Teilformeln gewahrt bleibt.

Auch die bisher durch ein Formular festgelegte Parallelberechnung eines Polynomwertes (Abb. 61) läßt sich nun formulieren:

```
funct poly4 ≡ (real a4, a3, a2, a1, a0, x) real:
  ⌈(real h1, k1, l1) ≡ (a4, x × a3, x × x);
   (real h2, k2, l2) ≡ (h1 + k1, l1 × a2, l1 × x);
   (real h3, k3, l3) ≡ (h2 + k2, l2 × a1, l2 × x);
   (real h4, k4)     ≡ (h3 + k3, l3 × a0);
   h4 + k4                                   ⌋ .
```

Dabei entsprechen die fünf Zeilen den fünf Berechnungstakten, man vergleiche Abb. 87.

In ALGOL 68 (wie auch in PASCAL) fehlt diese Ausdrucksmöglichkeit: man muß, wenn man nicht sequentialisieren will, zu einem System von Hilfsrechenvorschriften greifen:

```
funct poly4 ≡ (real a4, a3, a2, a1, a0, x) real:
                p1(a4, x × a3, x × x, a2, a1, a0, x)
funct p1    ≡ (real h1, k1, l1, a2, a1, a0, x) real:
                p2(h1 + k1, l1 × a2, l1 × x, a1, a0, x)
funct p2    ≡ (real h2, k2, l2, a1, a0, x) real:
                p3(h2 + k2, l2 × a1, l2 × x, a0)
funct p3    ≡ (real h3, k3, l3, a0) real: p4(h3 + k3, l3 × a0)
funct p4    ≡ (real h4, k4) real: h4 + k4
```

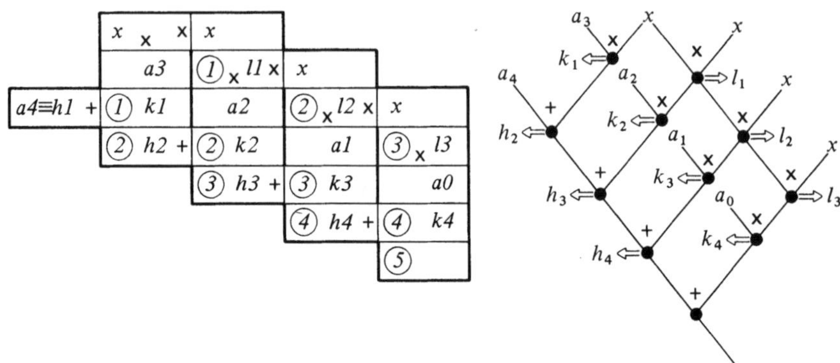

Abb. 87. Formular für Parallelberechnung eines Polynomwerts mit eingetragenen Zwischenergebnis-Bezeichnungen und zugehöriges Berechnungsnetz

3.2 Programmierung mit Variablen

Programmvariable, kurz Variable genannt, sind das markanteste Utensil eines Programmierstils, der sich am von Neumann-Typus einer Maschine orientiert.

3.2.1 Wiederverwendbare Zwischenergebnisbezeichnungen

Aus technisch-ökonomischen Gründen zieht man es oft vor, eine Bezeichnung wieder zu benutzen, wenn sie ausgedient hat. Dies trifft beispielsweise zu für die Abschnitte

```
⌈real s1 ≡ a0 × x + a1 ;
 real s2 ≡ s1 × x + a2 ;
 real s3 ≡ s2 × x + a3 ;
          s3 × x + a4 ⌋
```

```
⌈int h1 ≡ a mod b ;
 int h2 ≡ b mod h1 ;
 int h3 ≡ h1 mod h3 ;
 int h4 ≡ h2 mod h3 ;
          h3 mod h4 ⌋
```

s1 wird nur zur Berechnung von *s2*, *s2* nur zur Berechnung von *s3* usw. gebraucht. Analoges gilt für den Abschnitt zur Berechnung von a^8

```
⌈real h1 ≡ a↑2; real h2 ≡ h1↑2; h2↑2⌋ .
```

Man gibt dann das Prinzip auf, daß zu jeder Bezeichnung genau ein Objekt gehört; im Gegenteil muß man der Zwischenergebnisbezeichnung nacheinander einen ganzen **Stapel** von Objekten zuordnen mit der Maßgabe, daß jeweils das letzte zugeordnete Objekt unter der Bezeichnung ‚gemeint' ist.

Zu einer solchen Bezeichnung kommt man, indem man die im Berechnungsablauf verwendeten Bezeichnungen mit einem unsichtbaren Index versieht, also *s1* durch $s^{(1)}$, *s2* durch $s^{(2)}$, *s3* durch $s^{(3)}$ ersetzt und die eingeklammerten Indizes unterdrückt, ähnlich *h1* durch $h^{(1)}$, *h2* durch $h^{(2)}$ ersetzt und nur noch *h* sichtbar läßt. Die Bezeichnungen *s* bzw. *h* heißen dann **Programmvariable**. Der Übergang von einem eingeklammerten Index zum nächsten heißt **Zustandsänderung** der betreffenden Variablen. $s^{(i)}$ bezeichnet den jeweiligen **Wert** der Variablen *s* in ihrer *i*-ten Verwendung.

3.2.2 Vereinbarungen und Zuweisungen

Gleich Zwischenergebnisbezeichnungen werden auch (Bezeichnungen für) Variable durch Vereinbarungen eingeführt, wobei sich die Festlegung des Bindungsbereichs und Gültigkeitsbereichs überträgt. Um jedoch die wechselnde Zuordnung von Werten zu betonen, verwendet man dafür besondere Symbole.

In ALGOL-Notation lauten obige Beispiele[7]

$$\begin{array}{rl} \ulcorner\textbf{var real } & s := a0 \times x + a1 \,; \\ & s := s \times x + a2 \,; \\ & s := s \times x + a3 \,; \\ & \quad s \times x + a4 \quad \lrcorner \end{array} \qquad \begin{array}{rl} \ulcorner\textbf{var int } & g := a \textbf{ mod } b \,; \\ \textbf{var int } & h := b \textbf{ mod } g \,; \\ & g := g \textbf{ mod } h \,; \\ & h := h \textbf{ mod } g \,; \\ & \quad g \textbf{ mod } h \;\lrcorner \end{array}$$

bzw.

$$\ulcorner\textbf{var real } h := a\uparrow 2 \,;\; h := h\uparrow 2 \,;\; h\uparrow 2\lrcorner \,.$$

Eine Konstruktion wie

$$\textbf{var real } s := a0 \times x + a1$$

oder

$$\textbf{var real } h := a\uparrow 2$$

heißt eine **(initialisierte) Variablenvereinbarung**; eine Konstruktion wie

$$s := s \times x + a2$$

oder

$$h := h\uparrow 2$$

eine **Zuweisung**. Eine Formel, der eine Variablenvereinbarung mit eventuell nachfolgenden Zuweisungen vorangestellt ist, heißt weiterhin Abschnitt.

Abschnitte sind Formeln:

$$1 + \ulcorner\textbf{var real } x := a + b \,;\; x := x \times x - a \times b \,;\; x\lrcorner$$

---

[7] Die Angabe von **var** muß in ALGOL 68 unterdrückt werden.

ist (für determiniertes a, b) gleichwertig zu

$$1+((a+b)\times(a+b)-a\times b)\,.$$

Allerdings kann man nicht immer durch Verwendung von Variablen Zwischenergebnisbezeichnungen einsparen.

Den Abschnitt (vgl. 3.1.1.3)

$$\ulcorner \textbf{real}\ h1 \equiv (b\times 2+a)\times d\,;\ \textbf{real}\ h2 \equiv (a\times 2+b)\times c\,;\ h1+h2 \lrcorner$$

etwa kann man nur in

$$\ulcorner \textbf{var real}\ h := (b\times 2+a)\times d\,;\ \textbf{var real}\ k := (a\times 2+b)\times c\,;\ h+k \lrcorner$$

umschreiben, denn h ist nicht wieder verwendbar, bevor es in der Formel $h+k$ gebraucht wird[8].

3.2.2.1 *Seiteneffekt*

Es ist ratsam, in einem Abschnitt keine Zuweisungen an Variable vorzunehmen, die in einem umfassenden Abschnitt vereinbart wurden. Dies bedeutet insbesondere, daß alle im Rumpf einer Rechenvorschrift eine Zuweisung erfahrenden Variablen **lokal** vereinbart sind. Dadurch kann der Aufruf einer Rechenvorschrift in einer Formel keinen ‚Seiteneffekt', eine Veränderung von globalen Variablen, bewirken.

3.2.2.2 *Variable in rekursiven Rechenvorschriften*

Variablenvereinbarungen können, gleich Zwischenergebnisvereinbarungen, auch im Rumpf rekursiver Rechenvorschriften vorkommen. Wiederum tritt dann für jede Inkarnation eine eigene, durch den Inkarnationsindex unterschiedene Variable auf, vgl. 3.1.1.2.

3.2.2.3 *Anmerkung betreffend* PASCAL

In PASCAL werden Zuweisungen genauso notiert wie in ALGOL; es gibt jedoch keine initialisierte Variablenvereinbarung. Stattdessen wird (s.u.) bei der Vereinbarung lediglich die Variablenbezeichnung aufgeführt; die Initialisierung der Variablen wird als gewöhnliche Zuweisung geschrieben. Die Abschnittsklammer ⌜ wird über die Variablenvereinbarung (und alle anderen darauf folgenden Vereinbarungen) hinweggezogen (und als **begin** geschrieben); der Bindungsbereich der betreffenden Variablenbezeichnung reicht bis zum

---

[8] Bevor soll heißen: im Ablaufsinn. Die durch FORTRAN üblich gewordene Aufschreibungsreihenfolge von Variable und Ausdruck in initialisierten Vereinbarungen und Zuweisungen muß vertauscht werden, um den Ablaufsinn zu ergeben. ZUSE (im Plankalkül 1946) und RUTISHAUSER (1951) hatten die ‚richtige' Reihenfolge.

zugehörigen **end**. Auch mehrere Variablenvereinbarungen können so nacheinander eingeführt werden.

3.2.3 Konstant gehaltene Variable

Zwischenergebnisbezeichnungen im bisherigen Sinn, die eine unveränderliche Zuordnung zu einem Wert haben, heißen im Unterschied zu Programmvariablen oft **Konstante**. Nach der Einführung von Variablen kann man sie entbehren, an ihre Stelle treten dann **konstant gehaltene Variable**, d.h. Variable, die nur eine einzige Zuweisung erfahren (*'single assignment variable'*). Dies ist die Auffassung von PASCAL.

Einige der Beispiele von 3.1.1.1 lauten nunmehr in PASCAL

```
function istriangle(a, b, c: real): Boolean;
  var s: real;
begin s:=(a+b+c)/2 ;
  istriangle ⇐ (a≧0) and (b≧0) and (c≧0) and
                (s≧a) and (s≧b) and (s≧c)
end

function heron(a, b, c: real {istriangle(a, b, c)}): real;
  var s: real;
begin s:=(a+b+c)/2 ;
  heron ⇐ sqrt(s*(s−a)*(s−b)*(s−c))
end
```

3.2.4 Anweisungen

Man setzt nun fest:

Eine **Anweisung** *ist*

> *entweder die Zuweisung einer Formel (wobei es sich in ALGOL-Notation um eine bedingte Formel oder um einen Abschnitt handeln kann) an eine Variable*
>
> *oder eine von Winkelklammern*[9] *eingeschlossene nichtleere Folge von durch Semikolons getrennten Anweisungen* (**zusammengesetzte Anweisung**).

Ein **Block** *ist*

in ALGOL-Notation: *eine von Winkelklammern*[9] *eingeschlossene, nichtleere Folge von durch Semikolons getrennten Vereinbarungsgruppen oder Anweisungen*;

---

[9] In ALGOL 68 und in PASCAL **begin end**. Vgl. auch 2.5.1, Fußnote [54].

in PASCAL: *eine Folge von jeweils durch ein Semikolon abgeschlossenen Vereinbarungsteilen, gefolgt von einer zusammengesetzten Anweisung.*

Als Rumpf einer Rechenvorschrift entspricht dem Abschnitt in ALGOL-Notation ein Block in PASCAL, wobei die Ergebnisfeststellung wie eine einfache Anweisung geschrieben und behandelt wird.

In ALGOL-Notation ist auch ein Block eine Anweisung.

Somit können in ALGOL-Notation Blöcke auch geschachtelt werden (‚Blockstruktur', 5. Kap.). In PASCAL dagegen kann ein Block nicht mehr als Anweisung dienen, Vereinbarungen können nur zu Beginn des Rumpfes einer Rechenvorschrift erfolgen. Die Blockstrukturierung geschieht also nur über Rechenvorschriften (oder Prozeduren, vgl. 3.5).

3.2.5 Beispiele

Nachfolgend sind die bisherigen Beispiele in der Form von Rechenvorschriften, die Anweisungen enthalten, in ALGOL-Schreibweise und PASCAL gegenüber gestellt:

ALGOL	PASCAL
funct *horn4* ≡	**function** *horn4*
(**real** *a0, a1, a2, a3, a4, x*) **real**:	(*a0, a1, a2, a3, a4, x*: *real*): *real*;
	var *s*: *real*;
⌈**var real** $s := a0 \times x + a1$;	**begin** $s := a0 * x + a1$;
$s := s \times x + a2$;	$s := s * x + a2$;
$s := s \times x + a3$;	$s := s * x + a3$;
$s \times x + a4$ ⌋	$horn4 \Leftarrow s * x + a4$
	end
funct *pow8* ≡ (**real** *a*) **real**:	**function** *pow8*(*a*: *real*): *real*;
	var *h*: *real*;
⌈**var real** $h := a \uparrow 2$;	**begin** $h := sqr(a)$;
$h := h \uparrow 2$;	$h := sqr(h)$;
$h \uparrow 2$ ⌋	$pow8 \Leftarrow sqr(h)$
	end
funct *z* ≡ (**real** *a, b, c, d*) **real**:	**function** *z*(*a, b, c, d*: *real*): *real*;
	var *h, k*: *real*;
⌈**var real** $h := (b \times 2 + a) \times d$;	**begin** $h := (b * 2 + a) * d$;
var real $k := (a \times 2 + b) \times c$;	$k := (a * 2 + b) * c$;
$h + k$ ⌋	$z \Leftarrow h + k$
	end

In den Rechenvorschriften *horn4* und *pow8* wiederholt sich jeweils das Muster der Zuweisungen; noch deutlicher wird das, wenn am Anfang und am Ende des Abschnitts bzw. Blocks überflüssige Zuweisungen eingefügt werden:

```
⌈var real s:=0;
          s:=s×x+a0 ;
          s:=s×x+a1 ;
          s:=s×x+a2 ;
          s:=s×x+a3 ;
          s:=s×x+a4 ;
          s                 ⌋
```

```
    var s:real;
begin s:=0;
        s:=s*x+a0 ;
        s:=s*x+a1 ;
        s:=s*x+a2 ;
        s:=s*x+a3 ;
        s:=s*x+a4 ;
        horn4 ⇐ s
end
```

```
⌈var real h:=a;
          h:=h↑2 ;
          h:=h↑2 ;
          h:=h↑2 ;
          h                 ⌋
```

```
    var h:real;
begin h:=a;
        h:=sqr(h) ;
        h:=sqr(h) ;
        h:=sqr(h) ;
        pow8 ⇐ h
end
```

In den einzelnen Zuweisungen des ersten Beispiels wechseln lediglich die Größen *a0*, *a1*, *a2*, *a3*, *a4*.

Man beobachtet im übrigen folgende Anordnungen: eine initialisierte Variablenvereinbarung, gefolgt von einer wiederholten Anweisung und abgeschlossenen durch die Feststellung des Ergebnisses.

3.2.6 Kollektive Variablenvereinbarungen und kollektive Zuweisungen

Aus kollektiven Zwischenergebnisvereinbarungen (3.1.2) werden, wenn man ganze Sätze von Zwischenergebnisbezeichnungen wiederverwenden will, kollektive Variablenvereinbarungen und kollektive Zuweisungen. Für die Rechenvorschrift *poly4* von 3.1.2 erhält man somit

```
funct poly4 ≡
        (real a4, a3, a2, a1, a0, x) real:

⌈ (var real h,k,l):=(a4,x×a3,x×x) ;
  (h, k, l):=(h+k, l×a2, l×x) ;
  (h, k, l):=(h+k, l×a1, l×x) ;
  (h, k):=(h+k, l×a0) ;
  h+k                                  ⌋
```

```
function poly4
        (a4, a3, a2, a1, a0, x:real):real;
    var h, k, l:real;
begin (h, k, l):=(a4, x*a3, x*x) ;
    (h, k, l):=(h+k, l×a2, l×x) ;
    (h, k, l):=(h+k, l×a1, l×x) ;
    (h, k):=(h+k, l×a0) ;
    poly4 ⇐ h+k
end
```

oder mit überflüssigen Zuweisungen am Anfang und Ende zur Erzielung größerer Regelmäßigkeit (vgl. auch Abb. 88)

```
funct poly4 ≡
        (real a4, a3, a2, a1, a0, x) real:

⌈ (var real h, k, l) := (0, 0, 1) ;
  (h, k, l) := (h + k, l × a4, l × x) ;
  (h, k, l) := (h + k, l × a3, l × x) ;
  (h, k, l) := (h + k, l × a2, l × x) ;
  (h, k, l) := (h + k, l × a1, l × x) ;
  (h, k, l) := (h + k, l × a0, l × x) ;
  h + k                                  ⌋
```

```
function poly4
        (a4, a3, a2, a1, a0, x: real): real;
  var h, k, l: real;
begin (h, k, l) := (0, 0, 1) ;
  (h, k, l) := (h + k, l * a4, l * x) ;
  (h, k, l) := (h + k, l * a3, l * x) ;
  (h, k, l) := (h + k, l * a2, l * x) ;
  (h, k, l) := (h + k, l * a1, l * x) ;
  (h, k, l) := (h + k, l * a0, l * x) ;
  poly4 ⇐ h + k
end
```

Auch die Berechnung des ‚doppelzeiligen Hornerschemas' in 3.1.1.1 kann mit kollektiven Vereinbarungen und Zuweisungen so geschrieben werden, daß der kollaterale Charakter erhalten bleibt:

```
⌈(var real t, s) := (0, 0) ;
        (t, s) := (t × x + s, s × x + a0) ;
        (t, s) := (t × x + s, s × x + a1) ;
        (t, s) := (t × x + s, s × x + a2) ;
        (t, s) := (t × x + s, s × x + a3) ;
        (t, s) := (t × x + s, s × x + a4) ;
         t/s                               ⌋
```

```
  var t, s: real;
begin (t, s) := (0, 0) ;
  (t, s) := (t * x + s, s * x + a0) ;
  (t, s) := (t * x + s, s * x + a1) ;
  (t, s) := (t * x + s, s * x + a2) ;
  (t, s) := (t * x + s, s * x + a3) ;
  (t, s) := (t * x + s, s * x + a4) ;
  ›Res‹ ⇐ t/s
end
```

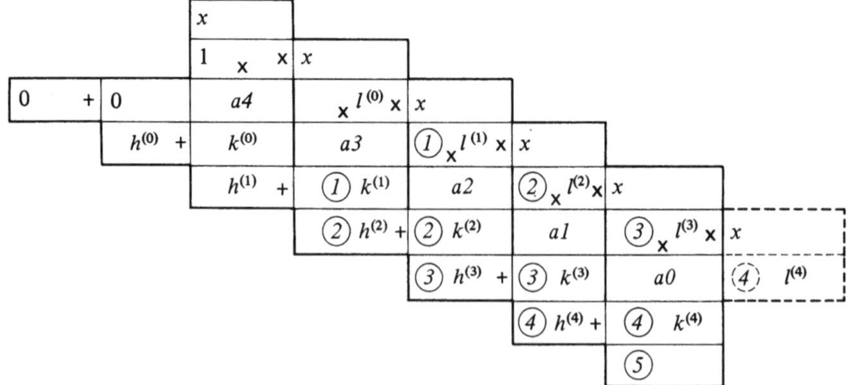

Abb. 88. Erweitertes Formular für Parallelberechnung eines Polynomwerts mit eingetragenen Zwischenergebnis-Bezeichnungen

Da kollektive Zuweisungen aus kollektiven Zwischenergebnisvereinbarungen durch Bezeichnungseinsparung entstehen, gilt selbstverständlich:

Zunächst werden alle auf der rechten Seite stehenden Formeln ausgewertet, anschließend bezeichnen die auf der linken Seite stehenden Variablen die so erhaltenen Werte („simultane Zuweisung").

In ALGOL 68 wie in PASCAL fehlen[10] kollektive Variablenvereinbarungen und Zuweisungen. Man muß sie durch Sequentialisierung in eine Folge einfacher Zuweisungen überführen, s. 3.3.4.

3.3 Iterative Programmierung

3.3.1 Iterative Auffassung repetitiver Rechenvorschriften

Ihre grundlegende Motivierung erhalten Variable insbesondere aus der linearen Rekursion. Die Formularmaschine legt für jede Inkarnation ein eigenes Formular an. So wie man diese Formulare laufend linear durchnumerieren kann, kann man auch die sich jeweils durchdeckenden Ergebnisfelder durchnumerieren. Man ersetzt dann eine Folge von Formularen durch e i n Formular mit Folgen von Ergebnisfeldern.

Die unsichtbaren (eingeklammerten) Indizes bezeichnen dann die Inkarnation, zu der das Zwischenergebnis gehört. Abb. 89 zeigt ein solches Formular für die Rechenvorschrift *fac*, vgl. Abb. 75. Die schwarzen Felder werden in der betreffenden Inkarnation nicht benutzt. Die schraffierten Felder werden bei den ‚nachklappernden' Operationen in umgekehrter Reihenfolge ausgefüllt. Das Ergebnis 6 findet sich schließlich in der 0-ten Inkarnation. In Abb. 90 wird demgegenüber eine repetitive Rekursion behandelt, die Berechnung von *gcd1*, vgl. Abb. 76. Da hier keine ‚nachklappernden' Operationen vorkommen, pflanzt sich der gleiche Wert des Ergebnisses schließlich in alle Inkarnationen fort.

Auf die jeweils ‚tiefer' liegenden Zwischenergebnisse muß überdies nie mehr zurückgegriffen werden. Man kann also auf die unterscheidende Numerierung verzichten und kann dann auch mit einem Stapel (vgl. 3.2) arbeiten, dessen letztes Feld somit allein von Belang ist; also an Stelle einer Folge von Zwischenergebnissen eine Variable verwenden. Diese besondere Situation trifft für alle Zwischenergebnisfelder zu, wenn die Rekursion repetitiv ist. Es ergibt sich so eine Degeneration der Rekursion zu einer bloßen bedingungsabhängigen *Wiederholung*.

---

[10] Die in ALGOL 68 vorgesehene Möglichkeit, Zuweisungen kollateral zu schreiben, erfüllt nicht diesen Zweck: ⌈$u:=v$, $v:=u$⌋ ist unzulässig.

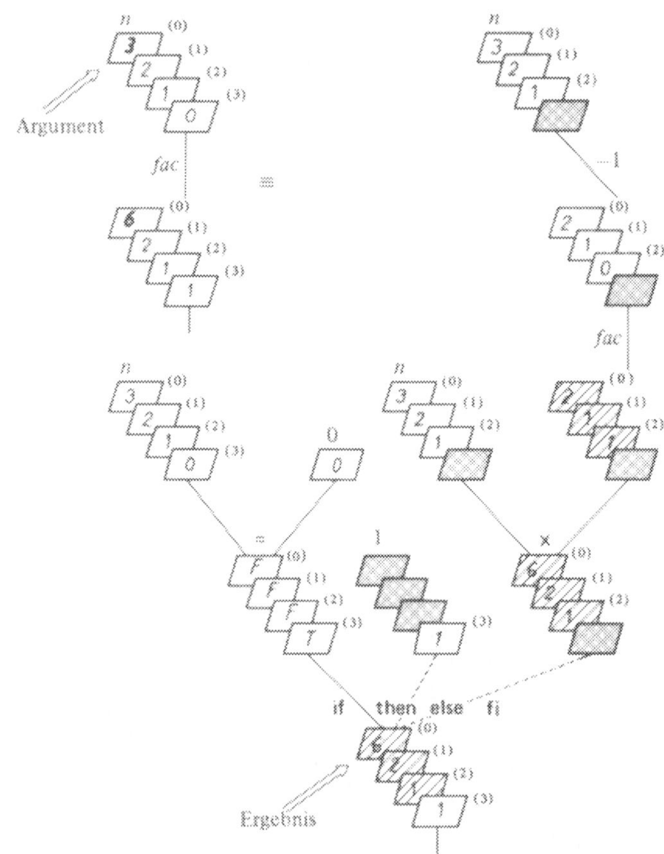

Abb. 89. Formular mit Stapeln von Ergebnisfeldern zur Berechnung von *fac*(3)

Zunächst soll jedoch unser Beispiel zu Ende geführt werden. Eine Vereinfachung des Formulars von Abb. 90 bietet sich an – die schwarzen Felder können weggelassen, die schraffierten zusammengelegt werden. Auch die Argumentfelder für m und für n kann man zusammenfallen lassen (Abb. 91). Zum ‚Abrollen' der repetitiven Rekursion in die Ebene benutzt man (Abb. 91) ein zu iterierendes **Programmformular** mit der Iterationsvorschrift

$$(m^{(i+1)}, n^{(i+1)}) := (n^{(i)}, mod(m^{(i)}, n^{(i)})) .$$

Damit erhält man in Abb. 92 ein gestrecktes Formular für *gcd1*(15, 9).

Ähnlich lautet die Newton'sche Iterationsvorschrift zur sukzessiven Annäherung an die Quadratwurzel einer (numerisch-)reellen Zahl a

$$x^{(i+1)} := (x^{(i)} + a/x^{(i)})/2 .$$

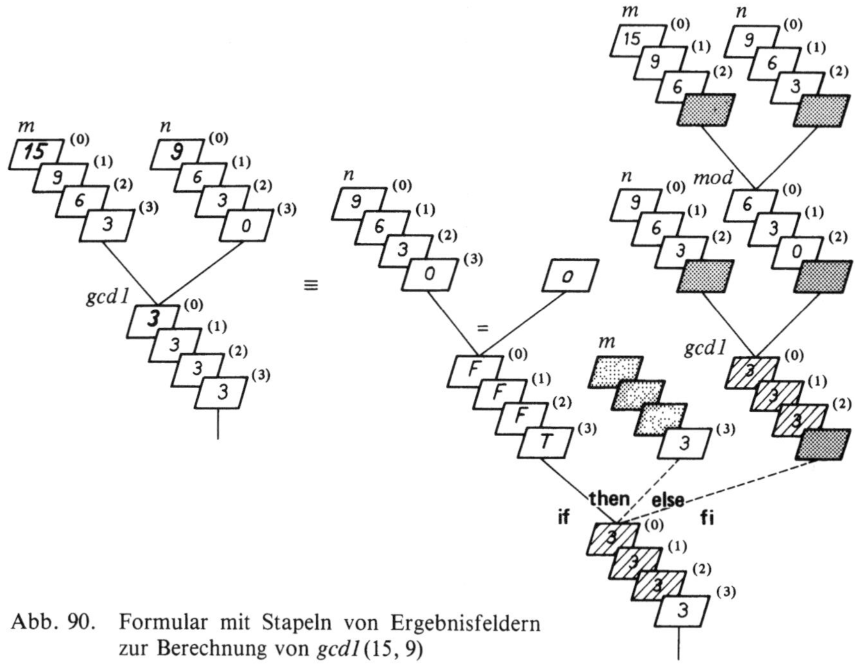

Abb. 90. Formular mit Stapeln von Ergebnisfeldern zur Berechnung von *gcd1*(15, 9)

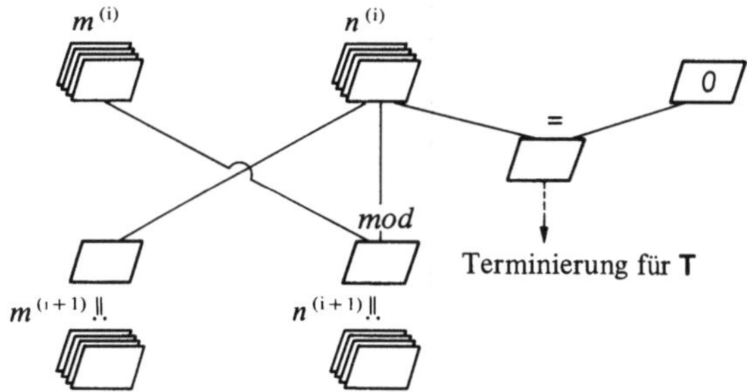

Abb. 91. Grundform des Programmformulars zur Berechnung von *gcd1*

Solche Iterationsvorschriften sind bedingungsabhängig zu wiederholen (gestrichelte Pfeile in Abb. 91, 92).

3.3.2 Wiederholung

Die Degeneration repetitiver Rekursion drückt sich also in der Einführung einer **bedingten Wiederholungsanweisung** aus: Es soll ein Programmformular,

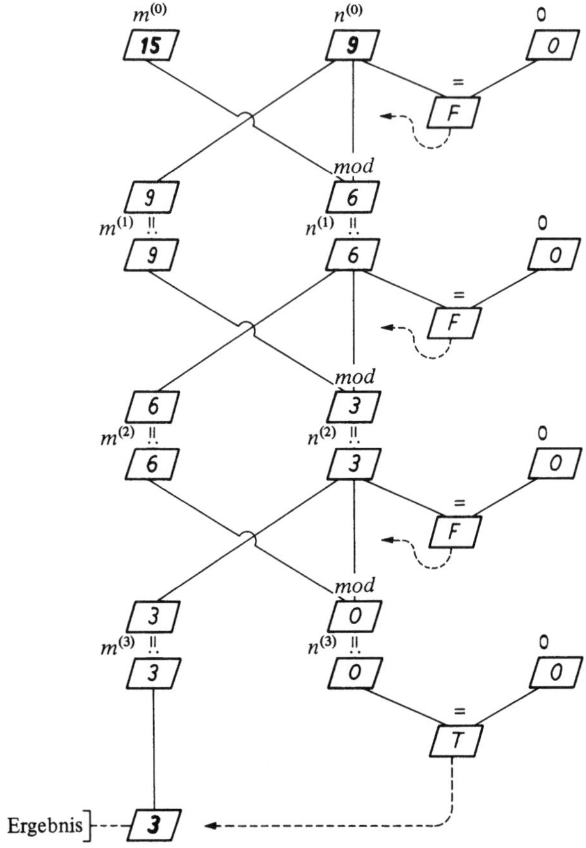

Abb. 92. Durch ‚Abrollen' des Programmformulars von Abb. 91 entstandenes gestrecktes, ‚iteratives' Formular zur Berechnung von *gcd1*(15, 9)

also eine gewisse Anweisung, wiederholt werden, solange eine gewisse Bedingung erfüllt ist.

ALGOL und PASCAL verwenden auch hier ähnliche, in einem Detail aber abweichende Schreibweisen[11]:

while ›Bedingung‹ **do** ›Anweisung‹ **od**	**while** ›Bedingung‹ **do** ›Anweisung‹

[11] Ist der Rumpf der Wiederholungsanweisung eine Anweisungsfolge, so wird sie in PASCAL in **begin end** eingeschlossen.

Auf der Formularmaschine ist die Wiederholung durch wiederholte Verwendung ein- und desselben Formulars mit stapelartigen Formularfeldern gekennzeichnet, also durch iterative Verwendung eines Programmformulars.

Die Wiederholungsanweisung ist **abweisend**: Ist die Bedingung von Anfang an nicht erfüllt, wird die Anweisung kein einziges Mal ausgeführt[12].

Wir legen ferner fest:

Auch eine Wiederholungsanweisung ist eine Anweisung.

Das zu Wiederholende kann dann selbst eine Wiederholung sein oder eine enthalten: etwa in[13]

```
funct gcd1 ≡ (nat m, n) nat:



⌈var nat x := m ;
 var nat y := n ;
 while y > 0
 do var nat z := x ;
     while z ≧ y
     do z := z − y od ;
     x := y ;
     y := z             od ;

 x                            ⌋
```

```
function gcd1 (m, n: integer
          {(m ≧ 0) and (n ≧ 0)}): integer;
  var x, y, z: integer;
begin x := m ;
  y := n ;
  while y > 0
    do begin z := x ;
          while z ≧ y
            do z := z − y ;
          x := y ;
          y := z
       end ;
  gcd1 ⇐ x
end
```

In der zu wiederholenden Anweisung kann auch eine Variablenvereinbarung vorkommen, wie **var nat** z in obigem Beispiel. Wenn man die äußere Wiederholung durch die korrespondierende repetitive Rekursion ausdrückt, dann tritt für jede Inkarnation eine eigene Variable auf. Die Formularmaschine arbeitet also mit einem Stapel $z^{(0)}, z^{(1)}, z^{(2)}, \ldots, z^{(n)}$ von Variablen (die ihrerseits wieder Stapel von Zwischenergebnissen bezeichnen). Für $gcd1(15, 9)$ ergeben sich

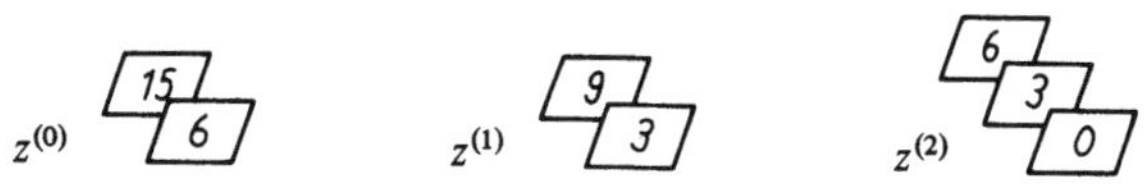

$z^{(0)}$: 15, 6 $z^{(1)}$: 9, 3 $z^{(2)}$: 6, 3, 0

In PASCAL ist die Vereinbarung von Variablen innerhalb einer Wiederholung nicht erlaubt. Diese Vereinbarungen müssen statt dessen ‚nach außen' an den Beginn des nächst umfassenden Blocks vorgezogen werden. In ALGOL-Schreibweise ist das zwar auch erlaubt, aber wenig sinnvoll, da die Initialisierung verloren geht:

---

[12] In PASCAL gibt es daneben die nicht-abweisende Wiederholung **repeat** ›Anweisung‹ **until** ›Bedingung‹.

[13] Eine systematische Herleitung wird sich in 3.3.2.2 und 3.3.4 ergeben.

funct *gcd1* ≡ (**nat** *m*, *n*) **nat**:	**function** *gcd1* (*m*, *n*: *integer*
	{(*m* ≧ 0) **and** (*n* ≧ 0)}): *integer*;
	var *x*, *y*, *z*: *integer*;
⌈**var nat** *x*:= *m* ;	**begin** *x*:= *m* ;
var nat *y*:= *n* ;	*y*:= *n* ;
var nat *z* ;	
while *y* > 0	**while** *y* > 0 **do**
do *z*:= *x* ;	**begin** *z*:= *x* ;
while *z* ≧ y	**while** *z* ≧ *y* **do**
do *z*:= *z* − *y* **od** ;	*z*:= *z* − *y* ;
x:= *y* ;	*x*:= *y* ;
y:= *z*	*y*:= *z*
od ;	**end** ;
x ⌋	*gcd1* ⇐ *x*
	end

3.3.2.1 *Iterative Programme*

Es gilt nun ganz allgemein: Eine rekursive Rechenvorschrift, die repetitiv ist und deren Rumpf aus einer einzigen Alternative besteht, läßt sich ohne weiteres auch mittels Variablen und einer Wiederholung schreiben: die Arbeit der Formularmaschine besteht ja nur aus dem Herrechnen neuer aktueller Werte für den Aufruf der jeweils nächsten Inkarnation, und dies geschieht stets nach den selben Formeln. Man braucht dazu kollektiv so viele Programmvariable wie die Rechenvorschrift nicht-konstant besetzte Parameter hat; die Bedingung der Wiederholungsanweisung entspricht genau der Bedingung, die den Zweig mit dem rekursiven Aufruf bewacht. Man sehe sich diesbezüglich nochmals den Ablauf der Rekursion für *gcd1* (15, 9) in Abb. 90 an:

Der Gang der Berechnung wird im großen und ganzen durch die jeweiligen letzten Werte $m^{(i)}$, $n^{(i)}$ zweier Variablen *mvar*, *nvar*,

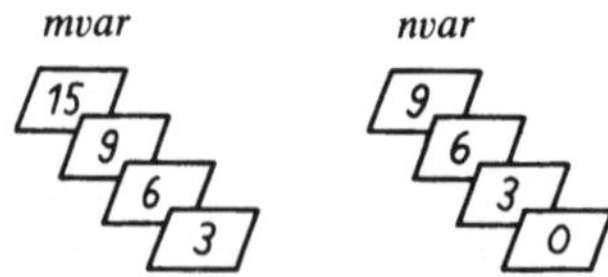

wiedergegeben. Am Schluß bezeichnet *mvar* das Ergebnis.

Unter der Annahme, *mod* sei eine primitive Operation, ergibt sich die mit einer Wiederholung der kollektiven Zuweisung an das Paar (*mvar*, *nvar*) arbeitende Version

```
funct gcd1 ≡ (nat m, n) nat:



⌈(var nat mvar, nvar) := (m, n) ;
  while nvar > 0
  do (mvar, nvar) :=
         (nvar, mod(mvar, nvar)) od ;
  mvar                                    ⌋
```

```
function gcd1 (m, n : integer
          {(m ≧ 0) and (n ≧ 0)}) : integer;
  var mvar, nvar : integer;
begin
  (mvar, nvar) := (m, n) ;
  while nvar > 0 do
  (mvar, nvar) :=
     (nvar, mod(mvar, nvar)) ;
  gcd1 ⇐ mvar
end
```

In diesem Beispiel findet man eine typische Dreiteilung des Rumpfes:

(a) (Kollektive) Vereinbarung und Initialisierung der Variablen – initialisiert wird mit den Parametern (bzw. mit deren aktuellen Werten im Aufruf durch eine übergeordnete Rechenvorschrift),

(b) Wiederholung einer (kollektiven) Zuweisung, die der Umbesetzung der Parameter entspricht, unter einer gewissen Bedingung für die Fortsetzung der Rekursion,

(c) Feststellung des Ergebnisses.

Dies zeigt sich auch in der Behandlung eines Abkömmlings der Rechenvorschrift *sel* von 2.3.2 (g): man erhält

```
funct sel ≡ (string a, nat i:
             1 ≦ i ∧ i ≦ length(a)) char:

⌈(var string avar,
           var nat ivar) := (a, i) ;
  while ivar > 1
  do (avar, ivar) :=
         (rest(avar), ivar − 1) od ;
  first(avar)                              ⌋
```

```
function sel (a : string; i : integer
    {(1 ≦ i) and (i ≦ length(a))}) : char;
  var avar : string; ivar : integer;
begin
  (avar, ivar) := (a, i) ;
  while ivar > 1 do
  (avar, ivar) := (rest(avar), ivar − 1) ;

  sel ⇐ first(avar)
end
```

Ebenso können Rechenvorschriften wie *invert* (2.6.1) in iterative Form überführt werden.

Auch Rechenvorschriften wie *issorted* (2.4.1.5) oder *isprim* (2.4.1.3) lassen sich so behandeln; letztere, gestützt auf *ispr*, erfordert lediglich eine vorbereitende Umformung der Bedingung in *ispr*:

```
funct ispr ≡ (nat n, m:
             2 ≦ m ∧ m ≦ n) bool:


  if n mod m ≠ 0
  then ispr(n, m + 1)
  else m = n                fi
```

```
function ispr(n, m : integer
      {(2 ≦ m) and (m ≦ n)}) : Boolean;
begin
  if n mod m ≠ 0
  then ispr ⇐ ispr(n, m + 1)
  else ispr ⇐ m = n
end
```

(Beachte, daß gilt: n **mod** $m \neq 0 \Rightarrow m \neq n$) Damit ergibt sich (der Parameter n von *ispr* ist konstant besetzt)[14] durch Einsetzen

funct *isprim* ≡ (**nat** n: $n \geqq 1$) **bool**:	**function** *isprim*(n: *integer* {$n \geqq 1$}): *Boolean*;
	var *mvar*: *integer*;
	begin
if $n = 1$	**if** $n = 1$
then false	**then** *isprim* ⇐ *false*
else var nat *mvar* := 2 ;	**else begin** *mvar* := 2 ;
while n **mod** *mvar* ≠ 0	**while** n **mod** *mvar* ≠ 0 **do**
do *mvar* := *mvar* + 1 **od** ;	*mvar* := *mvar* + 1 ;
mvar = n **fi**	*isprim* ⇐ *mvar* = n
	end
	end

Repetitive Rechenvorschriften, in deren Rumpf mehrere (schlichte) Aufrufe vorkommen, lassen sich auf die oben behandelte Form mit einem einzigen (schlichten) Aufruf bringen: man muß nur die Wächter, unter denen die einzelnen Aufrufe stehen, auf die Argumente erstrecken. Dies zeigt ein Beispiel in 3.3.5.

Beschränkt man sich ganz auf repetitive Rechenvorschriften, kommt man also mit Variablen und Wiederholungen allein aus. Man kann dabei immer noch an eine Schreibabkürzung für einen besonders einfachen Fall der Rekursion denken. Man kann aber auch, der historischen Entwicklung folgend, eine äußerlich ‚rekursionsfreie' Semantik unterstellen: man läßt nicht nur die verschiedenen Inkarnationen des Formulars zusammen fallen, sondern zieht auch die Stapel von Zwischenergebnissen, die Variablen, heraus.

Die Durchführung einer Berechnung wird damit zu einem (wiederholten) **Ablauf** auf dem Programmformular; der **Zustand** der Berechnung wird durch den jeweiligen letzten Wert der benutzten Programmvariablen und den Ort im Programmformular bestimmt.

Kollektive Zuweisungen können selbstverständlich – sofern die dafür notwendigen Einrichtungen vorhanden sind – parallel durchgeführt werden.

Rechenvorschriften, die wie die in diesem Abschnitt behandelten mit Wiederholungen arbeiten, sonst aber keine Rekursion zeigen, heißen auch **iterativ**.

Eine formale Behandlung der Semantik der iterativen Formulierung wird im 8. Kap. erfolgen.

---

[14] Der Parameter n von *ispr* hätte auch bereits nach Unterordnung von *ispr* unter *isprim* unterdrückt werden können (*ispr1*, 2.5.2.1).

3.3.2.2 *Gestaffelte repetitive Systeme und geschachtelte Wiederholung*

Schließlich kann auch das gestaffelte System (*gcd1*, *mod*) von 2.3.2 (d) behandelt werden. Am besten wird der konstant besetzte zweite Parameter *n* von *mod* (nach Unterordnung von *mod* unter *gcd1*) unterdrückt (vgl. 2.5.2.1).

Es ergibt sich

```
funct mod1 ≡ (nat u) nat:


⌈var nat uvar := u ;
 while uvar ≧ n
 do uvar := uvar − n od ;
 uvar                          ⌋
```

```
function mod1 (u : integer
                   {u ≧ 0}) : integer;
  var uvar : integer;
begin uvar := u ;
    while uvar ≧ n
    do uvar := uvar − n ;
    mod1 ⇐ uvar
end
```

Nunmehr muß die Vereinbarung von *mod1* innerhalb *gcd1* erfolgen. Dabei muß der globale Parameter *n* von *mod1* abgeändert werden zum Wert der nichtlokalen Variablen *nvar*. Es ergibt sich

```
funct gcd1 ≡ (nat m, n) nat:


⌈funct mod1 ≡ (nat u) nat:



  ⌈var nat uvar := u ;
   while uvar ≧ nvar
   do uvar := uvar − nvar od ;
   uvar                        ⌋ ;

 (var nat mvar, nvar) := (m, n) ;
 while nvar > 0
   do (mvar, nvar) :=
           (nvar, mod1 (mvar)) od ;
mvar                             ⌋
```

```
function gcd1 (m, n : integer
          {(m ≧ 0) and (n ≧ 0)}) : integer;
  var mvar, nvar : integer;
  function mod1 (u : integer
                     {u ≧ 0}) : integer;
    var uvar : integer;
  begin uvar := u ;
    while uvar ≧ nvar
    do uvar := uvar − nvar ;
    mod1 ⇐ uvar
  end ;
begin (mvar, nvar) := (m, n) ;
  while nvar > 0
    do (mvar, nvar) :=
            (nvar, mod1 (mvar)) ;
  gcd1 ⇐ mvar
end
```

Will man den Rumpf von *mod1* in *gcd1* einsetzen, muß man dabei die Initialisierung zu **var nat** *uvar* := *mvar* abändern und in der abschließenden Kollektivzuweisung

$$(mvar, nvar) := (nvar, mod1(mvar))$$

das Ergebnis *uvar* von *mod1* (*mvar*) benützen:

```
funct gcd1 ≡ (nat m, n) nat:

⌈(var nat mvar, nvar) := (m, n) ;
 while nvar > 0
 do var nat uvar := mvar ;
    while uvar ≧ nvar
    do uvar := uvar − nvar od ;
    (mvar, nvar) := (nvar, uvar) od ;

 mvar                                   ⌋
```

```
function gcd1 (m, n: integer
          {(m ≧ 0) and (n ≧ 0)}): integer;
   var mvar, nvar, uvar: integer;
begin
   (mvar, nvar) := (m, n) ;
   while nvar > 0 do
   do begin uvar := mvar ;
          while uvar ≧ nvar
          do uvar := uvar − nvar ;
          (mvar, nvar) := (nvar, uvar)
        end ;
   gcd1 ⇐ mvar
end
```

Hier treten geschachtelte Wiederholungen auf, weil im Rumpf von *gcd1* in 2.3.2 (d) *mod* und *gcd1* geschachtelt vorkommen. Anders ist es mit dem System (*ldfac*, *ldr*) (vgl. *facr*, 2.4.1.3 und *ld*, 2.4.1.5):

```
funct ldfac ≡ (nat y, n: y ≧ 1) nat:

  if n = 0
  then ldr(0, y)
  else ldfac(y × n, n − 1) fi

funct ldr ≡ (nat x, nat m:
                          m ≧ 1) int:

  if m = 1
  then x
  else ldr(x + 1, m div 2) fi
```

```
function ldfac(y, n: integer
          {(y ≧ 1) and (n ≧ 0)}): integer;
begin
  if n = 0
  then ldfac ⇐ ldr(0, y)
  else ldfac ⇐ ldfac(y * n, n − 1)
end

function ldr(x, m: integer
                    {m ≧ 1}): integer;
begin
  if m = 1
  then ldr ⇐ x
  else ldr ⇐ ldr(x + 1, m div 2)
end
```

Für *ldfac* ergibt sich die iterative Fassung mit sukzessiven Wiederholungen

```
funct ldfac ≡ (nat y, n: y ≧ 1) nat:
⌈(var nat yvar, nvar) := (y, n) ;
 while nvar > 0
 do (yvar, nvar) := (yvar × nvar, nvar − 1) od ;
 (var nat xvar, mvar) := (0, yvar) ;
 while mvar > 1
 do (xvar, mvar) := (xvar + 1, mvar div 2) od ;
 xvar                                          ⌋
```

ldfac(1, *n*) berechnet den abgerundeten Duallogarithmus von *n*!.

Für die PASCAL-artige Notierung s. Abb. 96. Übrigens kann man die Variable *mvar* mit *yvar* sowie die Variable *xvar* mit *nvar* zusammenfallen lassen, da *ldfac* und *ldr* streng hintereinander auszuführen sind und die Arten zusammenpassen. Beachte, daß *nvar* nach Beendigung der ersten Wiederholung den Wert 0 hat.

3.3.2.3 *Nassi-Shneiderman-Diagramme*

Eine kompakte, der Schachtelungsstruktur folgende graphische Darstellung des Ablaufs auf einem Programmformular liefert ein **Nassi-Shneiderman-Diagramm**. Seine Grundbausteine sind Sinnbilder für Anweisungen, Alternativen und Wiederholungen, in die der zugehörige programmiersprachliche Text geschrieben werden kann (Abb. 93); diese Sinnbilder können beliebig geschachtelt werden.

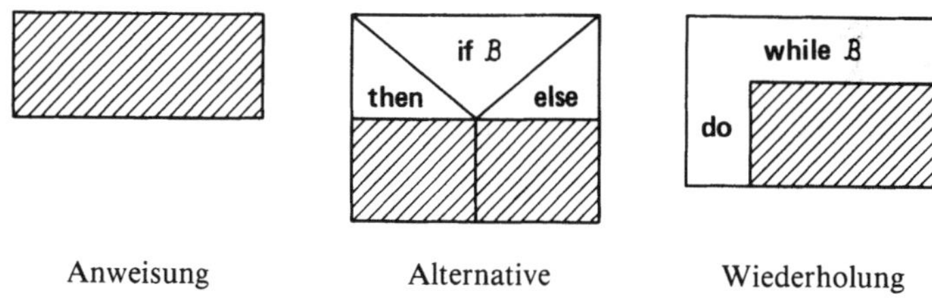

Abb. 93. Sinnbilder für Nassi-Shneiderman-Diagramme

Damit kann die Struktur auch komplizierter iterativer Programme graphisch verdeutlicht werden. Ein einfaches Beispiel zeigt Abb. 94 für *gcd1* von 3.3.2.1:

function *gcd1* (*m*, *n* : *integer* {($m \geqq 0$) **and** ($n \geqq 0$)}) : *integer*;
var *mvar*, *nvar* : *integer*;

<table>
<tr><td colspan="2">(mvar, nvar) := (m, n)</td></tr>
<tr><td colspan="2">while nvar > 0</td></tr>
<tr><td>do</td><td>(mvar, nvar) := (nvar, mod(mvar, nvar))</td></tr>
<tr><td colspan="2">gcd1 ⇐ mvar</td></tr>
</table>

Abb. 94. Nassi-Shneiderman-Diagramm für *gcd1*, gestützt auf *mod*

Für den Gebrauch der Alternative s. 3.3.5.1. Eine Schachtelung zeigt Abb. 95 für *gcd1* von 3.3.2.2.

Zum Vergleich bringt Abb. 96 ein Diagramm mit zwei nichtgeschachtelten Wiederholungen, zu *ldfac* (3.3.2.2) gehörend.

function *gcd1*(*m*, *n*: *integer* {(*m* ≧ 0) **and** (*n* ≧ 0)}): *integer*;
var *mvar*, *nvar*, *uvar*: *integer*;

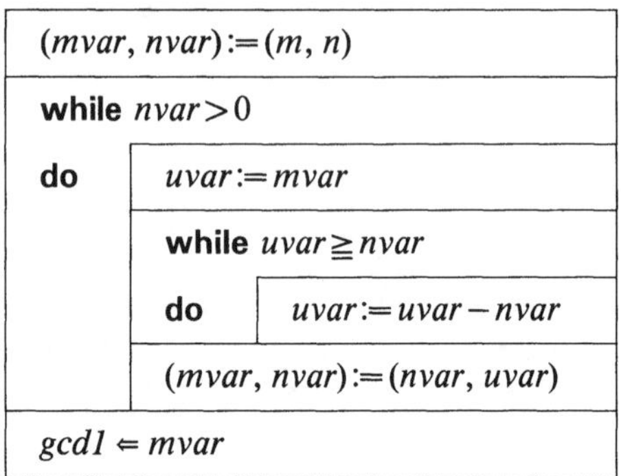

Abb. 95. Nassi-Shneiderman-Diagramm für *gcd1*

function *ldfac*(*y*, *n*: *integer* {(*y* ≧ 1) **and** (*n* ≧ 0)}): *integer*;
var *yvar*, *nvar*, *xvar*, *mvar*: *integer*;

(*yvar*, *nvar*) := (*y*, *n*)	
while *nvar* > 0	
do	(*yvar*, *nvar*) := (*yvar* ∗ *nvar*, *nvar* − 1)
(*xvar*, *mvar*) := (0, *yvar*)	
while *mvar* > 1	
do	(*xvar*, *mvar*) := (*xvar* + 1, *mvar* **div** 2)
ldfac ⇐ *xvar*	

Abb. 96. Nassi-Shneiderman-Diagramm für *ldfac*

3.3.3 Problemlösung in iterativer Form

Als ein Weg zur sicheren Problemlösung bietet sich an, zunächst eine repetitive Rekursion aufzustellen und dann zur iterativen Formulierung überzugehen.

3.3.3.1 Zur Berechnung von a^{2^n} benutzt man die Beziehungen

$$a^{2^0} = a \quad \text{und} \quad a^{2^n} = a^{2 \cdot 2^{n-1}} = (a \times a)^{2^{n-1}} \quad (n \geqq 1),$$

um die repetitive Rekursion

```
funct potz ≡ (real a, nat n) real:          | function potz(a: real; n: integer
                                            |                  {n ≧ 0}): real;
                                            | begin
  if n = 0                                  |   if n = 0
  then a                                    |   then potz ⇐ a
  ▯ n > 0                                   |   ▯ n > 0
  then potz(a↑2, n − 1)  fi                 |   then potz ⇐ potz(sqr(a), n − 1)
                                            | end
```

herzuleiten. Daraus ergibt sich die iterative Fassung

```
funct potz ≡ (real a, nat n) real:          | function potz(a: real; n: integer
                                            |                  {n ≧ 0}): real;
                                            |   var avar: real; nvar: integer;
                                            | begin
⌈(var real avar, var nat nvar) := (a, n) ;  |   (avar, nvar) := (a, n) ;
  while nvar > 0                            |   while nvar > 0
  do (avar, nvar) :=                        |   do (avar, nvar) :=
         (avar↑2, nvar − 1) od ;            |         (sqr(avar), nvar − 1) ;
  avar                                   ⌋  |   potz ⇐ avar
                                            | end
```

Die frühere Rechenvorschrift *pow8* (3.2.5) ist darin enthalten, *potz*$(a, 3)$ ergibt ‚abgerollt' gerade *pow8*(a) (Teilberechnung, 2.6.3).

3.3.3.2 Nun soll ein iterativer Algorithmus zur Berechnung des Wertes eines Polynoms entwickelt werden. Ein Polynom n-ten Grades

$$a_0 \times x^n + a_1 \times x^{n-1} + \ldots + a_{n-1} \times x^1 + a_n \quad (a_0 \neq 0)$$

kann durch die Folge $a = <a_0, a_1, \ldots, a_n>$ seiner Koeffizienten als Objekt der Sorte **sequ real** bzw. *sequ real* dargestellt werden; die leere Sequenz repräsentiert das Nullpolynom. Für den Wert des Polynoms a an der Stelle x ergibt sich aus der Rekursionsbeziehung $(a \neq \diamond)$

$$\begin{aligned} p(a, x) &= (a_0 \times x^{n-1} + a_1 \times x^{n-2} + \ldots + a_{n-2} \times x + a_{n-1}) \times x + a_n \\ &= p(lead(a), x) \times x + last(a) \end{aligned}$$

unmittelbar folgende Rechenvorschrift:

```
funct p ≡ (sequ real a, real x) real:       | function p(a: sequ real; x: real): real;
                                            | begin
  if isempty(a)                             |   if isempty(a)
    then 0                                  |   then p ⇐ 0
    else p(lead(a), x) × x + last(a) fi     |   else p ⇐ p(lead(a), x) * x + last(a)
                                            | end
```

Die Rechenvorschrift p ist nicht repetitiv und führt deshalb nicht unmittelbar zu einer Iteration.

Zu einer repetitiven Rekursion kommt man durch die Einbettung

$$h(a, x, s) = s \times x^{length(a)} + p(a, x)$$

mit einem zusätzlichen Parameter s. Durch Expandieren (Einsetzen), Umformen und Komprimieren entsteht ($a \neq \diamond$)

$$\begin{aligned} h(a, x, s) &= s \times x^{length(a)} + p(a, x) \\ &= s \times x^{length(a)} + first(a) \times x^{length(a)-1} + p(rest(a), x) \\ &= (s \times x + first(a)) \times x^{length(a)-1} + p(rest(a), x) \\ &= h(rest(a), x, s \times x + first(a)) \quad . \end{aligned}$$

Dies ergibt die repetitive Rechenvorschrift

```
funct h ≡
        (sequ real a, real x, s) real:

  if isempty(a)
  then s
  else h(rest(a), x, s × x + first(a)) fi
```

```
function h
        (a: sequ real; x, s: real): real;
begin
  if isempty(a)
  then h ⇐ s
  else h ⇐ h(rest(a), x, s * x + first(a))
end
```

die ‚vom anderen Ende her' arbeitet. Den Polynomwert berechnet speziell $h(a, x, 0)$.

Steht auf Sequenzen zudem eine Operation *sel* (vgl. 2.3.2. (g)) zum selektiven Zugriff auf die einzelnen Komponenten zur Verfügung, so kann man mit einem Index arbeiten und den Sequenzparameter selbst konstant halten. Mit der Einbettung

$$ho(a, x, s, i) = h(rest^{i-1}(a), x, s) \quad (1 \leqq i \leqq length(a) + 1)$$

erhält man aus ($i \leqq length(a)$)

$$\begin{aligned} ho(a, x, s, i) &= h(rest(rest^{i-1}(a)), x, s \times x + first(rest^{i-1}(a))) \\ &= h(rest^{i}(a), x, s \times x + sel(a, i)) \\ &= ho(a, x, s \times x + sel(a, i), i + 1) \end{aligned}$$

die repetitive Rechenvorschrift

```
funct ho ≡
  (sequ real a, real x, s, nat i:
        1 ≦ i ∧ i ≦ length(a) + 1) real:

  if i = length(a) + 1
    then s
    else ho(a, x, s × x + a[i], i + 1) fi
```

```
function ho
  (a: sequ real; x, s: real; i: integer
   {(1 ≦ i) and (i ≦ length(a) + 1)}): real;
begin
if i = length(a) + 1
  then ho ⇐ s
  else ho ⇐ ho(a, x, s × x + sel(a, i), i + 1)
end
```

Unterordnung und Unterdrückung der konstant besetzten Parameter a und x führt schließlich zu der iterativen Fassung

funct *horn* ≡	**function** *horn*
(**sequ real** *a*, **real** *x*) **real**:	(*a*: *sequ real*; *x*: *real*): *real*;
	var *s*: *real*; *i*: *integer*;
⌈(**var real** *s*, **var nat** *i*) := (0, 1) ;	**begin** (*s*, *i*) := (0, 1) ;
while $i \leqq length(a)$ **do**	**while** $i \leqq length(a)$ **do**
$(s, i) := (s \times x + a[i], i+1)$ **od** ;	$(s, i) := (s * x + sel(a, i), i+1)$;
s	*horn* ⇐ *s*
⌋	**end**

Man vergleiche damit die „abgerollte" Rechenvorschrift *horn4* von 3.2.5.

3.3.3.3 Gleichermaßen kann man die Parallelberechnung eines Polynomwertes behandeln. Für die Einbettung

$$po(a, x, h, k, l, i) = p(lead^i(a), x) \times l + h + k \quad (0 \leqq i \leqq length(a))$$

erhält man die Rekursionsbeziehung $(i < length(a))$

$$\begin{aligned} & po(a, x, h, k, l, i) \\ &= (p(lead(lead^i(a)), x) \times x + last(lead^i(a))) \times l + h + k \\ &= p(lead^{i+1}(a), x) \times (x \times l) + (h+k) + sel(a, length(a) - i) \times l \\ &= po(a, x, h+k, sel(a, n-i) \times l, x \times l, i+1) \quad \text{mit} \quad n = length(a) \,. \end{aligned}$$

Speziell der Aufruf $po(a, x, 0, 0, 1, 0)$ liefert den Polynomwert. Die Parameter a und x sind konstant besetzt. Man kann nun notationell den Zwischenschritt über die rekursive Rechenvorschrift fast überspringen und sogleich die iterative Fassung anschreiben (man vergleiche damit die „abgerollte" Fassung *poly4* von 3.2.6):

funct *poly* ≡	**function** *poly*
(**sequ real** *a*, **real** *x*) **real**:	(*a*: *sequ real*; *x*: *real*): *real*;
	var *h*, *k*, *l*: *real*; *i*, *n*: *integer*;
⌈**nat** $n \equiv length(a)$;	**begin** $n := length(a)$;
(**var real** *h*, *k*, *l*, **var nat** *i*) :=	$(h, k, l, i) := (0, 0, 1, 0)$;
(0, 0, 1, 0) ;	
while $i < n$ **do**	**while** $i < n$ **do**
$(h, k, l, i) :=$	$(h, k, l, i) :=$
$(h+k, a[n-i] \times l, x \times l, i+1)$ **od** ;	$(h+k, sel(a, n-i) \times l, x * l, i+1)$;
$h+k$ ⌋	*poly* ⇐ $h+k$
	end

Diese iterative Berechnung eines Polynomwertes ist dann vorteilhaft, wenn Einrichtungen zur parallelen Durchführung der kollektiven Zuweisung vorhanden sind.

3.3.3.4 Es gibt durchaus Fälle, in denen ein Problem von Hause aus so beschrieben ist, daß sich eine iterative Problemlösung sofort niederschreiben läßt. Man betrachte etwa die Aufgabe

funct $q \equiv$ (**string** a, b, **nat** n) **string**:	**function** $(a, b$: *string* $\{n \geqq 0\})$: *string*;

«diejenige Zeichenfolge, die besteht aus dem n mal mit sich selbst konkatenierten a, konkateniert mit dem n mal mit sich selbst konkatenierten b, konkateniert mit dem n mal mit sich selbst konkatenierten a – kurz $a^n b^n a^n$ –»

mit der Lösung

```
funct q ≡ (string a, b, nat n)                 | function q(a, b: string; n: integer
                                  string:      |                       {n ≧ 0}): string;
⌈(var nat i, var string s, t) :=               |   var i: integer; s, t: string;
                           (n, ◇, ◇) ;         | begin (i, s, t) := (n, '', '') ;
   while i > 0                                 |   while i > 0
   do (i, s, t) :=                             |   do (i, s, t) :=
                (i − 1, s + b, t + a) od ;     |      (i − 1, conc(s, b), conc(t, a)) ;
   t + s + t                                 ⌋ |   q ⇐ conc(conc(t, s), t)
                                               | end
```

Die Erfahrung hat gezeigt, daß bei solcher Art von Problemlösung Irrtümer nicht selten sind – hier etwa ein Verzählen um $+1$ oder -1 – und daß die Richtigkeit auch solcher Programme gegenüber der Problemstellung bewiesen werden muß.

Eine solche nachträgliche **Verifikation** eines sozusagen vom Himmel gefallenen iterativen Programms geschieht mit Hilfe einer **Invariante der Iteration**. Im vorliegenden Beispiel ist dazu geeignet der Ausdruck

$$Q(a, b, i, s, t) \equiv t + a^i + s + b^i + t + a^i \,.$$

Unter einem Iterationsschritt ergibt sich nämlich

$$\begin{aligned} Q(a, b, i-1, s+b, t+a) &= (t+a) + a^{i-1} + (s+b) + b^{i-1} + (t+a) + a^{i-1} \\ &= t + a^i + s + b^i + t + a^i \\ &= Q(a, b, i, s, t)\,. \end{aligned}$$

Zu Beginn der Iteration hat Q den Wert

$$Q(a, b, n, \diamond, \diamond) = a^n + b^n + a^n \,.$$

Diesen Wert hat es also auch am Ende, das durch $i=0$ gekennzeichnet ist. $Q(a, b, 0, s, t) = t+s+t$ liefert also das Ergebnis. Die Terminierung der bedingten Wiederholung ist durch die Zusicherung $n \geqq 0$ sichergestellt.

Eine solche Invariante zu finden ist aber gleichwertig mit einer entsprechenden rekursiven Definition. Man kann also ebensogut von Anfang an nach einer solchen suchen. In unserem Fall wäre das die Einbettung

```
funct q ≡ (string a, b, nat n)
                                    string:
⌈function Q ≡ (nat i, string s, t)
                                    string:
   if i>0
   then Q(i−1, s+b, t+a)

   else t+s+t                       fi;

 Q(n, ◇, ◇)                          ⌋
```

```
function q(a, b: string; i: integer
                    {n≧0}): string;
  function Q(i: integer; s, t, string
                    {i≧0}): string;
  begin if i>0
    then Q ⇐ Q(i−1, conc(s, b),
               conc(t, a))
    else Q ⇐ conc(conc(t, s), t)
  end;
begin Q ⇐ Q(n, '', '') end
```

Man beginnt hier, ähnlich wie in 3.3.3.1 und folgende, mit der Herleitung der Rekursion aus dem obigen Ausdruck Q.

3.3.4 Sequentialisierung

Kollektive Vereinbarungen und Zuweisungen entstehen in natürlicher Weise, wenn mehrstellige repetitive Rechenvorschriften als Wiederholungen geschrieben werden. Unter maschinenorientierten Gesichtspunkten muß jedoch in ALGOL 68 und PASCAL zu Folgen einfacher Vereinbarungen und Zuweisungen übergegangen werden (**Sequentialisierung**). Wie schon das Beispiel (3.3.2.2, *gcd1*)

$$(mvar, nvar) := (nvar, uvar)$$

zeigt, kann das für Zuweisungen nicht in jeder beliebigen Reihenfolge geschehen:

$$mvar := nvar; \quad nvar := uvar$$

ist korrekt, *nvar* := *uvar*; *mvar* := *nvar* dagegen ergibt ein ‚Überschreiben' eines noch gebrauchten Werts einer Variablen. Wie ferner das Beispiel

$$(a, b) := (b, a)$$

zeigt, ist eine Sequentialisierung ohne Einführung von Zwischenergebnisbezeichnungen nicht immer möglich.

Andererseits ist aufgrund der am Ende von 3.2.3 gegebenen Bedeutung immer eine Sequentialisierung durch das "*master-slave*"-Prinzip möglich: Zur Sequentialisierung einer n-gliedrigen kollektiven Zuweisung $(v_1, v_2, \ldots, v_n) := (E_1, E_2, \ldots, E_n)$ werden n Hilfsbezeichnungen für Zwischenergebnisse eingeführt, denen kollektiv die Werte $E_1, E_2, \ldots, E_n$ übergeben werden. Anschließend werden den Variablen $v_1, \ldots, v_n$ diese Zwischenergebnisse kollektiv zugewiesen. Sowohl die sich so ergebende kollektive Zwischenergebnisvereinbarung wie die anschließende kollektive Zuweisung können nun in jeder Reihenfolge sequentialisiert werden.

Beispiel: Die kollektive Zuweisung

$$(a, b) := (b, a)\,,$$

wo a, b von einer beliebigen Art **var λ** sind, wird zunächst zu

$$(\boldsymbol{\lambda}\ aconst, bconst) \equiv (b, a)\,;$$
$$(a, b) := (aconst, bconst)\,,$$

woraus sich sequentialisieren läßt

$$\boldsymbol{\lambda}\ aconst \equiv b\,; \quad \boldsymbol{\lambda}\ bconst \equiv a\,; \quad b := bconst\,; \quad a := aconst\,.$$

Gelegentlich können dann einige Hilfsbezeichnungen eingespart werden, wie hier *bconst*, denn

$$\boldsymbol{\lambda}\ bconst \equiv a\,; \quad b := bconst$$

kann zusammengezogen werden zu

$$b := a\,.$$

Oft kommt man bei geeigneter Reihenfolge ganz ohne Hilfsbezeichnungen aus, wie oben in

$$(mvar, nvar) := (nvar, uvar)^{15}\,.$$

In Beispielen wie (3.3.3.1, *potz*)

$$(avar, nvar) := (sqr(avar), nvar - 1)$$

kann sogar in beliebiger Reihenfolge sequentialisiert werden:

---

[15] Beachte, daß

$$(mvar, nvar) := (nvar, mod1(mvar))$$

nicht so behandelt werden kann, insbesondere da *mod1* den Wert von *nvar* als globalen Parameter hat.

$$avar := sqr(avar)\ ; \quad nvar := nvar - 1$$

oder $$nvar := nvar - 1\ ; \quad avar\text{-} := sqr(avar)\ .$$

Werden in der iterativen Rechenvorschrift *gcd1* von 3.3.2.2 die kollektiven Vereinbarungen und Zuweisungen geeignet sequentialisiert, ergibt sich nach passender Umbenennung der (gebundenen) Variablen das in 3.3.2 eingangs verzeichnete, streng sequentiell formulierte Beispiel *gcd1*.

3.3.5 Bedingte Anweisungen

In 3.3.2 haben wir uns auf solche repetitive Rechenvorschriften beschränkt, deren Rumpf nur eine einzige Alternative besitzt. Diese Beschränkung auf ‚zweizeilige' Rekursion ist unnötig.

Dazu betrachten wir die repetitive Rechenvorschrift[16]

```
funct mc ≡ (nat n : n > 0) nat :
  if n = 1
  then 1
  else if odd n
       then mc(3 × n + 1)
       else mc(n ÷ 2) fi fi
```

```
function mc(n: integer {n > 0}): integer;
begin if n = 1
        then mc ⇐ 1
        else if odd(n)
               then mc ⇐ mc(3 * n + 1)
               else mc ⇐ mc(n div 2)
end
```

Auch sie kann durch eine Wiederholung ersetzt werden, in deren zu wiederholender Anweisung einer Variablen *nvar* alternativ $nvar \div 2$ bzw. *nvar* **div** 2 oder $3 \times nvar + 1$ zugewiesen wird (in PASCAL nicht zulässig)

```
funct mc ≡ (nat n : n > 0) nat :

 ⌈var nat nvar := n ;
  while nvar > 1
  do nvar := if odd nvar
               then 3 × nvar + 1
               else nvar ÷ 2 fi od ;
  1                                  ⌋
```

```
function mc(n: integer {n > 0}): integer;
  var nvar: integer;
begin nvar := n ;
  while nvar > 1
  do nvar := if odd(nvar)
               then 3 * nvar + 1
               else nvar div 2 ;
  mc ⇐ 1
end
```

3.3.5.1 *Alternative Anweisungen*

Hier führt man nun eine **alternative Anweisung** ein, d.h. eine Alternative von Anweisungen, ausgewählt je nach dem Ergebnis einer vorher auszuwertenden Bedingung: in ALGOL-Notation

[16] Wenn diese Rechenvorschrift terminiert, liefert sie 1. Ein Beweis, daß sie für jede positive natürliche Zahl *n* terminiert, wurde noch nicht gefunden.

if ›Bedingung‹ **then** ›Ja-Anweisung‹ **else** ›Nein-Anweisung‹ **fi**

bzw. in PASCAL

if ›Bedingung‹ **then** ›Ja-Anweisung‹ **else** ›Nein-Anweisung‹ .

Damit erhält man folgende Rechenvorschrift in der ALGOL-Schreibweise bzw. in PASCAL:

```
funct mc≡(nat n:n>0) nat:

⌈var nat nvar:=n ;
 while nvar>1
 do if odd nvar
      then nvar:=3×nvar+1
      else nvar:=nvar÷2 fi od ;
 1                                ⌋
```

```
function mc(n:integer {n>0}):integer ;
  var nvar:integer;
begin nvar:=n ;
  while nvar>1
  do if odd(nvar)
       then nvar:=3*nvar+1
       else nvar:=nvar div 2 ;
  mc ⇐ 1
end
```

Für den Euklid'schen Algorithmus 2.3.2 (b) gibt es folgende gleichwertige Fassung:

```
funct gcd≡(nat m, nat n:
                 m>0 ∧ n>0) nat:

 if m≠n
 then if m<n
        then gcd(n, m)
        else gcd(m−n, n) fi
 else m                       fi
```

```
function gcd(m, n:integer
             {(m>0) and (n>0)}):integer;
begin
  if m≠n
  then if m<n
         then gcd ⇐ gcd(n, m)
         else gcd ⇐ gcd(m−n, n)
  else gcd ⇐ m
end
```

Auch sie kann durch eine Wiederholung ersetzt werden, in deren zu wiederholender Anweisung den Variablen (*mvar*, *nvar*) alternativ (*nvar*, *mvar*) oder (*mvar* − *nvar*, *nvar*) zugewiesen wird:

```
funct gcd≡(nat m, n:m>0 ∧ n>0) nat:
 ⌈(var nat mvar, nvar):=(m, n) ;
  while mvar≠nvar
    do (mvar, nvar):=if mvar<nvar then (nvar, mvar)
                                  else (mvar−nvar, nvar) fi od ;
  mvar                                                  ⌋ .
```

Hier gehen wir zu einer alternativen Anweisung über, deren Zweige kollektive Zuweisungen sind:

```
do if mvar<nvar then (mvar, nvar):=(nvar, mvar)
                else (mvar, nvar):=(mvar−nvar, nvar) fi od   .
```

Sequentialisierung des ersten Zweiges erfordert eine Hilfsbezeichnung, während im zweiten *nvar* unverändert bleibt. Damit ergibt sich:

```
funct gcd≡(nat m, n: m>0 ∧ n>0) nat:
⌈var nat mvar:=m ; var nat nvar:=n ;
 while mvar≠nvar
 do if mvar<nvar then nat h≡nvar ;
                      nvar:=mvar ;
                      mvar:=h
                 else mvar:=mvar−nvar   fi od ;
 mvar                                        ⌋
```

Abbildung 97 zeigt ein zugehöriges Nassi-Shneiderman-Diagramm mit dem Sinnbild für Alternativen.

```
function gcd(m, n: integer {(m>0) and (n>0)}): integer;
  var mvar, nvar, h: integer;
```

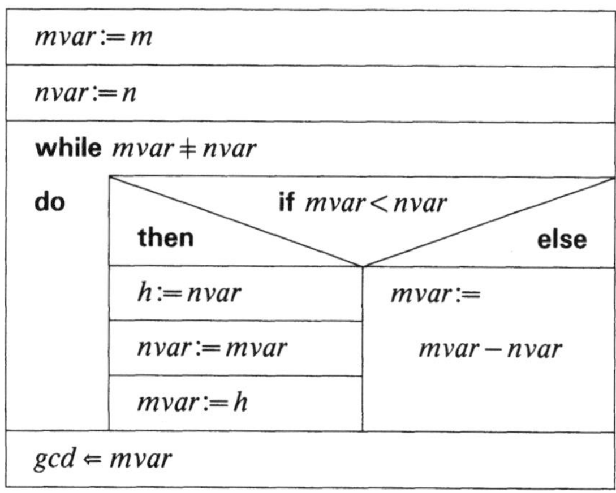

Abb. 97. Nassi-Shneiderman-Diagramm für *gcd*

3.3.5.2 *Sequentielle bedingte Anweisungen*

Zunächst gilt:

Auch eine alternative Anweisung ist selbst Anweisung.

Insbesondere können somit alternative Anweisungen auch geschachtelt auftreten, und wie in 2.2.3 kann eine Schreibabkürzung für sequentielle bedingte Anweisungen eingeführt werden, etwa

if $x>0$ **then** $x:=1$ **elsf** $x\geqq 0$ **then** $x:=0$ **else** $x:=-1$ **fi**

für **if** $x>0$ **then** $x:=1$ **else if** $x\geqq 0$ **then** $x:=0$ **else** $x:=-1$ **fi fi**,

d.h. für $x:=$ **sign** x.

Als Beispiel mag die Überführung einer natürlichen Zahl in ihre Darstellung als ‚römische Zahl'[17] dienen

```
funct rom ≡ (nat n:                  | function rom(n: integer
           n < 10000) string:        |     {(0 ≤ n) and (n < 10000)}): string;
                                     | begin
if n ≧ 1000                          |   if n ≧ 1000
then ⟨'M'⟩ + rom(n − 1000)           |   then rom ⇐ prefix('M', rom(n − 1000))
elsf n ≧ 500                         |   else if n ≧ 500
then ⟨'D'⟩ + rom(n −  500)           |   then rom ⇐ prefix('D', rom(n −  500))
elsf n ≧ 100                         |   else if n ≧ 100
then ⟨'C'⟩ + rom(n −  100)           |   then rom ⇐ prefix('C', rom(n −  100))
elsf n ≧  50                         |   else if n ≧  50
then ⟨'L'⟩ + rom(n −   50)           |   then rom ⇐ prefix('L', rom(n −   50))
elsf n ≧  10                         |   else if n ≧  10
then ⟨'X'⟩ + rom(n −   10)           |   then rom ⇐ prefix('X', rom(n −   10))
elsf n ≧   5                         |   else if n ≧   5
then ⟨'V'⟩ + rom(n −    5)           |   then rom ⇐ prefix('V', rom(n −    5))
elsf n ≧   1                         |   else if n ≧   1
then ⟨'I'⟩ + rom(n −    1)           |   then rom ⇐ prefix('I', rom(n −    1))
else ◇                         fi    |   else rom ⇐ empty
                                     | end
```

Einbettung führt auf eine offensichtlich repetitive Variante

```
funct rom ≡ (nat n:                  | function rom(n: integer
           n < 10000) string:        |     {(0 ≤ n) and (n < 10000)}): string;
 ⌈funct ro ≡ (nat n, string z)       | function ro(n: integer; z: string): string;
                         string:     |
                                     | begin
  if  n ≧ 1000                       | if n ≧ 1000
  then ro(n − 1000, z + ⟨'M'⟩)       | then ro ⇐ ro(n − 1000, postfix(z, 'M'))
  elsf n ≧ 500                       | else if n ≧ 500
  then ro(n −  500, z + ⟨'D'⟩)       | then ro ⇐ ro(n −  500, postfix(z, 'D'))
  elsf n ≧ 100                       | else if n ≧ 100
```

[17] Die Rechenvorschrift *rom* realisiert das ursprüngliche römische Zahlensystem. Erst zu Beginn des 16. Jahrhunderts bürgerten sich verkürzende Schreibweise wie z.B. IV statt IIII ein.

```
then ro(n−  100, z+⟨'C'⟩)
elsf n≧  50
then ro(n−   50, z+⟨'L'⟩)
elsf n≧  10
then ro(n−   10, z+⟨'X'⟩)
elsf n≧   5
then ro(n−    5, z+⟨'V'⟩)
elsf n≧   1
then ro(n−    1, z+⟨'I'⟩)
else z                      fi ;



ro(n, ◇)                       ⌋
```

```
then ro ⇐ ro(n−  100, postfix(z, 'C'))
else if n≧  50
then ro ⇐ ro(n−   50, postfix(z, 'L'))
else if n≧  10
then ro ⇐ ro(n−   10, postfix(z, 'X'))
else if n≧   5
then ro ⇐ ro(n−    5, postfix(z, 'V'))
else if n≧   1
then ro ⇐ ro(n−    1, postfix(z, 'I'))
else ro ⇐ z
end ;
begin
  rom ⇐ ro(n, empty)
end
```

Durch Übergang zur iterativen Form erhält man e i n e Wiederholung mit einer entsprechenden sequentiellen Fallunterscheidung von Anweisungen:

```
funct rom ≡ (nat n: n < 10000) string:


⌈ (var nat nvar, var string zvar) := (n, ◇) ;
  while nvar ≧ 1 do
  if  nvar ≧ 1000
  then (nvar, zvar) :=
                (nvar − 1000, zvar + ⟨'M'⟩)
  elsf nvar ≧ 500
  then (nvar, zvar) :=
                (nvar −  500, zvar + ⟨'D'⟩)
  elsf nvar ≧ 100
  then (nvar, zvar) :=
                (nvar −  100, zvar + ⟨'C'⟩)
  elsf nvar ≦  50
  then (nvar, zvar) :=
                (nvar −   50, zvar + ⟨'L'⟩)
  elsf nvar ≧  10
  then (nvar, zvar) :=
                (nvar −   10, zvar + ⟨'X'⟩)
  elsf nvar ≧   5
  then (nvar, zvar) :=
                (nvar −    5, zvar + ⟨'V'⟩)
  else (nvar, zvar) :=
                (nvar −    1, zvar + ⟨'I'⟩)
                                    fi od ;
  zvar                                    ⌋
```

```
function rom(n: integer
           {(0 ≦ n) and (n < 10000)}: string;
  var nvar: integer; zvar: string;
begin (nvar, zvar) := (n, empty) ;
  while nvar ≧ 1 do
  if      nvar ≧ 1000
  then (nvar, zvar) :=
          (nvar − 1000, postfix(zvar, 'M'))
  else if nvar ≧ 500
  then (nvar, zvar) :=
          (nvar −  500, postfix(zvar, 'D'))
  else if nvar ≧ 100
  then (nvar, zvar) :=
          (nvar −  100, postfix(zvar, 'C'))
  else if nvar ≧  50
  then (nvar, zvar) :=
          (nvar −   50, postfix(zvar, 'L'))
  else if nvar ≧  10
  then (nvar, zvar) :=
          (nvar −   10, postfix(zvar, 'X'))
  else if nvar ≧   5
  then (nvar, zvar) :=
          (nvar −    5, postfix(zvar, 'V'))
  else (nvar, zvar) :=
          (nvar −    1, postfix(zvar, 'I')) ;

  rom ⇐ zvar
end
```

3.3.5.3 *Bewachte Anweisungen*

In Analogie zu bewachten Fallunterscheidungen ist es zweckmäßig, auch **bewachte Anweisungen** als eine allgemeine Form von bedingten Anweisungen einzuführen. Bewachte Anweisungen wurden von DIJKSTRA 1975 vorgeschlagen und fehlen deshalb in ALGOL 68 und PASCAL noch. Die Schreibweise in Analogie zu 2.2.3.2 ist evident. Ein Beispiel für ihre Verwendung kann eine iterative Fassung von *decod* (2.4.1.6) liefern

```
funct decod ≡ (lisp s, bits a
          co a ist Element aus dem durch
             s definierten Code oc) char:


⌈(var lisp svar, var bits avar) := (s, a) ;
 while ¬isatom(svar)
 co ¬isatom(svar) gdw. avar ≠ ◇ oc
    do if first(avar) = O
       then (svar, avar) :=
               (car(svar), rest(avar))
       ▯ first(avar) = L
       then (svar, avar) :=
               (cdr(svar), rest(avar)) fi od ;
 co isatom(svar) ∧ avar = ◇ oc
 val(svar)                                    ⌋
```

```
function decod(s: lisp; a: bitstring
               {a ist Element aus dem durch
                s definierten Code}) : char;
   var svar: lisp;
       avar: bitstring;
begin (svar, avar) := (s, a) ;
   while not isatom(svar)
{not isatom(svar) gdw. not isempty(avar)}
      do if first(avar) = O
         then (svar, avar) :=
                  (car(svar), rest(avar))
         ▯ first(avar) = L
         then (svar, avar) :=
                  (cdr(svar), rest(avar)) ;
      {isatom(svar) and isempty(avar)}
   decod ⇐ val(svar)
end
```

Sequentialisierung ist hier trivial, die Zuweisung *avar* := *rest*(*avar*) kann aus den beiden Zweigen herausgezogen werden

```
do if first(avar) = O then svar := car(svar)
   ▯ first(avar) = L then svar := cdr(svar) fi ;
   avar := rest(avar)                          od  .
```

Bewachte Anweisungen sind grundsätzlich wieder nicht determiniert: wenn mehrere Wächter den Weg freigeben, kann eine beliebige der freigegebenen Anweisungen ausgeführt werden. Die Auswahl ist sicher determiniert, wenn alle Wächter sich gegenseitig ausschließen. Wenn alle Wächter sperren, so müßte man konsequenterweise annehmen, daß nicht mehr weiter gearbeitet werden kann. DIJKSTRA legt aber in diesem Falle fest, daß die Situation die leere Anweisung bedeutet. Wir werden dem nicht folgen und wollen demgegenüber in ALGOL-Notation eine Unterscheidung der Konstruktion

if $x>0$ **then** $x:=1$ ▯ $x<0$ **then** $x:=-1$ ▯ $x=0$ **then** $x:=0$ **fi**

von der partiell definierten und deshalb zweckmäßigerweise unter der Zusicherung **co** $x \neq 0$ **oc** stehenden

if $x>0$ **then** $x:=1$ ▯ $x<0$ **then** $x:=-1$ **fi**

beibehalten.

3.3.6 Die leere Anweisung

Gelegentlich ist in einem Zweig einer bedingten Anweisung nichts zu tun, etwa wenn für $x := $ **abs** x geschrieben wird

if $x \geqq 0$ **then** $x := x$ **else** $x := -x$ **fi**

oder wie oben für $x :=$ **sign** x

if $x > 0$ **then** $x := 1$ **elsf** $x \geqq 0$ **then** $x := 0$ **else** $x := -1$ **fi** ,

wo die Zuweisung $x := 0$ überflüssig ist. Für eine solche **leere Anweisung** ist es gut, ein eigenes Symbol zu haben, etwa **skip**:

if $x \geqq 0$ **then skip else** $x := -x$ **fi** ,
if $x > 0$ **then** $x := 1$ **elsf** $x \geqq 0$ **then skip else** $x := -1$ **fi** .

Unter Vertauschung der Zweige erhält man auch

if $x < 0$ **then** $x := -x$ **else skip fi** ,
if $x > 0$ **then** $x := 1$ **elsf** $x < 0$ **then** $x := -1$ **else skip fi** .

In ALGOL 68 darf **else skip fi** zu **fi** verkürzt werden. Schon im Hinblick auf die Klarheit der Ausdrucksweise, aber auch mit Sicht auf die Lage bei bewachten Anweisungen werden wir dem nicht folgen.

In PASCAL wird die leere Anweisung tatsächlich durch die leere Zeichenfolge notiert: der ‚einarmigen' Fallunterscheidung

if B **then** S **else skip fi**

entspricht in PASCAL

if B **then** S **else**;

das ebenfalls verkürzt werden darf zu

if B **then** S;

Man sollte dem ebenfalls nicht folgen. Durch die Verkürzungsmöglichkeit entsteht in PASCAL nämlich die seit ALGOL 60 bekannte Mehrdeutigkeit von Konstruktionen wie

if $x \neq 0$ **then if** $x > 0$ **then** $x := 1$ **else** $x := -1$.

Durch die Festlegung, daß derartige Konstruktionen als Abkürzung von

if $x \neq 0$ **then begin if** $x > 0$ **then** $x := 1$ **else** $x := -1$ **end**

aufzufassen sind, wird diese Mehrdeutigkeit in PASCAL künstlich aufgelöst. Der Klarheit halber benutzen wir stattdessen das Wortsymbol *skip*.

Die im Beispiel *rom* von 3.3.5.2 sich ergebende Wiederholung einer sequentiellen Fallunterscheidung kann durch eine sequentielle Fallunterscheidung von Wiederholungen ersetzt werden, was effizienter ist. Dabei können diejenigen Wiederholungen, die höchstens einmal durchlaufen werden, in ‚einarmige' Fallunterscheidungen überführt werden:

```
funct rom ≡ (nat n : n < 10000) string :

 ⌈(var nat nvar, var string zvar) :=
                                   (n, ◇) ;
  while nvar ≧ 1000
  do (nvar, zvar) :=
        (nvar − 1000, zvar + ⟨'M'⟩) od ;
  if nvar ≧ 500
  then (nvar, zvar) :=
        (nvar −  500, zvar + ⟨'D'⟩)
  else skip                         fi ;
  while nvar ≧ 100
  do (nvar, zvar) :=
        (nvar −  100, zvar + ⟨'C'⟩) od ;
  if nvar ≧  50
  then (nvar, zvar) :=
        (nvar −   50, zvar + ⟨'L'⟩)
  else skip                         fi ;
  while nvar ≧ 10
  do (nvar, zvar) :=
        (nvar −   10, zvar + ⟨'X'⟩) od ;
  if nvar ≧ 5
  then (nvar, zvar) :=
        (nvar −    5, zvar + ⟨'V'⟩)
  else skip                         fi ;
  while nvar ≧ 1
  do (nvar, zvar) :=
        (nvar −    1, zvar + ⟨'I'⟩) od ;
  zvar                                 ⌋
```

```
function rom(n : integer
           {(0 ≦ n) and (n < 10000)}) : string;
   var nvar : integer;
       zvar : string;
begin (nvar, zvar) := (n, empty) ;
   while nvar ≧ 1000
   do (nvar, zvar) :=
        (nvar − 1000, postfix(zvar, 'M')) ;
   if nvar ≧ 500
   then (nvar, zvar) :=
        (nvar −  500, postfix(zvar, 'D'))
   else skip ;
   while nvar ≧ 100
   do (nvar, zvar) :=
        (nvar −  100, postfix(zvar, 'C')) ;
   if nvar ≧ 50
   then (nvar, zvar) :=
        (nvar −   50, postfix(zvar, 'L'))
   else skip ;
   while nvar ≧ 10
   do (nvar, zvar) :=
        (nvar −   10, postfix(zvar, 'X')) ;
   if nvar ≧ 5
   then (nvar, zvar) :=
        (nvar −    5, postfix(zvar, 'V'))
   else skip ;
   while nvar ≧ 1
   do (nvar, zvar) :=
        (nvar −    1, postfix(zvar, 'I')) ;
   rom ⇐ zvar
end
```

3.4 Sprünge

3.4.1 Schlichte Aufrufe und Sprünge

In 3.3.2.1 und 3.3.5 wurde gezeigt, wie eine repetitive Rechenvorschrift iterativ mit Hilfe von Wiederholungen formuliert werden kann. Nun soll ein allgemeineres Vorgehen erörtert werden, das Systeme repetitiver Rechenvorschriften einschließt. Zunächst soll das System (*ispos*, *isneg*) von 2.4.1.4 umformuliert werden: Wenn man nach außen hin nur an *ispos* interessiert ist, kann *isneg* untergeordnet werden (vgl. 2.5.1) oder (zwecks Erhaltung der Symmetrie) auch ein Paar (*isp*, *isn*) untergeordnet werden:

```
funct ispos ≡ (string m) bool:
 ⌈funct isp ≡ (string p) bool:

    if p ≠ ◇
    then if first(p) = "–"
            then isn(rest(p))
          ▯ first(p) = "+"
            then isp(rest(p)) fi
    else true                        fi ,

  funct isn ≡ (string n) bool:

    if n ≠ ◇
    then if first(n) = "–"
              then isp(rest(n))
          ▯ first(n) = "+"
            then isn(rest(n)) fi
    else false                       fi ;

  isp(m)                                  ⌋
```

```
function ispos(m:string):Boolean;
  function isp(p:string):Boolean;
  begin
    if not isempty(p)
    then if first(p) = '–'
            then isp ⇐ isn(rest(p))
          ▯ first(p) = '+'
            then isp ⇐ isp(rest(p))
    else isp ⇐ true
  end ;
  function isn(n:string):Boolean;
  begin
    if not isempty(n)
    then if first(n) = '–'
            then isn ⇐ isp(rest(n))
          ▯ first(n) = '+'
            then isn ⇐ isn(rest(n))
    else isn ⇐ false
  end ;
begin ispos ⇐ isp(m)
end
```

Verfolgt man nach dem Startaufruf *isp*(*m*) die weitere Arbeitsweise der Formularmaschine für dieses repetitive System, so stellt man fest, daß im Ablauf zwischen den Rechenvorschriften *isp* und *isn* hin und her gesprungen wird. Entsprechend dem früheren Vorgehen führt man für den Parameter *p* von *isp* eine Variable *pvar* und für den Parameter *n* von *isn* eine Variable *nvar* ein. Nun kann man den *schlichten* Aufruf (vgl. 2.3.3) von *isp* bzw. *isn* durch eine Zuweisung der neuen Parameterwerte an die Variable *pvar* bzw. *nvar* und nachfolgende Fortsetzung des Ablaufs beim Rumpf der aufgerufenen Rechenvorschrift ersetzen (*pvar* und *nvar* könnte man übrigens hier zusammenfallen lassen).

Um das Letztere auszudrücken, benötigt man ein neues Sprachelement, den **Sprung**

goto ›Marke‹ ,

wobei ›Marke‹ eine Markierung zu Beginn derjenigen Anweisung ist, mit der der Ablauf fortgesetzt werden soll. Als Marken dienen

in ALGOL: frei wählbare Bezeichnungen (vgl. 2.2.1),
in PASCAL: Bezeichnungen für vorzeichenlose ganze Zahlen im Bereich 0 .. 9999,

denen ein Doppelpunkt folgt:

goto *mp* ;	**goto** *1* ;
mp: **if** *pvar* ≠ ◇ **then** ⁓	*1*: **if not** *isempty*(*pvar*) **then** ⁓

Eine markierte Anweisung ist selbst wieder eine Anweisung[18]. *Ein Sprung ist ebenfalls eine Anweisung.*

Für das obige System werden Aufrufe wie *isp*(*m*) und *isn*(*rest*(*p*)) durch die Absprünge

pvar:= *m* ; **goto** *mp*	*nvar*:= *rest*(*pvar*) ; **goto** *2*

ersetzt, an den Stellen der Vereinbarungen

funct *isp* ≡ (**string** *p*) **bool**:	**function** *isn*(*p*: *string*): *Boolean*;

stehen die Marken

mp: ⁓	*2*: ⁓ .

Damit ergibt sich unter Verwendung je einer Variablen *pvar* und *nvar* für die jeweiligen Parameterwerte von *isp* und *isn* sowie einer Variablen *result*, die nach Beendigung der Rekursion in *isp* oder *isn* das Ergebnis ‚rettet', die (links stehende) ALGOL-Version[19]. Für die (rechts stehende) PASCAL-Version ist die Verwendung einer eigenen Booleschen Variablen für das abzuliefernde Resultat nicht nötig, da die Resultatfeststellung *ispos* ⇐ *true* bzw. *ispos* ⇐ *false* unmittelbar erfolgen kann[20].

funct *ispos* ≡ (**string** *m*) **bool**:	**function** *ispos*(*m*: *string*): *Boolean*;
⌈ **var bool** *result*;	**label** *1*, *2*, *3*;
var string *pvar*, *nvar*;	**var** *pvar*, *nvar*: *string*;
pvar:= *m* ;	**begin** *pvar*:= *m* ;
goto *mp* ;	**goto** *1* ;

[18] Mehrfache Markierung einer Anweisung ist in PASCAL unzulässig, aber auch sonst entbehrlich. In ALGOL 68 kann auch eine Formel markiert werden.

[19] Der Sprung unterscheidet sich vom Aufruf einer Rechenvorschrift (auch vom schlichten Aufruf) dadurch, daß die ausführende Maschine vergessen darf, woher der Sprung gekommen ist. Deshalb muß vor den beiden **goto** *end* das jeweilige Ergebnis sicher gestellt werden.

[20] PASCAL behandelt der Einfachheit halber die Bezeichnung *ispos*, als ob sie Programmvariable für das Ergebnis der Rechenvorschrift *ispos* wäre.

```
mp: if pvar ≠ ◇
      then if first(pvar) = ''−''
              then nvar := rest(pvar) ;
                   goto mn

            ▯ first(pvar) = ''+''
              then pvar := rest(pvar) ;
                   goto mp              fi


      else result := true ;
           goto end                     fi ;

mn: if nvar ≠ ◇
      then if first(nvar) = ''−''
              then pvar := rest(nvar) ;
                   goto mp

            ▯ first(nvar) = ''+''
              then nvar := rest(nvar) ;
                   goto mn              fi


      else result := false ;
           goto end                     fi ;

end: skip ; result                      ⌋
```

```
 1: if not isempty(pvar)
     then begin if first(pvar) = '−'
                   then begin nvar := rest(pvar) ;
                                  goto 2
                        end
                 ▯ first(pvar) = '+'
                   then begin pvar := rest(pvar) ;
                                  goto 1
                        end
          end
     else begin ispos ⇐ true ;
                goto 3
          end ;
 2: if not isempty(nvar)
     then begin if first(nvar) = '−'
                   then begin pvar := rest(nvar) ;
                                  goto 1
                        end
                 ▯ first(nvar) = '+'
                   then begin nvar := rest(nvar) ;
                                  goto 2
                        end
          end
     else begin ispos ⇐ false ;
                goto 3
          end ;
 3: skip
end
```

Hier sind natürlich noch Einsparungen möglich: Ein Sprung auf die unmittelbar folgende Anweisung ist unnötig: In

```
  ~~~ goto mp ;
mp: if pvar ≠ ◇
      then ~~~
```

```
  ~~~ goto 1 ;
 1: if not isempty(pvar)
      then ~~~
```

und in

```
  ~~~ goto end fi ;
end: skip ; result ⌋
```

```
      goto 3 end ;
 3: skip end
```

können die Sprünge entfallen, da jeweils die Fortsetzungsstelle die nächste auszuführende Anweisung ist.

Marken müssen in PASCAL an der Spitze des zugehörigen Blocks vor den lokalen Variablen vereinbart werden; sie haben damit als Bindungsbereich diesen Block sowie einen entsprechenden Gültigkeitsbereich. Ein „Sprung von außen" in eine Anweisung ist damit unmöglich.

In ALGOL gilt das Auftreten von *m* in *m*: als Vereinbarung der Marke *m*, wofür die üblichen Bindungsregeln gelten. Dadurch wird hier auch ein

„Sprung von außen" in einen Abschnitt oder in eine (zusammengesetzte) Anweisung verboten:

$$\sim\!\!\sim \textbf{goto}\ m\ ;\ \sim\!\!\sim \ulcorner\ \textbf{var real}\ x := \sim\!\!\sim\ ;\ m : x := x \times x\ ;\ x \times ln(x) \lrcorner\ \sim\!\!\sim$$
$$\sim\!\!\sim \textbf{goto}\ m\ ;\ \sim\!\!\sim \ulcorner\ \textbf{real}\ x \equiv \sim\!\!\sim\ ;\ m : x \times ln(x) \lrcorner\ \sim\!\!\sim$$
$$\sim\!\!\sim \textbf{goto}\ m\ ;\ \sim\!\!\sim \ulcorner\ \textbf{var real}\ x := \sim\!\!\sim\ ;\ x := m : x \times x\ ;\ x \times ln(x) \lrcorner\ \sim\!\!\sim$$

sind sinnlose und schon deshalb unzulässige Konstruktionen – die letzten beiden sind bereits syntaktisch unzulässig. Der Einheitlichkeit wegen wird in ALGOL der Sprung in alle Abschnitte, auch in solche ohne Vereinbarungen, verboten. Dies umfaßt dann natürlich das Verbot, von außen in den Rumpf einer Rechenvorschrift zu springen.

Man beachte übrigens, daß auch **if.then**, **then.else**, **else.fi** usw. (vgl. Fußnote [54] in 2.5.1) und **do.od** wie Abschnitts- bzw. Anweisungsklammern wirken. Es ist also auch

$$\begin{array}{l} \textbf{if}\ x>0\ \textbf{then}\ x := x+1\ ;\ m : y := y+1 \\ \qquad\quad \textbf{else}\ x := x+2\ ;\ \textbf{goto}\ m \qquad \textbf{fi} \end{array}$$

unzulässig; man kann dafür ohnehin klarer

$$\begin{array}{l} \textbf{if}\ x>0\ \textbf{then}\ x := x+1 \\ \qquad\qquad \textbf{else}\ x := x+2\ \ \textbf{fi}\ ; \\ y := y+1 \end{array}$$

schreiben.

Der Sprung ‚von innen' in einen umfassenden Abschnitt ist hingegen stets erlaubt.

Sprünge können, wie im obenstehenden Beispiel, die Struktur eines Algorithmus treffend wiedergeben. Zur Übersichtlichkeit tragen sie nicht bei, und ihr unbedachter Gebrauch kann leicht einen Mangel an Einsicht in die Struktur eines Algorithmus verraten. Ein absichtlicher Gebrauch zum Zusammenflicken von Programmstücken ist schlechter Stil, fehleranfällig und obskur.

3.4.2 Wiederholungen mittels Sprüngen

Da direkt repetitive Rechenvorschriften Spezialfälle repetitiver Systeme sind, kann die iterative Formulierung einer repetitiven Rechenvorschrift auch durch Sprünge anstatt durch eine Wiederholung vorgenommen werden.

3.4.2.1 So ergibt sich für die Rechenvorschrift *potz* von 3.3.3.1 die Fassung

```
funct potz ≡ (real a, nat n) real:          | function potz(a: real; n: integer
                                            |                     {n ≧ 0}): real;
                                            |   label 1, 2 ;
 ⌈(var real avar, var nat nvar)             |   var avar: real; nvar: integer;
                              := (a, n) ;   | begin (avar, nvar) := (a, n) ;
  rep: if nvar > 0                          |   1: if nvar > 0
       then (avar, nvar) :=                 |      then begin (avar, nvar) :=
                 (avar↑2, nvar − 1) ;       |                 (sqr(avar), nvar − 1) ;
            goto rep                        |                  goto 1
                                            |           end
       else goto end              fi ;      |      else goto 2 ;
  end: skip ; avar                        ⌋ |   2: potz ⇐ avar
                                            | end
```

wobei wieder **goto** *end* bzw. **goto** *2* eingespart werden kann. Eine Variable *result* zur Feststellung des Ergebnisses ist hier unnötig.

3.4.2.2 Allgemein läßt sich jede Wiederholung durch Sprünge nachbilden: die Wiederholung

```
while ›Bedingung‹                           |   while ›Bedingung‹
  do ›Anweisung‹ od                         |   do ›Anweisung‹
```

ist gleichbedeutend mit der **Schleife**

```
rep: if ›Bedingung‹                         | 1: if ›Bedingung‹
     then ›Anweisung‹ ;                     |   then begin ›Anweisung‹ ;
          goto rep                          |              goto 1
                                            |        end
     else skip                    fi        |   else skip ;
```

Dabei sei *rep* bzw. *1* eine neue, in ›Anweisung‹ nicht vorkommende Marke.

3.4.2.3 Die Rechenvorschrift *ispr'* von 2.4.1.3 erlaubt nicht die Vereinfachung, die wir in 3.3.2.1 mit *ispr* vornahmen. Eine Umformung ist auch nicht notwendig, es ergibt sich direkt mit Sprüngen (*n* ist ein konstant besetzter Parameter von *ispr'*)

```
funct isprim ≡ (nat n:                      | function isprim(n: integer
                      n ≧ 1) bool:          |                      {n ≧ 1}): Boolean;
                                            |   label 1; var mvar: integer;
                                            | begin
  if n = 1                                  |   if n = 1
  then false                                |   then isprim ⇐ false
  else var nat mvar := 2 ;                  |   else begin mvar := 2 ;
```

```
var bool result ;
rep: if mvar↑2 > n
        then result := true
        elsf n mod mvar = 0
        then result := false

        else mvar := mvar + 1 ;
             goto rep
                                  fi ;
result
                                  fi
```

```
    l: if sqr(mvar) > n
         then isprim ⇐ true
         else if n mod mvar = 0
           then isprim ⇐ false
           else begin
                  mvar := mvar + 1 ;
                  goto l
                end
         end
end
```

Demgegenüber ergibt sich mit einer Wiederholungsanweisung

```
funct isprim ≡ (nat n :
                  n ≧ 1) bool :



  if n = 1
  then false
  else var nat mvar := 2 ;
       while mvar↑2 ≦ n ∧
                n mod mvar ≠ 0
       do mvar := mvar + 1 od ;
       ¬(mvar↑2 ≦ n)
                               fi
```

```
function isprim(n : integer
                 {n ≧ 1}) : Boolean;
  var mvar : integer;
begin
  if n = 1
  then isprim ⇐ false
  else begin mvar := 2 ;
         while (sqr(mvar) ≦ n) and
                  (n mod mvar ≠ 0)
         do mvar := mvar + 1 ;
         isprim ⇐ not(sqr(mvar) ≦ n)
       end
end
```

was trotz kompakterer Schreibweise eine doppelte Aufschreibung der Bedingung $mvar\uparrow 2 \leqq n$ bzw. $sqr(mvar) \leqq n$ zeigt.

Eine Form mit Sprüngen kann also notationelle Vorteile zeigen, wenn in der rekursiven (repetitiven) Fassung mehrere Terminierungszweige vorliegen.

3.4.3 Programmformulare und Programmablaufpläne

Die Einführung von Sprüngen bedeutet für die Formularmaschine die Erweiterung um eine Sonderbehandlung des besonders einfach gelagerten Falles des schlichten Aufrufs ohne ‚nachklappernde' Operationen. Sprünge und Wiederholungen (die Wiederholung kann als eine durch einen Sprung geschlossene Schleife aufgefaßt werden) sind für die Formularmaschine immer noch Schreibabkürzungen für Rekursion, die erweiterte Semantik schlägt sich jedoch in der Wahl des Wortes ‚Sprung' nieder: Der durch schlichten Aufruf bewirkte Übergang zum Beginn eines anderen Rechenformulars oder (insbesondere im Falle einer Wiederholung) zum Beginn des selben Rechenformulars erfolgt ohne Rückkehrverpflichtung, also ohne eine neue Inkarnation anzulegen – unbeschadet eventuell schon bestehender Rückkehrverpflichtungen. Beschränkt man sich, wie in den vorangehenden Beispielen, auf repetitive Systeme, so werden nach Einführung von Sprüngen überhaupt keine Inkarnationen mehr angelegt; unter Benutzung von Variablen wird aus den sämtlichen Formularen zu allen Inkarnationen einer Rechenvorschrift ein einziges **Programmformular** mit stapelartigen Formularplätzen.

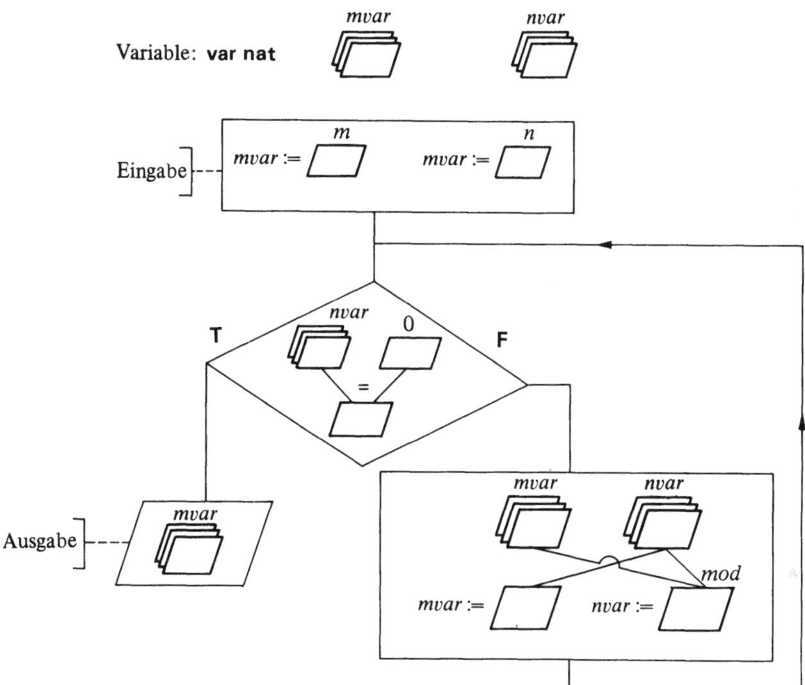

Abb. 98. Programmablaufplan, hervorgehend aus dem Programmformular von Abb. 91

3.4.3.1 Die Durchführung einer Berechnung wird damit zu einem **Ablauf** innerhalb des ganzen Satzes von Programmformularen, die zu einem System von Rechenvorschriften gehören; im Grenzfall zu einem Ablauf auf dem Programmformular, das zu einer direkt rekursiven Rechenvorschrift gehört.

Wird der Ablaufvorgang graphisch hervorgehoben, die stapelartigen Formularplätze vernachlässigend, so entsteht aus einem Programmformular der **Programmablaufplan**. Abb. 98 zeigt einen solchen Programmablaufplan (‚Flußdiagramm'), hervorgehend aus dem Programmformular von Abb. 91, das zur Rechenvorschrift *gcd1* gehört, durch Einführung von **Ablauflinien**

Sinnbild	Erläuterung
	**Operation, allgemein**, insbesondere soweit in folgenden 4 Sinnbildern nicht erfaßt
	**Verzweigung**. Stelle im Ablaufplan, an der, unter Beachtung einer Bedingung, eine unter mehreren möglichen Fortsetzungen eingeschlagen werden muß
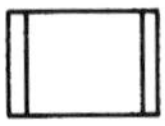	**Unterablauf**, zusammenfassende Darstellung eines an anderer Stelle definierten Ablaufs, z. B. der Ausführung eines Unterprogramms
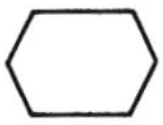	**Programmodifikation**, z. B. Stellen von programmierten Schaltern, das Ändern von Indexregistern, auch das Modifizieren des Programms selbst (fehlerträchtig)
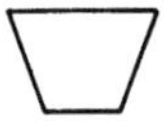	**Operation von Hand**, im allgemeinen mit einem Warten verbunden
	**Eingabe, Ausgabe**
	Ablauflinie, Vorzugsrichtung von oben nach unten und von links nach rechts; Pfeilspitze zum nächstfolgenden Sinnbild möglich, bei Abweichung von den Vorzugsrichtungen erforderlich
	**Zusammenführung**, gleiche Fortsetzung von verschiedenen Stellen im Ablaufplan her
	Übergangsstelle, gleiche Bezeichnung zusammengehöriger Stellen, zur Verbindung getrennter Ablauflinien
	Grenzstelle, d. h. Anfang und Ende des Ablaufs, aber auch Zwischenhalt
	**Synchronisation bei Parallelbetrieb**, insbesondere in den drei folgenden Fällen:
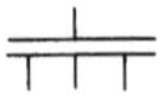	**Aufspaltung bei Parallelbetrieb**
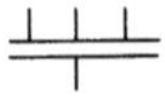	**Sammlung bei Parallelbetrieb**
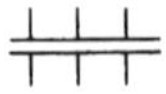	**Synchronisationsschnitt**
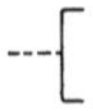	**Bemerkung**, kann an jedes andere Sinnbild angefügt werden

Abb. 99. Sinnbilder für Programmablaufpläne nach DIN 66001

und graphische Zusammenfassung der Ablauftätigkeiten. Die dabei verwendeten Sinnbilder sind in der DIN-Norm 66001 zu finden (Abb. 99).

Kompakter ist eine Form des Programmablaufplans, die durch graphische Überhöhung des Programmtextes entsteht. Aus *gcd1* von 3.3.2.1 erhält man gemäß 3.4.2 die Fassung

```
funct gcd1 ≡ (nat m, n) nat:
⌈  var nat mvar, nvar, result;
   (mvar, nvar) := (m, n) ;
   gcd1 : if nvar = 0
             then result := mvar
             else (mvar, nvar) := (nvar, mod(mvar, nvar)) ;
                  goto gcd1                             fi ;
   result                                                  ⌋
```

aus der sich der Programmablaufplan Abb. 100 ergibt.

3.4.3.2 Zu einem repetitiven System von Rechenvorschriften gehört ein Satz entsprechend vieler Formulare, der zu einem durch Sprünge verbundenen Programmablaufplan wird. Dies zeigt Abb. 101 für das in 2.4.1.4 und 3.4.1 behandelte Beispiel des Systems (*ispos*, *isneg*).

Ablauflinien können, um ein Gewirr zu vermeiden, unterbrochen werden, die Zusammengehörigkeit wird dann durch **Übergangsstellen** (vgl. Abb. 99) markiert. Ihnen entsprechen programmiersprachlich Absprung und Sprungziel. Sprünge sind, sofern sie der Strukturierung dienen und beispielsweise aus schlichten Aufrufen in einem repetitiven System herrühren, etwas ganz Natürliches. Anders ist es mit ‚wilden' Sprüngen, die aus Mangel an Verständnis für die Struktur eines Algorithmus eingeführt werden. DIJKSTRA hat gegen eine Einführung solcher unübersichtlicher ‚Fernwirkungen' zu Recht eine warnende Stimme erhoben[21]. Einige übereifrige Anhänger haben daraus nicht nur geschlossen, „wohlstrukturierte Programme" sollten am besten ganz ohne Sprünge auskommen, sondern auch, jedes als Nassi-Shneiderman-Diagramm geschriebene Programm sei ‚wohlstrukturiert'.

Sprünge können dann entbehrt werden, wenn die einzelnen repetitiven Rechenvorschriften eines (als solches nicht notwendigen repetitiven) Systems als Wiederholungen geschachtelt oder nebeneinander gestellt werden können, vgl. 3.3.2.3. Häufig führt aber die Forderung, Sprünge zu vermeiden, zu einer Duplizierung von Programmtext. Das kann sogar gelegentlich, muß jedoch nicht stets dem Verständnis dienlich sein, vgl. dazu *isprim* in 3.4.2.3.

---

[21] DIJKSTRA schreibt mit leichter Übertreibung "... the quality of programmers is a decreasing function of the density of **go to**'s in the programs they produce" und "... the **go to** statement should be abolished from all 'higher level' programming languages (i.e. everything except, perhaps, plain machine code)".

funct *gcd1* ≡ (**nat** *m*, *n*) **nat**:

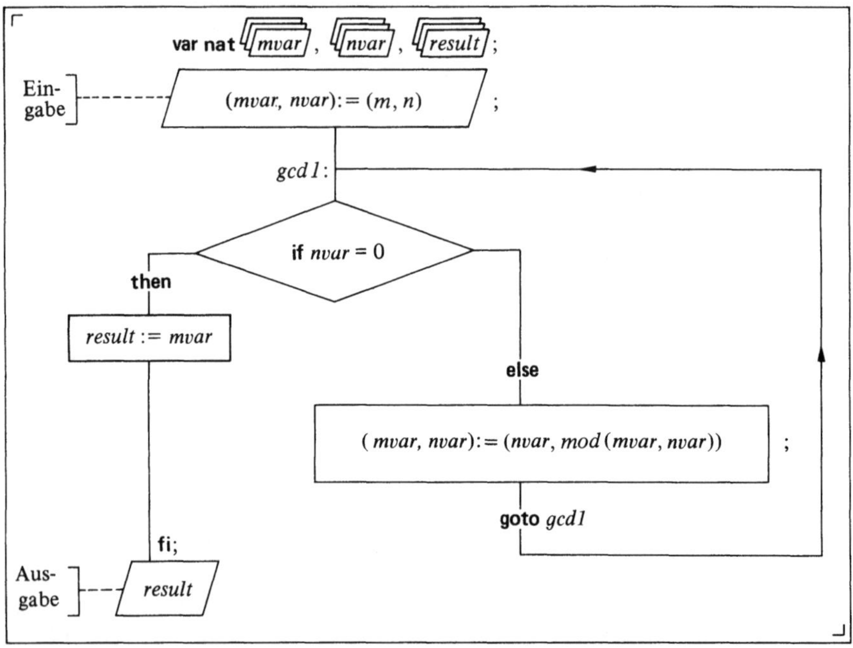

Abb. 100. Graphisch überhöhter Programmtext als Programmablaufplan

Für das System (*ispos*, *isneg*) erfordert Zurückführung auf eine einzige Wiederholung eine Verschmelzung der beiden Rechenvorschriften zu einer einzigen unter Einführung eines zusätzlichen Booleschen Parameters: Die Rechenvorschrift *isposneg*, definiert durch

```
funct isposneg ≡ (string m, bool v) bool:
  if v then ispos(m) else isneg(m) fi   ,
```

läßt sich repetitiv schreiben als

```
funct isposneg ≡ (string m, bool v) bool:
  if m ≠ ◇
  then if first(m) = '−'
         then isposneg(rest(m), ¬v)
         else isposneg(rest(m), v) fi
  else v                                 fi  .
```

Eine entsprechende iterative Form zeigt der Programmablaufplan von Abb. 102, der noch Vereinfachungen erlaubt.

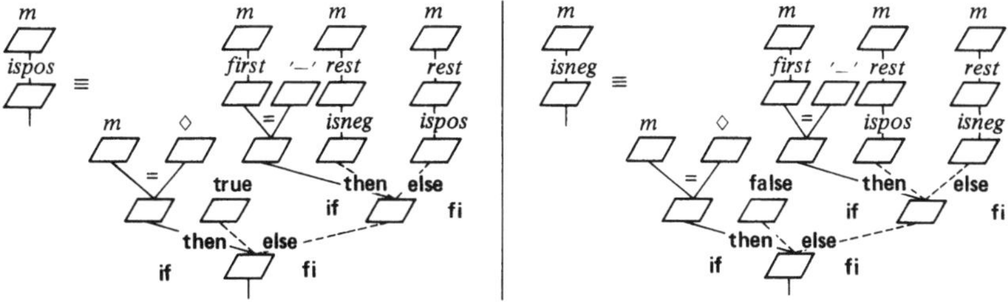

funct *ispos* ≡ (**string** *m*) **bool**:

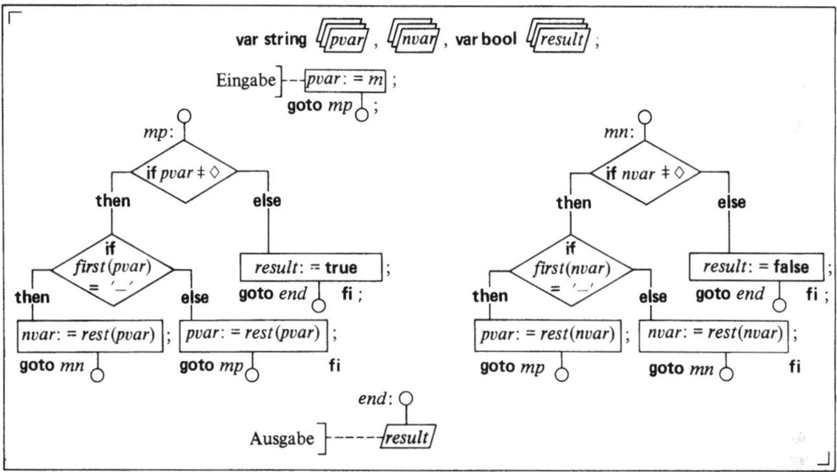

Abb. 101. Rechenformulare für das System (*ispos*, *isneg*) von 2.4.1.4 und Programmablaufplan entsprechend 3.4.1

3.4.3.3 Nicht nur durch Duplizieren von Programmtext kann man Sprünge eliminieren. Allgemein hat man gezeigt (BÖHM, JACOPINI 1966, ASHCROFT, MANNA 1971), daß durch Einführung zusätzlicher Boolescher Variablen Sprünge in Programmablaufplänen stets soweit beseitigt werden können, daß man zu kreuzungsfreien Programmablaufplänen kommt. Das bedeutet, daß man mit Wiederholungen allein auskommt und entsprechend zu Nassi-Shneiderman-Diagrammen greifen kann. Solche Boolesche Variable sind aber ‚ferngesteuerte Schalter' und haben als solche mindestens ebenso schlimme Fernwirkungen wie Sprünge.

funct *isposneg* ≡ (**string** *m*, **bool** *v*) **bool**:

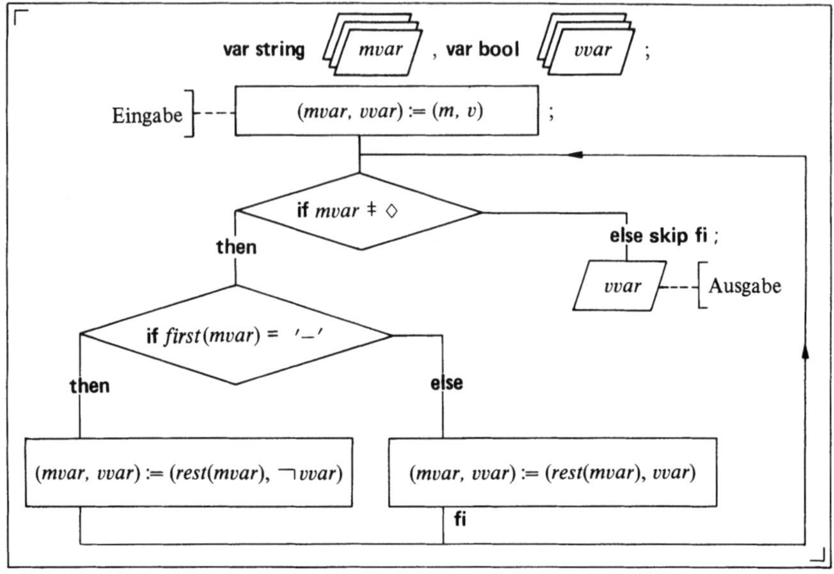

Abb. 102. Programmablaufplan für *isposneg*

Es ist zweifelhaft, ob in Abb. 103 gegenüber dem Programmablaufplan (a) eine größere Übersichtlichkeit erzielt wird durch den Programmablaufplan (b), der nur eine Schleife enthält und auch als Nassi-Shneiderman-Diagramm geschrieben werden kann. Da mag es besser sein, die Wiederholung von A4 unter die Bedingung B1 ∧ B2 zu stellen und anschließend sequentiell nochmals B1 (für A2 und für A3) abzufragen, wie es im (kreuzungsfreien) Programmablaufplan (c) unter Duplizierung von B1 geschieht.

3.5 Prozeduren

(Hilfs-)Rechenvorschriften dienen der Abkürzung häufig vorkommender gleicher oder gleich gebauter Formeln und Algorithmen. Nach der Einführung von Anweisungen traten in diesem Kapitel auch gleichgebaute Anweisungen auf: uns ist z.B. wiederholt eine Anweisung von der Bauart $v := rest(v)$ begegnet. Es ergibt sich das Bedürfnis, auch Anweisungen zu parametrisieren und dadurch abkürzende Bezeichnungen für sie gebrauchen zu können. Doch vorher müssen Variable als Parameter zugelassen werden. Dadurch geht ein wesentliches Merkmal von Rechenvorschriften, der reine Abbildungscharakter, verloren. Wir sprechen dann von ‚Prozeduren'.

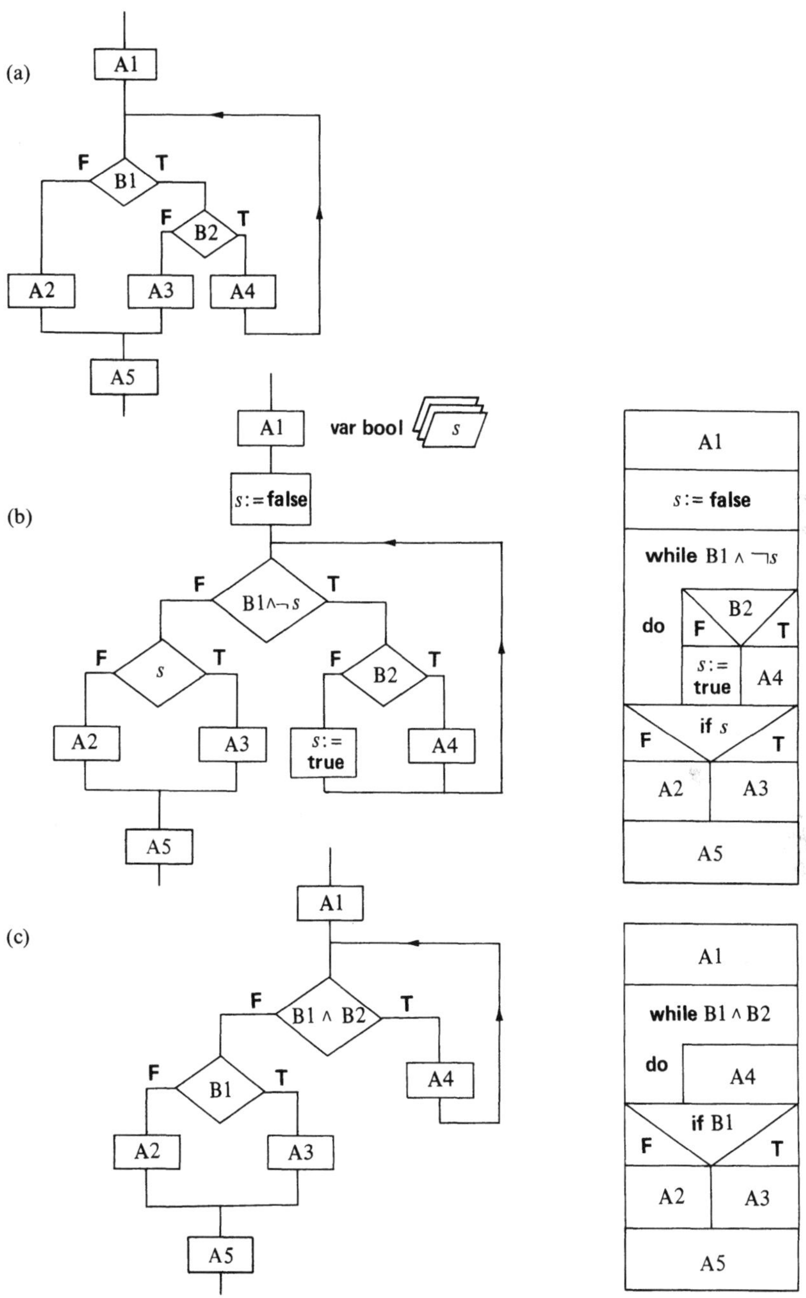

Abb. 103. Programmablaufpläne mit Sprüngen und mit ferngesteuerten Schaltern

3.5.1 Variable als Parameter

Wir betrachten drei Anweisungen einfachen Aufbaus:

$$m := rest(m)$$
$$(x, y) := (1, 0)$$
$$(a, b) := (b, a)$$

m, x, y und a, b müssen Variable sein, da an sie eine Zuweisung erfolgt. Da an m ein Ergebnis der Operation *rest* zugewiesen wird, kann m Variable für Objekte der Art **string** bzw. des Typs *string* sein; man kann auch kurz sagen, m sei von der Art **var string**. Ebenso müssen x und y Variable für Objekte sein, die 0 und 1 als Standardbezeichnungen haben, d.h. die von der Sorte ganzer oder numerisch reeller Zahlen sind. Lediglich in so speziellen Fällen wie in der ‚Austausch-Anweisung' $(a, b) := (b, a)$ kann völlig offen bleiben, von welcher Sorte die Objekte sind, für die a und b Variable sind.

Im allgemeinen sind also Variable als Parameter einer Anweisung sortenspezifisch. In ALGOL und in PASCAL wird grundsätzlich verlangt, daß Variable als Parameter sortenspezifisch angegeben werden.

Anweisungen, in denen Zuweisungen an Variable erfolgen, die nicht innerhalb der Anweisung vereinbart und somit für die Anweisung nicht lokal sind, haben **Seiteneffekte**; die betreffenden Variablen sind globale Parameter (vgl. 3.5.6). So ratsam es ist, für Abschnitte Seiteneffekte zu verbieten oder nur mit größter Sorgfalt zu gebrauchen, so wenig nützlich wäre es, sie auch für Anweisungen nicht zuzulassen.

Variablenparameter werden beim Aufruf mit Variablen besetzt. Man kann sagen: *die aufgerufene Prozedur benutzt Variable aus der Aufrufumgebung mit* ('call by reference'), *sie hat bezüglich der Variablenparameter parasitären Charakter.*

Variable als Parameter tragen Züge, denen wir bei gewöhnlichen Parametern nicht begegnet sind. Gewöhnliche Parameter werden beim Aufruf durch aktuelle Werte ersetzt, ein Aufruf der Rechenvorschrift *gcd* wie

$$gcd(18, 18) \quad \text{oder} \quad gcd(a, a)$$

ist korrekt.

Variablenbezeichnungen, die verschieden sind, wie x und y in $(x, y) := (1, 0)$ oder a und b in $(a, b) := (b, a)$, bedeuten jedoch w e s e n t l i c h verschiedenes. Daher gilt (vgl. auch 3.1.2, 3.2.6) das

Gleichbesetzungs-Tabu *für Variablenparameter: Zwei verschieden bezeichnete Variablenparameter dürfen beim Aufruf nicht mit derselben Variablen besetzt werden.*

Sinnlos ist selbstverständlich ein Aufruf einer Prozedur mit einer (echten) Formel auf der Position eines Variablenparameters.

3.5.2 Prozedurvereinbarungen

Eine parametrisierte Anweisung heißt eine **Prozedur**. Im Unterschied zu einer Rechenvorschrift liefert eine Prozedur kein Ergebnis ab, kann also auch nicht unmittelbar in Ausdrücken stehen. Dementsprechend entfällt in der Vereinbarung auch die Angabe einer Ergebnissorte. Um nicht wirkungslos zu sein, enthält eine Prozedur in der Regel mindestens einen Variablenparameter, daneben können alle bisher behandelten Parameter - gewöhnliche und auch Rechenvorschriften - auftreten. Die Parameter einer Prozedur können aufgelistet oder unterdrückt werden. Dies gilt auch für Variablenparameter. Der Rumpf einer Prozedurvereinbarung ist eine Anweisung, die Prozedur selbst hat den Charakter eines Programmformulars (vgl. 3.3.1). Die Schreibweisen für **Prozedurvereinbarungen** ähneln denen für Vereinbarungen von Rechenvorschriften; neben der fehlenden Ergebnissorte wird lediglich statt **funct** bzw. **function** das Wortsymbol **proc** bzw. **procedure** geschrieben.

Beispiele[22]

(a) Die Austauschanweisung:

```
proc exch ≡ (var int a, b):          | procedure exch(var a, b: integer);
                                     |   var h: integer;
⌈int h ≡ a ;                         | begin h := a ;
  a := b ;                           |       a := b ;
  b := h   ⌋                         |       b := h
                                     | end
```

(b) Das ‚Poppen' einer Zeichenfolgen-Variablen:

```
proc pop ≡ (var string m: m ≠ ◇):    | procedure pop(var m: string
                                     |              {not isempty(m)}) ;
                                     | begin
  m := rest(m)                       |   m := rest(m)
                                     | end
```

Im Beispiel (b) besagt die Zusicherung nicht, daß *pop* einer Einschränkung hinsichtlich der *Bezeichnung* der aktuellen Variablen unterliegt, sondern daß diese beim Aufruf von *pop* eine nichtleere Zeichenfolge als *Wert* haben muß.

[22] In ALGOL 68 wird in der Kopfleiste das Symbol **var** durch das Symbol **ref** ersetzt.

(c) Ein gestaffeltes System von Prozeduren:

```
proc ord ≡ (var int u, v):

  if u < v then call exch(u, v)
           else skip
                                   fi
```

```
procedure ord(var u, v: integer);
begin
  if u < v then exch(u, v)
           else skip
end
```

```
proc exch ≡ (var int a, b):

 ⌈int h ≡ a ;
     a := b ;
     b := h  ⌋
```

```
procedure exch(var a, b: integer);
  var h: integer;
begin h := a ;
      a := b ;
      b := h
end
```

Im Aufruf (vgl. 3.5.3) **call** *exch*(*u*, *v*) bzw. *exch*(*u*, *v*) von *ord* benutzt die Prozedur *exch* die Parameter *u*, *v* von *ord* mit.

Schachtelung von Prozedurvereinbarungen ist wie Unterordnung von Rechenvorschriften ein wichtiges Strukturierungsmittel. PASCAL erlaubt als Strukturierungsmittel ausschließlich Rechenvorschriften und Prozeduren, was für Programmumformungen ziemlich hinderlich ist. (In ALGOL hingegen dürfen auch Blöcke geschachtelt werden.)

Prozedurvereinbarungen können auch rekursiv sein:

```
proc pot ≡
      (var real avar, var nat nvar):

  if nvar > 0
  then (avar, nvar) :=
              (avar↑2, nvar − 1) ;
       call pot(avar, nvar)

  else skip                        fi
```

```
procedure pot
    (var avar: real; var nvar: integer
                          {nvar ≧ 0}) ;
begin if nvar > 0
      then begin (avar, nvar) :=
                (sqr(avar), nvar − 1) ;
                 pot(avar, nvar)
           end
      else skip
end
```

Beachte, daß die Anweisung

```
call pot(u, v)
```

```
pot(u, v)
```

soviel wie $(u, v) := (potz(u, v), 0)$ (vgl. 3.3.3.1) bewirkt, da nämlich *pot*(*avar*, *nvar*) eine (rekursiv formulierte) Abkürzung für die Wiederholungsanweisung im Rumpf von *potz* ist.

In der Rechenvorschrift *gcd1* von 3.3.2.1 kann man die zu wiederholende Anweisung in die Form

$$mvar := mod(mvar, nvar)\ ;\ (mvar, nvar) := (nvar, mvar)$$

bringen und damit durch zwei Prozeduraufrufe

$$mo(mvar, nvar)\ ;\ exch(mvar, nvar)$$

bewerkstelligen, wo *exch* wie oben erklärt ist und

```
proc mo ≡ (var nat uvar, vvar):          | procedure mo (var uvar, vvar: integer);
  if uvar ≧ vvar                         | begin if uvar ≧ vvar
  then uvar := uvar − vvar ;             |       then begin uvar := uvar − vvar ;
       call mo(uvar, vvar)               |                  mo(uvar, vvar)
                                         |            end
  else skip                      fi      |       else skip
                                         | end
```

3.5.3 Aufrufe von Prozeduren

Wie schon die obigen Beispiele zeigen, werden Aufrufe von Prozeduren wie Aufrufe von Rechenvorschriften geschrieben unter Beifügung der aktuellen Werte der Prozedurparameter, in ALGOL-Notation zusätzlich gekennzeichnet durch das Wortsymbol **call**. Die aktuellen Werte eines gewöhnlichen Parameters sind dabei Objekte, die sich durch Auswertung von Formeln ergeben; die aktuellen Werte eines Variablenparameters sind bloß vereinbarte Variable, die diesen ersetzen.

3.5.3.1 Selbstverständlich können nur Variable gebraucht werden, deren Gültigkeitsbereich die betreffende Aufrufstelle umfaßt. Dabei kann es sich um lokal vereinbarte Variable oder wieder um Variablenparameter handeln. Ersteres liegt vor im Beispiel eines Aufrufs von *ord* in einer Variante von *gcd*, vgl. 3.3.5.1:

```
funct gcd ≡ (nat m, n:                   | function gcd(m, n: integer
             m > 0 ∧ n > 0) nat:         |          {(m > 0) and (n > 0)}): integer;
                                         |   var mvar, nvar: integer;
                                         | begin
 ⌈(var nat mvar, nvar) := (m, n) ;       |   (mvar, nvar) := (m, n) ;
  while mvar ≠ nvar                      |   while mvar ≠ nvar
  do call ord(mvar, nvar) ;              |   do begin ord(mvar, nvar) ;
     mvar := mvar − nvar od ;            |            mvar := mvar − nvar
                                         |      end ;
  mvar                                   |   gcd ⇐ mvar
                                      ⌋  | end
```

um letzteres handelt es sich beim Aufruf von *exch* im Rumpf von *ord* wie auch bei den rekursiven Aufrufen in *pot* und *mo*. In jedem Fall handelt es sich um die bloße Ersetzung von Variablenparametern durch feststehende oder ihrerseits eingebrachte Bezeichnungen, nämlich durch Variable aus der Aufrufumgebung, mit denen gearbeitet werden soll.

Der Aufruf einer Prozedur ist ebenfalls eine Anweisung, im nichtrekursiven Fall gleichbedeutend mit dem Programmformular, das sich aus dem Rumpf nach konsistenter Ersetzung der Parameter durch die aktuellen Werte und Variable ergibt. Schachtelung von Prozeduren erzeugt eine Blockstruktur.

3.5.3.2 Rekursive Prozeduren dagegen führen wie auf der Formularmaschine zunächst zum Auftreten verschiedener Inkarnationen von Programmformularen, jede Inkarnation mit eigener Ersetzung der Parameter durch aktuelle Werte und nun auch durch Variable. Lediglich für den Spezialfall der repetitiven Rekursion, die sich im Auftreten von Wiederholungen und Sprüngen niederschlägt, kommt man ohne verschiedene Inkarnationen aus, die Organisation des (sequentiellen) Berechnungswegs wird dann durch Programmformulare und Programmablaufpläne beschrieben.

Beim Aufruf von Prozeduren ist das Gleichbesetzungstabu für Variablenparameter zu beachten. Seine Bedeutung tritt in voller Schärfe im Zusammenhang mit kollektiven Zuweisungen hervor:

Die Prozedur

proc $hp \equiv$ (**var real** x, y):	**procedure** hp(**var** x, y: *real*);
$(x, y) := (1, 0)$	**begin** $(x, y) := (1, 0)$ **end**

erlaubt selbstverständlich den Aufruf **call** $hp(a, a)$ bzw. $hp(a, a)$ nicht[23].

In Programmiersprachen, die keine kollektive Zuweisung erlauben[24], fehlt eine derart klare Warnung vor der Gleichbesetzung. Jedoch führt hier eine Mißachtung des Gleichbesetzungstabus im allgemeinen ebenfalls zu Komplikationen: An Stelle von *hp* muß man in solchen Sprachen zu Sequentialisierungen greifen, etwa zu

proc $hp1 \equiv$ (**var real** x, y):	**procedure** $hp1$(**var** x, y: *real*);
$\ulcorner x := 1 ; y := 0 \lrcorner$	**begin** $x := 1 ; y := 0$ **end**

oder ebenso gut zu

[23] Es ist zweckmäßig, von der Forderung selbst in Sonderfällen wie der Austausch-Anweisung $(a, b) := (b, a)$ nicht abzugehen, bei denen die Verletzung des Gleichbesetzungstabus nicht sofort zum Widerspruch führt.

[24] Im ALGOL 68-Bericht wurde die Bedeutung des Gleichbesetzungstabus wohl im Zusammenhang mit dem Fehlen kollektiver Zuweisungen verkannt. Im PASCAL Manual ([04]) heißt es: "... *should be distinct variables.*"

proc $hp2 \equiv$ (**var real** x, y): ⌈$y := 0$; $x := 1$⌋	**procedure** $hp2$(**var** x, y : *real*); **begin** $y := 0$; $x := 1$ **end**

hp1 und *hp2* sind beide korrekte Sequentialisierungen der (ideellen) Prozedur *hp* und sind unter Beachtung des Gleichbesetzungstabus äquivalent; die Aufrufe

call $hp1(a, a)$ bzw. **call** $hp2(a, a)$	$hp1(a, a)$ bzw. $hp2(a, a)$

führten jedoch - wenn man sie zuließe - zu verschiedenen Effekten, nämlich zu $a := 0$ bzw. zu $a := 1$.

3.5.4 Transiente Parameter und Resultatparameter

3.5.4.1 Durch den Aufruf einer Prozedur wird im allgemeinen der Wert einer aktuellen Variablen verändert. Solche **transiente** Variablenparameter (**Zugriffsparameter**) sind der Regelfall, sie sind uns in den Beispielen *exch*, *pop* und *ord* sowie in *pot* begegnet.

3.5.4.2 Es kann jedoch vorkommen, daß der beim Aufruf vorliegende Wert eines Variablenparameters auf den Effekt einer Prozedur keinen Einfluß hat, etwa weil die Variable ausschließlich auf der linken Seite von Zuweisungen vorkommt. In diesem Fall spricht man von einem **Ergebnis-** oder **Resultatparameter**. Im Beispiel der Prozedur *hp* finden wir reine Resultatvariablen. Unter Verwendung mehrerer Resultatvariablen eignen sich Prozeduren auch, um Algorithmen zu beschreiben, die ein Paar, ein Tupel usw. von Ergebnissen haben - ALGOL 68 und PASCAL lassen dies für Rechenvorschriften ohne explizite Einführung zusammengesetzter Objekte nicht zu.

Ein Resultatparameter kann aber auch als Hilfsvariable im Rumpf der Prozedur ‚mißbraucht' werden.

Beispiel: Aus dem Rumpf der Rechenvorschrift *mod1* von (3.3.2.2) ergibt sich eine Prozedur für die Berechnung des Rests der Division, die zur Mitbestimmung des Quotienten ausgebaut werden kann:

```
proc moddiv1 ≡                        | procedure moddiv1
      (var nat r, q, nat m, n: n>0):  |   (var r, q: integer; m, n: integer
                                      |              {(m≥0) and (n>0)});
                                      | begin
⌈q := 0 ; r := m ;                    |   q := 0 ; r := m ;
 while r ≥ n                          |   while r ≥ n
 do q := q+1 ;                        |   do begin q := q+1 ;
    r := r−n od⌋                      |            r := r−n
                                      |      end
                                      | end
```

In dieser Prozedur sind die Parameter *m*, *n* gewöhnliche Parameter, die hinzu genommenen Variablenparameter *r*, *q* Resultatparameter. Kennzeichenderweise brauchen sie bei Eintritt in die Prozedur keinen Wert zu haben - besitzen sie einen, so ist er unerheblich. Dementsprechend erlauben fast alle Programmiersprachen, Variable auch ohne Initialisierung zu vereinbaren und als Variablenparameter zu übergeben.

3.5.4.3 Liegt nun bei allen Aufrufen der Prozedur *moddiv1* etwa der gewöhnliche Parameter *m* als Wert einer Programmvariablen *mvar* vor, deren Wert nach den Aufrufen nicht mehr benötigt wird, so kann man *mvar* mit einer der Ergebnisvariablen, vorzugsweise *r*, verschmelzen und erhält:

proc *moddiv2* ≡
    (**var nat** *r*, *q*, **nat** *n* : *n* > 0) :
 	
⌈*q* := 0 ; *r* := *r* ;
 while *r* ≧ *n*
 do *q* := *q* + 1 ;
     r := *r* − *n* **od** ⌋
	procedure *moddiv2*
	  (**var** *r*, *q* : *integer*; *n* : *integer*
	        {(*r* ≧ 0) **and** (*n* > 0)});
	begin
	  q := 0 ; *r* := *r* ;
	  while *r* ≧ *n*
	  do begin *q* := *q* + 1 ;
	        r := *r* − *n*
	    end
	end

Die Verschmelzung von *mvar* mit *r* ergibt die leere Zuweisung *r* := *r* und erlaubt damit eine Effizienzverbesserung.

Obwohl ALGOL und PASCAL diesbezüglich notationell keinen Unterschied machen, sind nun die Variablenparameter *r*, *q* doch von sehr verschiedener Natur: während *q* unverändert Resultatparameter ist, muß *r* bei Eintritt in die Prozedur den Wert des Dividenden besitzen, nach Beendigung gibt *r* den Rest an. Der Variablenparameter *r* ist nun transienter Parameter, sein (relevanter) Wert wird durch die Prozedur verändert.

Will man im Beispiel der ganzzahligen Division ohne gewöhnliche Parameter, also mit nur zwei (transienten) Variablenparametern auskommen, deren Wert vorher Dividend und Divisor, nachher Rest und Quotient sind, so muß eine für die Prozedur lokale Hilfsbezeichnung verwendet werden:

proc *moddiv3* ≡
      (**var nat** *r*, *q* : *q* > 0) :
 	
⌈**nat** *n* ≡ *q* ; *q* := 0 ;
 while *r* ≧ *n*
 do *r* := *r* − *n* ; *q* := *q* + 1 **od** ⌋
	procedure *moddiv 3*
	    (**var** *r*, *q* : *integer* {(*r* ≧ 0) **and** (*q* > 0)});
	  var *n* : *integer*;
	begin
	  n := *q* ; *q* := 0 ;
	  while *r* ≧ *n* **do**
	  begin *r* := *r* − *n* ; *q* := *q* + 1 **end**
	end

Selbstverständlich können auch Rechenvorschriften mit einfachem Ergebnis unter Einführung von Resultatparametern in Prozeduren überführt werden. Aus diesem Grund können manche (veraltete) Programmiersprachen gänzlich auf Rechenvorschriften verzichten und stattdessen nur Prozeduren vorsehen.

Ein transienter Parameter kann stets aufgespalten werden in einen gewöhnlichen Parameter und einen Resultatparameter. Dies zeigt auch folgendes Beispiel mit transienten Parametern für das Zählen „auf einer Variablen"

proc *increm* ≡ (**var int** x): $x := x + 1$	**procedure** *increm*(**var** x: *integer*); **begin** $x := x + 1$ **end**

Der Ausgangswert der Parametervariablen wird durch den Aufruf von *increm* zerstört. Will man das vermeiden, so ist die Aufspaltung des transienten Parameters notwendig:

proc *incr* ≡ (**int** n, **var int** x): $x := n + 1$	**procedure** *incr* (n: *integer*; **var** x: *integer*); **begin** $x := n + 1$ **end**

Jetzt erhält man den Effekt von *increm*(a) durch den speziellen Aufruf *incr*(a, a). Beachte, daß in letzterem Aufruf kein Verstoß gegen das Gleichbesetzungstabu vorliegt!

3.5.5 Eingabeparameter

Natürlich könnte man bei Prozeduren stets anstelle von gewöhnlichen Parametern Variablenparameter einführen. Ausgehend von *moddiv1* erhält man etwa

proc *moddiv4* ≡ (**var nat** m, n, r, q: $n > 0$): ~~~	**procedure** *moddiv4* (**var** m, n, r, q: *integer* $\{(m \geqq 0)$ **and** $(n > 0)\}$); ~~~

wobei gegenüber *moddiv1* keine Veränderung im Rumpf erforderlich ist. Die Variablenparameter m, n erfahren in diesem Rumpf keine Zuweisung, ihr Wert bleibt also unverändert. Solche Variablenparameter heißen **Eingabeparameter.** Der Parameter *vvar* in der Prozedur *mo* von 3.5.2 ist Eingabevariable.

Die Verwendung von Eingabeparametern anstelle von Objektparametern bringt den Nachteil mit sich, daß beim Aufruf als aktueller Parameter nur eine Variable, jedoch keine Formel verwendet werden kann. Eingabevariable entspringen einer sehr maschinennahen Vorstellung eines rein lesenden (*'read-only'*) Zugriffs.

3.5.6 Unterdrückte Variablenparameter

Auch Variablenparameter können unterdrückt werden, wenn ihre Auswechslung nicht vorgesehen ist.

Ein extremes Beispiel liefert eine Prozedur *zählen*, die etwa benutzt werden kann, um in einem Algorithmus abzuzählen, wie oft eine bestimmte Operation benützt wird:

proc *zählen* ≡ : $x := x+1$	**procedure** *zählen*; **begin** $x := x+1$ **end**

Die Warnung, daß x eine (globale) Variable und kein gewöhnliches Objekt bezeichnet, geht mit dem Wegfall der Auflistung des Parameters verloren.

Eine parameterfreie rekursive Prozedur *po* erhält man aus der rekursiven Prozedur *pot* von 3.5.2 durch Unterdrückung der konstant besetzten Parameter *avar* und *nvar*. Sie kann verwendet werden in der Rechenvorschrift *potz* in der Fassung

funct *potz1* ≡ (**real** *a*, **nat** *n*) **real**:	**function** *potz1* (*a*: *real*; *n*: *integer* {$n \geqq 0$}): *real*;
	var *avar*: *real*; *nvar*: *integer*;
⌈**proc** *po* ≡ :	**procedure** *po*;
if *nvar* > 0	**begin if** *nvar* > 0
then (*avar*, *nvar*) :=	**then begin** (*avar*, *nvar*) :=
(*avar*↑2, *nvar* − 1) ;	(*sqr*(*avar*), *nvar* − 1) ;
call *po*	*po* **end**
else skip **fi** ;	**else** *skip*
	end ;
(**var real** *avar*, **var nat** *nvar*) :=	**begin**
(*a*, *n*) ;	(*avar*, *nvar*) := (*a*, *n*) ;
call *po* ;	*po* ;
avar ⌋	*potz1* ⇐ *avar*
	end

Auch in der rekursiven Prozedur *mo* von 3.5.2 können die beiden konstant besetzten Parameter *uvar* und *vvar* unterdrückt werden.

Der Effekt einer Prozedur mit unterdrückten Variablenparametern hängt völlig von der Vorgeschichte ab. Da die Unterdrückung von Variablenparametern zu Seiteneffekten führt, die leicht übersehen werden können, sollte sie nicht gedankenlos verwendet werden. Insbesondere kann es bei *teilweiser* Unterdrückung von Variablenparametern geschehen, daß ein Vorstoß gegen das Gleichbesetzungstabu unbemerkt bleibt, wie im nachfolgenden Beispiel einer Prozedur mit dem globalen Variablenparameter *n*:

proc *dopp* ≡ (**var int** *u*): ⌈$u := u \times 2$; $n := n + 1$ ⌋	**procedure** *dopp*(**var** *u*: *integer*); **begin** $u := u * 2$; $n := n + 1$ **end**

In der Folge von Aufrufen

$$dopp(a); \quad dopp(b); \quad dopp(a); \quad dopp(n)$$

verstößt der letzte gegen das Gleichbesetzungstabu (und liefert

$$n := 2 \times n + 1,$$

was nicht der erwartete Effekt ist).

3.5.7 Prozeduren als Strukturierungsmittel

Prozeduren sind als Gliederungshilfsmittel ebenso nützlich wie Rechenvorschriften. Eine Programmier-Methodik, die das Arbeiten mit Programm-Variablen stark betont - etwa um maschinennah zu argumentieren - mag geneigt sein, Prozeduren als selbständige Konstruktionen in den Vordergrund zu stellen. (Dies ist insbesondere so, wenn man im Ablauf einer Prozedur Ergebnisse sukzessive ausdrucken lassen will. Hier wäre es besser, klar auszudrücken, daß man eine Folge von Objekten als Ergebnis haben will.) Prozeduren als Schachtelungsmittel sind besonders wichtig in PASCAL, wo sie neben Rechenvorschriften das einzige dazu verfügbare Instrument sind. Als Beispiel sei die Ersetzungsoperation (∗) der Markov-Algorithmen (1.6.4.1) herausgegriffen. Als Hilfsprozedur diene der elementweise vergleichende Abbau (von links) zweier Zeichenfolgen *a*, *b*:

proc *subtr* ≡ (**var string** *a*, *b*): **while** $(a \neq \diamond \wedge b \neq \diamond)$ ⩓ $first(a) = first(b)$ **do** $(a, b) := (rest(a), rest(b))$ **od**	**procedure** *subtr*(**var** *a*, *b*: *string*); **begin** **while not** (*isempty*(*a*) **or** *isempty*(*b*)) ⩓ ($first(a) = first(b)$) **do** $(a, b) := (rest(a), rest(b))$ **end**

Der Aufruf *subtr*(*a*, *b*) verkürzt also die Zeichenfolgen *a*, *b* um ihr maximales gemeinsames Anfangsteilwort.

Es soll nun in der Zeichenfolge *B* die Zeichenfolge *A* (in ihrem von links ersten Vorkommnis) durch die Zeichenfolge *C* ersetzt werden. Nach der Einführung zweier Variablen *a*, *b* mit Initialisierung durch *A*, *B* und dem Aufruf von *subtr*(*a*, *b*) gilt folgendes: Ist $a = \diamond$, so ist *A* Anfang von *B*; also gilt $B = A + b$, *A* kann darin durch *C* ersetzt werden. Andernfalls, ist $b = \diamond$, so ist *A* länger als *B*; eine Ersetzung ist keineswegs möglich. Im verbleibenden Fall muß versucht werden, die Ersetzung von A durch C in der Zeichenfolge *rest*(B) vorzunehmen und dem Ergebnis *first*(B) voranzustellen. Damit ergibt sich rekursiv unter Abstützung auf die Hilfsprozedur *subtr*

```
funct ersetze ≡
        (string A, B, C) string:


⌈(var string a, b) := (A, B) ;
  call subtr(a, b) ;
  if a = ◇
  then C + b
  else if b = ◇
  then B
  else ⟨first(B)⟩ +
       ersetze(A, rest(B), C) fi      ⌋
```

```
function ersetze
        (A, B, C: string): string;
  var a, b: string;
begin
  (a, b) := (A, B) ;
  subtr(a, b) ;
  if isempty(a)
  then ersetze ⇐ conc(C, b)
  else if isempty(b)
  then ersetze ⇐ B
  else ersetze ⇐ prefix(first(B),
            ersetze(A, rest(B), C))
end
```

Überführung in iterative Form ist möglich unter Einführung einer Variablen für den nicht konstant besetzten Parameter B und einer Variablen zum Aufbau des Ergebnisses.

3.5.8 Rekursive Definition der Wiederholung

3.5.8.1 *Sprung als schlichter parameterfreier Prozeduraufruf*

In der Rechenvorschrift *potzl* in 3.5.6 tritt eine (parameterfreie) Prozedur auf der Form

```
  ⌈ proc ℛ ≡ :

      if ›Bedingung‹
        then ›Anweisung‹ ;
             call ℛ
        else skip               fi ;
(*)

    call ℛ                      ⌋
```

```
procedure ℛ ;
  begin
  if ›Bedingung‹
    then begin ›Anweisung‹ ;
               ℛ              end
    else skip
  end ;
begin
ℛ
end
```

Vergleicht man diese Fassung mit einer entsprechenden, die Sprünge verwendet, nämlich der Schleife (vgl. 3.4.2.2)

```
⌈                                        |   begin
 rep: if ›Bedingung‹                     |  1: if ›Bedingung‹
        then ›Anweisung‹ ;               |     then begin ›Anweisung‹ ;
             goto rep                    |                goto 1          end
        else skip                fi      |     else skip
                                  ⌋      |   end
```

so erkennt man, daß Sprünge lediglich verkümmerte schlichte Aufrufe parameterfreier (rekursiver) Prozeduren sind.

Wollte man also Sprünge verbieten, so müßte man auch rekursive Prozeduren verbieten.

3.5.8.2 *Rekursive Definition der bedingten Wiederholung*

Die Wiederholungsanweisung (3.3.2)

```
while ›Bedingung‹                  |  while ›Bedingung‹
  do ›Anweisung‹ od                |    do ›Anweisung‹
```

kann nach dem vorstehend Gesagten durch (∗) in 3.5.8.1 definiert werden.

Durch Einsetzen ergibt sich die explizite rekursive Definition

```
if ›Bedingung‹                     |  if ›Bedingung‹
  then ›Anweisung‹;                |    then begin ›Anweisung‹;
       while ›Bedingung‹           |               while ›Bedingung‹
       do ›Anweisung‹ od           |               do ›Anweisung‹    end
  else skip                fi      |    else skip
```

Der Rumpf der Prozedur *pot* von 3.5.2 und der Rumpf der parameterfreien Prozedur *po* von 3.5.6 lauten also übereinstimmend in der Form einer Wiederholung (vgl. *potz* in 3.3.3.1)

```
                                   |  begin
while nvar>0                       |    while nvar>0
do (avar, nvar):=                  |    do (avar, nvar):=
     (avar↑2, nvar−1) od           |         (sqr(avar), nvar−1)
                                   |  end
```

3.5.8.3 *Rekursive Definition der gezählten Wiederholung*

Oft ist eine Wiederholung mit einer Zählung verbunden, etwa in *potz*, wo die Variable *avar*, mit *a* vorbesetzt, bis 0 heruntergezählt wird. Dafür ist seit RUTISHAUSER 1951 eine besondere Abkürzung, die **gezählte Wiederholung** eingeführt, mit einem **Zähler** (‚Laufvariable'), der von einem **Startwert** ›start‹ bis zu einem **Endwert** ›goal‹ (einschließlich) in **Schritten** von ›step‹ (wobei ›step‹ $\neq 0$) läuft:

for *zähler* **from** ›start‹ **by** ›step‹ **to** ›goal‹ **do** ›Anweisung‹ **od**
(ALGOL 68)

mit einer zu wiederholenden Anweisung ›Anweisung‹, die von *zähler* abhängen kann.

Die gezählte Wiederholung kann definiert werden als Anwendung einer rekursiv definierten Prozedur *G*: die gezählte Wiederholungsanweisung

for *zähler* **from** ›start‹ **by** ›step‹ **to** ›goal‹ **do** ›Anweisung‹ **od**

ist (falls die Auswertung von ›step‹ eine positive Zahl ergibt) gleichbedeutend mit folgender Anweisung

```
⌈(int start, step, goal) ≡ (›start‹, ›step‹, ›goal‹);
 proc G ≡ (int zähler):
   if zähler ≦ goal
     then ›Anweisung‹ ; call G(zähler + step)
     else skip                              fi ;
 call G(start)                                ⌋
```

Sie ist somit die leere Anweisung, falls sich ›start‹ > ›goal‹ ergibt.

zähler ist wesensgemäß eine für die durch *G* bewirkte Wiederholung gebundener Parameterbezeichnung. Sie hat damit außerhalb der Wiederholung keine Bedeutung. *zähler* ist keine Programmvariable, eine Zuweisung an *zähler* ist sinnlos. In ALGOL 68 ist diese Abschirmung zwar ungeschickt aber korrekt beschrieben. In PASCAL jedoch muß, hierin noch ALGOL 60 folgend, für *zähler* eine Programmvariable im kleinsten die gezählte Wiederholung umfassenden Block vereinbart werden, wozu dann sinnwidrige Einschränkungen wie „›Anweisung‹ darf keine Zuweisung an *zähler* enthalten" und „*zähler* ist undefiniert nach Beendigung der Wiederholung" ad hoc eingeführt werden müssen.

Falls ›step‹ <0, ist auf $zähler \geqq goal$ zu prüfen.

Im übrigen kennt PASCAL nur die Fälle $step = 1$ und $step = -1$, man schreibt dafür

for *zähler* := ›start‹ **to** ›goal‹ **do** ›Anweisung‹ (PASCAL)

bzw.

for *zähler* := ›start‹ **downto** ›goal‹ **do** ›Anweisung‹ (PASCAL)

Damit ergibt sich in PASCAL für den Fall ›step‹ = 1 die folgende iterative Fassung:

```
     var zähler, goal: integer;
   begin (zähler, goal) := (›start‹, ›goal‹);
     while zähler ≦ goal do
       begin ›Anweisung‹; zähler := zähler + 1 end
   end
```

Auch ALGOL 68 erlaubt, **by** ›step‹ wegzulassen, wenn $step = 1$ gilt:

```
for zähler from ›start‹ to ›goal‹ do ›Anweisung‹ od   (ALGOL 68)
```

Beispiele: Die Rechenvorschrift *potz* von 3.3.3.1 kann nun geschrieben werden:

funct *potz* ≡ (**real** *a*, **nat** *n*) **real**:	**function** *potz*(*a*: *real*; *n*: *integer* {*n* ≧ 0}): *real*;
	var *avar*: *real*; *i*: *integer*;
	begin
⌈**var real** *avar* := *a*;	*avar* := *a*;
for *i* **from** *n* **by** −1 **to** 1	**for** *i* := *n* **downto** 1
do *avar* := *avar*↑2 **od**;	**do** *avar* := *sqr*(*avar*);
avar ⌋	*potz* ⇐ *avar*
	end

Hier hängt die zu wiederholende Anweisung *avar* := *avar*↑2 bzw. *avar* := *sqr*(*avar*) von dem Zähler *i* nicht ab. Der ‚Lauf' des Zählers kann deshalb auch umgekehrt werden:

funct *potz* ≡ (**real** *a*, **nat** *n*) **real**:	**function** *potz*(*a*: *real*; *n*: *integer* {*n* ≧ 0}): *real*;
	var *avar*: *real*; *i*: *integer*;
	begin
⌈**var real** *avar* := *a*;	*avar* := *a*;
for *i* **from** 1 **to** *n*	**for** *i* := 1 **to** *n*
do *avar* := *avar*↑2 **od**;	**do** *avar* := *sqr*(*avar*);
avar ⌋	*potz* ⇐ *avar*
	end

Einen 12-gliedrigen Abschnitt der unendlichen Reihe $\sum_{i=1}^{\infty} \frac{1}{i^4}$ für $\frac{\pi^4}{90}$ erhält man mittels

⌈**var real** $s := 0$;	**var** *s*: *real*; *i*: *integer*;
	begin
for *i* **from** 1 **to** 12	$s := 0$;
do $s := s + ((1/i)\uparrow 2)\uparrow 2$ **od** ;	**for** $i := 1$ **to** 12
s ⌋	**do** $s := s + sqr(sqr(1/i))$;
	›Res‹ ⇐ *s*
	end

ALGOL 68 verlangt nicht, daß die gezählte Wiederholung mit $zähler = goal$ endet: sie weist ab, wenn für

$step > 0 \qquad zähler > goal$

oder für

$step < 0 \qquad zähler < goal$

gilt.

3.6 Felder

Technologische Gründe haben bei der vorherrschenden Bauart von Rechenanlagen dazu geführt, daß (Programm-)Variable in eine eindimensionale Anordnung gebracht werden. Dies hat tiefgreifende Auswirkungen auf die üblichen Programmiergewohnheiten. Hätte man um die Mitte des 20. Jahrhunderts über eine Technologie verfügt, die Variable in eine baumartige Anordnung zu bringen erlaubt hätte, wäre eine andere Programmierungstechnik entstanden.

3.6.1 Indizierte Variable

Wenn eine größere Anzahl von Variablen für Objekte ein- und derselben Sorte lokal oder als Parameter gebraucht wird, empfiehlt es sich, sie nicht einzeln zu vereinbaren, sondern ein **Feld**, einen Satz **indizierter Variablen** (ALGOL 60), einzuführen.

Als **Indizes** nimmt man üblicherweise ganze Zahlen und hat den Vorteil, daß man mit solchen Indizes auch rechnen kann. Üblich ist auch, daß die Indizes eines Feldes eine lückenlose Folge ganzer Zahlen bilden. Dann genügt es, die **Indexerstreckung** durch eine untere und obere Grenze anzugeben.

Für die Vereinbarung eines Feldes haben wir Schreibweisen wie[25]

[1..5] **var int** *a*	**var** *a*: **array** [1..5] **of** *integer*
[0..*n*] **var real** *q*	**var** *q*: **array** [0..*n*] **of** *real*

[25] In ALGOL 68 wird wieder **var** unterdrückt.

Warnung: Werden zur Angabe der Indexerstreckung andere als Standardbezeichnungen verwendet, so handelt es sich um globale Parameter, die weiter außen vereinbart, und, falls es sich um Variable handelt, vorbesetzt werden müssen[26]; Formeln werden an der Vereinbarungsstelle ein für allemal ausgewertet. In PASCAL sind als Feldgrenzen neben Standardbezeichnungen auch Konstante (2.2.2.1, Fußnote [26]) erlaubt.

In ALGOL ist auch Initialisierung erlaubt[27]

$$[1\,..\,5]\ \textbf{var int}\ a := (1, 2, 4, 5, 16)\ .$$

Eine einzelne Variable aus einem Feld von Variablen wird durch Angabe des Index ausgewählt

$$a[2] \quad a[i+1] \quad q[0] \quad q[r \times s]\ ,$$

wobei der Index innerhalb der Grenzen der Indexerstreckung in der zugehörigen Vereinbarung bleiben muß. Auf Indexpositionen können auch Formeln mit ganzzahligem Ergebnis stehen; aber natürlich nicht mit numerisch-reellem Ergebnis, man muß also explizit Rundung vorschreiben, falls man etwa mit der Division ./. arbeitet.

Eine solche indizierte Variable für Objekte einer bestimmten Sorte kann überall verwendet werden, wo bisher Variable (**einfache Variable**) für Objekte dieser Sorten stehen können:

In Ausdrücken

$2 \times a[2]$	$2 * a[2]$
$a[i+1] \uparrow 2$	$sqr(a[i+1])$
$sin(q[r \times s])$	$sin(q[r * s])$
$a[i \times (i-1) \div 2]$	$a[i * (i-1)\ \textbf{div}\ 2]$
$a[\textbf{round}\ (i \times (i-1)/2)]$	$a[trunc(i * (i-1)/2)]$,

auf der linken Seite von Zuweisungen

$$q[0] := 8.34/5.62$$
$$a[i-1] := 3$$

und als (aktuelle) Parameter von Prozeduren mit Variablenparametern

call $ord(a[i], a[k])$	$ord(a[i], a[k])$
call $hp(q[r], q[s])$	$hp(q[r], q[s])$

Dem Vorteil, daß man indizierte Variable errechnen kann, steht als Nachteil gegenüber, daß diese Errechnung selbst im Trivialfall wie $a[i]$ oder $q[r]$

---

[26] Es handelt sich also nicht um einen auswechselbaren Parameter, der etwa in derselben Kopfleiste angegeben werden kann; es ist vielmehr zweistufige Parametrisierung (vgl. 2.6.3) erforderlich.

[27] In ALGOL 68 nur, wenn die Indizierung bei 1 beginnt.

Aufwand erfordert. Ein einkomponentiges Feld indizierter Variablen sollte also besser durch eine einfache Variable ersetzt werden.

Ein weiteres Problem bringt das Gleichbesetzungstabu: es kann jetzt nicht mehr durch bloßen Augenschein garantiert werden. Für den Aufruf

call *hp*(*q*[*r*], *q*[*s*])	*hp*(*q*[*r*], *q*[*s*])

ist nur unter der Zusicherung $r \neq s$ gewährleistet, daß kein Vorstoß gegen das Gleichbesetzungstabu vorliegt.

3.6.1.1 Auch ein ganzes Feld indizierter Variablen kann als Parameter auftreten, wobei im Grunde die Sorte des Parameters wie bei der Vereinbarung notiert wird.[28,29]

Beispiel: Bestimmung des Minimums und Maximums der Werte eines 21-komponentigen Feldes von Variablen.

In diesem Beispiel sind *min* und *max* reine Resultatparameter; überdies erfahren die 21 indizierten Variablen *a*[0], ..., *a*[20] keine Zuweisung, sie sind reine Eingabeparameter.

```
proc minmax ≡
                ([0..20] var int a,
                 var int min, max):

 ⌈ (min, max) := (a[0], a[0]) ;
   for i from 1 to 20
   do
      if a[i] < min
      then min := a[i] else skip fi ;
      if a[i] > max
      then max := a[i] else skip fi
                                   od ⌋
```

```
procedure minmax
        (var a: array [0..20] of integer;
                   var min, max: integer);
   var i: integer;
begin (min, max) := (a[0], a[0]) ;
   for i := 1 to 20
   do begin
      if a[i] < min
      then min := a[i] else skip ;
      if a[i] > max
      then max := a[i] else skip
      end
end
```

3.6.1.2 Transiente Parameter gibt es in dem nachfolgenden Beispiel der **Schnittsortierung** auf einem Feld von indizierten Variablen.

Die Idee des Mischsortierens (vgl. 1.6.2 (g) und (*sort*, *merge*) in 2.3.2 (f)) hat ein Gegenstück in der Idee der Schnittsortierung: zerlegt man eine (mindestens zweielementige) Zeichenfolge *a* nicht in zwei beliebige Zeichenfolgen, sondern in zwei nichtleere Zeichenfolgen (von je echt kleinerer Kardinalität) *lcut*(*a*) und *rcut*(*a*), die einen **Schnitt** bilden – „Für jedes Zeichen *u* von *lcut*(*a*)

---

[28] In ALGOL 68 wird [. . . .] **var** **λ** durch **ref** [. . . .] **λ** ersetzt.

[29] In PASCAL muß die Sorte **array** [0..20] **of** *integer* durch eine frei gewählte Bezeichnung abgekürzt und diese Abkürzung in der Kopfleiste verwendet werden. Soll ein und dieselbe Prozedur für Felder unterschiedlicher Indexerstreckung verwendet werden, so kann als Parameter ein ‚Feldschema' mit Bezeichnern als Feldgrenzen aufgeführt werden.

und v von *rcut*(a) gilt $u<v$“ – so kann man nach dem Sortieren von *lcut*(a) und *rcut*(a) auf das Zusammenmischen verzichten und einfach die sortierten Zeichenfolgen konkatenieren. Damit ergibt sich

```
funct cutsort ≡ (string a) string:

if length(a) ≦ 1
   then a
   else cutsort(lcut(a)) +
                 cutsort(rcut(a)) fi
```

```
function cutsort(a: string): string;
begin
   if length(a) ≦ 1
   then curtsort ⇐ a
   else cutsort ⇐ conc(cutsort(lcut(a)),
                         cutsort(rcut(a)))
end
```

Die eigentliche Arbeit ist auf die Operationen *lcut*, *rcut* abgewälzt. Die Wahl von *lcut*, *rcut* ist nicht determiniert: Nach Wahl irgendeines **Schnittzeichens** x der Sorte **char** kann *lcut* und *rcut* jeweils als Teilzeichenfolge derjenigen Zeichen u von a erhalten werden, für die $u \leqq x$ bzw. $u > x$ gilt – vorausgesetzt x ist so gewählt, daß keine der Teilzeichenfolgen leer wird. Nimmt man nun für x irgendein Zeichen von a, so enthält *lcut*(a) sicher dieses, ist also nicht leer – jedoch wird *rcut*(a) leer, wenn a z.B. lauter gleiche Zeichen enthält, und damit wird *lcut*(a) $= a$. Um Terminierung zu erhalten, ist es also besser, unter der Zusicherung $a \neq \diamond$ aus a ein Zeichen wegzunehmen – etwa *first*(a) – und dieses als Schnittzeichen x zu verwenden. Bezeichnen nun *lcut1*(a, x) und *rcut1*(a, x) möglicherweise leere Teilzeichenfolgen von a, die einen Schnitt bilden, wobei *lcut1*(a, x) + x + *rcut1*(a, x) eine Permutation von a ist, so ergibt sich der Algorithmus

```
funct cutsort1 ≡ (string a) string:

if a = ◇
then a

else cutsort1(lcut1(rest(a), first(a)))
       + ⟨first(a)⟩
       + cutsort1(rcut1(rest(a), first(a)))
                                          fi
```

```
function cutsort1(a: string): string;
begin
if isempty(a)
then cutsort1 ⇐ a
else cutsort1 ⇐
   conc(cutsort1(lcut1(rest(a), first(a))),
         prefix(first(a),
         cutsort1(rcut1(rest(a), first(a))))
end
```

wobei

```
funct lcut1 ≡ (string l, char x) string:

if l = ◇
then ◇
else if first(l) ≦ x
      then prefix(first(l),
                  lcut1(rest(l), x))
      else lcut1(rest(l), x)            fi
```

```
function lcut1(l: string; x: char): string;
begin
   if isempty(l)
   then lcut1 ⇐ empty
   else if first(l) ≦ x
         then lcut1 ⇐ prefix(first(l),
                             lcut1(rest(l), x))
         else lcut1 ⇐ lcut1(rest(l), x)
end;
```

rcut1 lautet analog.

Nunmehr sollen jedoch in einem gegebenen Feld $[s..t]$ **var char** a bzw. **var** a: **array** $[s..t]$ **of** *char* indizierter Variablen die Werte von $a[m]$, $a[m+1]$, ..., $a[n]$ so permutiert werden, daß sie geordnet sind. Die Idee der Schnittsortierung legt nahe, zunächst einen Schnitt herzustellen, derart daß alle Variablen bis zu einem bestimmten Index Werte aus der unteren Schnittmenge, alle folgenden Werte aus der oberen Schnittmenge besitzen. Als Schnittelement kann nach beliebiger Wahl eines Index f innerhalb der betrachteten Indexgrenzen das Zeichen $a[f]$ dienen. Man beginnt nun die Untersuchung mit $i=m$ und $j=n$. Gilt dann für ein i $a[i] \leqq a[f]$ oder für ein j $a[j] \geqq a[f]$, so „steht" ein solches Zeichen schon richtig, i kann erhöht bzw. j kann erniedrigt werden. Ist aber keines von beiden der Fall, so gilt $a[j] < a[i]$. Nach Austausch der Werte von $a[j]$ und $a[i]$ „stehen" beide Zeichen richtig; nun kann sowohl i erhöht wie j erniedrigt werden. Während der Ausführung der bedingten Wiederholung gilt stets:

$$\forall k \in \mathbb{N}: (j < k \leqq n \Rightarrow a[f] \leqq a[k]) \wedge (m \leqq k < i \Rightarrow a[k] \leqq a[f]) .$$

Nach Abschluß der bedingten Wiederholung gilt diese Bedingung und $i=j+1$. Je nach Position des Schnittelementes wird nun noch das Schnittelement an den Schnittpunkt getauscht und i bzw. j erhöht bzw. erniedrigt. Damit gilt $j-m<n-m$ und $n-i<n-m$; dies stellt die Terminierung sicher. Insgesamt ergibt sich, gestützt auf eine Tauschprozedur *exchc* für Zeichen, eine rekursive Prozedur zum „Sortieren auf dem Platz", deren Prinzip C. A. R. Hoare 1961 angegeben hat:

```
proc quicksort ≡
        ([s..t] var char a, int m, int n:
                              s≦m ∧ n≦t):


   if m<n
   then (var int i, j):=(m, n);
      int f ≡ «irgendeine ganze Zahl f:
                              m≦f≦n»;
      while i≦j
      do if a[i]≦a[f]
         then i:=i+1
         ▯ a[f]≦a[j]
         then j:=j−1
         ▯ a[j]<a[f] ∧ a[f]<a[i]
         then call exchc(a[i], a[j]) fi od ;
co i=j+1 ∧ ∀k:(j<k≦n ⇒ a[k]≧a[f])
         ∧ (m≦k<i ⇒ a[k]≦a[f])   oc
      if f=i
      then i:=i+1
      ▯ f=j
```

```
procedure quicksort
(var a: array [s..t] of char; m, n: integer
                     {(s≦m) and (n≦t)});
   var i, j, f: integer;
begin
if m<n
then begin (i, j):=(m, n);
   f:= «irgendeine ganze Zahl f:
                              m≦f≦n»;
   while i≦j
   do if a[i]≦a[f]
      then i:=i+1
      ▯ a[f]≦a[j]
      then j:=j−1
      ▯ (a[j]<a[f]) and (a[f]<a[i])
      then exchc(a[i], a[j]) ;
{i=j+1 and ∀k:(j<k≦n ⇒ a[k]≧a[f])
          and (m≦k<i ⇒ a[k]≦a[f])}
   if f=i
   then i:=i+1
   ▯ f=j
```

```
      then j:=j-1
      □ f<j
      then call exchc(a[f], a[j]) ;
           j:=j-1
      □ i<f
      then call exchc(a[f], a[i]) ;
           i:=i+1                         fi ;
      co i=j+2 oc
   call quicksort(a, m, j) ;
   call quicksort(a, i, n)

   else skip                              fi
```

```
      then j:=j-1
      □ f<j
      then begin exchc(a[f], a[j]) ;
                 j:=j-1        end
      □ i<f
      then begin exchc(a[f], a[i]) ;
                 i:=i+1        end ;
      {i=j+2}
      quicksort(a, m, j) ;
      quicksort(a, i, n)
         end
   else skip
   end
```

Der Algorithmus erlaubt zudem noch auf verschiedenste Weise eine Reihe von Sequentialisierungen und Effizienzverbesserungen, beispielsweise (HOARE 1971):

```
proc quicksort ≡
        ([s..t] var char a, int m, int n:
                              s≦m ∧ n≦t):


   if m<n
   then
      var int i:=m ;
      var int j:=n ;
      int f ≡ «irgendeine ganze Zahl f :
                                m≦f≦n» ;
      char x ≡ a[f] ;
      while i≦j
      do
         while a[i]<x do i:=i+1 od ;
         while x<a[j] do j:=j-1 od ;
         if i≦j
         then
               char w ≡ a[i] ;
               a[i]:=a[j] ; a[j]:=w ;
               i:=i+1 ; j:=j-1

         else skip                    fi od ;

      call quicksort(a, m, j) ;
      call quicksort(a, i, n)

   else skip                          fi
```

```
procedure quicksort
(var a: array [s..t] of char; m, n: integer
                       {(s≦m) and (n≦t)});
   var i, j, f: integer; x, w: char;
begin
if m<n
then begin
      i:=m ;
      j:=n ;
      f:=«irgendeine ganze Zahl f :
                                m≦f≦n» ;
      x:=a[f] ;
      while i≦j
      do begin
         while a[i]<x do i:=i+1 ;
         while x<a[j] do j:=j-1 ;
         if i≦j
         then begin
               w:=a[i] ;
               a[i]:=a[j] ; a[j]:=w ;
               i:=i+1 ; j:=j-1
               end
         else skip
         end ;
      quicksort(a, m, j) ;
      quicksort(a, i, n)
      end
else skip
end
```

Daß der Algorithmus terminiert, folgt daraus, daß nach Beendigung der Wiederholung (neben $i>j$ auch) $i>m$ und $j<n$ gilt, da mindestens einmal i hoch-

gezählt und mindestens einmal j heruntergezählt wurde. Andernfalls wäre nämlich $a[i] < a[f]$ für alle i mit $m \leqq i \leqq n$, also auch für $i = f$; $a[f] < a[f]$ ist aber ein Widerspruch. Somit erstreckt sich sowohl *quicksort*(a, m, j) wie auch *quicksort*(a, i, n) über echt weniger Indizes als *quicksort*(a, m, n).

Beachte, daß sich die beiden Aufrufe von *quicksort* in der vorletzten Zeile mit zwei disjunkten Teilmengen der indizierten Variablen beschäftigen, diese Aufrufe also auch parallel ausgeführt werden könnten.

Die Effizienz des Algorithmus hängt von der Wahl von f ab. $f = m$ oder $f = n$ bewirken, daß selbst für ein bereits sortiertes Feld noch $(t - s + 1)^2$ Schritte erforderlich sind. HOARE hat ursprünglich geraten, f zufällig aus dem angegebenen Bereich zu wählen, später empfiehlt er $f = (m + n)$ **div** 2 als praktisch gleich gute Wahl.

3.6.2 Mehrstufige Felder

Die Komponenten eines Feldes können Variable für Objekte beliebiger (aber stets derselben) Sorte sein. Insbesondere können die Komponenten eines Feldes auch selbst Felder sein, d.h. Variable können auch mehrfach indiziert sein (**mehrstufige**, ‚mehrdimensionale' **Felder**). Vereinbarungen zweistufiger und dreistufiger Felder sind

[1..2] [1..5] **var int** *kappa*	**var** *kappa*: **array** [1..2] **of array** [1..5] **of** *integer*

kurz

[1..2, 1..5] **var int** *kappa*	**var** *kappa*: **array** [1..2, 1..5] **of** *integer*
[0..*r*, 0..*s*, 0..*t*] **var bool** *f*	**var** *f*: **array** [0..*r*, 0..*s*, 0..*t*] **of** *Boolean*

Dann bedeutet

$$kappa[2]$$

die zweite Komponente des Feldes *kappa*, also ein Feld von fünf Komponenten;

$$kappa[2]\,[5]$$

oder kürzer

$$kappa[2, 5]$$

die letzte Komponente eben dieses fünfkomponentigen Feldes.

3.6.2.1 Zweistufige Felder können als Matrizen aufgefaßt werden, üblicherweise als Spalte von Zeilen. Dann ist $a[i, j]$ das j-te Element der i-ten Komponente von a, d.h. das j-te Element in der i-ten Zeile von a, oder das Element in der i-ten Zeile und j-ten Spalte.

Beispiel: Multiplikation zweier (verketteter) Matrizen

```
proc matrixmult ≡
          ([1..r, 1..s] var real a,
           [1..s, 1..t] var real b,
           [1..r, 1..t] var real c):
⌈ var real sum;
  for i from 1 to r
  do for k from 1 to t
     do sum := 0 ;
        for j from 1 to s
        do sum :=
          sum + a[i, j] × b[j, k] od ;
        c[i, k] := sum              od  od ⌋
```

```
procedure matrixmult
         (var a: array [1..r, 1..s] of real,
              b: array [1..s, 1..t] of real,
              c: array [1..r, 1..t] of real);
   var i, j, k: integer; sum: real;
begin for i := 1 to r
       do for k := 1 to t
          do begin sum := 0 ;
                for j := 1 to s
                do sum :=
                        sum + a[i, j]*b[j, k] ;
                c[i, k] := sum
                end
end
```

Hier sind *a*, *b* reine Eingabeparameter, *c* ein reiner Resultatparameter. Die Summationsvariable *sum* könnte in ALGOL auch in der innersten Wiederholung vereinbart werden; sie könnte entbehrt werden, wenn die Summe gleich auf *c*[*i*, *k*] aufgebaut wird. Da jedoch für jede indizierte Variable ihre Lage im Feld errechnet werden muß, ist die angegebene Form i. a. günstiger. Beachte, daß die beiden äußersten Indexläufe auch vertauscht werden können - dann würde *c* spaltenweise statt zeilenweise besetzt.

3.6.2.2 Speziell wenn $t = 1$ ist, sind *b* und *c* einspaltige Matrizen und besser durch ein einstufiges Feld wiederzugeben. Soll - im Falle $r = s$ ‚quadratischer' Matrizen - die Multiplikation der Matrix *a* mit dem ‚Spaltenvektor' *b* errechnet und das Ergebnis wieder unter *b* festgehalten werden, so ist *b* ein transienter Parameter. Es muß dann im Rumpf der Prozedur ein Hilfsfeld vereinbart werden, auf dem das Ergebnis aufgebaut wird:

```
proc matrixappl ≡
            ([1..n, 1..n] var real a,
             [1..n] var real b):
⌈ [1..n] var real c ;
  var real sum ;


  for i from 1 to n
  do sum := 0 ;
     for j from 1 to n
     do sum := sum + a[i, j] × b[j] od ;
     c[i] := sum                    od ;

  for i from 1 to n
  do b[i] := c[i]          od          ⌋
```

```
procedure matrixappl
         (var a: array [1..n, 1..n] of real,
              b: array [1..n] of real);
   var c: array [1..n] of real;
       sum: real;
       i, j: integer;
begin
   for i := 1 to n
   do begin sum := 0 ;
            for j := 1 to n
            do sum := sum + a[i, j] * b[j] ;
            c[i] := sum
      end ;
   for i := 1 to n
   do b[i] := c[i]
end
```

3.6.2.3 Mehrstufige Felder führen leicht zu hohem Speicheraufwand. Eine quadratische Matrix von $n=2^9=512$ Reihen hat $2^{18}\approx 262000$ Elemente. Sind diese Elemente leicht berechenbar, wie etwa

$$a[i,j]=sin(\pi\times i\times j/(n+1))/sqrt((n+1)/2)$$

(„numerische Fouriertransformation"), so kann es sich durchaus empfehlen, dafür kein Feld einzuführen, sondern die Werte direkt in die Rechnung einzubringen:

```
proc ft ≡ ([1..n] var real x):

⌈ [1..n] var real c;
  var real sum;


  for i from 1 to n
  do sum := 0;
     for j from 1 to n
     do sum := sum +
          sin(pi×i×j/(n+1))×x[j] od ;
     c[i] := sum/sqrt((n+1)/2)     od ;

  for i from 1 to n
  do x[i] := c[i] od                   ⌋
```

```
procedure ft
              (var x: array [1..n] of real);
  var c: array [1..n] of real;
      sum: real;
      i, j: integer;
begin
  for i := 1 to n
  do begin sum := 0;
           for j := 1 to n
           do sum := sum +
              sin(pi*i*j/(n+1))*x[j] ;
           c[i] := sum/sqrt((n+1)/2)
     end ;
  for i := 1 to n
  do x[i] := c[i]
end
```

3.6.3 Zurückführung mehrstufiger Felder auf einstufige

Mehrstufige Felder indizierter Variablen erfordern hohen organisatorischen Aufwand. In diesem Abschnitt sollen mehrstufige Felder eliminiert werden, indem sie auf einstufige zurückgeführt werden. Ein r-stufiges ($r\geqq 2$) Feld a der Sorte

$$[\text{›}m_1\text{‹}..\text{›}n_1\text{‹},\ \text{›}m_2\text{‹}..\text{›}n_2\text{‹},\ \ldots,\ \text{›}m_r\text{‹}..\text{›}n_r\text{‹}]\ \mathbf{var}\ \boldsymbol{\lambda}$$

bzw.

$$\mathbf{var\ array}\ [\text{›}m_1\text{‹}..\text{›}n_1\text{‹},\ \text{›}m_2\text{‹}..\text{›}n_2\text{‹},\ \ldots,\ \text{›}m_r\text{‹}..\text{›}n_r\text{‹}]\ \mathbf{of}\ \lambda$$

umfaßt insgesamt

$$K=k_1\times k_2\times\cdots\times k_r$$

indizierte Variablen, wobei

$$k_i=n_i-m_i+1$$

die **Spanne** des i-ten Index ist. Ebenso viele Komponenten hat das einstufige, mit dem beliebig gewählten Index $\hat{m}$ beginnende Feld $\hat{a}$ der Sorte

$$[\text{›}\hat{m}\text{‹}\,..\,\text{›}\hat{m}\text{‹}+K-1]\ \textbf{var}\ \boldsymbol{\lambda}\,,$$

das durch sukzessives Linearisieren des Feldes entsteht, nämlich durch Hintereinanderfügen von k_1 $(r-1)$-stufigen Feldern der Sorte

$$[\text{›}m_2\text{‹}\,..\,\text{›}n_2\text{‹},\ \ldots,\ \text{›}m_r\text{‹}\,..\,\text{›}n_r\text{‹}]\ \textbf{var}\ \boldsymbol{\lambda}\,,$$

von denen jedes durch Hintereinanderfügen von k_2 $(r-2)$-stufigen Feldern der Sorte

$$[\text{›}m_3\text{‹}\,..\,\text{›}n_3\text{‹},\ \ldots,\ \text{›}m_r\text{‹}\,..\,\text{›}n_r\text{‹}]\ \textbf{var}\ \boldsymbol{\lambda}$$

entsteht usw.

Die einzelnen Komponenten werden dabei zugeordnet entsprechend

$$a[i_1, i_2, \ldots, i_r] \leftrightarrow \hat{a}[j]$$

mit

$$j = k_2 k_3 \ldots k_r (i_1 - m_1) + k_3 \ldots k_r (i_2 - m_2) + \cdots + k_r (i_{r-1} - m_{r-1}) + (i_r - m_r) + \hat{m}\,.$$

Es gilt demnach mit der linearen Hilfsfunktion f,

$$f(x_1, x_2, \ldots, x_r) = x_1 k_2 k_3 \ldots k_r + x_2 k_3 \ldots k_r + \cdots + x_{r-1} k_r + x_r$$

oder in gehornerter Form

$$f(x_1, x_2, \ldots, x_r) = (\ldots((x_1 k_2 + x_2) k_3 + x_3) k_4 + \cdots + x_{r-1}) k_r + x_r\,,$$

daß

$$\begin{aligned} j &= f(i_1 - m_1, i_2 - m_2, \ldots, i_r - m_r) + \hat{m} \\ &= f(i_1, i_2, \ldots, i_r) + \text{const}\,, \end{aligned}$$

wobei

$$\text{const} = \hat{m} - f(m_1, m_2, \ldots, m_r)$$

gilt.

f wird auch **Speicherabbildungsfunktion** genannt.

Beispiel: Die Matrix

[3..7, 0..3] **var real** *a*	**var** *a*: **array** [3..7, 0..3] **of real**

hat die Spannen

$$k_1 = 5, \quad k_2 = 4$$

und $K = 20$ Elemente. Sie kann auf ein einstufiges, etwa bei $\hat{m} = 12$ beginnendes Feld

[12..31] **var real** *â*	**var** *â*: **array** [12..31] **of real**

zurückgeführt werden, vgl. Abb. 104.

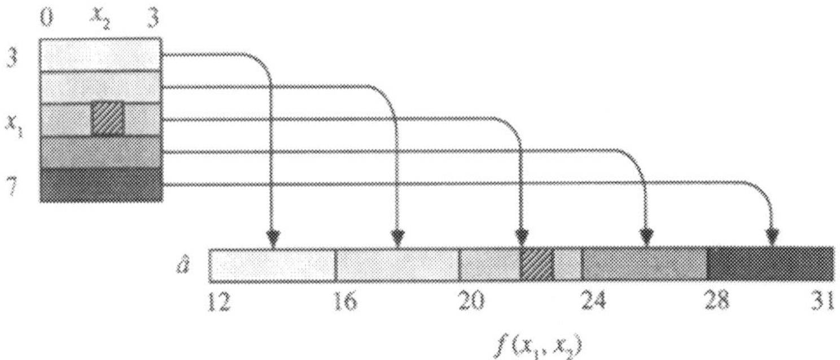

Abb. 104. Linearisierung einer Matrix

Die Speicherabbildungsfunktion für zweistufige Felder lautet

$$f(x_1, x_2) = (x_1 - m_1) \times k_2 + x_2 + \hat{m} .$$

Für das Beispiel ergibt sich also

$$\begin{aligned} f(x_1, x_2) &= (x_1 - 3) \times 4 + x_2 + 12 \\ &= 4x_1 + x_2 . \end{aligned}$$

Deshalb müssen die Formeln

$$a[5, 2] \qquad a[i+k, i-k] \qquad a[i, i] \qquad a[i, k] + a[k, i]$$

ersetzt werden durch

$$\hat{a}[22] \qquad \hat{a}[5 \times i + 3 \times k] \qquad \hat{a}[5 \times i] \qquad \hat{a}[4 \times i + k] + \hat{a}[4 \times k + i] .$$

Es wird also eine Vereinbarung für ein mehrstufiges Feld durch eine entsprechende einstufige ersetzt und jede (mehrfach) indizierte Variable durch die entsprechende des zugeordneten einstufigen Feldes, wozu insbesondere Kenntnis der Spannen des mehrstufigen Feldes notwendig ist.

Auf den Indexpositionen treten dabei im allgemeinen kompliziertere Formeln auf. Jedoch gehen lineare Ausdrücke auf Indexposition wieder in lineare über.

3.6.4 Statische Speicherverteilung

3.6.4.1 Nach der Zurückführung mehrstufiger Felder auf einstufige kann man einen Schritt weiter in Richtung des linearen Speichers gehen und sämtliche Variablenparameter (für einfache Variable und für einstufige Felder indizierter Variablen) einer Prozedur zu einem einzigen Feld indizierter Variablen zusammenfassen, das dann der **Speicher** der Prozedur heißt. Zweckmäßigerweise bezieht man dabei auch die in der Prozedur lokal vereinbarten Variablen und Felder ein – in PASCAL wird dies schon durch die Schreibweise suggeriert, wo alle diese Vereinbarungen unmittelbar auf die Kopfleiste folgen. Die einzelnen Programmvariablen eines solcherart realisierten Speichers heißen **Speichervariable**.

Gewöhnliche Parameter sowie lokal vereinbarte Zwischenergebnisbezeichnungen können überdies durch konstant gehaltene Variable ersetzt und dann ebenfalls einbezogen werden.

Beispiel: Für die Prozedur *matrixappl* von 3.6.2.2 ergibt sich für $n=50$ folgende Möglichkeit der Speicherverteilung mittels eines Feldes [1..2601] **var real** Q (wenn man von i, j absieht)

[1..50, 1..50] **var real** a	↔	[1..2500] **var real** Q	Parameter
[1..50] **var real** b	↔	[2501..2550] **var real** Q	
[1..50] **var real** c	↔	[2551..2600] **var real** Q	lokal
var real *sum*	↔	[2601..2601] **var real** Q	

Q[.] 1 2 3 4 5 6 7 8 ... 2493 2494 2495 2496 2497 2498 2499 2500 2501 2502 ... 2549 2550 2551 2552 ... 2599 2600 2601

a (1 … 2500), b (2501 … 2550), c (2551 … 2600), *sum* (2601)

Zu jeder Prozedur gehört damit ein Teilfeld, dessen Komponenten (soweit sie nicht zu reinen Resultatparametern oder lokalen Größen gehören) vor Aufruf der Prozedur entsprechend besetzt (und im Ablauf der Prozedur, soweit sie nicht Eingabeparameter oder gewöhnliche Parameter sind, umbesetzt) werden. Spielen mehrere Prozeduren zusammen, so wird bei diesem simplen Vorgehen allerdings ein ziemlicher Aufwand an Umspeicherung und Rückspeicherung von Werten erforderlich.

Die einzelnen Indizes solcherart eingeführter Speichervariablen heißen **(relative) Adressen**, wir sprechen auch von einem **adressierten Speicher**.

Bei rekursiven Prozeduren wie *quicksort* braucht jede Inkarnation ihren eigenen Speicherplatz für lokal vereinbarte Zwischenergebnisse, Variable und Felder sowie für gewöhnliche Parameter. Die dafür notwendige ‚dynamische Speicherverteilung‘ wird erst im 5. Kap. besprochen werden, unter Einschluß einer besonderen Behandlung (‘*call by reference*’) der in 3.6.1 erwähnten errechneten Variablen.

Im Gegensatz dazu ist die hier vorgeführte **statische Speicherverteilung** auf iterative Programme und auf die Verwendung von Feldern mit konstanten Indexgrenzen beschränkt. Sie wird häufig bei Kleinrechnern verwandt.

3.6.4.2 Ein effizienteres Vorgehen, das sowohl den Umspeicherungsaufwand wie auch Speicherkomponenten spart, benutzt den Speicherplatz der Variablen aus der Aufrufumgebung mit und trägt so dem parasitären Charakter von Variablenparametern Rechnung (vgl. 3.5). Die entsprechende maschinelle Organisation übergibt beim Aufruf einer Prozedur die aktuellen Parameterwerte an prozedureigentümliche Variable, und zwar in Form von Objekten (für gewöhnliche Parameter) an gewöhnliche Variable, und von **Referenzen,** d.h. Adressen (für Variablenparameter) an besondere Variable, die **Leitvariable** genannt werden. Besondere Vorkehrungen sorgen dafür, daß eine Zuweisung auch an eine (indizierte) Variable erfolgen kann, deren Index eingebracht wurde und damit Wert einer Leitvariablen ist (**indirekte Adressierung**, H. SCHECHER 1955).

Auch (ein- oder mehrstufige) Felder mit konstanten Indexgrenzen werden so behandelt, als zu übergebende Referenz dient eine Bezugsadresse wie $\hat{m}$ (vgl. 3.6.3). Einzelheiten werden im 5. Kap. unter die Behandlung der dynamischen Speicherverteilung subsumiert werden.

3.6.4.3 In der technischen Realisierung verwendet man für Speicher überwiegend einen überschreibbaren Schriftträger. Auf dem Rechenformular bedeutet dies den Gebrauch von Bleistift und Radiergummi zwecks Einsparung von Ergebnisplätzen. Ein solches Formular gibt dann am Ende den Gang der Berechnung nicht mehr vollständig wieder, es „vergißt die Vorgeschichte“. Auf den Gang der Rechnung hat dies keinerlei Einfluß, wohl aber auf ihre Überprüfbarkeit und Überschaubarkeit an Hand des Formulars.

3.7* Aufbrechen von Formeln

Formeln sind in einer maschinenorientierten Sprache elementar, d.h. sie enthalten höchstens ein Operationszeichen. Es sind also neben Standardbezeichnungen wie

17	17
true	*true*
''buegeleisen''	'buegeleisen'
a	*a*
x0	*x0*
ledig	*ledig*

* Die Behandlung dieses Abschnittes kann bis zum 5. Kap. zurückgestellt werden.

nur einstellige elementare Formeln wie

-17	-17
$\neg$*ledig*	**not** *ledig*
abs *a*	*abs*(*a*)

und zweistellige elementare Formeln wie

$17+4$	$17+4$
$a \times b$	$a * b$
''buegel'' + ''eisen''	*conc*('buegel', 'eisen')
a **div** 2	*a* **div** 2

zulässig, wenn man unterstellt, daß keine mehr als zweistelligen Grundoperationen vorkommen. Kompliziertere Formeln müssen durch Einführung von Zwischenergebnisbezeichnungen aufgebrochen werden. Dabei verlängert sich die Aufschreibung - die Information wird für den menschlichen Leser verdünnt. Das Ergebnis ist eine recht maschinennahe, unstrukturierte prozedurale Programmierung, die vor allem das Erscheinungsbild der ‚Assemblersprachen' prägt.

3.7.1 Aufbrechen nach dem Kellerprinzip

Beispiel: Es seien

a, b Konstantenbezeichnungen der Sorte **int** bzw. *integer*
x, z Variable der Sorte **var real** bzw. **var** *real*

Die Formel

abs $(12 \times x - z/a) < b \times 1_{10} - 8$	$abs(12 * x - z/a) < b * 1E - 8$

kann aufgebrochen werden in eine Schachtelung von (kollektiven oder sequentialisierten) Zwischenergebnisvereinbarungen mit abschließendem Ergebnis

⌈(**real** *h1*, **real** *h2*) $\equiv (12 \times x,\ z/a)$;
  real *h3* $\equiv h1 - h2$;
 (**real** *h4*, **real** *h5*) $\equiv$ (**abs** *h3*, $b \times 1_{10} - 8$) ;
  bool *h6* $\equiv h4 < h5$;
  h6 ⌋ ,

die das Rechenformular bzw. den daraus entspringenden Kantorovičbaum der Formel (Abb. 105) widerspiegelt.

Dabei kann von paralleler Abarbeitung soweit wie möglich Gebrauch gemacht werden. Das erarbeitete Ergebnis ergibt sich aus der letzten Zeile; aus der Formel wurde also ein Abschnitt.

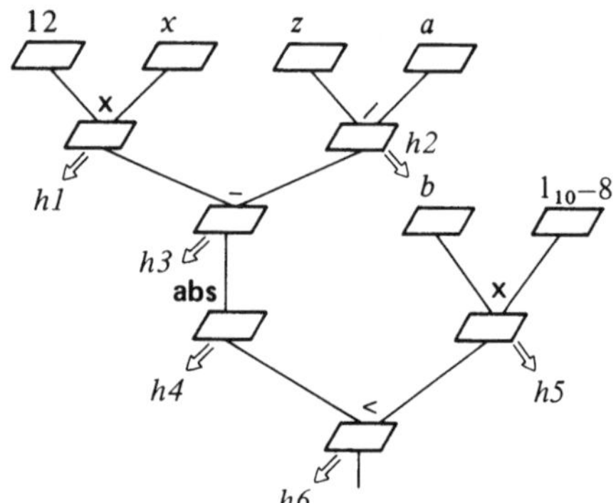

Abb. 105. Kantorovičbaum der Formel **abs** $(12\times x-z/a)<b\times 1_{10}-8$

Ähnlich wird eine Zwischenergebnisvereinbarung oder Zuweisung mit einer Formel auf der rechten Seite in eine Schachtelung von Zwischenergebnisvereinbarungen bzw. eine (geschachtelte) Anweisung überführt.

Orientiert man sich an sequentiell arbeitenden Maschinen, so wird man den Abschnitt sequentialisieren, etwa

⌈**real** $h1 \equiv 12\times x$;	**begin**
real $h2 \equiv z/a$;	$h1$: *real* $= 12*x$;
real $h3 \equiv h1 - h2$;	$h2$: *real* $= z/a$;
real $h4 \equiv$ **abs** $h3$;	$h3$: *real* $= h1 - h2$;
real $h5 \equiv b \times 1_{10} - 8$;	$h4$: *real* $=$ *abs* $(h3)$;
bool $h6 \equiv h4 < h5$;	$h5$: *real* $= b*1E-8$;
$h6$ ⌋	$h6$: *Boolean* $= h4 < h5$;
	›Res‹ ⇐ $h6$
	end

Diese spezielle Abfolge entspricht der in 2.3.3 für eine sequentiell arbeitende Formularmaschine eingeführten Berechnungsregel des ‚Kellerprinzips': *Von links nach rechts gelesen werden Operationen zurückgestellt wenn nötig und zurückgestellte Operationen ausgeführt sobald möglich.*

Der Vorrang ‚später' kommender Operationen wird dabei ausgedrückt durch explizite Klammerung oder durch Präzedenzregeln (2.2.2.1).

Eine sequentielle Form der Abarbeitung einer Formel kann dadurch beschrieben werden, daß der Kantorovič-Baum unter Erhaltung seiner topologischen Gestalt in einer Zeile geschrieben wird.

Abb. 106 zeigt den nach dem Kellerprinzip ‚topologisch sortierten' Kantorovičbaum obenstehender Formel.

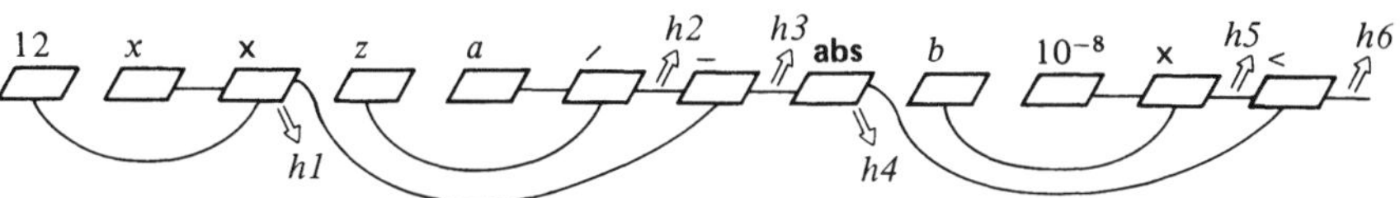

Abb. 106. Topologisch sortierter Kantorovičbaum in zeilenweiser Aufschreibung

Ein weiteres Beispiel ist die Formel (für den Kantorovič-Baum s. Abb. 107)

$$(a \times b + (a + d) \times c) / (a + b \times b),$$

für die sich nach dem Kellerprinzip folgende Sequentialisierung ergibt:

	begin
⌈**real** $h1 \equiv a \times b$;	$h1 : real = a * b$;
real $h2 \equiv a + d$;	$h2 : real = a + d$;
real $h3 \equiv h2 \times c$;	$h3 : real = h2 * c$;
real $h4 \equiv h1 + h3$;	$h4 : real = h1 + h3$;
real $h5 \equiv b \times b$;	$h5 : real = b * b$;
real $h6 \equiv a + h5$;	$h6 : real = a + h5$;
real $h7 \equiv h4 / h6$;	$h7 : real = h4 / h6$;
$h7$ ⌋	›Res‹ ⇐ $h7$
	end

Zwischenergebnisse, die beim Aufbrechen von eigentlichen Formeln auftreten, haben die Eigentümlichkeit, nur einmal verwendet zu werden[30].

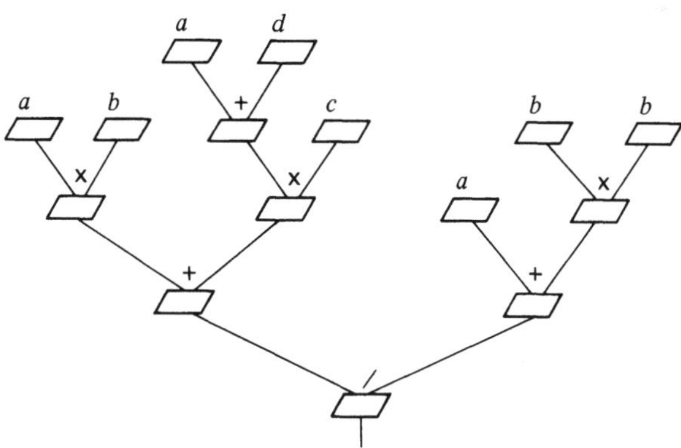

Abb. 107. Kantorovičbaum der Formel $(a \times b + (a + d) \times c) / (a + b \times b)$

[30] Dies gilt nur, solange nicht (aus Effizienzgründen und unter Ausnützung der Kollateralität) eine wiederholt vorkommende Teilformel nur einmal berechnet werden soll und damit der Rahmen der eigentlichen Formeln gesprengt wird.

3.7.2 Verwendung eines Zwischenergebniskellers

„Viele aber, die jetzt die Ersten sind, werden die Letzten sein, und die Letzten werden die Ersten sein."

Matth. 19, 30

Das Kellerprinzip zur Sequentialisierung hat einen besonderen Vorteil, wenn Zwischenergebnisbezeichnungen eingespart, d.h. an ihrer Stelle (Hilfs-)Variable verwendet werden:

Eine ersatzweise verwendete Variable kann sofort wiederverwendet werden, wenn sie einmal gebraucht worden ist. Die Höchstanzahl dabei einzuführender Variablen ist im allgemeinen weit geringer als die der insgesamt anfallenden Zwischenergebnisse.

Für das zuletzt gebrachte Beispiel ergibt sich unter Verwendung eines Feldes indizierter Variablen, daß die Variable $h[1]$ nacheinander die Rolle von *h1*, *h4*, *h7*; die Variable $h[2]$ die Rolle von *h2*, *h3*, *h5* und *h6* spielt:

	begin
⌜$h[1] := a \times b$;	$h[1] := a * b$;
$h[2] := a + d$;	$h[2] := a + d$;
$h[2] := h[2] \times c$;	$h[2] := h[2] * c$;
$h[1] := h[1] + h[2]$;	$h[1] := h[1] + h[2]$;
$h[2] := b \times b$;	$h[2] := b * b$;
$h[2] := a + h[2]$;	$h[2] := a + h[2]$;
$h[1] := h[1] / h[2]$;	$h[1] := h[1] / h[2]$;
$h[1]$ ⌟	›Res‹ ⇐ $h[1]$
	end

Das Beispiel illustriert, daß beim Arbeiten nach dem Kellerprinzip *immer die* zuletzt belegte Variable als erste wiederverwendbar wird (engl. '*last in – first out*').

Ein Speicher, der so organisiert ist, wird **Keller**[31] oder **Kellerspeicher** genannt (engl. *pushdown*, *pushdown store*). Ein Feld, das in dieser Weise verwendet wird, heißt ein **pulsierender Speicher**. Der Index der zuletzt benutzten Kellervariablen, der **Pegelstand** des pulsierenden Speichers („Ende belegter Speicher"), wird verändert in Abhängigkeit davon, wie viele (Hilfs-)Variable auf der rechten Seite der Zuweisung vorkommen, und zwar

[31] Die Bezeichnung ‚Keller' hierfür wurde von BAUER und SAMELSON in einer deutschen Patentanmeldung vom 30. März 1957 eingeführt.

um Eins erhöht, wenn keine Kellervariable vorkommt,
unverändert gelassen, wenn eine Kellervariable vorkommt,
um Eins erniedrigt, wenn zwei Kellervariablen vorkommen[32].

Damit kann nun unter Verwendung einer globalen Pegelvariablen i das letztgenannte Beispiel auch geschrieben werden

$$
\begin{array}{lll}
\ulcorner \textbf{co}\ i=0\ \textbf{oc} & h[i+1]:=a\times b\,; & i:=i+1\,; \\
 & h[i+1]:=a+d\,; & i:=i+1\,; \\
 & h[i]\quad :=h[i]\times c\,; & \\
 & h[i-1]:=h[i-1]+h[i]\,; & i:=i-1\,; \\
 & h[i+1]:=b\times b\,; & i:=i+1\,; \\
 & h[i]\quad :=a+h[i]\,; & \\
 & h[i-1]:=h[i-1]/h[i]\,; & i:=i-1\,; \\
\textbf{co}\ i=1\ \textbf{oc} & & \lrcorner\,.
\end{array}
$$

Am Ende der Abarbeitung einer Formel steht das erarbeitete Ergebnis immer in der Variablen $h[1]$, es gilt also $i=1$ (Kontrolle!). Durch eine anschließende Zuweisung oder Zwischenergebnisvereinbarung wird der Zwischenergebniskeller völlig frei, es gilt also wie zu Beginn $i=0$.

3.7.3 Überführung in Drei-Adreß-Form

Wenn schon ein Keller bzw. ein pulsierender Speicher benutzt wird, könnte man auch auf den Gedanken kommen, zur Durchführung der Grundoperatio-

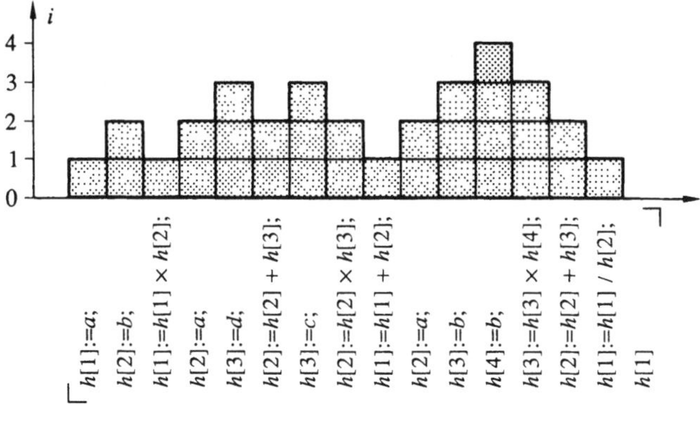

Abb. 108. Keller

[32] Wollte man jedoch die Kollateralität bewahren, so käme man mit einem Keller nicht aus. Für jeden ‚Zweig' der kollateralen Verarbeitung wäre ein eigener Keller nötig. S. auch 3.7.5.

nen ausschließlich die Kellervariablen zu verwenden. Diese geringfügige Änderung erfordert ein ‚Laden' aller in der Formel vorkommenden Größen – in der Reihenfolge ihres Auftretens von links nach rechts – in den Keller, vgl. Abb. 108. Es ergibt sich (links ohne, rechts mit Pegelzählung)

⌈$h[1] := a$;	⌈**co** $i = 0$ **oc** $h[i+1] := a$;	$i := i+1$;
$h[2] := b$;	$h[i+1] := b$;	$i := i+1$;
$h[1] := h[1] \times h[2]$;	$h[i-1] := h[i-1] \times h[i]$;	$i := i-1$;
$h[2] := a$;	$h[i+1] := a$;	$i := i+1$;
$h[3] := d$;	$h[i+1] := d$;	$i := i+1$;
$h[2] := h[2] + h[3]$;	$h[i-1] := h[i-1] + h[i]$;	$i := i-1$;
$h[3] := c$;	$h[i+1] := c$;	$i := i+1$;
$h[2] := h[2] \times h[3]$;	$h[i-1] := h[i-1] \times h[i]$;	$i := i-1$;
$h[1] := h[1] + h[2]$;	$h[i-1] := h[i-1] + h[i]$;	$i := i-1$;
$h[2] := a$;	$h[i+1] := a$;	$i := i+1$;
$h[3] := b$;	$h[i+1] := b$;	$i := i+1$;
$h[4] := b$;	$h[i+1] := b$;	$i := i+1$;
$h[3] := h[3] \times h[4]$;	$h[i-1] := h[i-1] \times h[i]$;	$i := i-1$;
$h[2] := h[2] + h[3]$;	$h[i-1] := h[i-1] + h[i]$;	$i := i-1$;
$h[1] := h[1] / h[2]$;	$h[i-1] := h[i-1] / h[i]$;	$i := i-1$;
$h[1]$ ⌋	**co** $i = 1$ **oc** $h[i]$	⌋

Die in dieser Fassung auftretenden Zuweisungen der Form

$$h[i] := h[j] \ \gamma \ h[k]$$

heißen **Drei-Adreß-Befehle**, die (relativen) Adressen j, k sind **Operandenadressen**, i ist eine **Resultatadresse**, γ ist eine zweistellige Grundoperation.

Drei-Adreß-Befehle bilden, zusammen mit **Zwei-Adreß-Befehlen** der Form

$$h[i] := \sigma \ h[j]$$

für einstellige Grundoperationen σ und **Ladebefehlen** der Form

$$h[i] := \text{›Wert‹}$$

in manchen Maschinen das Rückgrat des Repertoires an Grundbefehlen und tauchen deshalb in den zugehörigen Assemblersprachen auf. Bei der Behandlung nach dem Kellerprinzip treten jedoch Zwei- bzw. Drei-Adreß-Befehle nur in der Form

$$h[i] := \sigma \ h[i] \quad \text{bzw.} \quad h[i-1] := h[i-1] \ \gamma \ h[i]$$

auf, in der eine Operandenadresse mit der Resultatadresse zusammenfällt und die andere Operandenadresse sich als deren Nachfolger ergibt.

Auch die Drei-Adreß-Form läßt sich unmittelbar aus dem Kantorovičbaum (Abb. 107) gewinnen; am einfachsten, indem man die Formel vollständig in Postfixschreibweise (in reversierter Funktionsschreibweise) anschreibt

$$(((a, b)f_\times, ((a, d)f_+, c)f_\times)f_+, (a, (b, b)f_\times)f_+)f_/ \quad ,$$

oder klammerfrei[33]

$$a\; b \times a\; d + c \times + a\; b\; b \times + / \quad . \qquad (*)$$

Ordnet man jedem Operandenzeichen den entsprechenden Ladebefehl, jedem Operationszeichen den entsprechenden Drei-Adreß-Befehl zu, so geht die (klammerfreie) Postfixform in die obige Befehlsfolge über, die sich beim Aufbrechen der Formel nach dem Kellerprinzip ergab. Überführung in (klammerfreie) Postfixschreibweise und Aufbrechen einer Formel nach dem Kellerprinzip sind äquivalent[34].

Ein algorithmisches Verfahren zur Überführung des Kantorovičbaumes in die Postfixschreibweise ist also das folgende rekursive Verfahren des **Baumdurchlaufs** mit der sogenannten **Postfix-Ordnung** (engl. *post-order*):

Ein Kantorovičbaum heißt **atomar**, wenn er nur aus einem Operandenzeichen besteht.

Die Postfixschreibweise eines nicht-atomaren Kantorovičbaumes ergibt sich aus den Postfixschreibweisen all seiner Teilbäume, konkateniert in der Reihenfolge von links nach rechts, gefolgt von dem Operationszeichen an der Wurzel des Baumes. Die Postfixschreibweise eines atomaren Kantorovičbaumes ist das Operandenzeichen.

In unserem Beispiel sind alle Operationen zweistellig, der Kantorovičbaum ist ein **dyadischer** Baum; die Postfixordnung erhält man in der Reihenfolge

linker Teilbaum - rechter Teilbaum - Wurzel.

Abb. 109 zeigt den Ablauf des Algorithmus für unser Beispiel.

3.7.4 Überführung in Ein-Adreß-Form

In den meisten Maschinen sieht man für Grundoperationen nicht drei Adressen vor, sondern nur eine einzige, und verwendet für Operationen, in denen

---

[33] Eine klammerfreie Präfixschreibweise, auch „polnische Schreibweise“ (engl. *Polish notation*) genannt, wurde eingeführt in der Schule des polnischen Logikers ŁUKASIEWICZ um 1925. Die hier auftretende klammerfreie Postfixschreibweise wird auch “*reverse Polish notation*” genannt.

[34] ANGSTL und BAUER, 1950. Verwirklicht im Formelrechner STANISLAUS, der im Deutschen Museum in der Sammlung „Informatik und Automatik“ steht.

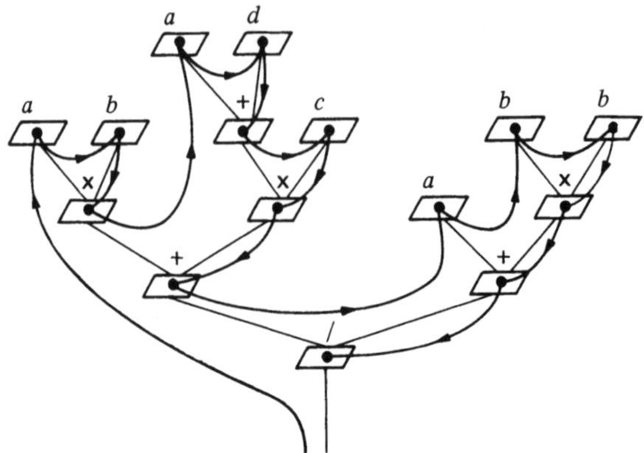

Abb. 109. Kantorovič-Baum der Formel $(a \times b + (a+d) \times c)/(a + b \times b)$ mit Baumdurchlauf

eine Operandenadresse und die Resultatadresse zusammenfallen, eine Sondervariable **AC** (genannt **Akkumulator**) auf der man operiert, etwa

$$\mathbf{AC} := \mathbf{AC} + a\ .$$

Die Standardbezeichnung **AC**, schon durch die Schriftart ausgezeichnet, soll nur für diesen Zweck Verwendung finden. Zunächst soll weiterhin angenommen werden, daß Variable sortenspezifisch sind; man muß, streng genommen, Akkumulatoren $\mathbf{AC}_{\mathbf{real}}$ für numerisch-reelle, $\mathbf{AC}_{\mathbf{int}}$ für ganzzahlige Rechnungen etc. unterscheiden.

Die **Ein-Adreß-Befehle** für zweistellige Operationen haben nun die Form

$$\mathbf{AC} := \mathbf{AC}\ \gamma\ h[i]\ ;$$

dazu treten Befehle für einstellige Operationen

$$\mathbf{AC} := \sigma\ \mathbf{AC}$$

und direkte Ladebefehle

AC := ›Wert‹[35] .

Typisch sind der adressierte Ladebefehl

$$\mathbf{AC} := h[i]$$

[35] Befehle wie **AC** := ›Wert‹ und **AC** := **AC** γ ›Wert‹ mit expliziter Angabe des Objekts im Befehl sind in manchen Maschinen nicht verfügbar.

(‚Bringen in den Akkumulator') sowie der adressierte Speicherbefehl, das ‚Zuweisen aus dem Akkumulator'

$$h[i] := \mathbf{AC}\,.$$

Das erarbeitete Ergebnis einer Formel fällt jetzt im **AC** an. Die Überführung von der aufgebrochenen Form in 3.7.2 in die Ein-Adreß-Form kann mechanisch geschehen, unter Ersetzung jeder einzelnen Zuweisung $a := b \,\gamma\, c$ durch eine Folge von Ein-Adreß-Befehlen

$$\mathbf{AC} := b\,;\; \mathbf{AC} := \mathbf{AC}\,\gamma\, c\,;\; a := \mathbf{AC}\,.$$

Dabei ergeben sich allerdings gelegentlich überflüssige Befehle, die weggelassen werden können, etwa für das in 3.7.2 behandelte Beispiel

(*)

⌜**AC** := a ; **AC** := **AC** × b ; h[1] := **AC** ;
AC := a ; **AC** := **AC** + d ; ~~h[2] := **AC**~~ ;
~~**AC** := h[2]~~ ; **AC** := **AC** × c ; h[2] := **AC** ;
AC := h[1] ; **AC** := **AC** + h[2] ; h[1] := **AC** ;
AC := b ; **AC** := **AC** × b ; h[2] := **AC** ;
AC := a ; **AC** := **AC** + h[2] ; h[2] := **AC** ;
AC := h[1] ; **AC** := **AC**/h[2] ; h[1] := **AC** ;
h[1] ⌟ ,

wobei die Teilfolge h[2] := **AC**; **AC** := h[2] überflüssig ist und weggelassen werden darf. Auch die abschließende Folge h[1] := **AC**; h[1] kann durch **AC** ersetzt werden.

Jedoch stellt diese Gewinnung einer Ein-Adreß-Form ohnehin einen Umweg dar. Einfacher ist es, den Kantorovič-Baum der Formel, wie in Abb. 109 angedeutet, nach dem Kellerprinzip in eine Zeile (‚topologisch sortiert') zu schreiben (Abb. 110) und sodann die Ein-Adreß-Operation abzulesen.

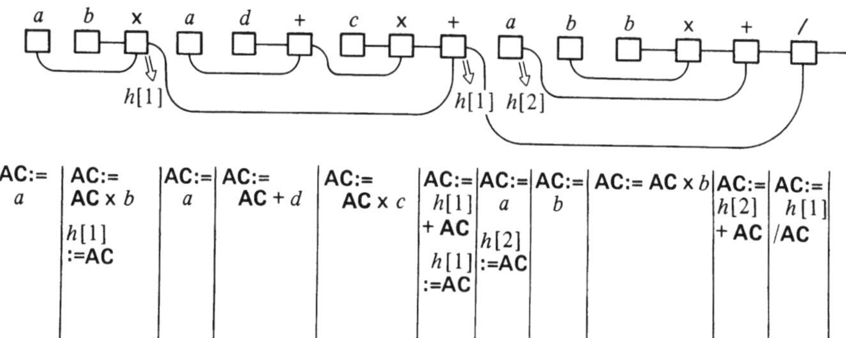

Abb. 110. Gewinnung der Ein-Adreß-Form aus dem Kantorovičbaum

Damit ergibt sich

$$
\begin{array}{llll}
 & \ulcorner \mathbf{AC} := a\,; & \mathbf{AC} := \mathbf{AC} \times b\,; & h[1] := \mathbf{AC}\,; \\
 & \mathbf{AC} := a\,; & \mathbf{AC} := \mathbf{AC} + d\,; & \\
 & & \mathbf{AC} := \mathbf{AC} \times c\,; & \\
 & & \mathbf{AC} := h[1] + \mathbf{AC}\,; & h[1] := \mathbf{AC}\,; \\
(**) & \mathbf{AC} := a\,; & & h[2] := \mathbf{AC}\,; \\
 & \mathbf{AC} := b\,; & \mathbf{AC} := \mathbf{AC} \times b\,; & \\
 & & \mathbf{AC} := h[2] + \mathbf{AC}\,; & \\
 & & \mathbf{AC} := h[1] / \mathbf{AC}\,; & \\
 & \mathbf{AC} & & \lrcorner
\end{array}
$$

Eine Vereinfachung gegenüber (*) rührt davon her, daß jetzt neben Befehlen

$$\mathbf{AC} := \mathbf{AC}\ \gamma\ h[i]$$

auch **konverse** Befehle

$$\mathbf{AC} := h[i]\ \gamma\ \mathbf{AC}$$

vorkommen. So ist die am Schluß von (*) vorkommende Folge

$$h[2] := \mathbf{AC}\,;\ \mathbf{AC} := h[1]\,;\ \mathbf{AC} := \mathbf{AC}/h[2]$$

durch

$$\mathbf{AC} := h[1]/\mathbf{AC}$$

ersetzt worden[36].

Für kommutative zweistellige Operationen ist natürlich kein konverser Befehl erforderlich. Da die Addition (sogar für numerisch-reelle Rechnung) kommutativ ist, kann in (*)

$$h[2] := \mathbf{AC}\,;\ \mathbf{AC} := h[1]\,;\ \mathbf{AC} := \mathbf{AC} + h[2]$$

nicht nur durch

$$\mathbf{AC} := h[1] + \mathbf{AC}\,,$$

sondern auch durch

$$\mathbf{AC} := \mathbf{AC} + h[1]$$

abgekürzt werden.

Man beachte auch die fünf eingerahmten Befehle in (**) zur Berechnung von $\mathbf{AC} := a + b \times b$, denen in (*) eine andere Version mit fünf Befehlen gegen-

[36] Geht man von der starren „von links nach rechts"-Reihenfolge des Kellerprinzips ab, so kann man ohne konverse Befehle auskommen, wenn man die Reihenfolge der Beschaffung der kollateralen Operationen vertauscht.

übersteht – der Unterschied liegt in der Verwendung von **AC** := h[2] + **AC** bzw. **AC** := **AC** + h[2].

3.7.5 Grenzen des Kellerprinzips

Das Kellerprinzip hat wegen seiner Durchsichtigkeit und leichten Mechanisierbarkeit weite Verbreitung gefunden, vor allem im Übersetzerbau. Im Schnitt sorgt es für eine recht ökonomische Speicherverteilung, obschon es in einzelnen Fällen keineswegs Hilfsvariable sparen hilft. Seine Unsymmetrie ist ein Nachteil: wird

$$f/(a+b\times b)$$

von links nach rechts nach dem Kellerprinzip behandelt, so ergibt sich die Ein-Adreß-Form

```
⌈AC := f;                                h[1] := AC;
 AC := a;                                h[2] := AC;
 AC := b;  AC := AC × b;
           AC := h[2] + AC;
           AC := h[1]/AC;
 AC                                              ⌋
```

Dagegen würde sich beim Arbeiten von rechts nach links ergeben

```
⌈ AC := b;  AC := b × AC;
            AC := a + AC;
            AC := f/AC;
  AC                        ⌋
```

Heute kommen in großen Rechenanlagen nicht nur tatsächlich sortenspezifische Akkumulatoren vor, sondern es werden auch zunehmend mehrere Akkumulatoren zusammen mit getrennt arbeitenden Verarbeitungswerken für Grundoperationen verfügbar gemacht. Die sich damit bietenden Möglichkeiten der Parallelarbeit führen jedoch auf die Schwierigkeiten, sie optimal zu nutzen.

3.7.6 Aufbrechen von Fallunterscheidungen

In den Beispielen dieses Abschnitts haben wir bedingte Formeln ausgespart. Bilden sie die rechte Seite einer Zuweisung, so kann zu bedingten Anweisungen übergegangen werden, andernfalls muß dazu eine Hilfsvariable eingeführt werden; die Zuweisung

```
›Variable‹ := if ›Bedingung‹ then ›Ja-Formel‹
                              else ›Nein-Formel‹ fi
```

geht über in die Anweisung

```
if ›Bedingung‹ then ›Variable‹ := ›Ja-Formel‹
               else ›Variable‹ := ›Nein-Formel‹ fi .
```

In PASCAL haben wir es ohnehin nur mit bedingten Anweisungen zu tun[37].

Eine bedingte Anweisung kann jedoch auf **bedingte Sprünge**

```
if ›Bedingung‹ then goto ›Marke‹ else skip fi
```

zurückgeführt werden. Dazu werden etwa in der alternativen Anweisung

```
if ›Bedingung‹ then ›Ja-Anweisung‹
               else ›Nein-Anweisung‹ fi ; ⁓
```

zunächst die ›Ja-Anweisung‹ und die ›Nein-Anweisung‹ herausgelöst:

```
     if ›Bedingung‹ then goto mj else goto mn fi ;
mn: ⌈›Nein-Anweisung‹⌋ ; goto m ;
mj: ⌈›Ja-Anweisung‹  ⌋ ; goto m ;
m:    ⁓
```

Das kann verkürzt werden zu der Fassung des ‚Überspringens' der Nein-Anweisung

```
     if ›Bedingung‹ then goto mj else skip fi ;
     ⌈›Nein-Anweisung‹⌋ ; goto m ;
mj: ⌈›Ja-Anweisung‹  ⌋ ;
m:    ⁓
```

Ist die ›Ja-Anweisung‹ leer,

```
if ›Bedingung‹ then skip else ›Nein-Anweisung‹ fi ,
```

so fallen *mj* und *m* zusammen:

```
     if ›Bedingung‹ then goto m else skip fi ;
     ⌈›Nein-Anweisung‹⌋ ;
m:    ⁓
```

Ist die ›Nein-Anweisung‹ leer,

```
if ›Bedingung‹ then ›Ja-Anweisung‹ else skip fi ; ⁓
```

[37] Da die PASCAL-Fassungen in diesem Abschnitt nur trivial abweichen, verzichten wir darauf, sie eigens anzugeben.

so ist es also besser, die Rollen von Ja-Anweisung und Nein-Anweisung zu vertauschen, man erhält die Fassung des ‚Nichtüberspringens' der Ja-Anweisung

if $\neg$›Bedingung‹ **then goto** *m* **else skip fi** ;
⌈ ›Ja-Anweisung‹ ⌋ ;
m: ⋀⋀⋀ .

Es verbleiben also bedingte Sprünge, in denen ›Bedingung‹ eine Formel ist, die einen Wahrheitswert liefert. Wenn das Ergebnis in einem $\mathbf{AC}_{\mathbf{bool}}$ anfällt, hat man auf alle Fälle $\mathbf{AC}_{\mathbf{bool}} = \mathbf{T}$ oder $\mathbf{AC}_{\mathbf{bool}} = \mathbf{F}$ zu prüfen. Vertauschung der Zweige einer Alternative läßt einen der Fälle auf den anderen zurückführen. Man kommt also mit einem **bedingten Sprungbefehl**

if $\mathbf{AC}_{\mathbf{bool}}$ **then goto** ›Marke‹ **else skip fi**

aus. Ist aber die letzte Operation bei der Auswertung der Bedingung eine Vergleichsoperation wie

$$.=.\,,\ .\neq.\,,\ .\leqq.\,,\ .>.\,,\ .<.\,,\ .\geqq.$$

zwischen ganzen oder numerisch-reellen Zahlen, so kann diese mit Hilfe einer Subtraktion auf einen der sechs Fälle

$\mathbf{AC} = 0$	$\mathbf{AC} \neq 0$
$\mathbf{AC} \geqq 0$	$\mathbf{AC} < 0$
$\mathbf{AC} > 0$	$\mathbf{AC} \leqq 0$

zurückgeführt werden. Vertauschung der Operanden der Subtraktion macht die dritte Zeile entbehrlich.

Vertauschung der Zweige einer Alternative läuft auf Negation hinaus und macht die rechte Spalte überflüssig; man kann im Prinzip mit den beiden akkumulatorbedingten Sprüngen

if $\mathbf{AC} = 0$ **then goto** ›Marke‹ **else skip fi**

und

if $\mathbf{AC} \geqq 0$ **then goto** ›Marke‹ **else skip fi**

für ganze und numerisch-reelle Zahlen auskommen.

Beispiel (vgl. 3.5.2(c))

proc *ord* ≡ (**var int** *u*, *v*):
  if $u \geqq v$ **then skip**
  ▯ $u \leqq v$ **then call** *exch*(*u*, *v*) **fi**

Es erscheint zweckmäßig, den zweiten Wächter zu $u < v$ einzuengen; mittels einer Subtraktion ergibt sich

```
proc ord≡(var int u, v):
 ⌈AC:=u;
  AC:=AC−v;
  if AC≧0 then skip
            else call exch(u, v) fi ⌋
```

und daraus

```
proc ord≡(var int u, v):
 ⌈AC:=u;
  AC:=AC−v;
  if AC≧0 then goto m else skip fi;
  call exch(u, v);
  m: skip                          ⌋
```

Auch sequentielle Fallunterscheidungen lassen sich so stufenweise behandeln. Dasselbe gilt für bewachte Fallunterscheidungen:

if $x>0$ **then** $x:=1$ ▯ $x=0$ **then skip** ▯ $x<0$ **then** $x:=-1$ **fi**

kann sequentialisiert werden zu

if $x \geqq 0$ **then if** $x=0$ **then skip else** $x:=1$ **fi else** $x:=-1$ **fi** ,

woraus sich ergibt

```
⌈    AC:=x;
     if AC≧0 then goto mj else skip fi;
     x:=−1; goto m;
mj:  if AC=0 then goto m else skip fi;
     x:=1;
m:   skip                              ⌋
```

Durchwegs ist unterstellt, daß ein (bedingter oder unbedingter) Sprung den Akkumulator unverändert läßt.

3.7.7 Elimination Boolescher Operationen

Schon in 2.2.3.4 wurde darauf hingewiesen, daß die Konjunktion .∧. bzw. **.and.** und die Disjunktion .∨. bzw. **.or.** durch geeignete Fallunterscheidungen ersetzt werden kann und daß dies außerdem arbeitssparend sein kann, da auf die Erarbeitung des zweiten Operanden unter Umständen verzichtet wird (sequentielle Konjunktion, sequentielle Disjunktion). Voraussetzung hierfür ist allerdings, daß dieser definiert ist und keine Seiteneffekte verursacht, worauf in ALGOL 68 und PASCAL besonders zu achten ist.

Die sich so ergebenden Fallunterscheidungen können dann wieder auf bedingte Sprünge zurückgeführt werden.

Beispiel:

```
x:= if x≧0 ∧ x<1 then sqrt((1−x)×x) else 0 fi ; ~~~
```

Die Bedingung $x \geqq 0 \wedge x < 1$ kann zunächst ersetzt werden durch

```
if x<1 then x≧0 else false fi .
```

Das ergibt

```
if if x<1 then x≧0 else false fi then x:=sqrt((1−x)×x)
                                 else x:=0               fi ; ~~~   .
```

Nunmehr kann ausführlich geschrieben werden

```
if if x<1
   then ┌────────────────────┐
        │if x≧0              │
        │      then true     │
        │      else false fi │
        └────────────────────┘
   else false                fi then x:=sqrt((1−x)×x)
                                else x:=0               fi ; ~~~   .
```

Daraus ergibt sich die Vereinfachung

```
if x<1
   then if x≧0 then x:=sqrt((1−x)×x)
               else x:=0               fi
   else x:=0                            fi ; ~~~   .
```

Die doppelte Aufschreibung der Zuweisung $x:=0$ wird rückgängig gemacht durch Herauslösen der beiden Zuweisungen

```
if x<1 then if x≧0 then goto mj
                    else goto mn fi
       else goto mn               fi ;
mn : x:=0; goto m ;
mj : x:=sqrt((1−x)×x); goto m ;
m  : ~~~
```

Somit ergibt sich schließlich

AC := x ; **AC** := **AC** − 1 ;
if AC ≧ 0 **then goto** *mn* **else skip fi** ;
AC := x ;
if AC ≧ 0 **then goto** *mj* **else skip fi** ; ~~**goto** *mn*~~ ;

```
mn : AC:=0 ; x:=AC; goto m ;
mj : AC:=x ;
     AC:=1-AC ;
     AC:=AC×x ;
     AC:=sqrt(AC) ; x:=AC; goto m ;
m  : ⁓
```

3.7.8 Zusammenfassung: Befehlsvorrat einer von Neumann-Maschine

Bei Beschränkung auf das Arbeiten mit den Rechenstrukturen $\mathbb{Z}$ und $\mathbb{N}$, **$\mathbb{R}$eal** und $\mathbb{Q}$ sowie $\mathbb{B}_2$ kommt man mit einigen wenigen Ein-Adreß- (bzw. Drei-Adreß-) Befehlen aus:

- Operationsbefehlen, die sortenspezifisch sind, etwa $+$, $-$, $\times$, $/$,
- adressierten Lade- und Speicherbefehlen,
- Sprungbefehlen.

Hinzu treten adreßfreie Befehle
- für einstellige Operationen,
- der direkte Ladebefehl.

Solche Befehle sind typisch für das Befehlsrepertoire einer klassischen von Neumann-Maschine. Auch das Fehlen von speziellen Befehlen für Operationen auf Zeichenfolgen oder Bäumen ist für die von Neumann-Maschine kennzeichnend.

4 Binäre Schaltnetze und Schaltwerke

Im vorangehenden Kapitel wurden maschinenorientierte Begriffe und Methoden eingeführt, die für den maschinellen Ablauf einer Berechnung wesentlich sind. Der innere Aufbau der zugrundeliegenden Rechenstruktur blieb dabei unberücksichtigt. In diesem Kapitel soll ein weiterer Zug der modernen Maschinen ins Spiel gebracht werden: die Zurückführung aller Rechenstrukturen auf Binärworte und mit ihnen auszuführende Algorithmen. Dabei werden sich Ausblicke auf technische Realisierungen ergeben. Einleitend werden einige Grundlagen über abstrakte Boolesche Algebra bereitgestellt.

4.1* Boolesche Algebra

4.1.1 Abstrakte Definition einer Booleschen Algebra

Für die in 2.1.3.6 eingeführte und kurz diskutierte Rechenstruktur $\mathbb{B}_2$ der Wahrheitswerte sind die in Tabelle 9 aufgeführten Gesetze bezeichnend, jedoch legen sie keineswegs (bis auf Isomorphie) genau ein Modell fest.

Eine nichtleere Menge von Elementen zusammen mit den zweistelligen Operationen $.\wedge.$, $.\vee.$ (**Konjunktion, Disjunktion**), die den Kommutativ-, Assoziativ-, Idempotenz- und Absorptionsgesetzen genügen, heißt **Verband**, bzw., wenn auch die Distributivgesetze erfüllt sind, **distributiver Verband**. Wird eine einstellige involutorische Operation $\neg.$ (**Negation**) hinzugenommen und gelten die Gesetze von DE MORGAN und die Neutralitätsgesetze, so spricht man von einem **Booleschen Verband** oder einer **Booleschen Algebra**.

4.1.1.1 Aus den Gesetzen läßt sich herleiten, daß für beliebige f, g stets $f \wedge \neg f = g \wedge \neg g$ und $f \vee \neg f = g \vee \neg g$ gilt – nach dem Neutralitätsgesetz und dem Kommutativgesetz gilt z.B.

---

* Die Behandlung dieses Abschnitts kann bereits nach 2.2 erfolgen

$f \wedge \neg f = (f \wedge \neg f) \vee (g \wedge \neg g) = (g \wedge \neg g) \vee (f \wedge \neg f) = g \wedge \neg g$. Bezeichnet man $f \wedge \neg f$ mit **O** und $g \vee \neg g$ mit **L**, so gilt

$$\begin{array}{ll} \neg \mathbf{L} = \mathbf{O} & \neg \mathbf{O} = \mathbf{L} \\ f \wedge \mathbf{L} = f & f \wedge \mathbf{O} = \mathbf{O} \\ f \vee \mathbf{L} = \mathbf{L} & f \vee \mathbf{O} = f \end{array} \qquad (*)$$

Eine Boolesche Algebra heißt **degeneriert**, wenn **O** und **L** zusammenfallen; sie enthält dann wegen $f = f \wedge \mathbf{L} = f \wedge \mathbf{O} = \mathbf{O}$ kein weiteres Element, also genau ein Element. Eine nichtdegenerierte Boolesche Algebra – und nur solche werden wir weiterhin betrachten – enthält die beiden **neutralen Elemente O (Nullelement)** und **L (Einselement)**.

Aus $f \wedge g = \mathbf{L}$ folgt $f = g = \mathbf{L}$, denn z.B.

$$f = f \vee (f \wedge g) = f \vee \mathbf{L} = \mathbf{L}\,.$$

Man nennt dies die **Unzerlegbarkeit** des neutralen Elements **L**.

4.1.1.2 Eine nichtdegenerierte, zweielementige Boolesche Algebra besteht also aus dem Nullelement und dem Einselement allein. Das mit IBIT bezeichnete **Binär-Modell** wird von den ausgezeichneten Elementen $\{\mathbf{O}, \mathbf{L}\}$ erzeugt mit den Wertetafeln, die sich aus (*) ergeben (Abb. 111).

∧	L	O
L	L	O
O	O	O

∨	L	O
L	L	L
O	L	O

	L	O
¬	O	L

Abb. 111. Wertetafeln für Grundoperationen in IBIT

Ein isomorphes zweielementiges Modell ist das **Wahrheitswertemodell**, die Rechenstruktur $\mathbb{B}_2$ der Wahrheitswerte (vgl. 2.1.3.6, Abb. 47), mit der Zuordnung

(i) $\mathbf{F} \triangleq \mathbf{O} \quad \mathbf{T} \triangleq \mathbf{L}\,.$

Die Teilmengen einer beliebigen (nichtleeren) Grundmenge G zusammen mit Durchschnitt, Vereinigung und Komplement für $.\wedge.$, $.\vee.$ und $\neg .$ bilden ebenfalls ein (nichtdegeneriertes) Modell $\mathfrak{P}(G)$, mit G als Einselement und $\emptyset$, der leeren Menge, als Nullelement. $\mathbb{B}_2$ ist isomorph den Teilmengen einer einelementigen Menge. Als Korollar eines berühmten Satzes von Stone (1934) ergibt sich, daß jedes endliche Modell der Booleschen Algebra isomorph den Teilmengen einer endlichen Menge ist und damit 2^n $(n \in \mathbb{N})$ Elemente besitzt; endliche Modelle sind isomorph, wenn sie gleiche Anzahl von Elementen haben.

4.1.1.3 Neben Konjunktion und Disjunktion sind im Hinblick auf technische Realisierungen von Schaltfunktionen noch besonders wichtig die kommutativen Verknüpfungen (in Infixschreibweise):

$a_1 \bar{\vee} a_2 =_{\text{def}} \neg a_1 \wedge \neg a_2$ (**Peirce-Funktion**, auch (s. 4.1.1.4) ‚NOR-Verknüpfung' - “*not or*”).

$a_1 \bar{\wedge} a_2 =_{\text{def}} (\neg a_1 \wedge a_2) \vee (a_1 \wedge \neg a_2) \vee (\neg a_1 \wedge \neg a_2)$ (**Sheffer-Funktion**, auch (s. 4.1.1.4) ‚NAND-Verknüpfung' - “*not and*”)

Ferner kommen noch häufiger vor die nichtkommutativen Verknüpfungen (in Infixschreibweise):

$a_1 \rightarrow a_2 =_{\text{def}} \neg a_1 \vee a_2$ (**Subjunktion**, auch ‚Implikation'[1])

$a_1 \backslash a_2 =_{\text{def}} a_1 \wedge \neg a_2$ (**Subtraktion**[2])

Insbesondere gilt für beliebiges f $\quad \mathbf{O} \rightarrow f = \mathbf{L} \quad \mathbf{L} \rightarrow f = f$

$$f \rightarrow \mathbf{L} = \mathbf{L} \qquad f \rightarrow \mathbf{O} = \neg f .$$

Kommutativ und assoziativ sind ferner die beiden folgenden Verknüpfungen (in Infixschreibweise):

$a_1 \leftrightarrow a_2 =_{\text{def}} (a_1 \wedge a_2) \vee (\neg a_1 \wedge \neg a_2)$ (**Bisubjunktion**, auch ‚Äquivalenz'[1])

$a_1 \not\leftrightarrow a_2 =_{\text{def}} (a_1 \wedge \neg a_2) \vee (\neg a_1 \wedge a_2)$ (**Bisubtraktion**, auch ‚Antivalenz'[1,3])

Insbesondere gilt

$$\mathbf{O} \leftrightarrow f = \neg f \qquad \mathbf{L} \leftrightarrow f = f .$$

Speziell hat man

$$\mathbf{O} \not\leftrightarrow \mathbf{O} = \mathbf{O} \qquad \mathbf{O} \not\leftrightarrow \mathbf{L} = \mathbf{L}$$
$$\mathbf{L} \not\leftrightarrow \mathbf{O} = \mathbf{L} \qquad \mathbf{L} \not\leftrightarrow \mathbf{L} = \mathbf{O} ;$$

wird **O** mit 0 und **L** mit 1 identifiziert, bezeichnet $.\not\leftrightarrow.$ die Operation der ‚Addition modulo 2'.

4.1.1.4 Feststellungen über Gleichwertigkeit von Ausdrücken mit booleschen Verknüpfungen lassen sich aufgrund der Gesetze der Booleschen Algebra beweisen. So erhält man

$$a_1 \bar{\vee} a_2 = \neg(a_1 \vee a_2)$$
$$a_1 \backslash a_2 = \neg(a_1 \rightarrow a_2)$$
$$a_1 \not\leftrightarrow a_2 = \neg(a_1 \leftrightarrow a_2)$$

---

[1] Der Sinn dieser Benennungen wird in 4.1.3 deutlich werden.

[2] Für das Teilmengenmodell die ‚mengentheoretische Differenz'.

[3] Auch als ‚ausschließendes Oder', lat. *aut*, bezeichnet, im Gegensatz zur Disjunktion, die auch als ‚nichtausschließendes Oder', in der Patentliteratur als ‚und/oder', lat. *vel*, bezeichnet wird.

aufgrund der Gesetze von DE MORGAN und des Involutionsgesetzes. Wenig mehr Mühe macht, für die Bisubjunktion

$$(\neg a_1 \vee a_2) \wedge (a_1 \vee \neg a_2) = (a_1 \wedge a_2) \vee (\neg a_1 \wedge \neg a_2)$$

zu beweisen. Man kann allgemeiner mittels des Distributivgesetzes und des Idempotenzgesetzes zeigen

$$(\neg a_1 \vee a_2) \wedge (a_1 \vee a_3) = (a_1 \wedge a_2) \vee (\neg a_1 \wedge a_3) .$$

Oft lassen sich Ausdrücke mit Booleschen Verknüpfungen beträchtlich vereinfachen.

Beispiel: Es ist

$$\begin{aligned} (a \wedge b) \vee (\neg a \wedge b) \vee (a \wedge \neg b) &= \\ ((a \wedge b) \vee (\neg a \wedge b)) \vee (a \wedge \neg b) &= \\ ((a \vee \neg a) \wedge b) \vee (a \wedge \neg b) &= \\ (\mathbf{L} \wedge b) \vee (a \wedge \neg b) &= \\ b \vee (a \wedge \neg b) &= \\ (b \vee a) \wedge (b \vee \neg b) &= \\ (b \vee a) \wedge \mathbf{L} &= \\ b \vee a & \end{aligned}$$

Somit ist auch

$$a_1 \bar{\wedge} a_2 = \neg a_2 \vee \neg a_1 ,$$

also

$$a_1 \bar{\wedge} a_2 = \neg(a_1 \wedge a_2) .$$

Schließlich ergibt das Idempotenzgesetz

$$a \bar{\vee} a = \neg a$$

somit

$$(a \bar{\vee} a) \bar{\vee} (b \bar{\vee} b) = a \wedge b$$
$$(a \bar{\vee} b) \bar{\vee} (a \bar{\vee} b) = a \vee b .$$

Mit Hilfe der NOR-Verknüpfung (und ähnlich mit Hilfe der NAND-Verknüpfung) allein lassen sich also alle Booleschen Ausdrücke darstellen, vgl. 4.1.6.

4.1.1.5 Mit jedem Modell $\mathscr{M}$ der Booleschen Algebra bilden auch die n-stelligen **Booleschen Funktionen** $\mathscr{M} \times \mathscr{M} \times \ldots \times \mathscr{M} \to \mathscr{M}$ ein Modell, wobei die Operationen $.\wedge.$, $.\vee.$, $\neg.$ für solche Funktionen elementweise induziert werden: Sei $f_\mu : (x_1, x_2, \ldots, x_n) \mapsto f_\mu(x_1, x_2, \ldots, x_n)$, $\mu = 1, 2$.
Dann ist definitionsgemäß

$$\begin{aligned} f_1 \wedge f_2 &: (x_1, x_2, \ldots, x_n) \mapsto f_1(x_1, x_2, \ldots, x_n) \wedge f_2(x_1, x_2, \ldots, x_n), \\ f_1 \vee f_2 &: (x_1, x_2, \ldots, x_n) \mapsto f_1(x_1, x_2, \ldots, x_n) \vee f_2(x_1, x_2, \ldots, x_n), \\ \neg f_1 &: (x_1, x_2, \ldots, x_n) \mapsto \neg f_1(x_1, x_2, \ldots, x_n) . \end{aligned}$$

Die beiden **konstanten Funktionen**

$$\mathrm{o}:(x_1, x_2, \ldots, x_n) \mapsto \mathsf{O}$$
$$\mathrm{i}:(x_1, x_2, \ldots, x_n) \mapsto \mathsf{L}$$

sind Null- und Einselement dieses Modells.

Ist $\mathscr{M}$ zweielementig, so sind die obigen Funktionen **Binärfunktionen**. Vornehmlich wegen der naheliegenden Deutung $\mathsf{L} \triangleq$ »ein«, $\mathsf{O} \triangleq$ »aus« spricht man auch von (binären) Schaltfunktionen (1.4.3.2). Für das Modell der Wahrheitswerte handelt es sich um **Wahrheitsfunktionen**, wofür man auch **aussagenlogische** Funktionen (Operationen) sagt.

4.1.2 Das Boolesche Normalform-Theorem

An (binären) Schaltfunktionen mit einer Veränderlichen – einstelligen Binärfunktionen also – gibt es nur vier verschiedene, nämlich die **Identität** $\mathrm{id}: x_1 \mapsto x_1$ und die involutorische **Negation** $\mathrm{neg}: x_1 \mapsto \neg x_1$ sowie die beiden konstanten Funktionen $\mathrm{o}: x_1 \mapsto \mathsf{O}$ und $\mathrm{i}: x_1 \mapsto \mathsf{L}$, die Null und Eins dieses vierelementigen Modells sind. Beachte, daß z. B.

$$\neg \mathrm{id} = \mathrm{neg}, \quad \mathrm{id} \wedge \mathrm{neg} = \mathrm{o}$$

gilt. An (binären) Schaltfunktionen mit zwei Veränderlichen – zweistelligen Binärfunktionen also – gibt es bereits sechszehn verschiedene. In die vier Felder der Wertetafel lassen sich nämlich alle Kombinationen von O und L, das sind aber 2^4, eintragen. Generell gibt es $2^{(2^n)}$ verschiedene n-stellige Binärfunktionen, die ein Modell mit $2^{(2^n)}$ Elementen bilden.

Es erhebt sich die Frage, ob man alle Schaltfunktionen auf einige wenige Arten von Schaltfunktionen zurückführen kann. Dies ist in der Tat möglich z. B. mit Hilfe der (einstelligen) Negationsfunktion und zweier zweistelliger Schaltfunktionen, nämlich der **Konjunktionsfunktion** (auch ‚Und-Verknüpfung') conjunct: $(x_1, x_2) \mapsto x_1 \wedge x_2$ und der **Disjunktionsfunktion** (auch ‚Oder-Verknüpfung') disjunct: $(x_1, x_2) \mapsto x_1 \vee x_2$.

Es gilt nämlich der

Hilfssatz: Für jede n-stellige Schaltfunktion f gilt

$$\begin{aligned} f(a_1, a_2, \ldots, a_{i-1}, a_i, a_{i+1}, \ldots, a_n) = \\ (a_i \wedge f(a_1, a_2, \ldots, a_{i-1}, \mathsf{L}, a_{i+1}, \ldots, a_n)) \\ \vee (\neg a_i \wedge f(a_1, a_2, \ldots, a_{i-1}, \mathsf{O}, a_{i+1}, \ldots, a_n)) . \end{aligned}$$

Beweis: Wir benutzen eine Fallunterscheidung.

1. Sei $a_i = \mathsf{L}$. Dann ist $\neg a_i = \mathsf{O}$. Auf der rechten Seite ergibt sich

$$\begin{aligned} (\mathsf{L} \wedge f(a_1, a_2, \ldots, a_{i-1}, \mathsf{L}, a_{i+1}, \ldots, a_n)) \\ \vee (\mathsf{O} \wedge f(a_1, a_2, \ldots, a_{i-1}, \mathsf{O}, a_{i+1}, \ldots, a_n)) . \end{aligned}$$

Der erste Ausdruck der Disjunktion hat nach der Wertetafel der Konjunktion den Wert $f(a_1, a_2, \ldots, a_{i-1}, \mathbf{L}, a_{i+1}, \ldots, a_n)$, der zweite Ausdruck den Wert **O**. Nach der Wertetabelle der Disjunktion hat also die rechte Seite den Wert $f(a_1, a_2, a_{i-1}, \mathbf{L}, a_{i+1}, a_n)$. Eben diesen Wert hat auch die linke Seite.

2. Sei $a_i = \mathbf{O}$. Dann erhält man ähnlich wie oben

$$f(a_1, a_2, \ldots, a_{i-1}, \mathbf{O}, a_{i+1}, \ldots, a_n)$$

als Wert der rechten Seite.

Der Hilfssatz erlaubt das Herauslösen einer Veränderlichen a_i aus der Schaltfunktion. Durch sukzessive Anwendung auf $a_1, a_2, \ldots, a_n$ ergibt sich das

Boolesche Normalform-Theorem: Jede Schaltfunktion läßt sich eindeutig folgendermaßen darstellen (**disjunktive Boolesche Normalform**)

$$\begin{aligned} f(a_1, a_2, \ldots, a_n) = {} & (a_1 \wedge a_2 \wedge \ldots \wedge a_{n-1} \wedge a_n \wedge f(\mathbf{L}, \mathbf{L}, \ldots, \mathbf{L}, \mathbf{L})) \\ & \vee (\neg a_1 \wedge a_2 \wedge \ldots \wedge a_{n-1} \wedge a_n \wedge f(\mathbf{O}, \mathbf{L}, \ldots, \mathbf{L}, \mathbf{L})) \\ & \vee (a_1 \wedge \neg a_2 \wedge \ldots \wedge a_{n-1} \wedge a_n \wedge f(\mathbf{L}, \mathbf{O}, \ldots, \mathbf{L}, \mathbf{L})) \\ & \vdots \\ & \vee (\neg a_1 \wedge \neg a_2 \wedge \ldots \wedge \neg a_{n-1} \wedge a_n \wedge f(\mathbf{O}, \mathbf{O}, \ldots, \mathbf{O}, \mathbf{L})) \\ & \vee (\neg a_1 \wedge \neg a_2 \wedge \ldots \wedge \neg a_{n-1} \wedge \neg a_n \wedge f(\mathbf{O}, \mathbf{O}, \ldots, \mathbf{O}, \mathbf{O})) . \end{aligned}$$

Falls $f(\alpha_1, \alpha_2, \ldots, \alpha_n) = \mathbf{O}$ für gewisse $\alpha_i \in \{\mathbf{O}, \mathbf{L}\}$, fällt natürlich der Term fort. Jede Schaltfunktion läßt sich also als Disjunktion von κ, $0 \leqq \kappa \leqq 2^n$, sogenannten **Min-Termen** darstellen, wobei jeder Minterm eine n-stellige Konjunktion ist, die entweder jede Veränderliche selbst oder ihre Negation enthält.

Beispiel: Die Schaltfunktion f mit der Wertetabelle

a_1	L	O	L	O	L	O	L	O
a_2	L	L	O	O	L	L	O	O
a_3	L	L	L	L	O	O	O	O
$f(a_1, a_2, a_3)$	L	O	O	L	O	L	L	O

kann dargestellt werden als

$$\begin{aligned} f(a_1, a_2, a_3) = {} & (a_1 \wedge a_2 \wedge a_3) \vee (\neg a_1 \wedge \neg a_2 \wedge a_3) \\ & \vee (\neg a_1 \wedge a_2 \wedge \neg a_3) \vee (a_1 \wedge \neg a_2 \wedge \neg a_3) . \end{aligned}$$

Insbesondere lassen sich die sechzehn verschiedenen zweistelligen Binärfunktionen auf Negation, Konjunktion und Disjunktion zurückführen. Es ergeben sich

a) je eine Binärfunktion mit keinem und mit genau vier Mintermen, die konstant **O** bzw. **L** ergeben,

b) je vier Binärfunktionen mit genau einem und mit genau drei Mintermen,

c) sechs Binärfunktionen mit genau zwei Mintermen.

Unter b) fallen mit genau einem Minterm: Konjunktion, Peirce-Funktion und die Subtraktion in zwei Richtungen; mit genau drei Mintermen: Disjunktion, Sheffer-Funktion und die Subjunktion in zwei Richtungen.

Von den unter c) stehenden sind nichttrivial die Bisubjunktion und Bisubtraktion.

Die (disjunktive) Boolesche Normalform kann als Repräsentat für alle funktionsgleichen Binärfunktionen angesehen werden.

Daß man für Binärfunktionen eine Normalform hat, bedeutet, daß man die Gleichheit zweier Binärausdrücke durch Zurückführung beider auf ihre Normalform entscheiden kann. Dies läuft letztlich darauf hinaus, alle Wertekombinationen der Argumente durchzuspielen. Einige der in 4.1.1 allgemein gezeigten Gleichwertigkeiten in einer Booleschen Algebra können so für Binärfunktionen auch direkt gezeigt werden.

Damit soll aber keineswegs gesagt sein, daß alle Beweise über Gleichheit von Schaltfunktionen durch Durchprobieren geführt werden sollten. Für Schaltfunktionen mit vielen Veränderlichen wäre das auch ein praktisch unzulänglicher Weg. Im Gegenteil, viele Beweise können besser durch symbolische Rechnung, also durch ‚Manipulieren mit Zeichenfolgen' durchgeführt werden.

4.1.3 Ordnungsrelation einer Booleschen Algebra, Implikation

4.1.3.1 *Die Stärker-Relation*

In einer Booleschen Algebra $\mathcal{M}$ kann man eine zweistellige Relation $\geqslant$ festlegen durch

$$f \geqslant g \quad (\text{‚f ist stärker als } g\text{'}[4])$$

genau dann wenn $f = f \wedge g$.

Aufgrund des Absorptionsgesetzes ist

$$f = f \wedge g \quad \text{gleichbedeutend mit } f \vee g = g[5].$$

Satz 1: Die Relation $\geqslant$ auf $\mathcal{M}$ ist reflexiv, transitiv und antisymmetrisch – sie ist eine **Ordnungsrelation** – es gilt

---

[4] Für das Teilmengenmodell bedeutet $a \geqslant b$ ‚a ist Teilmenge von b'. Die Sprechweise ist durch eine spätere Anwendung auf Aussagen bestimmt.

[5] $a \geqslant b$ entspricht also $a \leqq b = \textbf{true}$ in Tab. 11!

$$f \geqslant f,$$
$$\text{wenn } f \geqslant g \text{ und } g \geqslant h \text{ dann } f \geqslant h,$$
$$\text{wenn } f \geqslant g \text{ und } g \geqslant f \text{ dann } f = g,$$

Beweis: Aus dem Idempotenzgesetz $f \wedge f = f$ kommt $f \geqslant f$. Aus $f \wedge g = f$ und $g \wedge h = g$ folgt

$$f \wedge h = (f \wedge g) \wedge h = f \wedge (g \wedge h) = f \wedge g = f.$$

Schließlich folgt aus $f \wedge g = f$ und $g \wedge f = g$, daß $f = g$.

Satz 2: Für jedes Element $f \in \mathscr{M}$ gilt

$$\mathbf{O} \geqslant f \geqslant \mathbf{L}.$$

Beweis: Es gilt $\mathbf{O} = \mathbf{O} \wedge f$ und $f = f \wedge \mathbf{L}$.

Satz 3: $f \geqslant g$ gilt genau dann, wenn

$$f \rightarrow g = \mathbf{L}.$$

Beweis: Sei $f \geqslant g$, also $f = f \wedge g$. Dann $f \wedge \neg g = f \wedge (g \wedge \neg g) = \mathbf{O}$, d.h.

$$\neg f \vee g = \mathbf{L}, \quad \text{also} \quad f \rightarrow g = \mathbf{L}.$$

Umgekehrt sei $\neg f \vee g = \mathbf{L}$, dann

$$g = (f \wedge \neg f) \vee g = (f \vee g) \wedge (\neg f \vee g) = (f \vee g) \wedge \mathbf{L} = f \vee g.$$

Satz 4: $f = g$ gilt genau dann, wenn

$$f \leftrightarrow g = \mathbf{L}.$$

Beweis: $f \leftrightarrow f = (\neg f \vee f) \wedge (\neg f \vee f) = \mathbf{L} \wedge \mathbf{L} = \mathbf{L}$. Umgekehrt sei $(\neg f \vee g) \wedge (f \vee \neg g) = \mathbf{L}$. Wegen der Unzerlegbarkeit von $\mathbf{L}$ gilt $\neg f \vee g = \mathbf{L}$ und $f \vee \neg g = \mathbf{L}$, also $f \geqslant g$ und $g \geqslant f$. Mit der Antisymmetrie folgt $f = g$.

4.1.3.2 *Stärker-Relation auf Booleschen Funktionen*

Da die n-stelligen Booleschen Funktionen

$$\underbrace{\mathscr{M} \times \mathscr{M} \times \ldots \times \mathscr{M}}_{n} \rightarrow \mathscr{M}$$

über einem Modell $\mathscr{M}$ selbst eine Boolesche Algebra bilden, ist auch für sie eine Ordnung definiert. Jede Funktion liegt zwischen den beiden konstanten Funktionen i und o. Für zwei Funktionen f, g bedeutet

$$f \geqslant g \quad (\text{bzw. } f = g)$$

nun, daß für alle Argumente $(x_1, x_2, \ldots, x_n)$

$$f(x_1, x_2, \ldots, x_n) \geqslant g(x_1, x_2, \ldots, x_n)$$
$$(\text{bzw. } f(x_1, x_2, \ldots, x_n) = g(x_1, x_2, \ldots, x_n)).$$

Speziell für Binärfunktionen sind also die Wertetafeln elementweise zu vergleichen. Das Ordnungsdiagramm der vier einstelligen Binärfunktionen sieht also folgendermaßen aus:

id und neg sind unvergleichbar.

Gilt für alle Argumentkombinationen $(x_1, x_2, \ldots, x_n)$

$$f(x_1, x_2, \ldots, x_n) = \mathbf{L}, \quad \text{so ist } f = \mathrm{i}\,.$$

Dann heißt ein f definierender Ausdruck **allgemeingültig** oder eine **Tautologie**.

4.1.3.3 *Ordnungsrelation zwischen Booleschen Ausdrücken*

Um Relationen zwischen Booleschen Ausdrücken herzuleiten, ist Satz 3 besonders geeignet. So gilt

$$f \wedge g \geqslant f,$$

denn
$$(f \wedge g) \rightarrow f =$$
$$(\neg f \vee \neg g) \vee f = (\neg f \vee f) \vee \neg g = \mathbf{L} \vee \neg g = \mathbf{L}\,.$$

Ähnlich zeigt man

$$f \geqslant f \vee g\,.$$

Ferner gilt

$$(f \wedge (f \rightarrow g)) \geqslant g\,,$$

denn
$$(f \wedge (f \rightarrow g)) \rightarrow g =$$
$$\neg(f \wedge (\neg f \vee g)) \vee g = \neg((f \wedge \neg f) \vee (f \wedge g)) \vee g$$
$$= \neg(f \wedge g) \vee g = \neg f \vee \neg g \vee g = \neg f \vee \mathbf{L} = \mathbf{L}\,.$$

Aus solchen Relationen können oft in einfacher Weise weitere Schlüsse gezogen werden. Angenommen, es sei $f \wedge (f \rightarrow g) = \mathbf{L}$. Dann ist $\mathbf{L} \geqslant g$. Zusammen mit $g \geqslant \mathbf{L}$ (Satz 2) folgt $g = \mathbf{L}$. Wir erhalten

Satz 5: *Wenn* $f \wedge (f \rightarrow g) = \mathsf{L}$, *dann* $g = \mathsf{L}$.

Angenommen, es sei $f \vee g = \mathsf{L}$. Dann ist wegen $\mathsf{L} \geqslant f \wedge g$ und $f \wedge g \geqslant f$ auch $\mathsf{L} \geqslant f$. Ähnlich erhält man $\mathsf{L} \geqslant g$, und somit

Satz 6: *Wenn* $f \wedge g = \mathsf{L}$, *dann* $f = \mathsf{L}$ *und* $g = \mathsf{L}$
(vgl. 4.1.1.1 ‚Unzerlegbarkeit des neutralen Elements der $.\wedge.$-Verknüpfung').

Auch aus der Gleichwertigkeit zweier Subjunktionen folgt eine Äquivalenz zweier korrespondierender Relationen. Gleichwertig sind z. B. die Ausdrücke $p \rightarrow (q \rightarrow r)$ und $(p \wedge q) \rightarrow r$, die beide zu $\neg(p \wedge q \wedge \neg r)$ umgeformt werden können. Also gilt

Satz 7: $p \geqslant (q \rightarrow r)$ *genau dann, wenn* $p \wedge q \geqslant r$.

4.1.3.4 *Anwendungen auf Aussagen und Prädikate*

Für das Modell der Wahrheitswerte wird ‚die Aussage f ist stärker als die Aussage g' auch als ‚f impliziert g' gelesen; da dann $f \rightarrow g = \mathrm{i}$ gilt, wird $.\rightarrow.$ auch ‚Implikation' genannt. Ebenso wird, da die Gleichheit eine Äquivalenzrelation ist und $f = g$ mit $f \leftrightarrow g = \mathrm{i}$ gleichbedeutend ist, $.\leftrightarrow.$ auch ‚Äquivalenz' genannt.

Während wir in Tabelle 10 $.=.$ als Boolesche Operation aufgefaßt haben, wird in diesem Abschnitt die entsprechende Boolesche Operation mit $.\leftrightarrow.$ bezeichnet; damit wird das Gleichheitszeichen in diesem Abschnitt ausschließlich als (Äquivalenz-)Relationszeichen benutzbar (wobei umgangssprachlich meistens das Wörtchen *gilt* in der Nähe vorkommt; in der Logik schreibt man oft[6] $\models \mathscr{A}$ kurz für $\mathscr{A} = \mathrm{i}$, also auch $\models f \leftrightarrow f$ für die Äquivalenz $f = f$ und $\models f \wedge g \rightarrow f$ für die Implikation $f \wedge g \geqslant f$.

Die Relation $f \wedge g \geqslant f$ liest sich jetzt

$$\text{„die Aussage } f \wedge g \begin{Bmatrix} \text{impliziert} \\ \text{ist stärker als} \end{Bmatrix} \text{ die Aussage } f\text{“},$$

die Relation $f \wedge (f \rightarrow g) \geqslant g$ liest sich jetzt

$$\text{„die Aussage } f \wedge (f \rightarrow g) \begin{Bmatrix} \text{impliziert} \\ \text{ist stärker als} \end{Bmatrix} \text{ die Aussage } g\text{“}.$$

Der äußeren Form nach verwandt, aber im Beweis unabhängig sind die folgenden Sätze:

Satz 8: $\models f \wedge g$ *genau dann, wenn* $\models f$ *und* $\models g$.

[6] Lies ‚allgemeingültig'.

Beweis: $\models f \wedge g$ bedeutet $f \wedge g = \mathrm{i}$, wegen der Unzerlegbarkeit des neutralen Elements folgt $f = \mathrm{i}$ und $g = \mathrm{i}$, also $\models f$ und $\models g$.
Umgekehrt, gilt $\models f$ und $\models g$, so ist $f = \mathrm{i}$ und $g = \mathrm{i}$ und damit $f \wedge g = \mathrm{i}$, also $\models f \wedge g$.

Satz 9: (Schlußregel vom *modus ponens* der traditionellen Logik)

$$\textit{Wenn } \models f \textit{ und „} f \begin{Bmatrix} \text{impliziert} \\ \text{stärker ist als} \end{Bmatrix} g\textit{“, dann } \models g .$$

Beweis: Nach Voraussetzung $f = \mathrm{i}$ und $f \geqslant g$, also $\mathrm{i} \geqslant g$, zusammen mit $g \geqslant \mathrm{i}$ (4.1.3.1, Satz 2) ergibt sich $g = \mathrm{i}$, d.h. $\models g$.

Prädikate entstehen, wenn Aussagen über allgemeine Operationen, die auf Wahrheitswerte führen, gebildet werden. Prädikate treten insbesondere als Bedingungen von Fallunterscheidungen auf. Gleichwertige Umformung von Prädikaten und die (zulässige) Einengung von Wächtern durch Übergang zu einem stärkeren Prädikat sind Aufgaben, die bei der Programmentwicklung ständig vorkommen. Vertrautheit mit dem Apparat der Booleschen Algebra führt zu einer sicheren Durchführung solcher Aufgaben. Für die Anwendung der Booleschen Algebra bei Programmumformungen ist zusätzlich zu beachten, daß der Wert einer Formel der Sorte **bool** bzw. *Boolean* nicht nur **T** oder **F**, sondern gegebenenfalls auch nicht definiert sein kann.

Man betrachte ein Prädikat wie $x \leqq 0$ in dem bewachten Ausdruck

if $x \geqq 0$ **then** x
▯ $x \leqq 0$ **then** $-x$ **fi**

Definitionsgemäß bedeutet $x \leqq 0$ soviel wie $x < 0 \vee x = 0$. Wegen $f \geqslant f \vee g$ ist $x < 0$ stärker als $x \leqq 0$, damit kann der Wächter in der zweiten Zeile eingeengt werden:

if $x \geqq 0$ **then** x
▯ $x < 0$ **then** $-x$ **fi** .

Da immer noch $x \geqq 0 \vee x < 0 =$ **true** gilt, entsteht keine undefinierte Situation.

Man betrachte ferner eine geschachelte Fallunterscheidung

if $x \geqq 1$ **then if** $x \geqq 0$ **then** $3 \times x$
▯ $x < 0$ **then** $-x$ **fi**
▯ $x < 1$ **then** x **fi** .

Die Prädikate $x \geqq 1$ und $x \geqq 0$ sind vergleichbar; aus der Arithmetik (Rechenstruktur $\mathbb{Z}$) weiß man, daß $1 \geqq 0$ stets gilt und damit

$$(x \geqq 1) \geqslant (x \geqq 0) .$$

Ist also $x \geqq 1 = \mathsf{T}$, so ist $x \geqq 0 = \mathsf{T}$ (und $x < 0 = \neg(x \geqq 0) = \mathsf{F}$). Damit wird der erste innere Zweig unbewacht, der zweite entfällt, es entsteht

if $x \geqq 1$ **then** $3 \times x$
$\square$ $x < 1$ **then** x **fi** .

4.1.4 Entscheidungstabellen

4.1.4.1 *Kollaterale Entscheidungstabellen*

Als graphisches Hilfsmittel zur Aufstellung von Fallunterscheidungen für Boolesche Funktionen mehrerer Veränderlicher dienen ‚Entscheidungstabellen' nach Art von Abb. 112[7]: Zu jeder Veränderlichen gehört eine Zeile, in den einzelnen Spalten wird eingetragen, ob die Veränderliche selbst oder ihre Negation in einem Min-Term vorkommt. Die Umsetzung in eine *bewachte* determinierte Fallunterscheidung[8], wobei a, b, c, d von der Art **bool** und u, v, w, x der Art **int** sind, ist unproblematisch:

		R1	R2	R3	R4	R5	R6	R7	R8	R9	R10	R11	R12	R13	R14	R15	R16
a	unter 14	T	T	T	T	T	T	T	T	F	F	F	F	F	F	F	F
b	bis 18	T	T	T	T	F	F	F	F	T	T	T	T	F	F	F	F
c	Gruppe	T	T	F	F	T	T	F	F	T	T	F	F	T	T	F	F
d	Schüler etc.	T	F	T	F	T	F	T	F	T	F	T	F	T	F	T	F
u	0.50 DM	×	×							×				×			
v	1.— DM			×	×						×	×				×	
w	1.50 DM												×		×		
x	2.— DM																×
	Fehler					×	×	×	×								

Abb. 112. Entscheidungstabelle mit Kreuzchen

[7] Das Beispiel ist zu Vergleichszwecken aus W. ELBEN, Entscheidungstabellentechnik, de Gruyter Berlin 1973 entnommen, es lautet textuell:

„Beispiel: Eintrittskartenverkauf an einem Schwimmbad

Kinder unter 14 Jahren zahlen DM 1,—, Jugendliche bis 18 Jahre DM 1,50 und Erwachsene DM 2,—. Als Gruppe von mindestens 10 Personen zahlen Kinder DM 0,50, Jugendliche DM 1,— und Erwachsene DM 1,50. Schüler, Studenten und Lehrlinge ohne Altersbegrenzung zahlen den Kindertarif."

[8] Nichtdeterminierte Beispiele werden in der Literatur nicht behandelt.

co $\neg(a \wedge \neg b)$ **oc**
if $a \wedge b \wedge c \wedge d$ **then** u
▯ $a \wedge b \wedge c \wedge \neg d$ **then** u
▯ $a \wedge b \wedge \neg c \wedge d$ **then** v
▯ $a \wedge b \wedge \neg c \wedge \neg d$ **then** v
▯ $\neg a \wedge b \wedge c \wedge d$ **then** u
▯ $\neg a \wedge b \wedge c \wedge \neg d$ **then** v (*)
▯ $\neg a \wedge b \wedge \neg c \wedge d$ **then** v
▯ $\neg a \wedge b \wedge \neg c \wedge \neg d$ **then** w
▯ $\neg a \wedge \neg b \wedge c \wedge d$ **then** u
▯ $\neg a \wedge \neg b \wedge c \wedge \neg d$ **then** w
▯ $\neg a \wedge \neg b \wedge \neg c \wedge d$ **then** v
▯ $\neg a \wedge \neg b \wedge \neg c \wedge \neg d$ **then** x **fi**

Für die mit „Fehler" bezeichneten Spalten sind keine Zweige vorzusehen; das Ergebnis ist dann undefiniert. Das Fehlen dieser Spalten wird in unserem Beispiel erzwungen durch eine Abhängigkeit unter den Veränderlichen. Da ‚Alter unter 14' impliziert ‚Alter bis 18', kann die Kombination $a \wedge \neg b$, wenn alles korrekt zugeht, nicht auftreten; die Fallunterscheidung steht unter der Zusicherung $\neg(a \wedge \neg b)$ d.h. $a \rightarrow b$. Abb. 113 zeigt diese Vereinfachung, einschließlich eines Ersatzes der Kreuzchentabelle durch explizite Einträge.

Die Reihenfolge der Spalten ist belanglos. Deshalb können Spalten mit gleichem Ergebniswert zusammengelegt werden (Abb. 114).

		R1	R2	R3	R4	R9	R10	R11	R12	R13	R14	R15	R16
a	unter 14	T	T	T	T	F	F	F	F	F	F	F	F
b	bis 18	T	T	T	T	T	T	T	T	F	F	F	F
c	Gruppe	T	T	F	F	T	T	F	F	T	T	F	F
d	Schüler etc.	T	F	T	F	T	F	T	F	T	F	T	F
		0.50	0.50	1.–	1.–	0.50	1.–	1.–	1.50	0.50	1.50	1.–	2.–

Abb. 113. Vereinfachte Entscheidungstabelle

		R1	R2	R9	R13	R3	R4	R10	R11	R15	R12	R14	R16
a	unter 14	T	T	F	F	T	T	F	F	F	F	F	F
b	bis 18	T	T	T	F	T	T	T	T	F	T	F	F
c	Gruppe	T	T	T	T	F	F	T	F	F	F	T	F
d	Schüler etc.	T	F	T	T	T	F	F	T	T	F	F	F
				0.50				1.–			1.50		2.–

Abb. 114. Entscheidungstabelle mit zusammengefaßten Ergebnissen

Dem entspricht eine disjunktive Zusammenfassung der betreffenden Min-Terme:

```
co ¬(a ∧ ¬b) oc
if (  a ∧  b ∧  c ∧  d) ∨  (a ∧  b ∧  c ∧ ¬d) ∨ (¬a ∧  b ∧  c ∧  d)
                          ∨ (¬a ∧ ¬b ∧  c ∧  d)  then u
□  (  a ∧  b ∧ ¬c ∧  d) ∨  (a ∧  b ∧ ¬c ∧ ¬d) ∨ (¬a ∧  b ∧  c ∧ ¬d)
                          ∨ (¬a ∧  b ∧ ¬c ∧  d) ∨ (¬a ∧ ¬b ∧ ¬c ∧  d)
                                                 then v
□  (¬a ∧  b ∧ ¬c ∧ ¬d) ∨ (¬a ∧ ¬b ∧  c ∧ ¬d)    then w
□   ¬a ∧ ¬b ∧ ¬c ∧ ¬d                           then x    fi
```

Als Wächter entstehen also vier Aussagen in disjunktiver Boolescher Normalform. Das Distributivgesetz erlaubt Vereinfachungen, z. B.

```
co ¬(a ∧ ¬b) oc
if   c ∧ (a ∧ b ∨ ¬a ∧ d)                       then u
□  ¬c ∧ (a ∧ b ∨ ¬a ∧ d) ∨ ¬a ∧ b ∧ c ∧ ¬d      then v
□  ¬a ∧ ¬d ∧ (b ∧ ¬c ∨ ¬b ∧ c)                  then w
□  ¬a ∧ ¬d ∧ (¬b ∧ ¬c)                          then x  fi
```

In der Entscheidungstabellentechnik kann man nicht so weit gehen - dies zeigt bereits ihre Grenzen. Spalten können zur Vereinfachung lediglich zusammengelegt werden, wenn das Ergebnis von einer (oder mehreren) Veränderlichen nicht abhängt; in unserem Beispiel wird die Leerstelle durch einen Strich in der Tabelle gekennzeichnet (Abb. 115).

		R1/2	R9/13	R3/4	R10	R11/15	R12	R14	R16
a	unter 14	**T**	**F**	**T**	**F**	**F**	**F**	**F**	**F**
b	bis 18	**T**	—	**T**	**T**	—	**T**	**F**	**F**
c	Gruppe	**T**	**T**	**F**	**T**	**F**	**F**	**T**	**F**
d	Schüler etc.	—	**T**	—	**F**	**T**	**F**	**F**	**F**
		0.50	0.50	1.—	1.—	1.—	1.50	1.50	2.—

Abb. 115. Entscheidungstabelle mit Leerstellen

	$\{a \rightarrow b\}$	R1/2	R9/13	R3/4	R10	R11/15	R12	R14	R16
a	unter 14	**T**	**F**	**T**	**F**	**F**	**F**	—	—
b	bis 18	—	—	—	**T**	—	**T**	**F**	**F**
c	Gruppe	**T**	**T**	**F**	**T**	**F**	**F**	**T**	**F**
d	Schüler etc.	—	**T**	—	**F**	**T**	**F**	**F**	**F**
		0.50	0.50	1.—	1.—	1.—	1.50	1.50	2.—

Abb. 116. Entscheidungstabelle unter der Zusicherung $a \rightarrow b$

Abhängigkeiten unter den Veränderlichen führen zur Einsparung von Abfragen; in unserem Beispiel wegen $a \rightarrow b$ der Abfrage von b in R1/2 und R3/4, wegen $\neg b \rightarrow \neg a$ von a in R14 und R16 (Abb. 116). Entsprechend ergibt sich die bewachte Fallunterscheidung

$$
\begin{array}{llllllll}
\textbf{co}\ \neg(a \wedge \neg b)\ \textbf{oc} & \textbf{if} & a & & \wedge\ c & & \textbf{then}\ u & \\
 & \square & \neg a & & \wedge\ c\ \wedge & d & \textbf{then}\ u & \\
 & \square & a & & \wedge \neg c & & \textbf{then}\ v & \\
 & \square & \neg a\ \wedge & b\ \wedge & c\ \wedge & \neg d & \textbf{then}\ v & \\
 & \square & \neg a & & \wedge \neg c\ \wedge & d & \textbf{then}\ v & \\
 & \square & \neg a\ \wedge & b\ \wedge & \neg c\ \wedge & \neg d & \textbf{then}\ w & \\
 & \square & & \neg b\ \wedge & c\ \wedge & \neg d & \textbf{then}\ w & \\
 & \square & & \neg b\ \wedge & \neg c\ \wedge & \neg d & \textbf{then}\ x & \textbf{fi}
\end{array}
$$

mit acht statt vier Zweigen.

4.1.4.2 *Sequentielle Entscheidungstabellen*

Entscheidungstabellen werden üblicherweise jedoch nicht in der geschilderten kollateralen Weise, sondern mit Prüfung von links nach rechts verstanden. Darum ist eine Zusammenfassung beliebiger Spalten nicht mehr ohne weiteres erlaubt, überhaupt kommt es dann auf die Reihenfolge an. Solche Entscheidungstabellen entsprechen *sequentiellen* Fallunterscheidungen. Eine kollaterale (,stark unabhängige') Entscheidungstabelle kann stets in beliebiger Spaltenreihenfolge sequentialisiert und damit auch in der Aufschreibungsreihenfolge sequentiell gelesen werden.

Durch Sequentialisierung werden gelegentlich Abfragen einsparbar aufgrund der folgenden Überlegung: In einer Entscheidungstabelle mit „links-vor-rechts"-Sequentialisierung kann mit einer Bedingungskombination jede andere Bedingungskombination, *die weiter links vorkommt, disjunktiv* zusammengefaßt werden *(unbeschadet des zugehörigen Ergebniswertes).*

									sequentiell
	$\{a \rightarrow b\}$	R1/2	R3/4	R9/13	R10	R11/15	R12	R14	R16
a	unter 14	**T**	**T**	—	—	—	—	—	—
b	bis 18	—	—	—	**T**	—	**T**	**F**	**F**
c	Gruppe	**T**	—	**T**	**T**	**F**	**F**	**T**	**F**
d	Schüler etc.	—	—	**T**	**F**	**T**	**F**	**F**	**F**
		0.50	1.—	0.50	1.—	1.—	1.50	1.50	2.—

Abb. 117. Sequentielle Entscheidungstabelle, Zwischenform

Demnach kann z. B. in Abb. 116 zur Bedingungskombination **T**-**F**- in Spalte R3/4 die Bedingungskombination **T**-**T**- von Spalte R1/2 hinzugenommen werden, mit dem Ergebnis, daß die neue Bedingungskombination **T**--- lautet. Ordnet man jedoch nun so, daß die Spalte R3/4 an zweiter Stelle steht, so können in allen weiteren Spalten die **F** in der ersten Bedingungszeile entfallen (Abb. 117). Weitere Vereinfachungen ergeben sich in Spalte R10 durch Hinzunahme der Bedingungskombination -**TTT**, die in R9/13 enthalten ist, in Spalte R11/15 durch Hinzunahme der Bedingungskombination von R9/13, in den Spalten R12 und R14 durch Hinzunahme der neuen Bedingungskombinationen ---**T** von R11/15 und -**TT**- von R10. Schließlich entfallen auf ebensolche Weise alle **F** in der Spalte R16. Man erhält die Tabelle (Abb. 118)

	$\{a \rightarrow b\}$	R1/2	R3/4	R9/13	R10	R11/15	R12	R14	sequentiell R16
a	unter 14	**T**	**T**	—	—	—	—	—	—
b	bis 18	—	—	—	**T**	—	**T**	—	—
c	Gruppe	**T**	—	**T**	**T**	—	—	**T**	—
d	Schüler etc.	—	—	**T**	—	**T**	—	—	—
		0.50	1.—	0.50	1.—	1.—	1.50	1.50	2.—

Abb. 118. Sequentielle Entscheidungstabelle, Endform ohne Negativabfragen

wobei alle Negativabfragen beseitigt sind. Es verbleiben immerhin noch 10 Abfragen in der sequentiellen Fallunterscheidung

co $\neg(a \wedge \neg b)$ **oc**

if $a \wedge c$ **then** u
elsf a **then** v
elsf $c \wedge d$ **then** u
elsf $b \wedge c$ **then** v
elsf d **then** v
elsf b **then** w
elsf c **then** w
else x **fi**

der Tiefe 7. Entscheidungstabellen sind nicht in jeder Hinsicht optimale Werkzeuge zur Vereinfachung von Fallunterscheidungen. Aus der obigen Form (*) erhält man z. B. auch eine baumartige Fallunterscheidung

if $a \wedge b \vee \neg a \wedge d$ **then if** c **then** u
else v **fi**
elsf $b \wedge c$ **then** v
elsf $\neg b \wedge \neg c$ **then** x
else w **fi**

mit lediglich 9 Abfragen und der Tiefe 3. Und aus dem ursprünglichen Text liest man sofort heraus

```
if ¬d then if ¬c then    if a then v
                       elsf b then w
                            else x   fi
                else     if a then u
                       elsf b then v
                            else w   fi  fi
     else if ¬c then v
                else u  fi               fi
```

mit lediglich 7 Abfragen und der Tiefe 4; eine Fassung, die besonders dann vorteilhaft ist, wenn die Eintrittspreise häufig verändert werden.

4.1.5 Schaltfunktionen

(Binäre) Schaltfunktionen, d.h. Boolesche Funktionen über dem Modell $\mathbb{B}$IT (4.1.1.2), werden besonders im Hinblick auf technische Realisierung untersucht.

4.1.5.1 *Sinnbilder für Schaltfunktionen*

Die Realisierung einer Schaltfunktion f mit n Veränderlichen stellt man sich als ‚schwarzen Kasten' F vor, mit den Eingängen $a_1, \ldots, a_n$ und einem Ausgang $f(a_1, a_2, \ldots, a_n)$. Man braucht sich dabei nicht auf einen Ausgang zu beschränken und hat dann m Schaltfunktionen $j_i = f_i(a_1, a_2, \ldots, a_n)$, $i = 1, 2, \ldots, m$ für die Ausgänge $j_1 \ldots j_m$ (Abb. 119). Ein solches funktionales Gebilde, **Schaltnetz** oder für $m = 1$ auch **Schaltglied** genannt, läßt sich als ein Codeumsetzer mit n-stelligen Binärworten am Eingang, m-stelligen Binärworten am Ausgang auffassen.

Für die Schaltfunktionen Negation, Konjunktion und Disjunktion führt man anstelle des rechteckigen Sinnbilds drei besondere Sinnbilder ein (Abb.

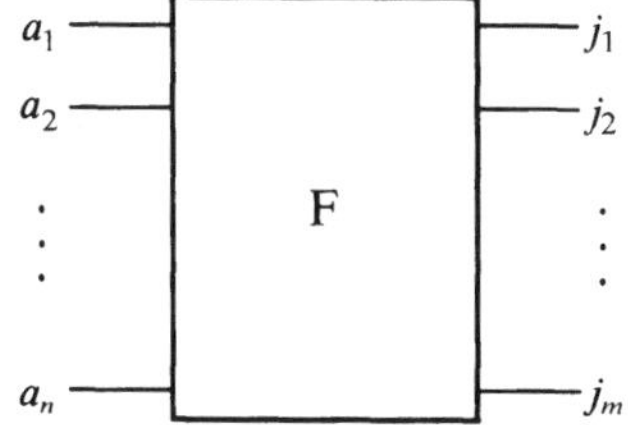

Abb. 119. Sinnbild für Schaltnetze

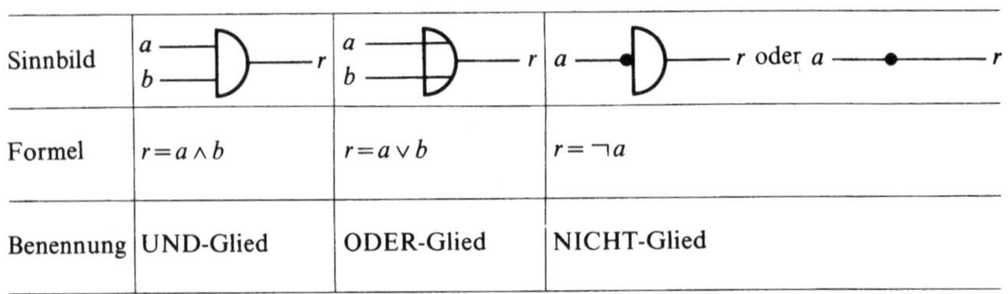

Sinnbild	a, b — r	a, b — r	a — r oder a — r
Formel	$r = a \wedge b$	$r = a \vee b$	$r = \neg a$
Benennung	UND-Glied	ODER-Glied	NICHT-Glied

Abb. 120. Sinnbilder für Konjunktion, Disjunktion, Negation

120), die zugehörigen Schaltglieder heißen **NICHT-Glied**, **UND-Glied**, **ODER-Glied**, allgemein spricht man von **Verknüpfungsgliedern**; für die Wertetafeln siehe Abb. 111.

4.1.5.2 *Zusammensetzung von Sinnbildern*

Die Verknüpfung von Schaltfunktionen mit Hilfe der Grundoperationen wird durch das Hintereinandersetzen der Sinnbilder bewerkstelligt. Dabei ergibt sich ein spezieller Datenflußplan.

Es entstehen so Schaltnetze (auch solche mit mehreren Ausgängen), die nur auf Konjunktion, Disjunktion und Negation aufgebaut sind. Für die Negation eines Eingangs einer Konjunktion oder Disjunktion setzt man lediglich einen ‚Negationspunkt': Es ergeben sich Sinnbilder wie in Abb. 121 (das linke stellt ein NOR-Glied nach 4.1.1.3 dar).

Abb. 121. Sinnbild für NOR-Glied, Gesetz von DE MORGAN

Die Gesetze von 4.1.1 drücken sich mit Hilfe der Sinnbilder zum Teil recht einprägsam aus. Das gilt vor allem für die Gesetze von DE MORGAN (Abb. 121) und das Involutionsgesetz, das bedeutet, daß zwei Negationspunkte sich gegenseitig wegheben.

Das Kommutativgesetz spiegelt sich darin wider, daß die Sinnbilder symmetrisch in beiden Eingängen sind. Die Möglichkeit, den Sinnbildern auch mehr als zwei Eingänge zu geben, drückt das Assoziativgesetz aus (Abb. 122).

Das Absorptionsgesetz und das Distributivgesetz sind in Abb. 123 und Abb. 124 bildlich dargestellt. Wir beschränken uns auf jeweils eines, das andere ergibt sich durch Vertauschung von Konjunktion und Disjunktion. Das Distri-

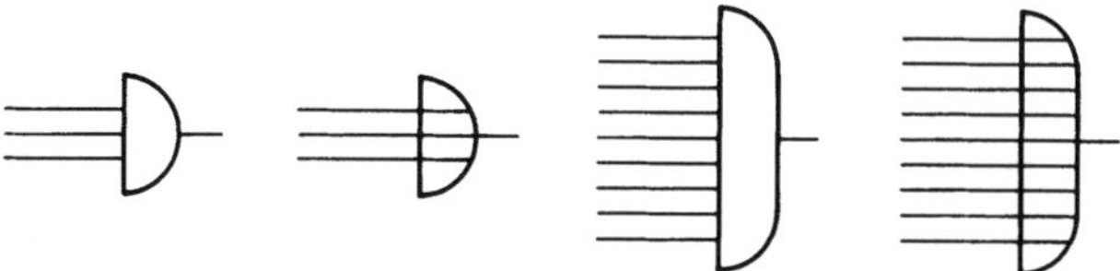

Abb. 122. Sinnbilder mit mehr als zwei Eingängen

butivgesetz kann also als ‚Durchziehen des Sinnbildes unter Verdopplung' aufgefaßt werden.

Abb. 123. Absorptionsgesetz

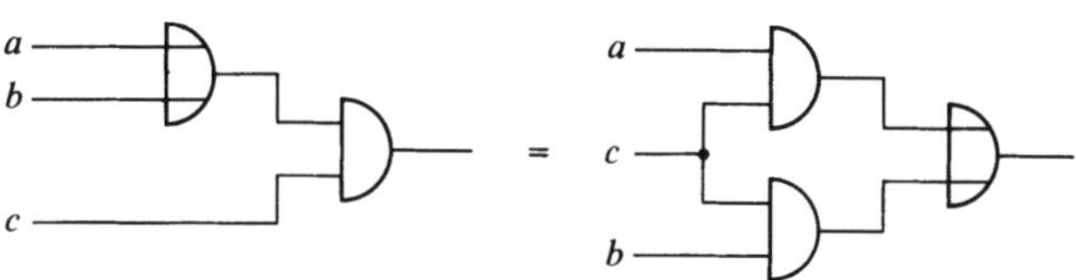

Abb. 124. Distributivgesetz

Aus dem Distributivgesetz und dem Idempotenzgesetz folgt übrigens das Absorptionsgesetz nicht, aber es folgt wenigstens

$$f \wedge (f \vee g) = (f \wedge f) \vee (f \wedge g) = f \vee (f \wedge g)\,,$$

vgl. dazu Abb. 125. Aus dem Absorptionsgesetz folgt aber das Idempotenzgesetz:

$$f = f \wedge (f \vee (f \wedge g)) = f \wedge f\,.$$

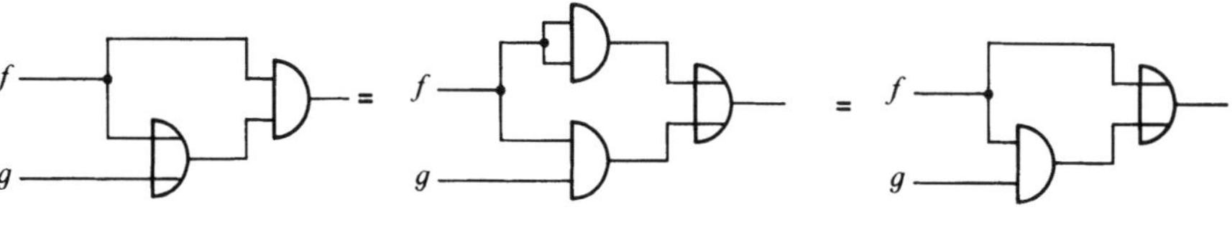

Abb. 125. $f \wedge (f \vee g) = f \vee (f \wedge g)$

4.1.5.3 *Beispiel: Halbaddierer, Volladdierer*

Ein Schaltnetz, das für die stellenweise Addition von zwei binär codierten Zahlen gebraucht wird, ist der **Halbaddierer** von Abb. 126 mit den zwei Ausgängen

$$s = a \nleftrightarrow c$$
$$ü = a \wedge c$$

und zwei vertauschbaren Eingängen a, c.

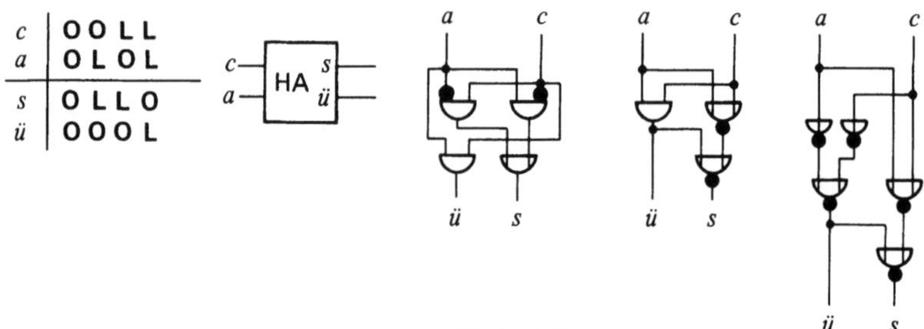

c	O	O	L	L
a	O	L	O	L
s	O	L	L	O
$ü$	O	O	O	L

Abb. 126. Halbaddierer

Bei der Realisierung durch das in der Mitte angegebene Schaltnetz ist die Umformung

$$(\neg a \wedge b) \vee (a \wedge \neg b) = ((\neg a \wedge b) \vee a) \wedge ((\neg a \wedge b) \vee \neg b)$$
$$= (a \vee b) \wedge (\neg a \vee \neg b) = (a \vee b) \wedge \neg(a \wedge b) = (a \mathbin{\bar{\vee}} b) \mathbin{\bar{\vee}} (a \wedge b)$$

ausgenützt worden. Ganz rechts steht eine Realisierung mit fünf NOR-Gliedern (beachte, daß $a \mathbin{\bar{\vee}} a = \neg a$).

Halbaddierer können verwendet werden, um zwei Zahlen, die im direkten Code (vgl. 1.4.3.6) verschlüsselt sind, zu addieren. Neben den Stellenwerten der beiden Zahlen muß dabei stets auch der ankommende Übertrag von der nächst ‚kleineren' Stelle berücksichtigt werden. Sinnbild und Wertetabelle dieses **Volladdierers** mit drei vertauschbaren Eingängen a, b, c und den zwei Ausgängen s, $ü$ zeigt Abb. 127.

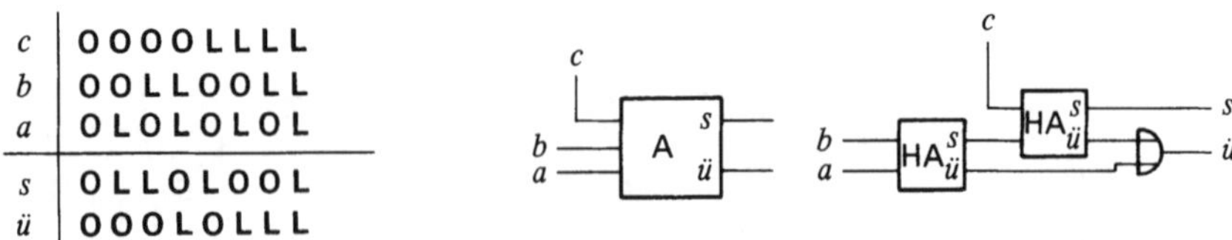

c	O	O	O	O	L	L	L	L
b	O	O	L	L	O	O	L	L
a	O	L	O	L	O	L	O	L
s	O	L	L	O	L	O	O	L
$ü$	O	O	O	L	O	L	L	L

Abb. 127. Volladdierer

4.1.5.4 *Beispiel: Codeumsetzer*

Codeumsetzer lassen sich im Prinzip in zwei Stufen aufbauen: Die erste Stufe setzt den Eingangscode von n Zeichen in einen 1-aus n-Code um, die zweite setzt den 1-aus-n-Code in den Ausgangscode um. Nimmt man an, daß mit jeder Schaltveränderlichen auch ihre Negierte am Eingang zur Verfügung steht bzw. am Ausgang gebraucht wird, so läßt sich, aufbauend auf der disjunktiven Booleschen Normalform, die erste Stufe ganz mit Konjunktionen, die zweite ganz mit Disjunktionen aufbauen. Für das Beispiel der Umsetzung vom Exzeß-3-Code in den direkten Code zeigt das die Abb. 128.

Werden Eingänge und Ausgänge negiert (Vertauschung von e_i mit $\neg e_i$ und von a_i mit $\neg a_i$), so entsteht ein zweistufig mit NOR-Gliedern aufgebauter Codeumsetzer.

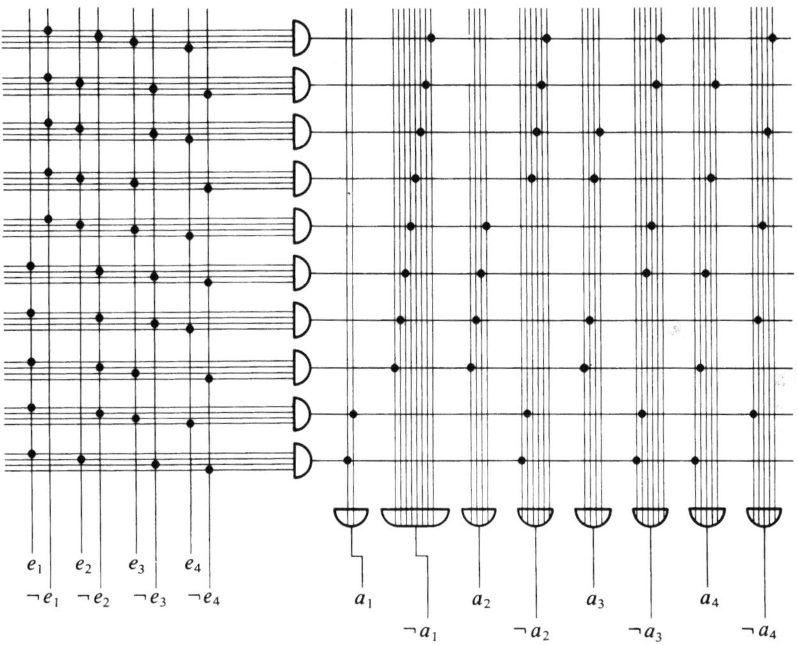

Abb. 128. Umsetzung Exzeß-3-Code in direkten Code

4.1.6 Technische Verwirklichung von Schaltnetzen

Die seit über 100 Jahren bekannten elektromechanischen Relais sind heute zum Aufbau von Schaltnetzen ebenso überholt wie die vor mehr als 40 Jahren erstmals dazu verwendeten Glühkathodenröhren. Seit über 25 Jahren werden vornehmlich Transistoren zum Aufbau von Schaltnetzen verwendet.

Beispielsweise zeigt Abb. 129 die ingenieurmäßige Prinzip-Schaltung[9] für ein NOR-Glied mit zwei n-p-n-Transistoren. Wie in 4.1.1.4 erwähnt, läßt sich jedes Schaltnetz unter alleiniger Verwendung von NOR-Gliedern aufbauen[10].

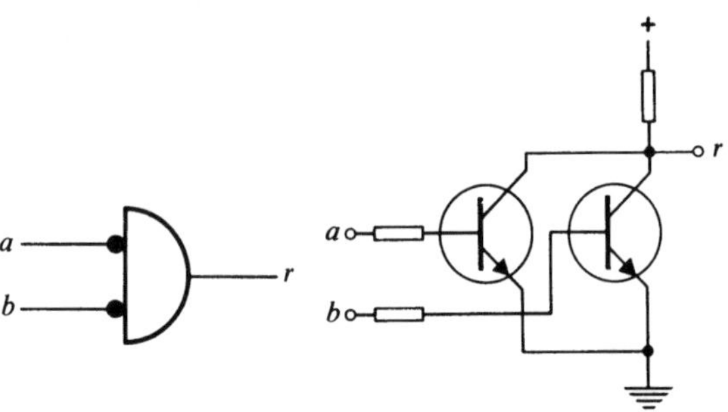

Abb. 129. NOR-Glied mit n-p-n-Transistoren

In der Technologie der **integrierten Schaltungen** werden Tausende von einzelnen Verknüpfungsgliedern auf Plättchen mit wenigen Quadratmillimetern untergebracht, der Herstellungsprozeß umfaßt Aufdampfen und Eindiffundieren des halbleitenden Materials.

4.2* Binärcodierung

„Euer Ja sei ein Ja,
euer Nein ein Nein.
Was darüber ist, das ist vom Übel."
Matth. 5, 37

Binärcodierung, vgl. 1.4.3.2, bedeutet die Darstellung von Objekten einer beliebigen Sorte durch Binärworte, durch Objekte der Sorte **bits** bzw. *bitstring* (vgl. 2.1.3.4). Zunächst soll keine feste Länge oder Höchstlänge dieser Worte vorausgesetzt werden. Die Binärcodierung von (Dezimal-)Ziffern ist uns schon in 1.4.3.6 begegnet (Abb. 37); ebenso die Binärcodierung natürlicher Zahlen.

[9] Dabei ist positiver Signalhub angenommen: **O** ≙ »tiefe Spannung«, **L** ≙ »hohe Spannung«. Bei umgekehrter Zuordnung ergibt sich ein NAND-Glied.

[10] Für Einzelheiten s. W. HAHN und F. L. BAUER, Physikalische und elektrotechnische Grundlagen für Informatiker [44].

* Dieser Abschnitt kann bereits im Anschluß an 2.4 behandelt werden.

Eine besonders wichtige Codierung, der direkte Code, entsteht aus der m-stelligen Dual-Zahldarstellung durch die Zuordnung

(ii) $0 \triangleq$ **O** $\quad 1 \triangleq$ **L** ;

dabei entspricht der Zählreihenfolge der natürlichen Zahlen die lexikographische Ordnung der m-Bit-Worte. Wenn man die führenden Nullen streicht, kommt man zur gewöhnlichen Zahldarstellung; insbesondere wird die natürliche Zahl 0 durch das leere Binärwort codiert.

Die Darstellung ganzer Zahlen erfordert ein zusätzliches Bit für das Vorzeichen. Hierfür und für Fragen der Darstellung numerisch-reeller Zahlen sei auf den Anhang A verwiesen.

Die Binärcodierung der Sorte **bool** bzw. *Boolean* mittels der Zuordnung (i) von 2.1.3.6 und 4.1.1.2 ist trivial und soll hinfort allgemein unterstellt sein.

Die Binärcodierung der Sorte **char** bzw. *char* kann auf verschiedenste Weise, verschiedenen technischen Gesichtspunkten folgend, geschehen, vgl. 1.4.3. Wir wollen im folgenden stets annehmen, daß die Codierung nach dem ISO 7-Bit-Code bzw. dem ASCII-Code erfolgt. Die Binärcodierung von Zeichenfolgen der Sorte **string** bzw. *string* kann dann durch Konkatenation der die Einzelzeichen codierenden Binärworte erfolgen; die Wortfugen sind eindeutig bestimmbar. Anders ist es bei der Binärcodierung beblätterter Bäume, also von Objekten der Sorte **lisp** bzw. *lisp*: Die von den Klammern vermittelte Information über den Aufbau eines beblätterten Baums darf nicht verloren gehen (vgl. 2.1.3.5). Eine einfache Möglichkeit besteht darin, zwei Sonderzeichen ⟨ und ⟩ in die Codierung aufzunehmen und dadurch etwa

⟨'A'⟨'B''C'⟩⟩ als A⟨BC⟩ und
⟨⟨'A''B'⟩'C'⟩ als ⟨AB⟩C

binär zu codieren.

4.2.1 Binärer Vergleich

Die Vergleichsoperation $.=.$ bzw. $.\neq.$ hat für alle Sorten praktische Bedeutung. Für umkehrbar eindeutige (Binär-)Codierungen – nur solche sollen hinfort betrachtet werden – sind zwei Objekte genau dann gleich, wenn die sie codierenden (Binär-)Worte zeichenweise gleich sind.

Für die Sorte **char** bzw. *char* etwa führt das bei Codierung durch den ISO 7-Bit-Code zu der Aufgabe, ein Schaltnetz zur Überprüfung zweier 7-Bit-Worte $a_7a_6a_5a_4a_3a_2a_1$ und $b_7b_6b_5b_4b_3b_2b_1$ auf Übereinstimmung anzugeben. Die Schaltfunktion hierfür ist

$$(a_1 \leftrightarrow b_1) \wedge (a_2 \leftrightarrow b_2) \wedge (a_3 \leftrightarrow b_3) \wedge (a_4 \leftrightarrow b_4) \wedge (a_5 \leftrightarrow b_5) \wedge (a_6 \leftrightarrow b_6) \wedge (a_7 \leftrightarrow b_7) .$$

Abb. 130 zeigt ein äquivalentes Schaltnetz mit Halbaddierern und einem Vielfach-NOR-Glied, eine sogenannte **Koinzidenzschaltung**.

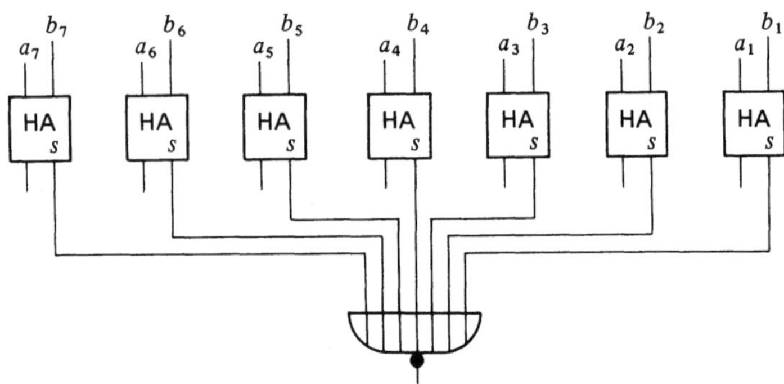

Abb. 130. Koinzidenzschaltung

Für eine allgemeine Lösung unter Heranziehung der Subtraktion siehe 4.2.2.2.

4.2.2 Binäre Arithmetik

Für binär codierte ganze Zahlen sind die Operationen der Sorte **int** bzw. *integer* auf die entsprechenden Binärworte zu übertragen. Wie dies systematisch geschehen kann, wird im folgenden behandelt.

Grundlegend dafür ist die direkte Codierung natürlicher Zahlen:

```
funct code ≡ (nat n) bits:

   if n = 0
   then ◇
   else if odd n
        then code(n div 2) + ⟨L⟩
        else code(n div 2) + ⟨O⟩
                            fi
```

```
function code(n: integer {n ≧ 0}): bitstring;
begin
   if n = 0
   then code ⇐ empty
   else if odd(n)
   then code ⇐ postfix(code(n div 2), L)
   else code ⇐ postfix(code(n div 2), O)
end
```

Dabei sind Binärwörter mit führenden Nullen ausgeschlossen:

```
funct isc ≡ (bits u) bool:
      u = ◇ ∨̇ first(u) = L
```

```
function isc(u: bitstring): Boolean;
begin isc ⇐ isempty(u) ∨̇ (first(u) = L)
end
```

Die Umkehrabbildung lautet

funct *decode* ≡ (**bits** *u*: *isc*(*u*)) **nat**:	**function** *decode*(*u*: *bitstring* {*isc*(*u*)}): *integer*;
	begin
if $u = \diamond$	**if** *isempty*(*u*)
then 0	**then** *decode* ⇐ 0
else if *last*(*u*) = **L**	**else if** *last*(*u*) = **L**
then *decode*(*lead*(*u*)) × 2 + 1	**then** *decode* ⇐ *decode*(*lead*(*u*)) * 2 + 1
else *decode*(*lead*(*u*)) × 2	**else** *decode* ⇐ *decode*(*lead*(*u*)) * 2
fi	**end**

Entscheidend für diesen „Wechsel der Rechenstruktur“ ist, daß die Operationen des Verdoppelns und Halbierens auf Binärworten einfach sind; für $a > 0$ gilt:

$$
\begin{array}{lll}
code(a \times 2) & = code(a) + \langle \mathbf{O} \rangle & \\
code(a \times 2 + 1) & = code(a) + \langle \mathbf{L} \rangle & \\
\left.\begin{array}{l} code(a \div 2) \\ code((a-1) \div 2) \end{array}\right\} & = lead(code(a)) & \begin{array}{l} \text{falls } a \text{ gerade} \\ \text{falls } a \text{ ungerade} \end{array}
\end{array}
$$

4.2.2.1 *Binärzähler*

Aus der Spezifikation der Nachfolgeroperation auf Binärworten

funct *binsucc* ≡ (**bits** *u*: *isc*(*u*)) **bits**:	**function** *binsucc*(*u*: *bitstring* {*isc*(*u*)}): *bitstring*;
	begin
code(*decode*(*u*) + 1)	*binsucc* ⇐ *code*(*decode*(*u*) + 1)
	end

läßt sich ein direkt rekursiver Algorithmus durch Einsetzen (Expandieren), Umformen und Komprimieren ableiten. Für $u = \diamond$ ergibt sich

$$
\begin{aligned}
& binsucc(\diamond) = code(decode(\diamond) + 1) = code(0+1) = code(1) \\
& = code(0) + \langle \mathbf{L} \rangle = \diamond + \langle \mathbf{L} \rangle = \langle \mathbf{L} \rangle\,;
\end{aligned}
$$

für $last(u) = \mathbf{O}$ erhält man

$$
\begin{aligned}
& binsucc(u) = code(decode(u) + 1) = code(decode(lead(u)) \times 2 + 1) \\
& = code(decode(lead(u))) + \langle \mathbf{L} \rangle = lead(u) + \langle \mathbf{L} \rangle
\end{aligned}
$$

und für $last(u) = \mathbf{L}$ entsteht

$$
\begin{aligned}
& binsucc(u) = code(decode(u) + 1) = code(decode(lead(u)) \times 2 + 1 + 1) \\
& = code((decode(lead(u)) + 1) \times 2) = code(decode(lead(u)) + 1) + \langle \mathbf{O} \rangle \\
& = binsucc(lead(u)) + \langle \mathbf{O} \rangle\,.
\end{aligned}
$$

Damit lautet der rekursive Algorithmus für das Binärzählen (Terminierung ist sichergestellt)

```
funct binsucc ≡ (bits u:
                   isc(u)) bits:

  if u = ◇
  then ⟨L⟩
  elsf last(u) = O
  then lead(u) + ⟨L⟩
  else binsucc(lead(u)) + ⟨O⟩ fi
```

```
function binsucc(u: bitstring
                   {isc(u)}): bitstring;
begin
  if isempty(u)
  then binsucc ⇐ mkstring(L)
  else if last(u) = O
    then binsucc ⇐ postfix(lead(u), L)
    else binsucc ⇐
           postfix(binsucc(lead(u)), O)
end
```

Offensichtlich steckt in der Teilformel *binsucc*(*lead*(*u*)) der letzten Zeile eine Aktion, die man bei den geläufigen Additionen im Dezimalsystem ‚Übertragsbildung' nennt.

Führt man für den Übertrag mittels der Einbettung

```
funct bincount ≡ (bits u, bit c:
                   isc(u)) bits:

  if c = O
  then u
  else binsucc(u) fi
```

```
function bincount (u: bitstring; c: bit
                   {isc(u)}): bitstring;
begin
  if c = O
  then bincount ⇐ u
  else bincount ⇐ binsucc(u)
end
```

einen Parameter *c* ein, so erhält man wiederum durch Expandieren, Umformen und Komprimieren die direkt rekursive Fassung

```
funct bincount ≡ (bits u, bit c:
                   isc(u)) bits:

  if u = ◇
  then if c = O
       then ◇
       else ⟨L⟩ fi
  else
  bincount(lead(u), HA_ü(last(u), c))
     + ⟨HA_s(last(u), c)⟩
                                  fi
```

```
function bincount (u: bitstring; c: bit
                   {isc(u)}): bitstring;
begin
  if isempty(u)
  then if c = O
    then bincount ⇐ empty
    else bincount ⇐ mkstring(L)
  else bincount ⇐ postfix(
  bincount(lead(u), HA_ü(last(u), c)),
  HA_s(last(u), c))
end
```

wobei HA_s und $HA_ü$ Summe und Übertrag des Halbaddierers bezeichnen. Ein zugehöriges Schaltnetz zeigt Abb. 131. Beim Abrollen geht die Rekursion in der Zeit über in eine Rekursion im Ort, vgl. 4.2.3.

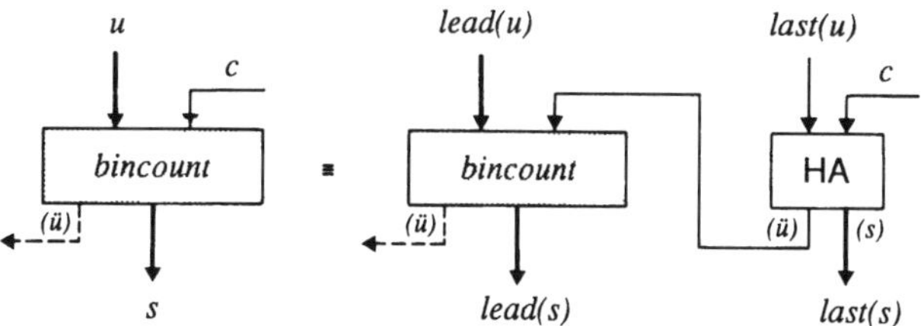

Abb. 131. Rekursives Schaltnetz für Binärzähler

Die Rechenvorschrift *binsucc* und *bincount* können auf beliebige Binärworte erweitert werden, indem die Zusicherung $isc(u)$ entfällt.

Ähnlich ergibt sich aus der Spezifikation der Vorgängerfunktion auf Binärworten

```
funct binpred ≡ (bits u:
        isc(u) ∧ decode(u) ≧ 1) bits:

code(decode(u) − 1)
```

```
function binpred(u: bitstring
{isc(u) ∧ (decode(u) ≧ 1)}): bitstring;
begin
  binpred ⇐ code(decode(u) − 1)
end
```

der Algorithmus

```
funct binpred ≡ (bits u:
        u ≠ ◇ ∧ first(u) = L) bits:

  if lead(u) = ◇
  then ◇
  elsf last(u) = L
     then lead(u) + ⟨O⟩
     else binpred(lead(u)) + ⟨L⟩    fi
```

```
function binpred(u: bitstring
 {(not isempty(u)) ∧ (first(u) = L)}): bitstring;
begin
  if isempty(lead(u))
  then binpred ⇐ empty
  else if last(u) = L
     then binpred ⇐ postfix(lead(u), O)
     else binpred ⇐
            postfix(binpred(lead(u)), L)
end
```

4.2.2.2 *Addition und Subtraktion*

Algorithmen für die Addition und Subtraktion binär dargestellter natürlicher Zahlen bekommt man, wenn man die obigen Algorithmen *binsucc* und *binpred* in den betreffenden Definitionen, etwa *plus* aus 2.4.1.2 verwendet. Die Berechnung von $plus(a, b)$ erfordert b Aufrufe von *binsucc* und *binpred*. Die Binärdarstellung erlaubt jedoch wesentlich effizientere Algorithmen.

Zunächst verbessert man den Algorithmus *plus* zu einer ‚schnellen' Variante *add*, die im wesentlichen davon profitiert, daß (für gerades a, b) die Identität

$$add(a, b) = add(a \div 2, b \div 2) \times 2$$

(vermöge des Distributivgesetzes) bewiesen werden kann:

```
funct add ≡ (nat a, b) nat:

  if b = 0
  then a
  ▯ a = 0
  then b
  ▯ a ≠ 0 ∧ b ≠ 0 then
     if odd a ∧ odd b
     then add((a − 1) ÷ 2,
                 (b − 1) ÷ 2 + 1) × 2
     ▯ ¬odd a ∧ odd b
     then add(a ÷ 2, (b − 1) ÷ 2) × 2 + 1

     ▯ odd a ∧ ¬odd b
     then add((a − 1) ÷ 2, b ÷ 2) × 2 + 1

     ▯ ¬odd a ∧ ¬odd b
     then add(a ÷ 2, b ÷ 2) × 2          fi fi
```

```
function add(a, b: integer
          {(a ≧ 0) and (b ≧ 0)}): integer;
begin
  if b = 0
  then add ⇐ a
  ▯ a = 0
  then add ⇐ b
  ▯ (a ≠ 0) and (b ≠ 0) then
     if odd(a) and odd(b)
     then add ⇐ add((a − 1) div 2,
                 (b − 1) div 2) + 1) * 2
     ▯ not odd(a) and odd(b)
     then add ⇐
          add(a div 2, (b − 1) div 2) * 2 + 1
     ▯ odd(a) and not odd(b)
     then add ⇐
          add((a − 1) div 2, b div 2) * 2 + 1
     ▯ not odd(a) and not odd(b)
     then add ⇐ add(a div 2, b div 2) * 2
end
```

Entscheidend ist, daß in der Binärdarstellung die Verdopplung und die Halbierung einfache Operationen (s. o.) sind.

Somit ergibt sich

```
funct binadd ≡ (bits a, bits b:
                isc(a) ∧ isc(b)) bits:

  if b = ◇
  then a
  ▯ a = ◇
  then b
  ▯ a ≠ ◇ ∧ b ≠ ◇ then

     if last(a) = L ∧ last(b) = L
     then
        binsucc(binadd(lead(a),
                       lead(b))) + ⟨O⟩
     ▯ (last(a) = O ∧ last(b) = L) ∨
       (last(a) = L ∧ last(b) = O)
     then
        binadd(lead(a), lead(b)) + ⟨L⟩
     ▯ last(a) = O ∧ last(b) = O
     then
        binadd(lead(a), lead(b)) + ⟨O⟩
                                        fi fi
```

```
function binadd(a, b: bitstring
          {isc(a) and isc(b)}): bitstring;
begin
  if isempty(b)
  then binadd ⇐ a
  ▯ isempty(a)
  then binadd ⇐ b
  ▯ not isempty(a) and
     not isempty(b) then
     if (last(a) = L) and (last(b) = L)
     then binadd ⇐ postfix
          (binsucc(binadd(lead(a),
                          lead(b))), O)
     ▯ (last(a) = O) and (last(b) = L) or
       (last(a) = L) and (last(b) = O)
     then binadd ⇐ postfix
          (binadd(lead(a), lead(b)), L)
     ▯ (last(a) = O) and (last(b) = O)
     then binadd ⇐ postfix
          (binadd(lead(a), lead(b)), O)
end
```

Für die Subtraktion ergibt sich gleichermaßen die unter der Zusicherung $a \geqq b$ terminierende ‚schnelle' Variante *sub*

```
funct sub ≡ (nat a, b:
                        a ≧ b) nat:

  if b = 0
  then a
  else
    if odd a ∧ odd b
    then sub((a − 1) ÷ 2, (b − 1) ÷ 2) × 2

    ▯ ¬odd a ∧ odd b
    then sub(a ÷ 2, (b − 1) ÷ 2) × 2 − 1

    ▯ odd a ∧ ¬odd b
    then sub((a − 1) ÷ 2, b ÷ 2) × 2 + 1

    ▯ ¬odd a ∧ ¬odd b
    then sub(a ÷ 2, b ÷ 2) × 2          fi fi
```

```
function sub(a, b: integer
             {(a ≧ b) and (b ≧ 0)}): integer;
begin
  if b = 0
  then sub ⇐ a
  else
    if odd(a) and odd(b)
    then sub ⇐
       sub((a − 1) div 2, (b − 1) div 2)*2
    ▯ not odd(a) and odd(b)
    then sub ⇐
       sub(a div 2, (b − 1) div 2)*2 − 1
    ▯ odd(a) and not odd(b)
    then sub ⇐
       sub((a − 1) div 2, b div 2)*2 + 1
    ▯ not odd(a) and not odd(b)
    then sub ⇐ sub(a div 2, b div 2)*2
end
```

Übergang zur Binärdarstellung ergibt Subtraktion „mit Auslöschung"

```
funct binsub ≡ (bits a, bits b:
            a ≧ b ∧ isc(a) ∧ isc(b)) bits:

  if b = ◇
  then a
  else
    if last(a) = L ∧ last(b) = L
    then
      binsub(lead(a), lead(b)) + ⟨O⟩
    ▯ last(a) = O ∧ last(b) = L
    then binpred(binsub(lead(a),
                        lead(b)) + ⟨O⟩)
    ▯ last(a) = L ∧ last(b) = O
    then
      binsub(lead(a), lead(b)) + ⟨L⟩
    ▯ last(a) = O ∧ last(b) = O
    then
      binsub(lead(a), lead(b)) + ⟨O⟩ fi fi
```

```
function binsub(a, b: bitstring
{(a ≧ b) and isc(a) and isc(b)}): bitstring;
begin
  if isempty(b)
  then binsub ⇐ a
  else
    if (last(a) = L) and (last(b) = L)
    then binsub ⇐ postfix
           (binsub(lead(a), lead(b)), O)
    ▯ (last(a) = O) and (last(b) = L)
    then binsub ⇐ binpred
    (postfix(binsub(lead(a), lead(b)), O))
    ▯ (last(a) = L) and (last(b) = O)
    then binsub ⇐
    postfix (binsub(lead(a), lead(b)), L)
    ▯ (last(a) = O) and (last(b) = O)
    then binsub ⇐
    postfix (binsub(lead(a), lead(b)), O)
end
```

Der zweite Fall der inneren Fallunterscheidung spiegelt wieder, was im Elementarunterricht (im Dezimalsystem) als ‚zu leihen nehmen' bezeichnet wird. Für die Vorzeichenbehandlung bei der Addition und Subtraktion ganzer Zahlen vgl. Anhang A.

Der Identitätsvergleich $. = .$ bzw. $. \neq .$ für natürliche und ganze Zahlen kann mittels der Subtraktion auf den Identitätsvergleich (vgl. 4.2.1) mit 0 zurückgeführt werden, also auf bloße Vielfachkoinzidenz. Die Größenvergleiche $. \leqq .$, $. < .$, $. > .$, $. \geqq .$ können ebenso auf Vorzeichenprüfung reduziert werden.

Der Größenvergleich bezüglich der lexikographischen Ordnung von binär codierten Zeichenfolgen kann ebenfalls auf Subtraktion und Vorzeichenprüfung reduziert werden.

4.2.2.3 *Multiplikation*

Es verbleibt noch, die Multiplikation in Binärarithmetik zu erläutern. Eine ‚schnelle' Variante des gewöhnlichen Vervielfachens (vgl. *geniter* in 2.6.3 mit der Addition als einzubringende Funktion) war schon im alten Ägypten bekannt (Abb. 132).

```
23 × 43
46   21
~~92~~   10
184   5
~~368~~   2
736   1
———
989
```

Abb. 132. ‚Altägyptische Multiplikation', auch ‚russische' oder ‚abessinische Bauernmethode' genannt

Sie ergibt den Algorithmus

```
funct mult ≡ (nat a, int b) int:

  if a = 0
  then 0
  else
     if odd a
     then mult((a − 1) ÷ 2, b) × 2 + b
     ▯ ¬odd a
     then mult(a ÷ 2, b) × 2          fi fi
```

```
function mult(a, b: integer {a ≧ 0}): integer;
begin
  if a = 0
  then mult ⇐ 0
  else
     if odd(a)
     then mult ⇐ mult((a − 1) div 2, b) * 2 + b
     ▯ not odd(a)
     then mult ⇐ mult(a div 2, b) * 2
end
```

Nach Übergang zu einer Binärdarstellung für *a* ergibt sich

```
funct bmult ≡ (bits a, int b:
                         isc(a)) int:

  if a = ◇
  then 0
  else
     if last(a) = L
     then bmult(lead(a), b) × 2 + b
     ▯ last(a) = O
     then bmult(lead(a), b) × 2  fi fi
```

```
function bmult(a: bitstring; b: integer
                       {isc(a)}): integer;
begin
  if isempty(a)
  then bmult ⇐ 0
  else
     if last(a) = L
     then bmult ⇐ bmult(lead(a), b) * 2 + b
     ▯ last(a) = O
     then bmult ⇐ bmult(lead(a), b) * 2
end
```

Schließlich wird man aber auch den Multiplikanden als Binärwort darstellen und erhält bei Beschränkung auf natürliche Zahlen

funct *binmult* ≡ (**bits** *a*, **bits** *b*: $isc(a) \wedge isc(b)$) **bits**:	**function** *binmult*(*a*, *b*: *bitstring* {*isc*(*a*) **and** *isc*(*b*)}): *bitstring*;
	begin
if $a = \diamond$	**if** *isempty*(*a*)
then $\diamond$	**then** *binmult* ⇐ *empty*
else	**else**
if *last*(*a*) = **L**	**if** *last*(*a*) = **L**
then *binadd* (*binmult*(*lead*(*a*), *b*) + ⟨**O**⟩, *b*)	**then** *binmult* ⇐ *binadd* (*postfix*(*binmult*(*lead*(*a*), *b*), **O**), *b*)
▯ *last*(*a*) = **O**	▯ *last*(*a*) = **O**
then *binmult*(*lead*(*a*), *b*) + ⟨**O**⟩ **fi fi**	**then** *binmult* ⇐ *postfix*(*binmult*(*lead*(*a*), *b*), **O**)
	end

4.2.2.4 *Operationen mit binär dargestellten Zeichenfolgen und beblätterten Bäumen*

Die für die Sorten **string** bzw. *string* und **lisp** bzw. *lisp* in 2.1.3.4 und 2.1.3.5 eingeführten Operationen werden von der Binärcodierung nicht berührt, sie erfordern lediglich eine Gruppierung der Bits (im angenommenen Fall der ISO 7-Bit bzw. ASCII-Codierung in 7-er-Gruppen).

4.2.3 Arithmetik mit beschränkter Stellenzahl

Wir machen nun die Einschränkung, daß wir nur natürliche Zahlen beschränkter Größe, zweckmäßigerweise solche, die mit bis zu k Dualstellen darstellbar sind, also das Intervall $0 \ldots 2^k - 1$, in Betracht ziehen.

Der rekursive Algorithmus *bincount* von 4.2.2.1 terminiert dann spätestens nach $k+1$ Inkarnationen, er läßt sich unter der Zusicherung $length(u) \leqq k$ auch durch eine Formel wiedergeben, die man durch sukzessives Einsetzen erhält („Strecken der Rechenvorschrift" durch wiederholtes Abrollen der Rekursion, RUTISHAUSER 1951).

Gehen wir nun auch von der bisher unterstellten, aus der üblichen Zahldarstellung ohne führende Nullen bestehenden Binärcodierung über zu einer Codierung durch Binärworte, die durch Hinzunahme führender Nullen auf insgesamt k Stellen ergänzt sind (vgl. Abb. 37, Spalte ‚direkt'), so entspricht das nun genau der Festlegung in ALGOL 68 (Tabelle 4, Bem. [c]).

Da nunmehr der Nachfolger von $\overbrace{\mathsf{LLL}\ldots\mathsf{L}}^{k} \triangleq 2^k - 1$ die Stellenzahl sprengt, kann man, um mit dem Ergebnis im Bereich zu bleiben, das erste Bit (das ‚Überlauf'-Bit) streichen und erhält so ein k-stelliges **zyklisches Binärzählnetz**, z.B. mit $k = 4$

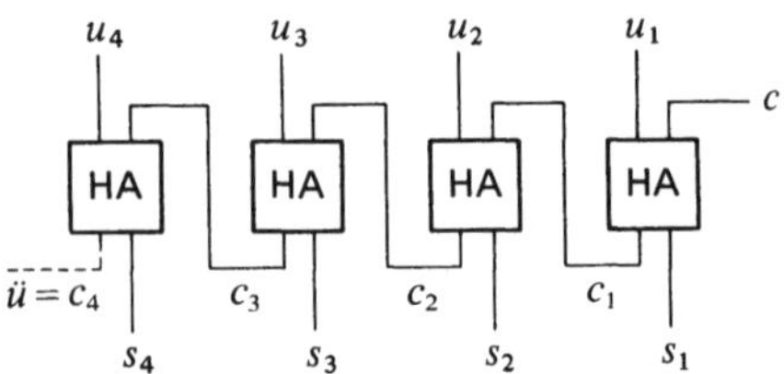

Abb. 133. Schaltnetz eines 4-stelligen (zyklischen) Binärzählers

```
funct cyclesucc ≡ (bits u:
                   length(u) = 4) bits:

⌈ (bit c1, bit s1) ≡ HA(last(u), c) ;
  (bit c2, bit s2) ≡ HA(last(lead(u)), c1) ;
  (bit c3, bit s3) ≡
            HA(last(lead(lead(u))), c2) ;
  (bit c4, bit s4) ≡
        HA(last(lead(lead(lead(u)))), c3) ;
  ⟨s4⟩ + ⟨s3⟩ + ⟨s2⟩ + ⟨s1⟩
                                          ⌋
```

```
function cyclesucc(u: bitstring
                   {length(u) = 4}): bitstring;
begin
  (c1: bit; s1: bit) = HA(last(u), c) ;
  (c2: bit; s2: bit) = HA(last(lead(u)), c1) ;
  (c3: bit; s3: bit) =
            HA(last(lead(lead(u))), c2) ;
  (c4: bit; s4: bit) =
        HA(last(lead(lead(lead(u)))), c3) ;
  cyclesucc ⇐ postfix(postfix
        (postfix(mkstring(s4), s3), s2), s1)
end
```

Um nun zu einem konventionellen Schaltnetz überzugehen, werden die Komponenten

$$u_1 = last(u)$$
$$u_2 = last(lead(u))$$
$$u_3 = last(lead(lead(u)))$$
$$u_4 = last(lead(lead(lead(u))))$$

des Parameters u und die Komponenten s_1, s_2, s_3, s_4 des Ergebnisses als getrennte Veränderliche ausgewiesen:

```
funct cyclesucc ≡ (bit u1, u2, u3, u4)
                  (bit, bit, bit, bit):

⌈ (bit c1, bit s1) ≡ HA(u1, c) ;
  (bit c2, bit s2) ≡ HA(u2, c1) ;
  (bit c3, bit s3) ≡ HA(u3, c2) ;
  (bit c4, bit s4) ≡ HA(u4, c3) ;
  (s4, s3, s2, s1)                  ⌋
```

```
function cyclesucc(u1, u2, u3, u4:
             bitstring): (bit, bit, bit, bit);
begin
  (c1: bit; s1: bit) = HA(u1, c) ;
  (c2: bit; s2: bit) = HA(u2, c1) ;
  (c3: bit; s3: bit) = HA(u3, c2) ;
  (c4: bit; s4: bit) = HA(u4, c3) ;
  cyclesucc ⇐ (s4, s3, s2, s1)
end
```

Es ergibt sich für $k = 4$ das Schaltnetz von Abb. 133, wobei der Eingang c konstant mit **L** besetzt ist.

Man beachte, daß das Schaltnetz für den Fall, daß am **Zähleingang** c **O** statt **L** anliegt, die Identität liefert. Der **Übertragsausgang** $ü$ ist bei Verwendung als zyklisches Binärzählnetz überflüssig; fügt man jedoch zwei solcher Netze derart zusammen, daß der Übertragsausgang des einen mit dem Zähleingang des anderen verbunden ist, so entsteht wieder ein zyklisches Binärzählnetz. Umfangreichere Binärzählnetze können so aus Grundbausteinen, etwa 4- oder 8-stelligen, zusammengesetzt werden. Der Halbaddierer tritt als Grenzfall eines 1-stelligen Binärzählnetzes auf.

In ähnlicher Weise kann ein k-stelliges Schaltnetz für die Vorgängeroperationen gewonnen werden, sowie für die Addition - hier ergibt sich aus dem Algorithmus *binadd* von 4.2.2.2 für $k=4$ das Additionsschaltnetz von Abb. 134. Wird dieses in der Einerstelle komplettiert und mit einem Zähleingang c versehen (Abb. 135), so entsteht wieder ein Grundbaustein, aus dem sich umfangreichere Additionsschaltnetze zusammensetzen lassen. Der Volladdierer ist der Grenzfall eines einstelligen Additionsschaltnetzes.

Für die Subtraktion kann man vom Algorithmus *binsub* in 4.2.2.2 ausgehen.

Zu diesem k-stelligen Subtraktionsschaltnetz gelangt man aber auch, indem man zuerst (vgl. Anhang A) das Stellenkomplement (Einerkomplement) des Subtrahenden bildet und dann addiert. Zum Ausgleich muß eine Einheit in die Einerstelle addiert werden, also der Zähleingang mit **L** besetzt werden (Einerrücklauf, "*end-around carry*").

In all diesen Beispielen ergab sich das Schaltnetz als eine Abwicklung der Rekursion in den Raum. Sie zeigen, daß sich Schaltnetze ‚errechnen' lassen - ein wichtiger Gesichtspunkt für die Gewinnung korrekter Schaltungen auf der Grundlage einsichtiger Spezifikationen.

Geht man, gestützt auf Schaltnetze für k-stellige Addition und Subtraktion, bei der Multiplikation oder Division ähnlich vor, so ergeben sich ziemlich umfängliche Schaltungen. Schaltnetze für die Multiplikation bzw. Division zweier achtstelliger oder 16-stelliger Dualzahlen sind jedoch heute durchaus im Rahmen der Großintegration auf einem Schaltplättchen (‚Chip') unterzubringen.

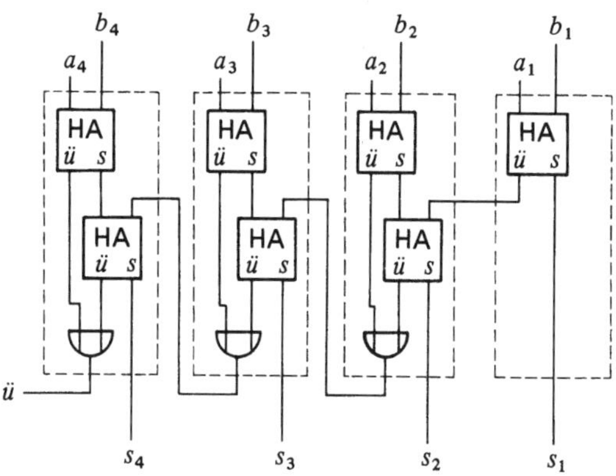

Abb. 134. 4-stelliges Additionsschaltnetz

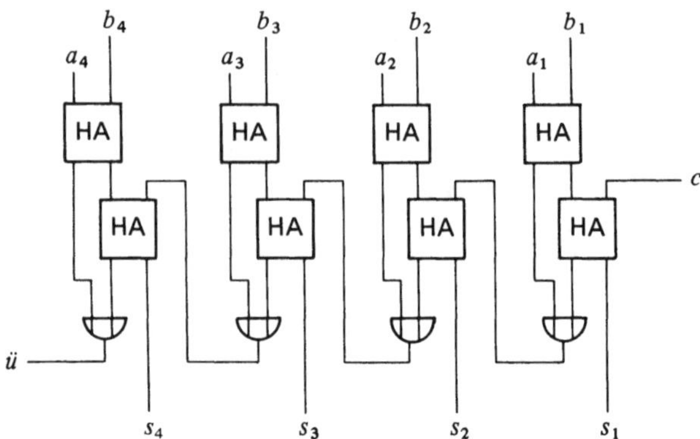

Abb. 135. 4-stelliger Grundbaustein eines Additionsschaltnetzes

4.3 Schaltwerke

Zum Wesen der Schaltfunktionen und Schaltnetze gehört, daß ihre Veränderlichen verschiedene Werte annehmen können. Soweit sie durch physikalische Apparaturen dargestellt werden, haben wir Schaltnetze bisher statisch, d.h. im ruhenden oder eingeschwungenen Zustand betrachtet. Die Veränderlichkeit, die bei den üblichen Realisierungen als zeitliche Veränderung auftritt, ist aber nicht momentan; eine Schaltveränderliche springt nur idealisiert zwischen den Werten **O** und **L**, der Wert des Signalparameters ändert sich in Wirklichkeit nicht ruckartig. Tatsächlich gilt, daß erst nach einer gewissen Zeit δt zuverlässig die Werte am Ausgang eines Schaltnetzes festgestellt werden können, und daß in der Zwischenzeit die Werte gar nicht definiert sind. Zu einer technischen Realisierung einer Schaltveränderlichen gehört insbesondere die Festlegung der **Abtast-Zeitpunkte** (s.u.).

Die Schaltzeit δt hängt natürlich von der verwendeten Technik ab; während sie für ein einzelnes Und-Glied um 1950 in Relaistechnik noch 10^{-2} s betrug, ist sie heute unter Verwendung von Transistoren in integrierten Schaltungen auf weniger als 10^{-10} s zurückgegangen. Für komplizierte Schaltnetze resultiert die Schaltzeit im wesentlichen aus den Signaldurchlaufzeiten der einzelnen Glieder.

Als Konsequenz ergibt sich aus dieser Einsicht zunächst, daß eine Zeitverzögerung als wesentliches Element für den tatsächlichen Aufbau von Schaltungen in Kauf zu nehmen ist; für die lediglich funktionelle Beschreibung führen wir aber die Fiktion weiter, daß Schaltnetze verzögerungsfrei sind. Der Tatsache, daß zu gewissen Zeiten der Ausgang eines Schaltnetzes undefiniert ist, begegnet man oft überdies durch **Zeitrasterung**, nämlich durch Festlegung von (äquidistanten) **Taktzeitpunkten**: Jede Veränderliche wird lediglich zu Taktzeitpunkten betrachtet.

Man macht aus der Not, mit von Null verschiedenen Schaltzeiten auskommen zu müssen, eine Tugend, sobald man in maschinenorientierter Weise zu Speichervariablen für Binärworte und Binärzeichen übergeht.

4.3.1 Speichervariable für Binärworte

Speichervariable für Binärworte können dazu dienen, repetitive Rekursionen in Form einfacher Wiederholungen auszuführen. Klassisches Beispiel für ihre Verwendung ist der ‚Serienaddierer' (4.3.2.1).

4.3.1.1 *Beispiel: Addition*

Durch Einführung des Übertrags und eines Parameters für das Ergebnis kann der Algorithmus für die ‚schnelle' Addition aus 4.2.2.2 in iterative Form überführt werden[11].

```
funct add ≡ (nat A, B) nat:

⌈(var nat a, b, z, ü, t) := (A, B, 0, 0, 1) ;
 while a ≠ 0 ∨ b ≠ 0 ∨ ü ≠ 0
 do (a, b, z, ü, t) :=
      if odd a ∧ odd b
      then
         ((a − 1) ÷ 2, (b − 1) ÷ 2,
                       z + t × ü, 1, 2 × t)
      ▯ ¬odd a ∧ odd b
      then
         (a ÷ 2, (b − 1) ÷ 2,
                       z + t × ü + t, 0, 2 × t)
      ▯ odd a ∧ ¬odd b
      then
         ((a − 1) ÷ 2, b ÷ 2,
                       z + t × ü, 0, 2 × t)
      ▯ ¬odd a ∧ ¬odd b
      then (a ÷ 2, b ÷ 2,
                       z + t × ü, 0, 2 × t)
                                     fi od ;
 z
                                           ⌋
```

```
function add(A, B: integer
             {(A ≧ 0) and (B ≧ 0)}): integer;
  var a, b, z, ü, t: integer;
begin
  (a, b, z, ü, t) := (A, B, 0, 0, 1) ;
  while (a ≠ 0) or (b ≠ 0) or (ü ≠ 0)
    do
    if odd(a) and odd(b)
    then (a, b, z, ü, t) :=
       ((a − 1) div 2, (b − 1) div 2,
                         z + t * ü, 1, 2 * t)
    ▯ not odd(a) and odd(b)
    then (a, b, z, ü, t) :=
       (a div 2, (b − 1) div 2,
                         z + t * ü + t, 0, 2 * t)
    ▯ odd(a) and not odd(b)
    then (a, b, z, ü, t) :=
       ((a − 1) div 2, b div 2,
                         z + t * ü + t, 0, 2 * t)
    ▯ not odd(a) and not odd(b)
    then (a, b, z, ü, t) :=
       ((a div 2, b div 2,
                         z + t * ü, 0, 2 * t) ;
  add ⇐ z
end
```

[11] Die Korrektheit dieses Programms (vgl. 3.3.3.4) folgt daraus, daß der Ausdruck $z + t \times (a + b + ü)$ in der Wiederholung invariant bleibt, er ist zu Anfang gleich $0 + 1 \times (A + B + 0) = A + B$, zum Schluß $z + t \times (0 + 0 + 0) = z$. Terminierung ist evident.

Nimmt man die Werte der Variablen $ü$ in die Fallunterscheidung mit auf, erhält man nach Vereinfachungen

```
funct add ≡ (nat A, B) nat:

⌈(var nat a, b, z, ü, t) := (A, B, 0, 0, 1) ;
  while a ≠ 0 ∨ b ≠ 0 ∨ ü ≠ 0
  do (a, b, z, ü, t) :=
      if odd a ∧ odd b ∧ ü = 1
      then
         ((a−1) ÷ 2, (b−1) ÷ 2,
                         z + t, 1, 2 × t)
      ▯ odd a ∧ odd b ∧ ü = 0
      then
         ((a−1) ÷ 2, (b−1) ÷ 2,
                         z, 1, 2 × t)
      ▯ ¬odd a ∧ odd b ∧ ü = 1
      then
         (a ÷ 2, (b−1) ÷ 2, z, 1, 2 × t)
      ▯ ¬odd a ∧ odd b ∧ ü = 0
      then
         (a ÷ 2, (b−1) ÷ 2, z + t, 0, 2 × t)
      ▯ odd a ∧ ¬odd b ∧ ü = 1
      then
         ((a−1) ÷ 2, b ÷ 2, z, 1, 2 × t)
      ▯ odd a ∧ ¬odd b ∧ ü = 0
      then
         ((a−1) ÷ 2, b ÷ 2, z + t, 0, 2 × t)
      ▯ ¬odd a ∧ ¬odd b ∧ ü = 1

      then
         (a ÷ 2, b ÷ 2, z + t, 0, 2 × t)
      ▯ ¬odd a ∧ ¬odd b ∧ ü = 0

      then
         (a ÷ 2, b ÷ 2, z, 0, 2 × t)        fi od ;
  z                                            ⌋
```

```
function add(A, B: integer
            {(A ≧ 0) and (B ≧ 0)}): integer;
  var a, b, z, ü, t: integer;
begin
  (a, b, z, ü, t) := (A, B, 0, 0, 1) ;
  while (a ≠ 0) or (b ≠ 0) or (ü ≠ 0)
    do
    if odd(a) and odd(b) and (ü = 1)
    then (a, b, z, ü, t) :=
       ((a−1) div 2, (b−1) div 2,
                          z + t, 1, 2*t)
    ▯ odd(a) and odd(b) and (ü = 0)
    then (a, b, z, ü, t) :=
       ((a−1) div 2, (b−1) div 2,
                            z, 1, 2*t)
    ▯ not odd(a) and odd(b) and (ü = 1)
    then (a, b, z, ü, t) :=
       (a div 2, (b−1) div 2, z, 1, 2*t)
    ▯ not odd(a) and odd(b) and (ü = 0)
    then (a, b, z, ü, t) :=
       (a div 2, (b−1) div 2, z + t, 0, 2*t)
    ▯ odd(a) and not odd(b) and (ü = 1)
    then (a, b, z, ü, t) :=
       ((a−1) div 2, b div 2, z, 1, 2*t)
    ▯ odd(a) and not odd(b) and (ü = 0)
    then (a, b, z, ü, t) :=
       ((a−1) div 2, b div 2, z + t, 0, 2*t)
    ▯ not odd(a) and not odd(b)
                    and (ü = 1)
    then (a, b, z, ü, t) :=
       (a div 2, b div 2, z + t, 0, 2*t)
    ▯ not odd(a) and not odd(b)
                    and (ü = 0)
    then (a, b, z, ü, t) :=
       (a div 2, b div 2, z, 0, 2*t) ;
  add ⇐ z
end
```

Bei Übergang zu Binärdarstellungen ergibt sich daraus für eine k-stellige zyklische Binärarithmetik (4.2.3, $ü$ enthält schließlich ein eventuelles ‚Überlaufbit')

```
funct binadd ≡ (bits A, bits B:
          length(A) = length(B)) bits:
```

```
function binadd(A, B: bitstring
          {length(A) = length(B)}): bitstring;
  var a, b, z: bitstring; ü: bit;
```

⌈ **(var bits** $a, b, z,$ **var bit** $ü$) :=	**begin**
($A, B, \diamond,$ **O**) ;	($a, b, z, ü$) := ($A, B, empty,$ **O**) ;
while $a \neq \diamond$	**while not** $isempty(a)$ **do**
do ($a, b, z, ü$) :=	
if $last(a)$ = **L** ∧ $last(b)$ = **L** ∧ $ü$ = **L**	**if** ($last(a)$ = **L**) **and** ($last(b)$ = **L**) **and** ($ü$ = **L**)
then	**then** ($a, b, z, ü$) :=
($lead(a)$, $lead(b)$, ⟨**L**⟩ + z, **L**)	($lead(a)$, ($lead(b)$, $prefix$(**L**, z), **L**)
▯ ($last(a)$ = **L** ∧ $last(b)$ = **L** ∧ $ü$ = **O**)	▯ (($last(a)$ = **L**) **and** ($last(b)$ = **L**) **and** ($ü$ = **O**))
∨ ($last(a)$ = **O** ∧ $last(b)$ = **L** ∧ $ü$ = **L**)	(($last(a)$ = **O**) **and** ($last(b)$ = **L**) **and** ($ü$ = **L**))
∨ ($last(a)$ = **L** ∧ $last(b)$ = **O** ∧ $ü$ = **L**)	(($last(a)$ = **L**) **and** ($last(b)$ = **O**) **and** ($ü$ = **L**))
then	**then** ($a, b, z, ü$) :=
($lead(a)$, $lead(b)$, ⟨**O**⟩ + z, **L**)	($lead(a)$, ($lead(b)$, $prefix$(**O**, z), **L**)
▯ ($last(a)$ = **L** ∧ $last(b)$ = **O** ∧ $ü$ = **O**)	▯ (($last(a)$ = **L**) **and** ($last(b)$ = **O**) **and** ($ü$ = **O**))
∨ ($last(a)$ = **O** ∧ $last(b)$ = **L** ∧ $ü$ = **O**)	(($last(a)$ = **O**) **and** ($last(b)$ = **L**) **and** ($ü$ = **O**))
∨ ($last(a)$ = **O** ∧ $last(b)$ = **O** ∧ $ü$ = **L**)	(($last(a)$ = **O**) **and** ($last(b)$ = **O**) **and** ($ü$ = **L**))
then	**then** ($a, b, z, ü$) :=
($lead(a)$, $lead(b)$, ⟨**L**⟩ + z, **O**)	($lead(a)$, ($lead(b)$, $prefix$(**L**, z), **O**)
▯ ($last(a)$ = **O** ∧ $last(b)$ = **O** ∧ $ü$ = **O**)	▯ ($last(a)$ = **O**) **and** ($last(b)$ = **O**) **and** ($ü$ = **O**)
then	**then** ($a, b, z, ü$) :=
($lead(a)$, $lead(b)$, ⟨**O**⟩ + z, **O**)	($lead(a)$, ($lead(b)$, $prefix$(**O**, z), **O**) ;
fi od ;	$binadd \Leftarrow z$
z ⌋	**end**

4.3.1.2 *Binäre Register und Merkglieder*

Speichervariable für Binärworte heißen generell **(Binär-)Register** (Abb. 136). Die in *binadd* zum Aufbau von a und b bzw. zum Aufbau von z benutzten Variablen für Binärworte mit den typischen Einzeloperationen $a := lead(a)$ und $z := \langle x \rangle + z$ heißen **Schieberegister**; im ersten Fall hat man ein Herausschieben aus dem Schieberegister, im zweiten Fall ein Hineinschieben. $ü$ ist eine Variable für Binärzeichen, ein binäres **Merkglied** (auch **taktgesteuertes Verzögerungsglied**), Abb. 137. Die technische Literatur schreibt $r = Da$, wo die Pro-

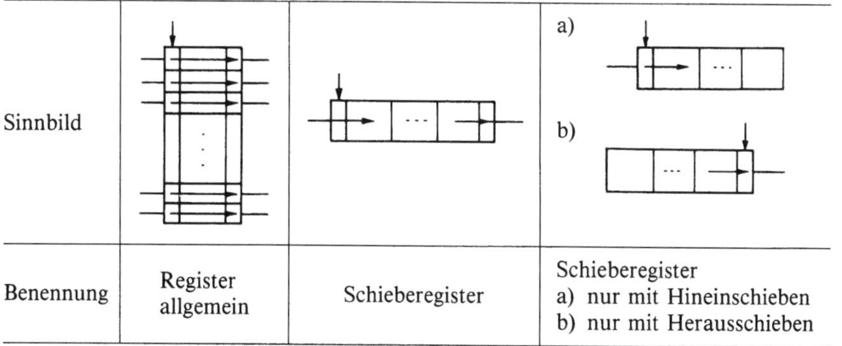

Abb. 136. Sinnbilder für Register

grammierung eine Zuweisung $r := a$ sieht. Dabei reicht beim echten Verzögerungsglied die Speicherung nur bis zum nächsten Taktzeitpunkt.

Sinnbild	a — r
Formel	$r = Da$
Benennung	Merkglied taktgesteuertes Verzögerungsglied

Abb. 137. Sinnbild für Merkglied

4.3.1.3 *Zusammenschaltung von Merkgliedern und Verknüpfungsgliedern*

Für die Zusammenschaltung von Merkgliedern mit den Verknüpfungsgliedern gelten einige Vereinfachungen. Insbesondere gilt ein Vertauschungsgesetz

$$\neg(Da) = D(\neg a)$$

sowie eine Art von Distributivgesetz

$$(Da) \wedge (Db) = D(a \wedge b)$$
$$(Da) \vee (Db) = D(a \vee b) ,$$

vgl. Abb. 138.

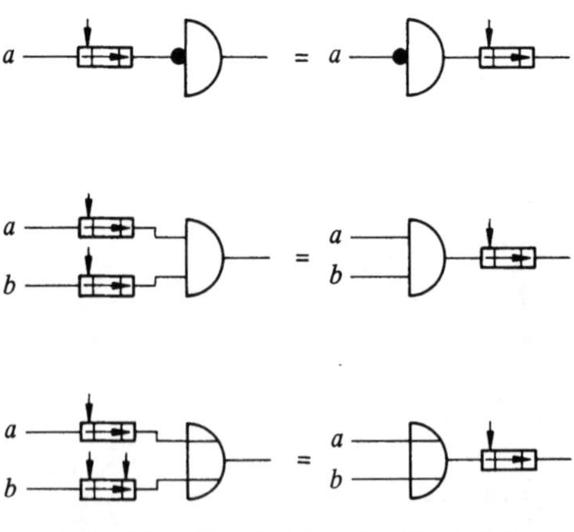

Abb. 138. Durchziehen des Merkgliedes

4.3.2 Aufbau von Schaltwerken

Wir nennen **Schaltwerk** ein Gebilde, in dem Speichervariable für Binärworte und Binärzeichen, also Register und Merkglieder (Abb. 136, 137) vorkommen, sowie ein Schaltnetz, dessen Eingang von den Registern und Merkgliedern gespeist wird und dessen Ausgang neue Einstellungen der Register und Merkglieder liefert. Ein solches Schaltwerk arbeitet taktweise, wobei angenommen werden soll, daß die Taktzeit groß ist gegenüber der reinen Schaltzeit des Schaltnetzes. Solche **taktgesteuerte** Schaltwerke erhalten ihren Arbeitstakt entweder von einer zentralen Uhr (**taktsynchron**) oder von anderen Schaltwerken (**asynchron**) durch **Taktimpulse**.

Die Register und Merkglieder eines Schaltwerkes befinden sich in einer endlichen Anzahl von **internen Zuständen**[12], das Schaltwerk bewirkt **Zustandsübergänge**[13]. Diese hängen i.a. auch von **Eingabeparametern** ab; gewisse Funktionen der Zustände werden als Resultate nach außen übermittelt.

4.3.2.1 *Serienaddierer und Paralleladdierer*

Der Aufbau des Schaltwerks zur Rechenvorschrift *binadd* von 4.3.1.1 ist in Abb. 139 skizziert, unter Verwendung eines Volladdierers, dessen Wertetabelle (Abb. 127) der 8-gliedrigen Fallunterscheidung in *binadd* entspricht.

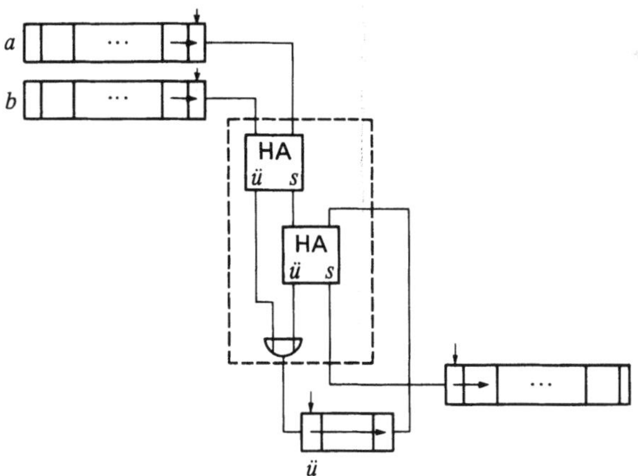

Abb. 139. Serienaddierwerk

[12] Zustände von Variablen i. S. v. 3.3.2.1.

[13] Im 7. Kap. werden wir in den endlichen Automaten eine abstrakte Weiterverfolgung dieses Sachverhaltes vorfinden.

Das Merkglied für den Übertrag *ü* unterscheidet die zwei inneren Zustände mit der Bedeutung **L** ≙ »ein Übertrag steht an«, **O** ≙ »kein Übertrag steht an«.

Während das Additionsschaltnetz (Abb. 134) die Addition ‚auf einen Schlag‘[14] macht, braucht der Serienaddierer dazu k Takteinheiten, wenn die zu addierenden Zahlen k-stellig sind. In einem gewissen Sinn ist ein Serienaddierer aber sogar leistungsfähiger als ein Additionsschaltnetz: Die Stellenzahl der Zahlen, die addiert werden können, ist nicht beschränkt[15]: Jedes Paar von Zahlen kann addiert werden; die volle Arithmetik der natürlichen Zahlen wird nur durch die Länge der verwendeten Schieberegister beschränkt.

Ein Schaltwerk mit m binären Merkgliedern kann bis zu 2^m interne Zustände, den 2^m möglichen Wertekombinationen entsprechend, haben. Ein Beispiel für die volle Anzahl liefert das **Binärzählwerk**. Man erhält es, wenn man die Ausgänge eines Binärzählnetzes (Abb. 133) auf Merkglieder führt und die Ausgänge dieser Merkglieder in die Eingänge des Schaltnetzes (Abb. 140).

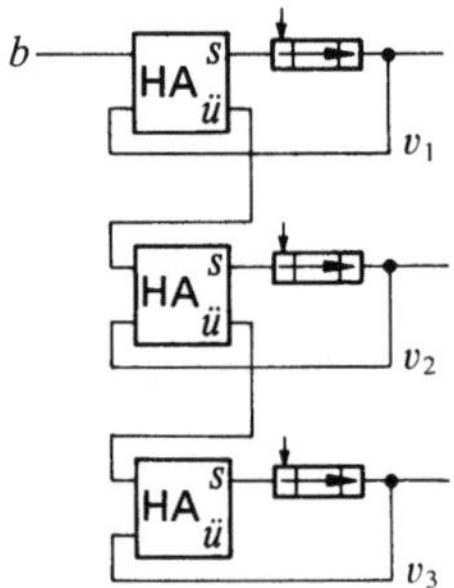

Abb. 140. Binärzählwerk

Ein weiteres Beispiel entsteht so aus dem Additionsschaltnetz (Abb. 135). Die einzelnen Merkglieder bilden zusammen ein Register, den **Akkumulator** des Paralleladdierwerks. Zur Addition ist der Zähleingang c konstant mit **O** besetzt (Abb. 141).

Das (vierstellige) Paralleladdierwerk von Abb. 141 kann nur zwei vierstellige Zahlen addieren und liefert im Falle eines Überlaufs am Übertragsausgang *ü* ein **L**. Wiederum handelt es sich um einen Grundbaustein; verbindet man

[14] Bis auf die Schaltzeiten selbst. Sie führen dazu, daß ein Übertrag eventuell durch alle Stellen ‚hindurchklappert‘. Durch besondere Maßnahmen (*carry look ahead*) kann dem aber abgeholfen werden.

[15] Man sage nicht: Sie ist „unendlich“. Beliebige Zahlen mit unendlich, d.h. mehr als endlich vielen Stellen können nicht durch einen terminierenden Algorithmus addiert werden.

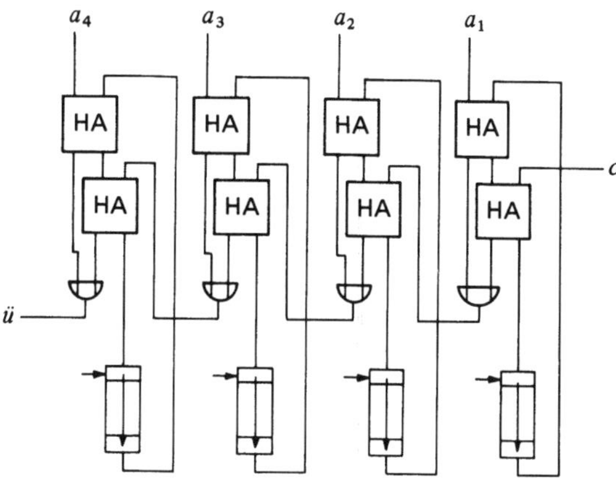

Abb. 141. Paralleladdierwerk mit Akkumulator

den $ü$-Ausgang eines solchen Paralleladdierwerks mit dem c-Eingang eines zweiten, so entsteht insgesamt wieder ein Paralleladdierwerk mit entsprechend größerem Akkumulator.

Konkret kann auf diese Weise stets nur eine feste Stellenzahl realisiert werden. Nach dem Vorbild von Abb. 139 kann man jedoch diese Beschränkung umgehen, indem man den dortigen Volladdierer durch ein k-stelliges Addi-

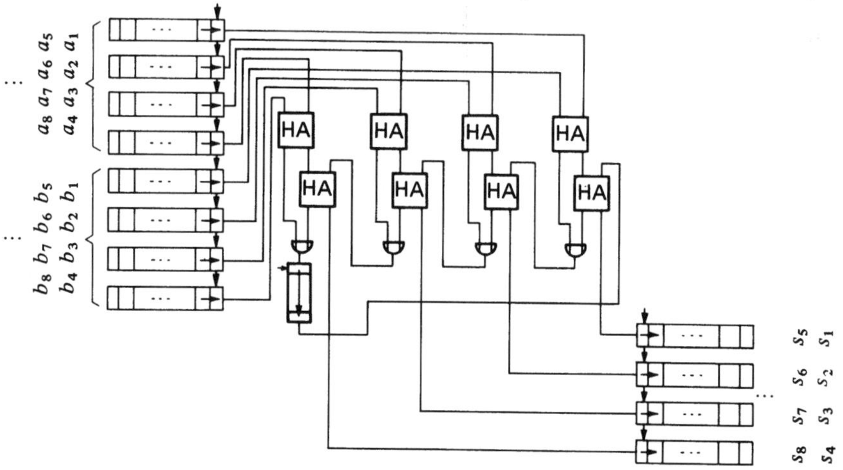

Abb. 142. Vierstelliges Serien-Paralleladdierwerk

tionsschaltnetz ersetzt. Auch die Summanden a und b werden dann **serien-parallel** in zwei k-gliedrigen **Batterien** von Schieberegistern bereitgestellt; entsprechendes gilt für das Ergebnis. Abb. 142 zeigt ein solches Serien-Paralleladdierwerk für $k=4$.

Wiederum wird die volle Arithmetik der natürlichen Zahlen nur durch die Länge der Schieberegister beschränkt.

4.3.2.2 *Verschiebe-Schaltwerke*

Andere Schaltwerke nützen nicht alle internen Wertekombinationen aus. Ein Beispiel liefert ein Verschiebe-Schaltwerk zur Erzielung eines 3-stelligen Kettencodes, vgl. 1.4.3.5. Es hat den Aufbau von Abb. 143, wobei also

$$v_1 = Dv_2, \quad v_2 = Dv_3, \quad v_3 = Df(v_1, v_2, v_3)$$

bzw.

$$(v_1, v_2, v_3) := (v_2, v_3, f(v_1, v_2, v_3))$$

gilt.

Es ist dies ein Schaltwerk ohne Eingang, seine inneren Zustände werden (schließlich) periodisch durchlaufen. Für die Fälle

(A) $f(v_1, v_2, v_3) = v_1$

(B) $f(v_1, v_2, v_3) = \neg v_1$

(C) $f(v_1, v_2, v_3) = (v_1 \wedge v_2) \vee (\neg v_1 \wedge \neg v_2) = v_1 \leftrightarrow v_2$

werden die folgenden Wertekombinationen (v_1, v_2, v_3) durchlaufen:

(A)

→(O,O,O) ↩

→(O,O,L)
(O,L,O)
(L,O,O) ↩

→(O,L,L)
(L,L,O)
(L,O,L) ↩

→(L,L,L) ↩

(B)

→(O,O,O)
(O,O,L)
(O,L,L)
(L,L,L)
(L,L,O)
(L,O,O) ↩

→(L,O,L)
(O,L,O) ↩

(C)

→(O,O,O)
(O,O,L)
(O,L,L)
(L,L,O)
(L,O,L)
(O,L,O)
(L,O,O) ↩

→(L,L,L) ↩

Für (C) z.B. ergibt sich der Ring →OOOLLOL↩ des Kettencodes von 1.4.3.5 und der triviale Ring →L↩ .

Das Beispiel zeigt auch, wie ein Schieberegister durch Aneinanderreihung einzelner Merkglieder entsteht.

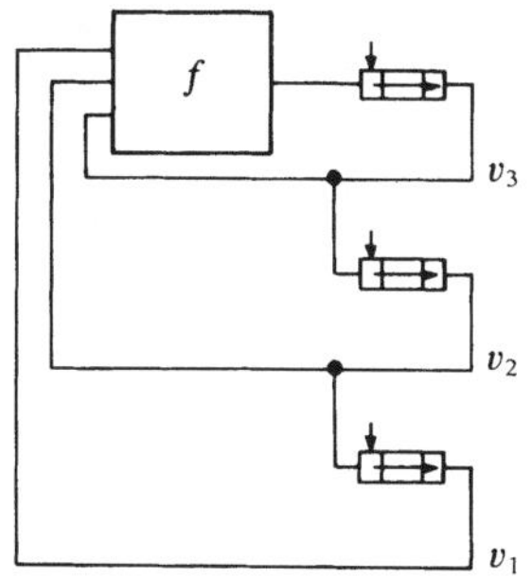

Abb. 143. Kettencode-Erzeugung

4.3.3 Flipflops

Ein Schaltwerk heißt **multistabil**, wenn es dafür eine Eingangskombination gibt, die alle internen Zustände wertmäßig unverändert läßt. Ein solches Schaltwerk läßt sich zur Speicherung verwenden. Wegen seiner Einfachheit grundlegend ist das **Flipflop**, das **bistabil** ist: Es besitzt genau zwei innere Zustände, etwa gekennzeichnet durch die Werte einer internen binären Speichervariablen v oder durch zwei Speichervariablen (v_1, v_2), die nur die Wertkombinationen (**O**, **L**) und (**L**, **O**) annehmen können, also der Zusatzbedingung $v_2 = \neg v_1$ genügen.

Das gebräuchlichste Flipflop (‚RS-Flipflop') hat zwei symmetrische Eingänge (r, s), wobei die Kombination (**L**, **L**) ausgeschlossen ist. Für die Kombination (**O**, **O**) soll der interne Zustand unverändert bleiben; für (r, s) = (**L**, **O**) soll (v_1, v_2) = (**L**, **O**); für (r, s) = (**O**, **L**) soll (v_1, v_2) = (**O**, **L**) werden.

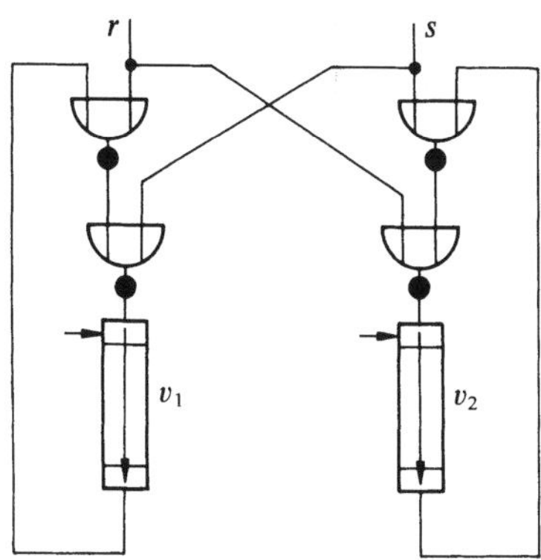

Abb. 144. Taktgesteuertes RS-Flipflop als Schaltwerk

Sein Verhalten wird beschrieben durch die symmetrischen Gleichungen

$$v_1 = D((r \vee v_1) \wedge \neg s)$$
$$v_2 = D((s \vee v_2) \wedge \neg r)$$

mit der Zusatzbedingung $v_1 = \neg v_2$, die dasselbe besagen wie die kollektive Zuweisung

$$(v_1, v_2) := ((r \vee v_1) \wedge \neg s, (s \vee v_2) \wedge \neg r)$$

unter der Zusicherung $r \wedge s = \mathbf{O}$. Abb. 144 zeigt das zugehörige Schaltwerk mit zwei Merkgliedern, Abb. 145 das Sinnbild.

Sinnbild	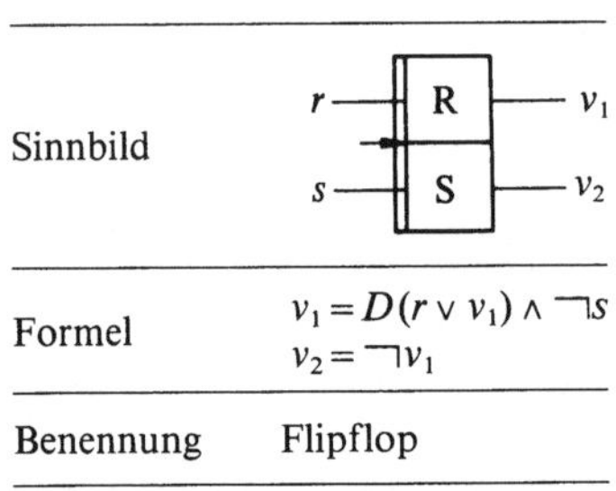
Formel	$v_1 = D(r \vee v_1) \wedge \neg s$ $v_2 = \neg v_1$
Benennung	Flipflop

Abb. 145. Sinnbild für taktgesteuertes RS-Flipflop

Technische Gründe führen dazu, daß man ein einzelnes Merkglied und ganze Merkregister am wirtschaftlichsten durch ein Flipflop bzw. eine Batterie von Flipflops (**Flipflopregister**) realisiert. Für ein einzelnes Merkglied zeigt dies die Abb. 146, die Kombination (**L**, **L**) ist von selbst ausgeschlossen. Für ein Schieberegister benutzt man jeweils beide Ausgänge eines Flipflops als Eingänge des nächsten (Abb. 147).

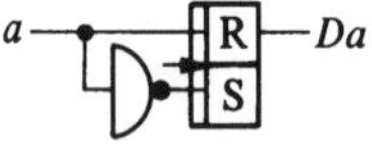

Abb. 146. Merkglied realisiert durch taktgesteuertes Flipflop

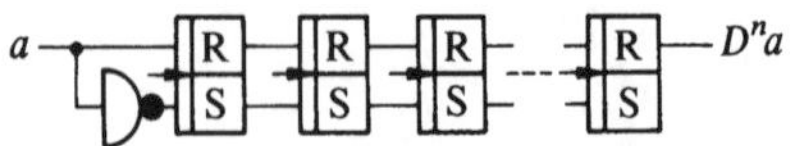

Abb. 147. Kette aus taktgesteuerten Flipflops, Schieberegister

Die Zusicherung $r \wedge s = \mathbf{O}$ muß auch sonst am Eingang jedes Flipflops sichergestellt sein. Notfalls kann sie, wie in Abb. 148 durch gekreuzte Rückführungen und vorgeschaltete Konjunktionen sichergestellt werden („JK-Flipflop"). Gelegentlich wird auch im **Doppelsignalbetrieb** gearbeitet, d.h. es tritt mit jeder Veränderlichen auch deren negierte explizit auf und an den Eingängen und Ausgängen von RS-Flipflops liegen solche Wertepaare. Ein Beispiel zeigt Abb. 147 für eine Kette aus Flipflops, sowie Abb. 149 für einen **Ringzähler**, bei dem ein **OL**-Muster umläuft.

Bei Doppelsignalbetrieb tritt die Wertekombination (**O**, **O**) am Flipflopeingang nicht auf. Durch ihre Ausnützung ergeben sich aber oft Vorteile (vgl. Abb. 148).

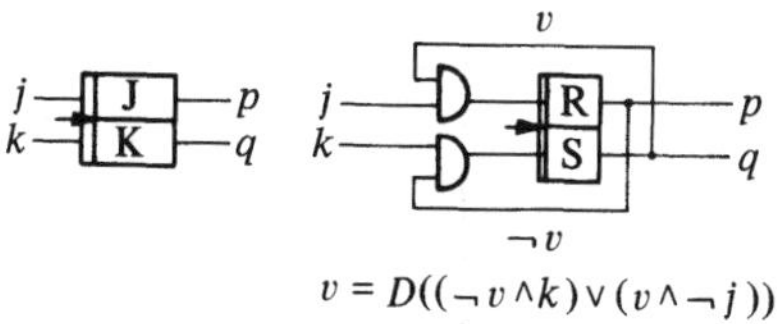

Abb. 148. JK-Flipflop

4.3.4 Flipflopschaltwerke

Das Flipflopschaltwerk ist ein Schaltnetz, dessen Ausgänge über Flipflops auf die Eingänge rückgeführt sind.

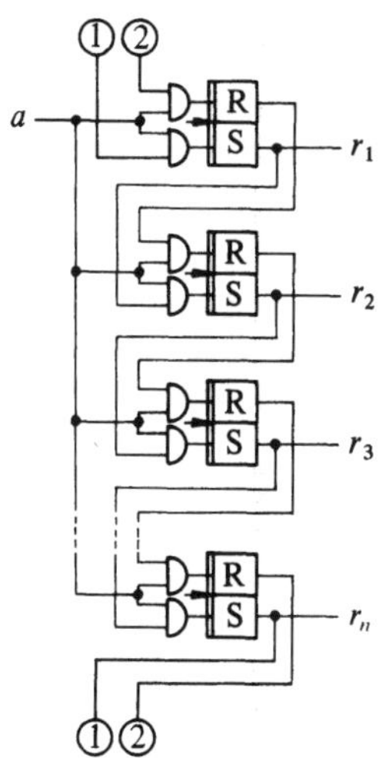

Abb. 149. Ringzähler mit Flipflops

Prinzipiell kann ein gewöhnliches Schaltwerk sofort durch ein Flipflopschaltwerk ersetzt werden, da nach Abb. 146 jedes Merkglied durch ein Flipflop ersetzt werden kann. Die zusätzlich erforderliche Negation am Eingang wird wettgemacht durch den Umstand, daß der Ausgang auch negiert zur Verfügung steht. Die Verfügbarkeit der Negation am Ausgang erlaubt insbesondere, Flipflopschaltwerke mit zweistufigen Codeumsetzern nach Art von 4.1.5.4 unmittelbar zusammenarbeiten zu lassen. Generell kann man Negationen unter Benutzung der Gesetze von De Morgan ‚durchziehen' und damit jedes Flipflopschaltwerk negationsfrei bzw. zweistufig mit NOR-Gliedern aufbauen.

4.3.4.1 *Flipflopschaltwerke für die Arithmetik*

Als Beispiel für ein Flipflopschaltwerk geben wir zunächst ein Paralleladdierwerk mit Flipflop-Akkumulator, Abb. 150 (a); die Einsparung von Halbaddierern gegenüber einem gewöhnlichen Schaltwerk (Abb. 141) ist bezeichnend. Abb. 150 (b) zeigt, wie dieses Werk durch ein Verschiebeschaltnetz ergänzt werden kann und damit auch zur Multiplikation geeignet ist. Durch den Additions- bzw. Verschiebebefehl werden die zur Addition bzw. Verschiebung nötigen Wege geöffnet; beim Ausbleiben solcher Befehle zu einem Taktzeitpunkt bleibt der Akkumulatorinhalt erhalten.

Die Multiplikation mit einer natürlichen Zahl kann als wiederholte Addition mit Stellenverschiebung erhalten werden. Da der Multiplikand für den ganzen Multiplikationsvorgang verfügbar sein muß, wird auch er in der Regel in einem **Multiplikandenregister** (MD-Register) bereitgestellt. Schematisch zeigt das die Anordnung Abb. 151. Das AC-Register, der Akkumulator, ist (ohne Additions-Schaltnetz, jedoch mit Verschiebe-Schaltnetz) nach rechts verlängert und nimmt schließlich das ganze Produkt auf. Durch Befehle B werden, wie in Abb. 150 (b), die für die Verschiebung[16] nötigen Wege geöffnet, durch Befehle A werden die Wege vom MD-Register ins Additionsschaltnetz geöffnet, gesteuert über ein Und-Glied von der Multiplikatorstelle. Der Multiplikator kann selbst in einem Schieberegister bereitgestellt werden, die jeweils benötigte Stelle befindet sich dann stets am rechten Ende dieses Registers (MR-Register) und wird von dort abgenommen. Aus ökonomischen Gründen wird häufig die rechte, ursprünglich nicht besetzte Hälfte des AC-Registers als MR-Register mitverwendet.

Für die Subtraktion genügt es, wie in 4.2.3 besprochen, im Register MD Stellenkomplemente zu bilden, d. h. die andere Seite der MD-Flipflops anzuzapfen und das Additionsschaltnetz (Abb. 135) auch in der Einerstufe mit einem Volladdierer auszustatten, in dessen Übertragseingang dann bei der Addition ein **O**, bei der Subtraktion ein **L** eingeführt wird.

---

[16] Verschiebung nach rechts unter Nachziehen von **O**.

(a)

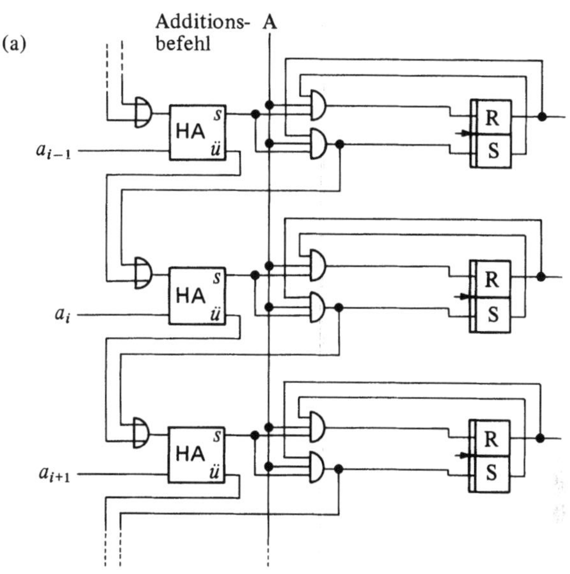

(b)

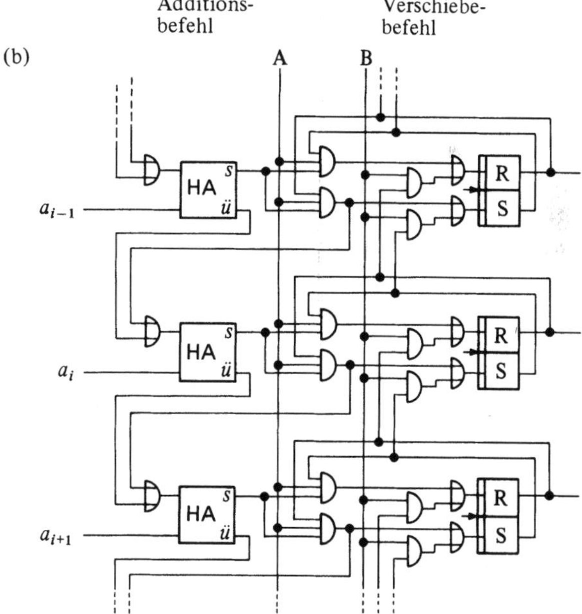

Abb. 150. Ausschnitt aus einem Flipflop-Paralleladdierwerk (a) ohne (b) mit Verschiebeschaltnetz

Naheliegenderweise wird die Division auf wiederholte Subtraktionen und Verschiebungen zurückgeführt.

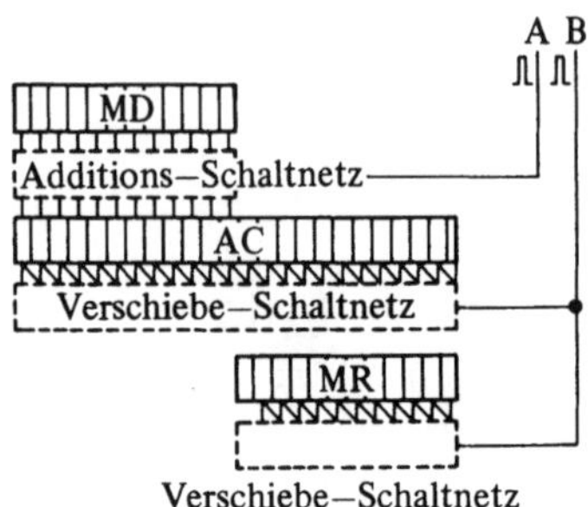

Abb. 151. Serielle Multiplikation mittels Paralleladdition

Man hat dazu im Quotientenregister, in dem der Quotient aufgebaut wird, abwechselnd aufwärts- und abwärts zu zählen und im übrigen die Ablaufsteuerung vom Vorzeichen des Rests abhängig zu machen. Dieser wird üblicherweise im AC-Register gehalten, der Divisor im MD-Register, und der Quotient kann im MR-Register aufgebaut werden, ökonomischerweise auch im jeweils freiwerdenden Teil des AC-Registers. Gegenüber dem Aufbau einer Multiplikationsschaltung ändert sich im übrigen nichts.

Über die vier Grundrechenarten geht man heute in verdrahteten Schaltungen kaum noch hinaus.

4.3.4.2 *Flipflopschaltwerke für nicht-arithmetische Operationen*

Auch für Operationen mit anderen Objekten als Zahlen kann man Teile der für die Grundoperationen der Arithmetik gebauten Flipflopschaltwerke mitbenützen, soweit man über die gleiche Stellenzahl gehen will. Die **Verarbeitungsbreite**, d.h. die Anzahl Bits, die in einem Schaltwerk verarbeitet werden, stimmt häufig mit der Anzahl Bits, die normalerweise gemeinsam gespeichert werden (**Speicherbreite**, im Jargon ‚Wortlänge‘) überein. Sie beträgt gelegentlich nur 4 oder 8 Bits und liegt damit in der Größenordnung der normalerweise zur Darstellung von Zeichen (Sorte **char** bzw. *char*) nötigen Anzahl. Zunehmend werden jedoch Wortlängen von 16, 32 und sogar 64 Bit verwendet, und zwar sowohl in Mikroprozessoren wie in großen Rechenanlagen. **Oktette**, mit 8 Bits, werden auch als **Byte** bezeichnet.

Sieht man neben dem Additionsschaltnetz noch Schaltnetze zur stellenweisen Durchführung der Konjunktion und der Disjunktion vor, so sind auch stellenweise Boolesche Operationen (vgl. auch Tabelle 11, Gruppen 2 und 3) durchführbar. Durch Masken, d.h. Worte, die an geeigneten Stellen mit **O** besetzt sind, kann in Verbindung mit der über die Verarbeitungsbreite erstreckten Konjunktion aus einem Wort ein uninteressanter Teil ausgeblendet werden. Zusammen mit Verschiebungen und der Addition kann damit auch jede Konkatenation von Zeichenfolgen durchgeführt werden.

4.3.5 Technische Verwirklichung von Schaltwerken[17]

Flipflops werden heute fast ausschließlich in integrierten Transistorschaltungen aufgebaut. Die Schaltzeit von Flipflops in integrierten Schaltungen liegt nur noch bei 50 psec. Es werden neuerdings bereits große Speicher wirtschaftlich in einheitlicher elektronischer Technologie gebaut, mit 2^{20} Bit für 200 DM.

Technisch wird ein Flipflop meist direkt durch zwei sich gegenseitig sperrende Schaltelemente realisiert (Eccles-Jordan-Schaltung, 1919). Die lautmalerische Bezeichnung Flipflop soll an das Umkippen des Zustandes erinnern. Abb. 152 zeigt eine Prinzip-Schaltung mit Transistoren.

Überwiegend werden heute taktgesteuerte Flipflops verwendet, bei denen die Übernahme der am Eingang anliegenden Werte in den inneren Zustand nur im Taktzeitpunkt erfolgt.

Billig, und daher lange Zeit beim Bau großer Speicher vorherrschend, war die Verwendung von magnetisierbarem Material mit ausgeprägter, fast rechteckiger Hysteresis für Flipflops. Die beiden möglichen Magnetisierungsrichtungen ergeben die beiden Flipflopzustände. Hierunter fällt insbesondere der Ringkern aus Ferrit, der in den sogenannten Kernspeichern Verwendung fand.

Während das Setzen oder Löschen sehr einfach ist, bereitet das Ablesen des gespeicherten Zustands – anders als bei elektronischen Flipflops – Schwierig-

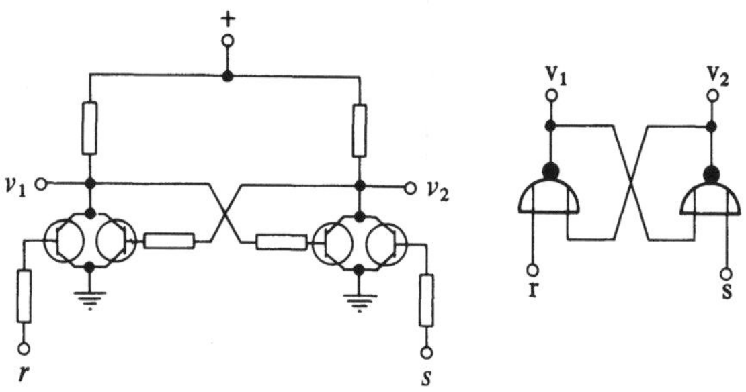

Abb. 152. Schaltung des Flipflops mit npn-Transistoren

[17] Für Einzelheiten s. W. Hahn und F. L. Bauer, Physikalische und elektrotechnische Grundlagen für Informatiker [44].

keiten. Die Abfragezeiten waren daher verhältnismäßig hoch, sie lagen wie die Schaltzeiten bei einigen 10^{-7} sec.

Weiterhin fällt grundsätzlich hierunter die immer noch bedeutsame Speicherung auf bewegten oder beweglichen Magnetschichten (magnetomotorische Speicher). Darüber wird mehr im 6. Kap. gesagt werden.

4.4 Leistungen und Grenzen der Technologie

Der äußerlich auffälligste Fortschritt, den die Technologie der Rechenanlagen in den letzten vier Jahrzehnten genommen hat, zeigt sich in den Abmessungen der Bauteile von Schaltwerken. Ein einzelnes Glied, etwa ein Flipflop in Röhrenbauweise, hatte 1952 die Abmessungen $50 \times 60 \times 160$ (in mm), grob gerechnet, und nahm damit $5 \cdot 10^{-4}$ m^3 ein. Damit hatte man höchstens $2 \cdot 10^3$ Bit/m^3. 1975 konnte man auf einem Halbleiter-Plättchen mit den Abmessungen $6 \times 3 \times 2$ (in mm), also in $3.6 \cdot 10^{-8}$ m^3, 1024 Flipflops in integrierter Bauweise unterbringen - einer Dichte von $3 \cdot 10^{10}$ Bit/m^3 entsprechend. Auf einem Plättchen mit den Abmessungen $10 \times 10 \times 0.5$ (in mm), also in $5 \cdot 10^{-8}$ m^3, wird man 1995 10^8 Flipflops unterbringen, entsprechend $2 \cdot 10^{15}$ Bit/m^3, oder einen komfortablen Mikroprozessor mit einer Verarbeitungsbreite von 32 Bit.

Die Herstellung von elektronischen Bauteilen und -gruppen in integrierter Bauweise erfolgt durch einen komplizierten Aufdampf- und Eindiffundierungsprozeß. Dabei werden zur Abdeckung Masken benützt, die heute schon Feinheiten von 0.8 µm wiedergeben müssen. Man bewegt sich dabei in Abmessungen unter denen, die für Nervenzellen gelten. Inzwischen hat man Emitterbreiten der Transistoren von 1 µm und Basisdicken von 0.25 µm unterschritten. Da das sichtbare Licht im Wellenlängenbereich 0.4 ... 0.8 µm liegt, war die der lichtoptischen Abbildung gesetzte Grenze erreicht. Um weitere Verfeinerungen zu erreichen, mußte mit elektronenoptischer Abbildung oder mit Röntgenstrahlen gearbeitet werden.

Daß die Abmessungen der Rechenanlagen seit 1952 nicht um einen Faktor 10^{12} zurückgegangen sind, liegt zunächst daran, daß die Anlagen funktionell umfangreicher geworden sind, daß der Platzbedarf der Kontakte bestehen bleibt und daß mechanische Teile, Stromversorgungen nicht viel weniger Platz als früher einnehmen. Auch ist die Packungsdichte von reinen Speichern wegen der größeren Regelmäßigkeit bis zu fünf mal größer als die von Mikroprozessoren.

Noch immer ist die in den größeren Einheiten, den Flachbaugruppen einschließlich Steckern, erzielte Dichte nur ein Hundertstel der auf den Halbleiterplättchen vorliegenden. Die Fassung der Halbleiterplättchen und die Leitungsverbindungen zwischen ihnen nehmen dabei einen großen Teil des Platzes weg. Ziel weiterer Entwicklung mußte es daher sein, nicht nur tausend

Verknüpfungs- oder Speicherglieder in integrierter Schaltung zusammenzuschließen, sondern als Großintegration 10^6 und mehr an der Zahl.

Von Technologiegeneration zu Technologiegeneration vervierfacht sich in der Regel die Zahl der aktiven Glieder. Die Entwicklungskosten sowie die Kosten für Reinsträume und Geräte verdoppeln sich in etwa, die Anzahl der Prozeßschritte – 1990 bei bis zu 250 – nimmt um etwa 20% zu. Problematisch ist stets die Ausbeute an „guten" Halbleiterplättchen. Durch all das sind dem Wachstum ökonomische Grenzen gesetzt.

Eine Grenze besteht aber auch in der Wärmeabfuhr. Eine Erhöhung der Packungsdichte ist nur bei gleichzeitiger Verringerung der Leistungsaufnahme möglich.

In der CMOS-Technik ist die Wärmeverlustleistung pro Speicherglied auf 10^{-9} W zurückgegangen und dieses Problem zumindest für große Speicher vorläufig gelöst, nachdem in dieser Technik die Schaltzeiten (‚Gatterlaufzeit') mit 0.05 nsec und die Speicherzugriffszeiten (‚Zykluszeit') mit minimal 5 nsec nicht mehr hoch sind.

Eine Herabsetzung der Abmessungen verringert auch die Laufzeit der Signale – einem Laufweg von 10 cm entspricht eine Laufzeit von 0.33 nsec.

In dieser Größenordnung und darunter liegen auch die bis 1990 erreichten Schaltzeiten. Für die weitere Entwicklung darf man nach dem derzeitigen Trend zunächst annehmen, daß alle 6 Jahre eine Verbesserung der Schaltzeiten um den Faktor 10 erfolgt. Soll diese sich als Geschwindigkeitssteigerung voll auswirken können, muß die Großintegration weitere Fortschritte machen.

Bei einer Leistungsaufnahme von 10^{-9} W und einer Schaltzeit von 1 nsec ergibt sich pro Schaltvorgang eine Arbeit von 10^{-18} Wsec. Das liegt noch um 2 Zehnerpotenzen über dem Wert von rund 10^{-20} Wsec, den die Wärmequantenenergie kT ln 2 bei einer Temperatur von $T = 300\,°K = 27\,°C$ als Grenze setzt.

Weitere Fortschritte verspricht der Josephson-Effekt, der Schaltzeiten von $1\,\text{psec} = 10^{-12}$ sec erlaubt. Er erfordert Kühlung auf Temperaturen unter 170 °K, wobei die Grenze, die die Wärmequantenenergie setzt, weiter abgesenkt wird.

Die Schaltquantenenergie $h\nu$ – bei einer Schaltfrequenz von 10^9 Hz beträgt sie knapp 10^{-24} Wsec – wirkt sich demgegenüber noch nicht aus: Immer noch sind es etwa eine Million Elektronen, die ein Bit repräsentieren. Damit ist die Rauschstatistik noch bedeutungslos, ernst ist aber bereits die Störanfälligkeit gegen äußere Einflüsse, wie etwa Gamma-Strahlung – strahlungsarme Kapselmaterialien gewinnen hier an Bedeutung – oder vagabundierende elektromagnetische Strahlung: bei den Strukturen mit Feinheiten von 1 μm beträgt die Spannungsfestigkeit der Transistoren nur um 7 Volt, Störsignale mit einigen V/m Feldstärke sind aber in unserer technischen Welt gang und gäbe. Leitungen von mehreren Metern Länge wirken daher als Antennen, die Störungen hervorrufen können. Die Verwendung von Lichtleitern ist auch aus diesem Grund ratsam. Sie erfordert jedoch den Übergang von Silizium- zu Gallium-Arsen-Halbleitern. Aussichtsreich ist insbesondere auch der Gallium-Arsen-Feldeffekttransistor, der bei Raumtemperatur Schaltzeiten von wenigen psec ($=10^{-12}$ sec) verspricht.

Interessant ist der Vergleich mit menschlichen Nervenzellen. Ihre Arbeitsweise ist verhältnismäßig langsam, mit Schaltzeiten in der Größenordnung von einigen msec, also etwa das 10^6-fache der Schaltzeiten der gängigen Halbleitertechnologie. Jedoch ist die Zahl der Eingänge groß: Einzelne Neuronen haben bis zu tausend Synapsen; sie können damit die Unsicherheiten ihres Funktionierens durch Redundanz-Strategien bewältigen. Auch ist die Packungsdichte beträchtlich: In der Hirnrinde trifft man 10^{14} Neuronen pro m^3, entsprechend 10^{14} Bit/m^3. Mit einer Gesamtanzahl von bis zu 10^{10} Neuronen übertrifft der Mensch schon quantitativ die größten heutigen Rechenanlagen um einige Zehnerpotenzen, und dies mit einer Leistungsaufnahme, die nahe der durch Quanteneffekte gezogenen Grenze liegt.

Noch erstaunlicher ist die Speicherung genetischer Informationen in den Doppelwendeln der Gene. Hier herrscht gar eine Dichte von 10^{27} Bit/m^3, verwirklicht durch eine Codierung mit Molekülgruppen, die einige Dutzend Atome enthalten.

Anhang A: Zahlsysteme

Zahlartige Objekte, also Objekte der Arten **int** und **real**, werden von Rechenanlagen in binär codierter Form verarbeitet. Diese entsteht durch Umcodierung aus der externen (Dezimal-)Schreibweise im Zuge der Eingabe der Zahlwerte. Bei der Ausgabe wird der umgekehrte Weg beschritten.

In diesem Anhang stellen wir die wesentlichen Einzelheiten über die heute in Rechenanlagen gebräuchlichen Zahlsysteme zusammen. Die Durchführung der Grundrechenoperationen in diesen Zahlsystemen wird kurz skizziert. Für eine ausführlichere Behandlung der Gleitpunktoperationen muß auf Vorlesungen über Numerische Mathematik verwiesen werden.

A.1 Stellenwertcodes und Konvertierung ganzer Zahlen

Darstellungen nichtnegativer ganzer Zahlen in der Form

$$257 = 2\times 10^2 + 5\times 10^1 + 7\times 10^0,$$
$$110101 = 1\times 2^5 + 1\times 2^4 + 0\times 2^3 + 1\times 2^2 + 0\times 2^1 + 1\times 2^0,$$

allgemein

$$a = a_n\ a_{n-1}\ \dots\ a_0 = \sum_{i=0}^{n} a_i B^i, \quad 0 \leqq a_i < B\,,$$

heißen Darstellungen im **Stellenwertcode**, in **Stellenschreibweise** (genauer gesagt: **Radixschreibweise** zur **Basis** $B \geqq 2$). Die Sequenz $a_n, a_{n-1}, \dots, a_0$ natürlicher Zahlen läßt sich aus der darzustellenden Zahl a in eindeutiger Weise gewinnen, vgl. die Rechenvorschrift *code* in 4.2.2:

```
funct conv ≡ (nat a) sequ nat:

  if a = 0
  then ◇
  else code(a div B) + ⟨a mod B⟩
                                  fi
```

```
function conv(a: integer
                   {a ≧ 0}): sequ integer;
begin
  if a = 0
  then code ⇐ empty
  else code ⇐
     postfix(code(a div B), a mod B)
end
```

Die iterative Fassung lautet:

funct $conv \equiv$(**nat** a) **sequ nat**:	**function** $conv(a{:}integer;$ $\{a \geqq 0\}){:}sequ\ integer;$
⌈(**var nat** x, **var sequ nat** z):= $(a, \diamond)$;	**var** $x{:}integer;\ z{:}sequ\ integer;$
	begin $(x, z) := (a, empty)$;
while $x \neq 0$ **do**	**while** $x \neq 0$ **do**
$(x, z) := (x$ **div** B, $\langle x$ **mod** $B\rangle + z)$ **od**;	$(x, z) := (x$ **div** B, $prefix(x$ **mod** $B, z))$;
z ⌋	$conv \Leftarrow z$
	end

Neben den Basen $B=2$ und $B=10$ sind die Fälle $B=8$ oder 16 gebräuchlich. Man spricht der Reihe nach von Zahlen in dualer, dezimaler, oktaler oder sedezimaler Darstellung. Als Ziffern werden die entsprechenden Ausschnitte des Alphabets der Dezimalziffern benutzt; bei sedezimaler Darstellung lautet das Alphabet der Ziffern üblicherweise $\{0, \ldots, 9, \mathrm{A}, \mathrm{B}, \mathrm{C}, \mathrm{D}, \mathrm{E}, \mathrm{F}\}$. Zur Unterscheidung wird häufig die Basis als Index angehängt:

$$45054_{10} = 127776_8 = \mathrm{AFFE}_{16} = 1010111111111110_2 \,.$$

Die **Konvertierung**, eine Umcodierung vom Stellenwertcode zur Basis B in den Stellenwertcode zur Basis B', hängt in der Durchführung auch von der Basis $\bar{B}$ des Stellenwertcodes ab, in dem die Rechnung durchgeführt wird. Am einfachsten gestaltet sich die Rechnung, wenn alle Basen Zweierpotenzen sind. Durch direkte Binärcodierung der Ziffern zur Basis B erhält man die Dualdarstellung der Zahl. Nach andersartiger Gruppierung der Dualziffern ergibt sich die Darstellung zur Basis B':

$$\begin{aligned} 127776_8 &= 001\ \ 010\ \ 111\ \ 111\ \ 111\ \ 110 \\ &= \ \ 00\ \ 1010\ \ 1111\ \ 1111\ \ 1110 \\ &= 0\mathrm{AFFE}_{16} = \mathrm{AFFE}_{16} \end{aligned}$$

Tatsächlich werden Zahlen in oktaler oder sedezimaler Schreibweise häufig nur als Kurzdarstellung für die etwas zu lange und daher unübersichtliche duale Schreibweise aufgefaßt.

Wird die Rechnung im Zahlsystem zur Basis B ausgeführt, $\bar{B}=B$, so läßt sich bequem der obige Algorithmus zur Bestimmung der a_i verwenden:

$257_{10} = 32_{10} \times 8 + 1$	$401_8 = 31_8 \times 10 + 7$
$32_{10} = 4_{10} \times 8 + 0$	$31_8 = 2_8 \times 10 + 5$
$4_{10} = 0_{10} \times 8 + 4$,	$2_8 = 0_8 \times 10 + 2$

also

$257_{10} = 401_8$	$401_8 = 257_{10}$

Bei Rechnung ‚von Hand‘ und Vorliegen einer Tabelle der Potenzen von B' erweist sich jedoch der geläufige Algorithmus der sukzessiven Subtraktion der Potenzen als günstiger. Beim Rechnen im Zahlsystem zur Basis B', $\bar{B}=B'$, baut man die neue Darstellung gemäß Horner-Schema aus der bisherigen Darstellung $(a_n, \ldots, a_0)_B$ auf; vgl. die Rechenvorschrift h aus 3.3.3.2:

```
funct deconv ≡ (sequ nat a) nat:
 ⌈(var sequ nat z, var nat s):=
                          (a, 0) ;
  while z ≠ ◇ do
  (z, s):=(rest(z), s×x+first(z)) od ;
  s                                 ⌋
```

```
function deconv(a:sequ integer):
                          integer;
  var z:sequ integer; s:integer;
begin (z, s):=(a, 0) ;
while not isempty(z) do
  (z, s):=(rest(z), s*x+first(z)) ;
deconv ⇐ s
end
```

Steht eine Tabelle der Potenzen von B zur Verfügung, so läßt sich die Multiplikation vermeiden.

Die Ausführung von Addition, Subtraktion, Multiplikation und Division mit Rechenanlagen setzt eine bestimmte Stellenzahl t, die **Verarbeitungsbreite** für die codierten Operanden voraus. Nur für wenige Werte von t sind die Grundrechenoperationen technisch fest vorgesehen. Für andere Werte von t müßten sie durch Programme ausgeführt werden; wegen des sehr hohen Aufwands sieht man hiervon meist ab und kommt damit zu der praktisch relevanten Feststellung, daß *Rechenanlagen nur Zahlen aus den durch die zulässigen Stellenzahlen t begrenzten Zahlenbereichen verarbeiten können.* Wenn nur nichtnegative Zahlen verarbeitet werden, handelt es sich offenbar um die Zahlenbereiche

$$0 \leqq x \leqq \sum_{i=0}^{t-1} (B-1) \times B^i = B^t - 1 .$$

A.2 Darstellung negativer Zahlen

Um auch negative Zahlen verarbeiten zu können, wird der Bereich der verarbeitbaren positiven Zahlen eingeschränkt. Die frei werdenden Codeworte werden als negative Zahlen interpretiert. Es sind drei Methoden üblich:

Zunächst kann man Vorzeichen und Zahl getrennt codieren. Diese heute nur noch selten verwendete Methode ist vor allem bei Benutzung der Basis $B=2$ von Interesse. Der Zahlbereich ist $|x| \leqq B^{t-1}-1$. Die verbleibende vorderste Stelle wird als Vorzeichen interpretiert, wobei $a_t \neq 0$ das negative Vorzeichen bedeutet.

Von Tischrechenanlagen bekannt ist die Darstellung negativer Zahlen durch das **echte Komplement**. Hierbei wird $-x$ durch B^t-x, also durch

$$B^t-x=1+\sum_{i=0}^{t-1}(B-1)\times B^i-\sum_{i=0}^{t-1}a_i\times B^i=1+\sum_{i=0}^{t-1}(B-1-a_i)\times B^i$$

codiert. Der Zahlbereich ist unsymmetrisch: $-B^{t-1}\leqq x\leqq B^{t-1}-1$. Im Fall der Basis $B=2$ spricht man auch vom **Zweierkomplement**.

Die beim echten Komplement auftretende Summe

$$\bar{x}=\sum_{i=0}^{t-1}(B-1-a_i)\times B^i$$

heißt **Stellenkomplement** oder im Fall der Basis $B=2$ **Einerkomplement** und kann ebenfalls zur Darstellung von $-x$ dienen. Es gilt

$$x+\bar{x}=\sum_{i=0}^{t-1}(B^i-1)\times B^i=B^t-1\ .$$

Der Zahlbereich ist wieder $|x|\leqq B^{t-1}-1$. Die Codierung der Null ist - wie übrigens auch bei getrennter Codierung des Vorzeichens - nicht eindeutig: Sowohl $\sum(B-1)\times B^i$ („negative Null" -0) als auch $\sum 0\times B^i$ („positive Null" $+0$) stellen die Null dar. Dieser Sachverhalt führt auf manchen Anlagen zu absonderlichen Konsequenzen, z. B., daß der Vergleich $+0\leqq -0$ das Ergebnis **false** liefert.

Bei Verwendung der Basis $B=2$ ist allen Codierungen negativer Zahlen gemeinsam, daß stets

$$\begin{aligned} x&\geqq 0, && \text{falls } a_t=\mathbf{O}\\ x&\leqq 0, && \text{falls } a_t=\mathbf{L}\,. \end{aligned}$$

Im Fall des Zweierkomplements folgt aus $a_t=\mathbf{L}$ sogar $x<0$. Insgesamt gibt also die vorderste Stelle stets das Vorzeichen wieder.

A.3 Die vier Grundrechenarten

Vom algebraischen Standpunkt aus betrachtet mangelt den von Rechenanlagen verarbeiteten Zahlbereichen und den auf ihnen definierten Verknüpfungen die algebraische Abgeschlossenheit: Die Addition, Subtraktion und Multiplikation können Ergebnisse haben, die außerhalb des t-stelligen Zahlbereichs liegen. Ein derartiger **Überlauf** wird etwa durch ein negatives Ergebnis bei der Addition zweier positiver Zahlen signalisiert. Bei der Multiplikation haben wir Überlauf, wenn von den $2t$ Stellen des Ergebnisses mehr als $(t-1)$ Stellen signifikant sind. (Natürlich kann man auch alle $2t$ Stellen weiter verarbeiten; diesen Fall betrachten wir hier nicht.)

Das Auftreten eines Überlaufs signalisiert, daß der Algorithmus mit dem vorgegebenen Zahlbereich nicht durchführbar ist (sofern er überhaupt richtig ist). Im analogen Fall der Gleitpunktoperationen (vgl. A.4) führt Überlauf daher zu einer Programmunterbrechung, zu einem ‚arithmetischen Alarm', damit der Fehler auf jeden Fall bekannt wird. Bei Operationen mit ganzen Zahlen hat sich dies leider nicht allgemein eingebürgert.

Werden diese Alarme unterdrückt, wie vielfach bei der Implementierung algorithmischer Sprachen üblich, so kann es hierdurch unbemerkt zu fehlerhaften Ergebnissen kommen.

A.4 Gleitpunktzahlen

Durch Unterteilung in k Stellen vor und l Stellen nach dem Punkt, $k+l=t-1$, lassen sich Zahlen im Stellenwertcode als Brüche zur Basis B interpretieren. Diese Einteilung führt jedoch zu einem aus der Sicht der Anwendung unbefriedigenden Zahlbereich. K. ZUSE benutzte daher schon 1937 Zahlen in der **halblogarithmischen** oder **Gleitpunktdarstellung**

$$x=m\times b^e,\quad e \text{ ganz}.$$

Als **Exponentenbasis** b ist heute in Rechenanlagen 2, 8 oder 16 gebräuchlich.

Zur Unterbringung der **Mantisse** m und des **Exponenten** e stehen gewöhnlich insgesamt genausoviele Stellen zur Verfügung wie für eine ganze Zahl. Bei 48 Dualstellen ist z.B. $t_m=40$, $t_e=8$ eine typische Unterteilung (für $B=b=2$).

Für die Darstellung negativer Mantissen werden die Verfahren aus A.2 verwandt. Bei binär codierten Exponenten ist daneben noch die Codierung durch $2^{t_e-1}+e$, eine Variante des echten Komplements, weit verbreitet.

Gewöhnlich setzt man $|m|<1$ voraus, m ist also ein echter Bruch. Jedoch ist die Gleitpunktdarstellung nicht eindeutig. Für Zahlen $x\neq 0$ erreicht man Eindeutigkeit erst durch die **normalisierte** Darstellung

$$x=m\times b^e,\quad e \text{ ganz},\quad b^{-1}\leqq |m|<1.$$

Bei der Addition, Subtraktion, Multiplikation und Division von Gleitpunktzahlen wird i.a. vorausgesetzt, daß die Operanden normalisiert sind. Das Ergebnis wird dann abschließend ebenfalls normalisiert.

Die unnormalisierten Ergebnisse der Operationen sind für die Operanden

$$x_1=m_1\times b^{e_1},\quad x_2=m_2\times b^{e_2}$$

der Reihe nach

$$
\begin{aligned}
&(m_1 + m_2 \times b^{e_2 - e_1}) \times b^{e_1} \\
&(m_1 - m_2 \times b^{e_2 - e_1}) \times b^{e_1} \\
&(m_1 \times m_2) \times b^{e_1 + e_2} \\
&(m_1 / m_2) \times b^{e_1 - e_2} \quad .
\end{aligned}
$$

Dabei ist im Fall der Addition und Subtraktion o.B.d.A. $e_1 \geqq e_2$ angenommen.

Überlauf bei Gleitpunktoperationen wird signalisiert durch zu große positive Exponenten. Hinzu tritt das Problem des **Unterlaufs**, d.h. von dem Betrage nach zu großen negativen Exponenten; bei Ergebnissen mit dieser Eigenschaft nimmt man gewöhnlich 0 als Ergebnis und rechnet weiter.

Aufgrund der beschränkten Stellenzahl der Mantisse ergeben sich ferner bei den meisten Operationen Rundungsfehler.

Für Einzelheiten sei auf Vorlesungen über Numerische Mathematik verwiesen.[1]

[1] Insbesondere [A1], 1. Kap.

Anhang B: Shannonsche Informationstheorie

"For certain enterprises, a carefully planned disorder is the best procedure."
HERMAN MELVILLE, Moby Dick

B.1 Diskretisierung

Nachrichten, die nicht digital sind - z.B. nichtsprachliche Nachrichten wie Bilder, Karten, Kurven, Diagramme - werden oft näherungsweise **diskretisiert** und damit als digitale Nachrichten behandelbar. Dazu werden zwei Näherungsmethoden verwendet: die **Rasterung** und die **Quantelung**.

B.1.1 Rasterung

Zunächst soll als zu diskretisierende Nachricht abstrakt eine reellwertige Funktion über einem endlichen oder einseitig unendlichen Intervall angesehen werden. Die Funktion soll nicht ‚pathologisch' sein[1]. Eine solche Funktion mag veranschaulicht werden durch ihren Funktionsgraph, gemeinhin Kurve genannt (Abb. 153a). Die Rasterung besteht nun darin, das Definitionsintervall der Funktion in gleichlange Teilintervalle zu zerlegen und die Funktion durch eine andere zu ersetzen (Abb. 153b), die auf jedem Teilintervall konstant ist und als Wert dort einen irgendwie gearteten Durchschnittswert hat: Die Funktion wird durch eine ‚Treppenfunktion' approximiert. Häufig stellt man eine Treppenfunktion durch eine Folge äquidistanter Linien dar, deren Höhe jeweils den Durchschnittswert angibt[2]. Den entstehenden Graph nennt man einen **Puls** (Abb. 153c). Die Rasterung besteht also darin, die Funktion durch einen Puls zu ersetzen. Der ‚Durchschnittswert' kann durch einfache

[1] Z.B. stetig oder von beschränkter Schwankung, allgemeiner: LEBESGUE-integrierbar. Vgl. dazu GRAUERT-LIEB, Differential- und Integralrechnung I, 4. Auflage, Springer-Verlag, 1976.

[2] Es handelt sich dann um den Graph einer ‚uneigentlichen', aus ‚Stoßfunktionen' zusammengesetzten Funktion. Sie kann als idealisierter Grenzfall einer Funktion mit sehr scharf ausgeprägten Zacken verstanden werden (Abb. 153d).

oder gewichtete Mittelung erhalten werden, oder man nimmt den Wert an einer bestimmten Stelle des Intervalls, z.B. in der Mitte (**Abtastung**).

Je gröber die Rasterung, um so mehr Eigentümlichkeiten der ursprünglichen Kurve gehen verloren: In Abb. 153 lassen sich in der Rasterung die je zwei mit Pfeilen bezeichneten Maxima und Minima nicht mehr rekonstruieren. Umgekehrt gibt das gerasterte Bild die Einzelheiten um so genauer wieder, je feiner die Rasterung ist. Diese intuitive Aussage wird für den Fall des Rasters durch Abtastung präzisiert im Abtasttheorem (WHITTAKER 1915, KOTELNIKOV 1933, NYQUIST 1924), das von C. SHANNON 1949 in seiner Bedeutung für die Nachrichtenübertragung erkannt wurde:

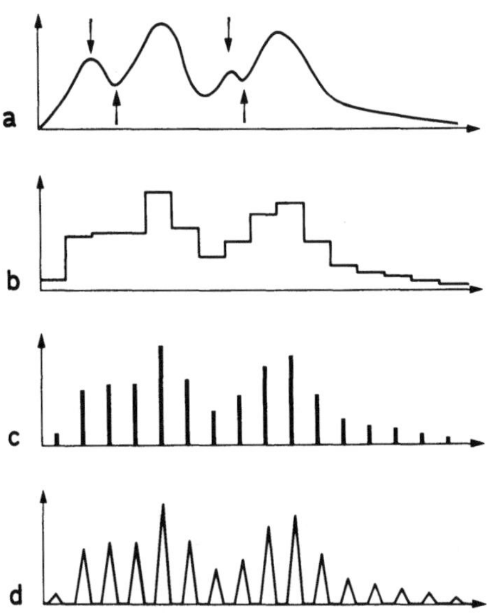

Abb. 153. Verschiedene Arten der Diskretisierung

Abtasttheorem: Sei $f(t)$ eine Funktion der Form

$$f(t) = \int_0^{\nu_G} (a(\nu)\cos(2\pi\nu t) + b(\nu)\sin(2\pi\nu t))\,d\nu$$

(als Zeitfunktion also aus Schwingungen mit einer Grenzfrequenz (Bandbreite) ν_G zusammengesetzt).

Ist

$$t_s \leqq \frac{1}{2\nu_G} \quad ,$$

so ist $f(t)$ darstellbar in der Form

$$f(t) = \sum_n f(n t_s) \frac{\sin\left(\frac{\pi t}{t_s} - n\pi\right)}{\frac{\pi t}{t_s} - n\pi} \quad .$$

(Aus den abgetasteten Werten läßt sich die Funktion wieder aufbauen, wenn die **Abtastfrequenz** $\frac{1}{t_s}$ mindestens das Doppelte der Grenzfrequenz beträgt.)

Die im Abtasttheorem vorkommende **Interpolationsfunktion**

$$\frac{\sin\frac{\pi t}{t_s}}{\frac{\pi t}{t_s}}$$

hat den Grenzwert 1 für $t=0$ und verschwindet an den übrigen Abtaststellen $n t_s$. Ihr Funktionsgraph ist in Abb. 154 wiedergegeben.

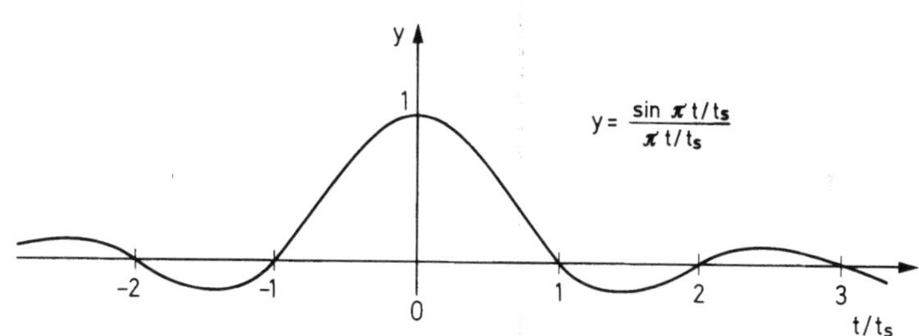

Abb. 154. Funktionsgraph

Die Voraussetzung des Abtasttheorems, daß die Funktion eine Grenzfrequenz hat, ist nicht gravierend: Physikalische Apparate lassen grundsätzlich keine beliebig hohen Frequenzen zu, sie „schneiden sie ab". Bei technischen Anwendungen darf stets vom Vorhandensein einer Grenzfrequenz für Nachrichten darstellende, nichtdigitale Signale ausgegangen werden.

Auch für Funktionen mehrerer Veränderlicher über einem mehrdimensionalen Definitionsbereich ist Rasterung mit Unterteilung in kongruente Teilbereiche möglich. In der Ebene wird neben Dreiecks- und Sechsecksrasterung hauptsächlich quadratische Rasterung verwendet (Abb. 155). Farbrasterung wurde als Stilmittel von der Malschule der Pointilisten verwendet. Das Abtasttheorem gilt dann in einer sinngemäßen Verallgemeinerung. Ein Spezialfall mehrdimensionaler Rasterung ist die **Zeilenrasterung** und **Schichtrasterung**. Sie ermöglicht es, mehrdimensionale Funktionen in solche über Bereiche niedrigerer Dimensionen, insbesondere in Funktionen einer Veränderlichen **abzuspulen**. Schichtrasterung wird z.B. in der Röntgenaufnahmetechnik verwen-

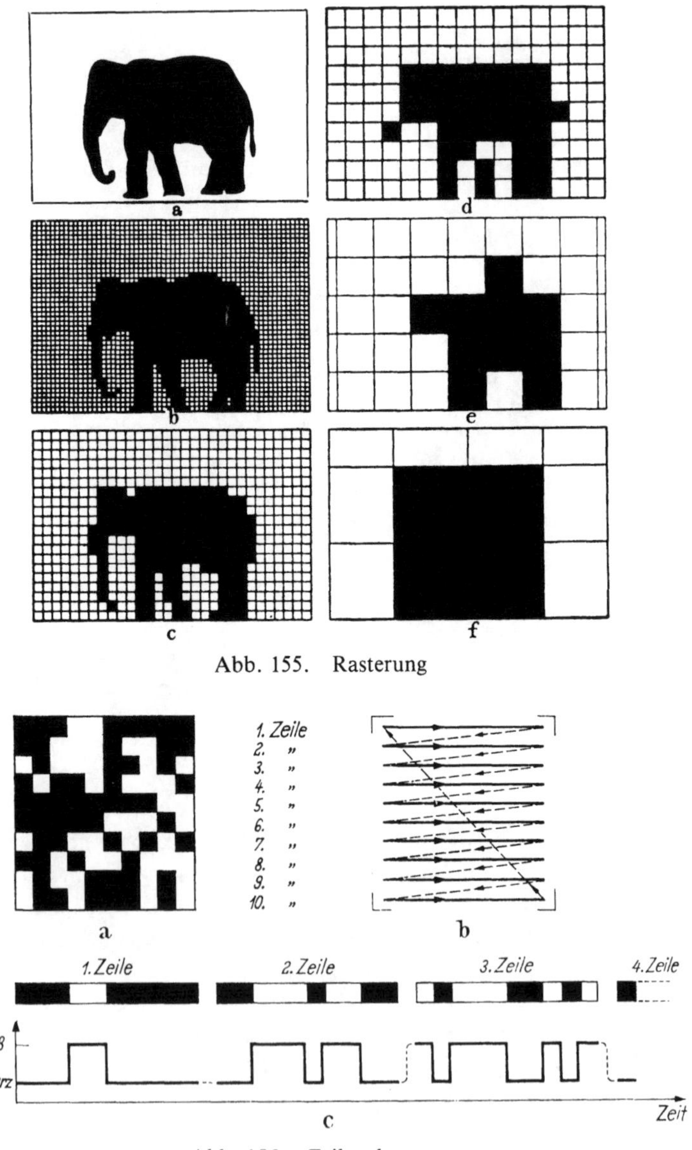

Abb. 155. Rasterung

Abb. 156. Zeilenabtastung

det; Zeilenrasterung liegt beim Fernsehen vor (Abb. 156). Das Ergebnis ist eine Funktion, die die Helligkeit abhängig von einer Veränderlichen, der Zeit, wiedergibt. Abb. 156b zeigt das Abspulen einer quadratisch gerasterten Information.

Rasterung, wenn nötig gefolgt vom Abspulen in eine Folge, ist also der Schritt, der aus einer Funktion eine Folge von Funktionswerten macht. Die Funktionswerte entstammen normalerweise dem Kontinuum der reellen Zahlen, nämlich den (mehr als abzählbar vielen) Werten, welche die als Signalparameter dienende physikalische Größe annehmen kann. Demgegenüber ist eine digitale Nachricht eine Folge von Zeichen, von denen es ihrerseits nur endlich viele - oder abzählbar viele (Abb. 142, Fußnote [11]) - gibt. Der nächste Schritt, die Quantelung, stellt den Übergang zwischen reellwertigen Folgen und Nachrichten her.

B.1.2 Quantelung

Die **Quantelung** ist eine Abbildung der reellen Zahlen in eine abzählbare Menge von Zahlen, nämlich alle Vielfachen einer gewissen Zahl Δ, dem **Quantenschritt**. Die Abbildung erfolgt so, daß jeweils ein gleichlanges Intervall von Zahlen in dasjenige Vielfache von Δ, das im Intervall liegt, abgebildet wird (Abb. 157).

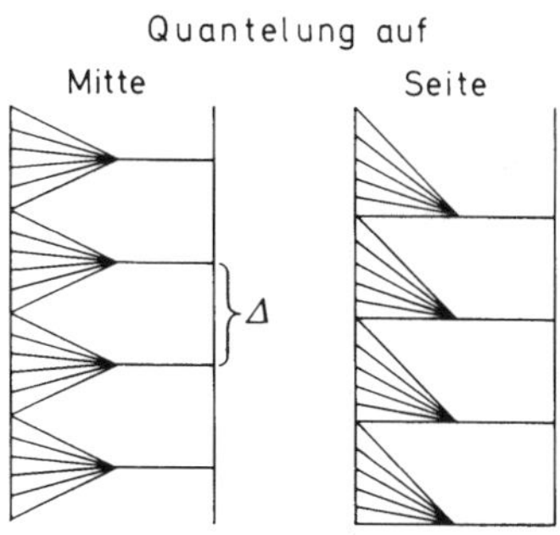

Abb. 157. Quantelung

Aus physikalischen Gründen darf wieder davon ausgegangen werden, daß die Funktionswerte, die ja Werte einer physikalischen Größe sind, nicht beliebig groß sein können, sondern nach oben und nach unten beschränkt sind. Die Quantelung überführt dann die Funktionswerte in eine endliche Menge von Zahlen. Diese kann als Zeichenvorrat aufgefaßt werden. Rasterung, gefolgt von Quantelung, ergibt also eine Folge von Zeichen: Aus einer beliebigen

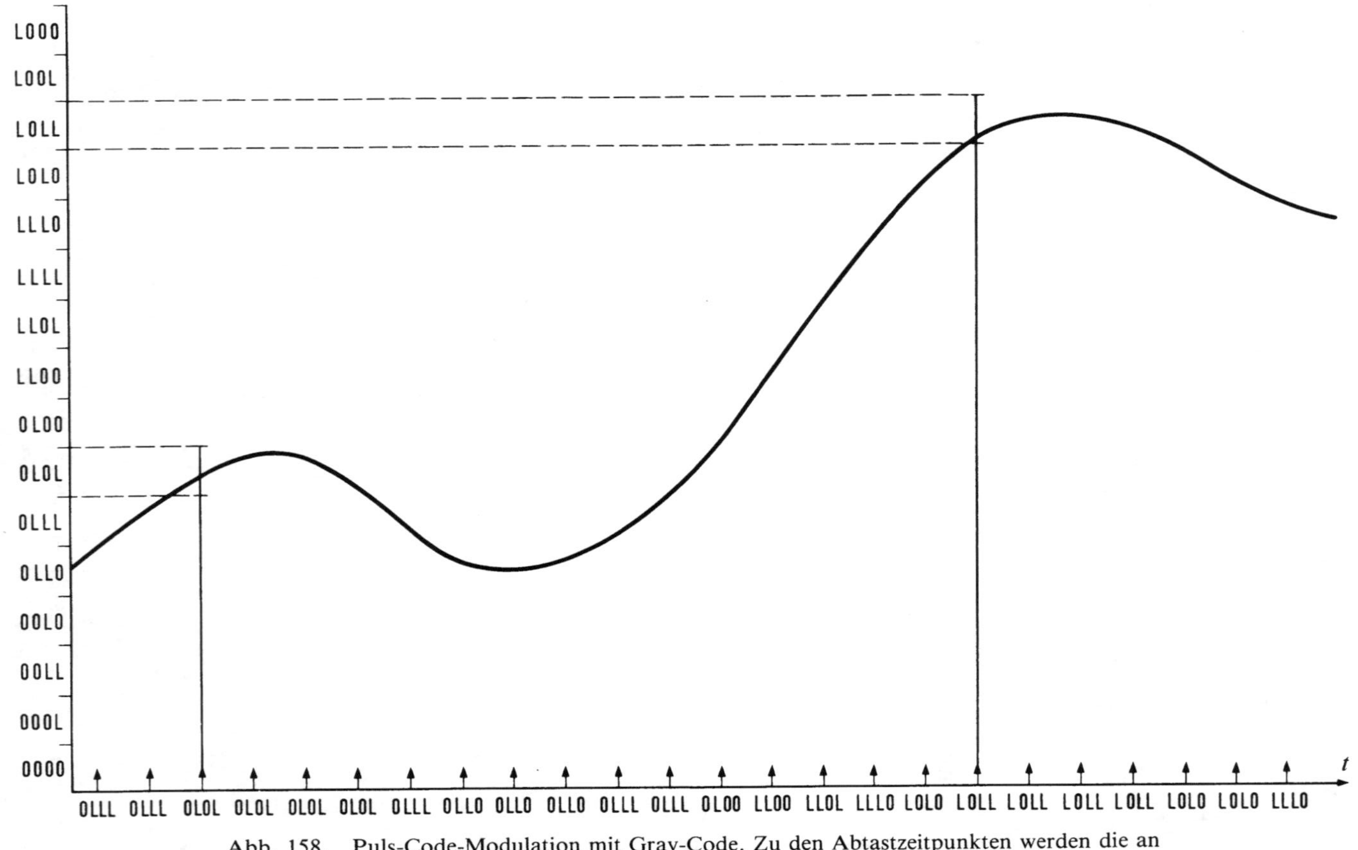

Abb. 158. Puls-Code-Modulation mit Gray-Code. Zu den Abtastzeitpunkten werden die an der t-Achse angegebenen Funktionswerte abgetastet.

Nachricht entsteht eine digitale Nachricht, dargestellt durch ein Wort über einem Zeichenvorrat. Die einzelnen Zeichen dieses Zeichenvorrats – die Vielfachen des Quantenschrittes – können wiederum binär codiert werden. Technisch ist dieses Verfahren als Puls-Code-Modulation bekannt (Abb. 158). Dabei wird oft ein Gray-Code verwendet, der den Vorteil hat, daß eine minimale Abänderung um eine Quantenstufe nur eine Änderung eines einzigen Bits bewirkt.

B.2 Probabilistische Theorie der Information

„Das größte literarische Werk ist im Grunde nichts anderes als ein Alphabet in Unordnung."

JEAN COCTEAU

B.2.1 Shannonsche Nachrichten

„Daß das Böse immer noch einen höheren Nachrichtenwert hat als das Gute, ist kein schlechtes Zeichen. Es beweist, daß das Gute auch weiter die Regel ist, das Böse dagegen die Ausnahme."

NILS JOHNSON

„Ein Zug, der entgleist, hat eben mehr Nachrichtenwert als einer, der ankommt."

GASTON LACOUR

Die in einer Nachricht steckende Information kann wesentlich von dem Zeitpunkt abhängen, zu dem die Nachricht den Empfänger erreicht. Eine Verzögerung einer solchen Nachricht ändert gleichzeitig ihren Charakter. Beispiele sind etwa der Lottozettel, der Wetterbericht oder eine Sturmwarnung Im Extremfall ist die gesamte Information durch den Zeitpunkt der Ankunft eines (vorher vereinbarten) Signals gegeben. Man spricht dann von einer **Meldung** oder einem **Alarm**. Beispiele sind der Feuermelder, das Glockenläuten, der Uhrschlag oder ein Hupensignal.

Im Gegensatz dazu gibt es Nachrichten, deren Information zeitunabhängig ist. Solche Nachrichten können häufig als Folgen von Einzelnachrichten aufgefaßt werden, die zeitlich nacheinander gesendet werden: Zum Zeitpunkt t_0 die erste Einzelnachricht, zum Zeitpunkt t_1 die zweite usw. Da die innere Struktur der Einzelnachrichten nicht weiter interessiert, können wir die Einzelnachrichten als Zeichen auffassen (vgl. 1.4.2). Diese Zeichen sind mit einer gewissen, zeitunabhängigen Wahrscheinlichkeit aus einem vorgegebenen endlichen oder abzählbar unendlichen Zeichenvorrat ausgewählt. Speziell interessiert uns hier der etwa beim Würfelspiel vorkommende Fall, daß die Wahrscheinlichkeit des Auftretens eines bestimmten Zeichens Z zum Zeitpunkt t identisch ist mit der Häufigkeit des Zeichens Z in der gesamten Zeichenfolge. Zeichenfolgen mit dieser Eigenschaft heißen **Shannonsche Nachrichten**, der sie erzeugende Sender wird als **Nachrichtenquelle** oder Shannonsche Quelle bezeichnet. Mathematisch gesehen ist die Nachrichtenquelle ein stationärer stochastischer Prozeß.

Da die Zeichen und die in ihnen enthaltene Information im voraus bekannt sind, besteht der wesentliche Schritt bei Eintreffen eines Zeichens in der Entscheidung, welches der vorgegebenen Zeichen vorliegt. Diese Entscheidungen untersucht die „Shannonsche Informationstheorie". C. Shannon (1948) hat hierfür den mathematisch faßbaren Begriff der **Entscheidungsinformation** definiert. Sie mißt im wesentlichen den Aufwand, der zur Klassifizierung der gesendeten Zeichen erforderlich ist. Das Wort ‚Information' wird hierbei offensichtlich in einem speziellen Sinne benutzt, der mit unserem sonstigen weiten Gebrauch des Wortes nicht übereinstimmt.

B.2.2 Die Entscheidungsinformation

Die Shannonsche Informationstheorie, genauer gesagt die Theorie der Entscheidungsinformation, geht aus von der elementaren Entscheidung zwischen zwei Zeichen, etwa zwei Bits wie **O** oder **L**. Eine solche Alternativentscheidung wird in [bit] gemessen[3].

Stellt die Entscheidung eine Auswahl eines Zeichens aus einer Menge von n Zeichen dar, wobei $n \geqq 2$, so kann sie durch mehrere aufeinanderfolgende Alternativentscheidungen in Form einer **Entscheidungskaskade** vorgenommen werden: Die gegebene Menge von n Zeichen wird in zwei (nichtleere) Teilmengen zerlegt, jede Teilmenge wird genauso weiter zerlegt, bis man auf einelementige Teilmengen stößt.

Bei gegebener Entscheidungskaskade interessiert nun, wieviele Alternativentscheidungen man zur Auswahl eines bestimmten Zeichens benötigt. Abb. 159 gibt ein Beispiel: Um a oder e auszusuchen, sind zwei Alternativentscheidungen nötig (die Entscheidungsinformation beträgt 2 [bit]); um b, c oder f auszusuchen, benötigt man drei Alternativentscheidungen, usw.

Tritt ein Zeichen häufig auf, so wird man anstreben, die Anzahl der dafür aufzuwendenden Entscheidungen möglichst klein zu halten. Für seltenere Zeichen muß man dann eine größere Anzahl von Alternativentscheidungen auf-

[3] bit (mit kleinem b) ist die Einheit der Entscheidung zwischen zwei Bits (mit großem B).

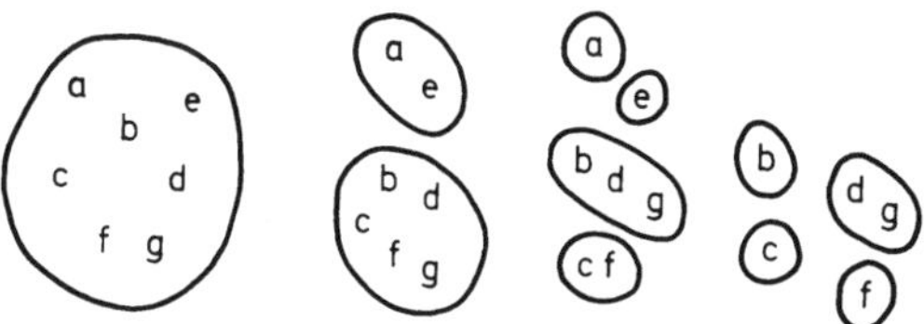

Abb. 159. Entscheidungskaskade

wenden. Häufig auftretende Zeichen enthalten wenig, seltene Zeichen enthalten viel Entscheidungsinformation (Entscheidungsgehalt). Es erscheint also plausibel, daß man nicht in gleich große, sondern in gleich wahrscheinliche Teilmengen zerlegen möchte. Man verfährt bei jeder Zerlegung so, daß die Summe der Wahrscheinlichkeiten für die Zeichen der einen und der anderen Teilmenge möglichst genau gleich sind. Nehmen wir zur Vereinfachung zunächst an, die vorgegebenen Wahrscheinlichkeiten erlaubten eine exakte Gleichheit. Ist dann nach k_i Alternativentscheidungen das i-te Zeichen isoliert, so ist seine Wahrscheinlichkeit $p_i = \left(\frac{1}{2}\right)^{k_i}$. Umgekehrt hat man zur Auswahl eines Zeichens, welches mit der Wahrscheinlichkeit p_i auftritt, $k_i = \mathrm{ld}\left(\frac{1}{p_i}\right)$ Alternativentscheidungen nötig[4]. Wir definieren deshalb die durch das Auftreten eines solchen Zeichens gegebene Entscheidungsinformation, den Entscheidungsgehalt des Zeichens, zu

(*) $$\mathrm{ld}\left(\frac{1}{p_i}\right) \text{ [bit]}.$$

Der mittlere Entscheidungsgehalt pro beliebig herausgegriffenem Zeichen ist dann

$$H = \sum_i p_i \,\mathrm{ld}\left(\frac{1}{p_i}\right) \text{ [bit]}.$$

Dies ist die Grunddefinition der Shannonschen Informationstheorie. H wird auch als **mittlerer Entscheidungsgehalt pro Zeichen**, als **Information pro Zeichen** oder als **Entropie der Nachrichtenquelle** bezeichnet.

Das Ergebnis einer einzelnen Alternativentscheidung kann durch **O** bzw. **L** wiedergegeben werden. Der Auswahl eines Zeichens entspricht dann eine Folge der Binärzeichen **O** und **L**, ein Binärwort. Wir bezeichnen dieses Binärwort als Codierung des Zeichens, die Menge der Codierungen aller Zeichen einer Nachrichtenquelle heißt **Codierung der Nachrichtenquelle**. Die Binärworte

[4] ld (logarithmus dualis) bezeichnet den Logarithmus zur Basis 2.

sind im allgemeinen nicht gleich lang: Einem Zeichen mit der Wahrscheinlichkeit p_i entspricht ein Wort der Länge $N_i = \operatorname{ld}\left(\frac{1}{p_i}\right)$. Jedoch ist die Fano-Bedingung (1.4.3.4) automatisch erfüllt.

Demnach ist H auch die **mittlere Wortlänge** (in Bit) des zur Binärcodierung der Nachrichtenquelle benutzten Codes. Abb. 160 zeigt die Durchführung der Codierung für das Beispiel aus Abb. 159.

Buchstabe	p_i	Codierung
a	$\frac{1}{4}$	OO
e	$\frac{1}{4}$	OL
f	$\frac{1}{8}$	LOO
c	$\frac{1}{8}$	LOL
b	$\frac{1}{8}$	LLO
d	$\frac{1}{16}$	LLLO
g	$\frac{1}{16}$	LLLL

$$H = \sum p_i \operatorname{ld}\left(\frac{1}{p_i}\right) = \tfrac{2}{4} + \tfrac{2}{4} + \tfrac{3}{8} + \tfrac{3}{8} + \tfrac{3}{8} + \tfrac{4}{16} + \tfrac{4}{16} = 2.625$$

Abb. 160. Optimale Codierung

Ist die Anzahl der Zeichen eine Zweierpotenz, $n = 2^N$, und sind alle Zeichen gleichwahrscheinlich, $p_i = \left(\frac{1}{2}\right)^N$, so haben alle Binärworte die Länge N, wir erhalten

$$H = N = \operatorname{ld} n\,.$$

Nun weist man leicht nach, daß für eine Nachrichtenquelle mit n Zeichen für beliebige Werte von p_i

$$\sum_i p_i \operatorname{ld}\left(\frac{1}{p_i}\right) \leqq \operatorname{ld} n$$

gilt. Das Gleichheitszeichen gilt für den Fall gleichwahrscheinlicher Zeichen. Auch dann ist jedoch $\operatorname{ld} n$ im allgemeinen keine ganze Zahl. $\operatorname{ld} n$ kann also nicht die (für jedes Zeichen gleiche) Anzahl der benötigten Entscheidungen wiedergeben. Jedoch kann eine Auswahl aus n Zeichen stets mit N Alternativentscheidungen getroffen werden, wobei

$$N - 1 < \operatorname{ld} n \leqq N\,.$$

Dazu zerlegt man jeweils so, daß sich die Anzahl der Zeichen in beiden Teilmengen höchstens um 1 unterscheidet. Es gibt also für n Zeichen stets eine Codierung mit Worten der Länge N mit $N - 1 < \operatorname{ld} n \leqq N$.

Trotzdem ist es sinnvoll, die Grunddefinition (*) des Entscheidungsgehalts eines Zeichens auch dann zu verwenden, wenn die Einzelwahrscheinlichkeiten keine (negativen) ganzzahligen Zweierpotenzen sind, und wenn die Zerlegung in gleichwahrscheinliche Teilmengen nicht exakt durchführbar ist.

Besitzt in einer Codierung einer Nachrichtenquelle das i-te Zeichen die Wortlänge N_i, so ist

$$L = \sum_i p_i N_i$$

die mittlere Wortlänge. Unter der einschränkenden Voraussetzung, daß man den Zeichenvorrat in genau gleichwahrscheinliche Teilmengen zerlegen kann, fanden wir oben $L = H$. Im allgemeinen Fall wird der Zusammenhang zwischen mittlerer Wortlänge L und Entropie H einer Nachrichtenquelle geklärt durch das

Shannonsche Codierungstheorem (SHANNON 1948):

1. Es gilt stets

$$H \leqq L .$$

2. Jede Nachrichtenquelle kann so codiert werden, daß die Differenz $L - H$ beliebig klein wird.

Um die in 2. genannten Codierungen zu erhalten, codiert man allerdings nicht jedes der n Zeichen einzeln, sondern betrachtet stattdessen Binärcodierungen für die n^k Gruppen von je k Zeichen. Als rechnerische Wortlänge des i-ten Zeichens Z_i erhält man dann

$$N_i = (\text{mittlere Wortlänge aller Gruppen, die } Z_i \text{ enthalten})/k .$$

Je größer man nun k wählt, desto genauer läßt sich eine Zerlegung in gleichwahrscheinliche Teilmengen annähern. Meist erreicht man schon für $k = 2$ oder $k = 3$ eine praktisch ausreichende Näherung (Abb. 161).

Erst das Codierungstheorem liefert die Rechtfertigung für die Verwendung der Entropie $H = -\sum_i p_i \operatorname{ld} p_i$: Sie ist untere Grenze für die Anzahl der aufzuwendenden Entscheidungen bei bestmöglicher Codierung.

Die Differenz $L - H$ wird als **Code-Redundanz** bezeichnet, $1 - \dfrac{H}{L}$ heißt **relative Code-Redundanz**. Sie wird oft in Prozent angegeben.

Die Redundanz mißt die nutzlos vorhandenen Entscheidungen. Da in praktischen Fällen die einzelnen Zeichen fast nie gleich häufig auftreten, ist die Codierung mit fester Wortlänge meist redundant. Aus technischen Gründen, insbesondere wegen der Möglichkeit der Parallel- und Multiplexübertragung, wird sie trotzdem häufig verwendet.

Einzelcodierung

Zeichen	Wahrscheinlichkeit	Codierung	Länge	
A	0.7	O	1	0.7
B	0.2	LO	2	0.4
C	0.1	LL	2	0.2
		mittlere Wortlänge		1.3

Paarcodierung

Zeichen	Wahrscheinlichkeit	Codierung	Länge	
AA	0.49	O	1	0.49
AB	0.14	LOO	3	0.42
BA	0.14	LOL	3	0.42
AC	0.07	LLOO	4	0.28
CA	0.07	LLOL	4	0.28
BB	0.04	LLLO	4	0.16
BC	0.02	LLLLO	5	0.10
CB	0.02	LLLLLO	6	0.12
CC	0.01	LLLLLL	6	0.06
				2.33 /2
		mittlere Wortlänge		1.165

Mittlerer Entscheidungsgehalt:

$$0.7 \cdot \mathrm{ld}(1/0.7) = 0.7 \cdot 0.515 = 0.3605$$
$$0.2 \cdot \mathrm{ld}(1/0.2) = 0.2 \cdot 2.322 = 0.4644$$
$$0.1 \cdot \mathrm{ld}(1/0.1) = 0.1 \cdot 3.322 = 0.3322$$
$$1.1571$$

Abb. 161. Paarcodierung zur Approximation von L an H

Beispielsweise haben n-Bit-Codes für die Einzelbuchstaben der deutschen Sprache eine gewisse Redundanz. Der Morsecode verringert diese Redundanz. Codebücher für ganze Worte, wie der in 1.4.3.2 erwähnte ABC-Code, verringern diese Redundanz weiter.

HUFFMAN hat eine bestmögliche Codierung der Einzelzeichen des Alphabets für die englische Sprache angegeben (Abb. 162), der zugehörige Codebaum ist in Abb. 33 zu finden.

Die Bestimmung der Entropie natürlicher Sprachen ist eine wichtige praktische Aufgabe. Unterstellt man, daß im Deutschen die Buchstaben und der Zwischenraum gleich wahrscheinlich sind, so erhält man bei 27 Zeichen $H \leqq \mathrm{ld}\,27 = 4.75\ldots$ [bit/Zeichen].

Berücksichtigt man die Buchstabenhäufigkeit (Tab. 13), so erhält man $H \leqq 4.11$ [bit/Zeichen]. Das Auftreten einzelner Buchstaben ist aber nicht statistisch unabhängig; manche, wie *c* und *h*, *q* und *u* sind stark gekoppelt. Be-

Buchstabe	Huffman Code
E	LOO
T	OOL
A	LLLL
O	LLLO
N	LLOO
R	LOLL
I	LOLO
S	OLLO
H	OLOL
D	LLOLL
L	OLLLL
F	OLOOL
C	OLOOO
M	OOOLL
U	OOOLO
G	OOOOL
Y	OOOOO
P	LLOLOL
W	OLLLOL
B	OLLLOO
V	LLOLOOL
K	LLOLOOOLL
X	LLOLOOOOL
J	LLOLOOOOO
Q	LLOLOOOLOL
Z	LLOLOOOLOO

Abb. 162. Huffman-Codierung

rücksichtigt man auch die Häufigkeit der Buchstabenpaare (Tab. 14), der Buchstabentripel (Tab. 15) usw., so sinkt H rasch weiter ab. Mit wachsender Länge der statistisch zu berücksichtigenden Buchstabengruppen ergibt sich eine immer bessere Annäherung an ein morphologisch korrektes, aber semantisch sinnloses Deutsch (Abb. 163). Ähnlich kann man mit Silben und Wörtern verfahren. Man erhält so einigermaßen übereinstimmend $H \approx 1$ [bit/Zeichen]. Die relative Redundanz der geschriebenen deutschen Sprache beträgt also bereits ohne Berücksichtigung der Semantik mindestens 80%.

Das Auftreten des Logarithmus im Entscheidungsgehalt eines Zeichens erweist sich als Konsequenz der einfachen Forderungen,

> daß die Information über das i-te Zeichen nur von der Wahrscheinlichkeit p_i seines Auftretens abhängen soll, $I = f(p_i)$,
> daß die Entscheidungsinformation über das unabhängige Auftreten zweier Zeichen mit den Wahrscheinlichkeiten p_i und p_k die Summe der Entscheidungsinformationen über das Auftreten der beiden Zeichen sein soll.

Tabelle 13. Häufigkeit des Auftretens der Buchstaben in der deutschen Sprache

Buchstabe	p_i	Buchstabe	p_i
*	0.1515	*o*	0.0177
e	0.1470	*b*	0.0160
n	0.0884	*z*	0.0142
r	0.0686	*w*	0.0142
i	0.0638	*f*	0.0136
s	0.0539	*k*	0.0096
t	0.0473	*v*	0.0074
d	0.0439	*ü*	0.0058
h	0.0436	*p*	0.0050
a	0.0433	*ä*	0.0049
u	0.0319	*ö*	0.0025
l	0.0293	*j*	0.0016
c	0.0267	*y*	0.0002
g	0.0267	*q*	0.0001
m	0.0213	*x*	0.0001

* Zwischenräume und Interpunktionen.

Diese Forderungen lagen bereits der Argumentation am Anfang von B.2.2 zugrunde. Dann ist die Wahrscheinlichkeit für das Auftreten des i-ten und des k-ten Zeichens gerade $p_i p_k$, und wir erhalten die Funktionalgleichung

$$f(p_i p_k) = f(p_i) + f(p_k) ,$$

die die Lösung $f(x) = a \cdot {}^c\log x$ hat (und keine andere stetige). Die Wahl von $c = 2$, also der Logarithmenbasis 2, ist bequem im Hinblick auf die Binärcodierung und die Messung des Entscheidungsgehalts in Alternativentscheidungen, in [bit].

Daß nicht die Anzahl n der Zeichen, sondern ihr Logarithmus für den Entscheidungsaufwand wesentlich ist, zeigt sich in der experimentellen Psychologie im Gesetz von MERKEL (1885):

Die Reaktionszeit T einer Versuchsperson bei der Aufgabe, aus n Gegenständen einen bestimmten auszuwählen, wächst logarithmisch mit n.

Messungen ergeben in etwa $T = 200 + 180 \cdot \mathrm{ld}\, n$ [msec].

B.2.3 Kanalkapazität

Betrachten wir das Abtasttheorem im Licht der Shannonschen Informationstheorie, so hat man alle $t_s = \dfrac{1}{2\nu_G}$ Sekunden eine Nachricht zu übertragen, nämlich den Amplitudenwert. Quantelung reduziert dies auf eine endliche An-

Einergruppen (Buchstabenhäufigkeit)
EME GKNEET ERS TITBL BTZENFNDGBGD EAI E LASZ BETEATR IASMIRCH EGEOM
Zweiergruppen (Paarhäufigkeit)
AUSZ KEINU WONDINGLIN DUFRN ISAR STEISBERER ITEHM ANORER
Dreiergruppen
PLANZEUNDGES PHIN INE UNDEN ÜBBEICHT GES AUF ES SO UNG GAN DICH WANDERSO
Vierergruppen
ICH FOLGEMÄSZIG BIS STEHEN DISPONIN SEELE NAMEN

Abb. 163. Synthetische Sprache aufgrund der Buchstabenhäufigkeit (nach KÜPFMÜLLER)

zahl n von Amplitudenstufen, die nun mit gewissen Wahrscheinlichkeiten p_i auftreten.

$H = \sum_i p_i \operatorname{ld}\left(\frac{1}{p_i}\right)$ ist die (Shannonsche) Information pro Zeitschritt. Der **Informationsfluß**, d.h. die pro Zeiteinheit übermittelte Information, beträgt

$$C = \frac{H}{t_s} = 2\nu_G H \text{ [bit/sec]} .$$

Wird nun die Quantelung verfeinert, so wächst nach der Formel auch der Informationsfluß – für den Fall gleichwahrscheinlicher Amplituden ist er $2\nu_G \operatorname{ld} n$. Ist aber die zu übertragende Funktion gestört durch das die Amplitudenwerte verfälschende **Rauschen**, so nutzt eine beliebige Verfeinerung der Quantelung offenbar nicht nur der Übertragung der Information, sondern auch der getreuen Wiedergabe der Störungen. Das nach dem Abtast- und Codierungstheorem wichtigste Ergebnis SHANNONS ist, daß beim Vorhandensein von Rauschen der übertragende Informationsfluß beschränkt ist.

Für den Spezialfall des sog. „weißen Gaußschen Rauschens“ – es treten alle Frequenzen mit gleicher Leistung auf, und die Amplitude genügt einer Gaußschen Normalverteilung – ergibt sich

$$H \leqq \operatorname{ld}\sqrt{1 + \frac{N_S}{N_R}} ,$$

wo N_S die mittlere Signalleistung, N_R die mittlere Rauschleistung ist. Der maximale Informationsfluß auf dem Übertragungskanal, die **Kanalkapazität**, ist demnach

$$C_{\max} = 2\nu_G H_{\max} = \nu_G \operatorname{ld}\left(1 + \frac{N_S}{N_R}\right) .$$

Tabelle 14. Bigrammhäufigkeiten in Prozenten
(aus 10000 Buchstaben deutschen Klartextes ermittelt)

en	4.47	*nw*	0.55	*ab*	0.25	*nm*	0.16
er	3.40	*us*	0.54	*il*	0.25	*pe*	0.16
ch	2.80	*nn*	0.53	*mm*	0.25	*rl*	0.16
nd	2.58	*nt*	0.52	*nz*	0.25	*sm*	0.16
ei	2.26	*ta*	0.51	*sg*	0.25	*sp*	0.16
de	2.14	*eg*	0.50	*sw*	0.25	*th*	0.16
in	2.04	*eh*	0.50	*rn*	0.24	*wo*	0.16
es	1.81	*zu*	0.50	*ro*	0.24	*af*	0.15
te	1.78	*al*	0.49	*ea*	0.23	*lu*	0.15
ie	1.76	*ed*	0.48	*fr*	0.23	*mu*	0.15
un	1.73	*ru*	0.48	*sd*	0.23	*no*	0.15
ge	1.68	*rs*	0.47	*tt*	0.23	*nv*	0.15
st	1.24	*ig*	0.45	*tw*	0.23	*rf*	0.15
ic	1.19	*ts*	0.45	*gr*	0.22	*ut*	0.15
he	1.17	*ma*	0.43	*tz*	0.22	*br*	0.14
ne	1.17	*sa*	0.43	*fe*	0.21	*ez*	0.14
se	1.17	*wa*	0.43	*gt*	0.21	*ho*	0.14
ng	1.07	*ac*	0.42	*rh*	0.21	*ka*	0.14
re	1.07	*eu*	0.42	*ds*	0.20	*os*	0.14
au	1.04	*so*	0.41	*du*	0.20	*bl*	0.13
di	1.02	*ar*	0.40	*mi*	0.20	*dw*	0.13
be	0.96	*tu*	0.40	*nb*	0.20	*ep*	0.13
ss	0.94	*ck*	0.37	*nk*	0.20	*hm*	0.13
ns	0.93	*or*	0.37	*rk*	0.20	*hw*	0.13
an	0.92	*rt*	0.36	*rz*	0.20	*pr*	0.13
si	0.83	*ir*	0.35	*su*	0.20	*zi*	0.13
ue	0.82	*ll*	0.35	*ag*	0.19	*ba*	0.12
da	0.81	*oe*	0.35	*ef*	0.19	*ev*	0.12
as	0.78	*ti*	0.35	*ga*	0.19	*fd*	0.12
ni	0.70	*td*	0.34	*im*	0.19	*fu*	0.12
ae	0.69	*ur*	0.34	*rm*	0.19	*gd*	0.12
na	0.69	*vo*	0.34	*uc*	0.19	*nh*	0.12
ra	0.69	*ec*	0.33	*ee*	0.18	*oc*	0.12
el	0.68	*hr*	0.33	*gu*	0.18	*ah*	0.11
wi	0.68	*um*	0.33	*hl*	0.18	*ft*	0.11
ht	0.67	*hi*	0.31	*ld*	0.18	*hu*	0.11
sc	0.66	*uf*	0.30	*ls*	0.18	*ko*	0.11
we	0.65	*ve*	0.30	*nl*	0.18	*kt*	0.11
ha	0.64	*on*	0.29	*tr*	0.18	*nf*	0.11
is	0.64	*la*	0.28	*am*	0.17	*rr*	0.11
li	0.64	*lt*	0.28	*fa*	0.17	*tl*	0.11
nu	0.64	*ri*	0.28	*hd*	0.17	*wu*	0.11
em	0.63	*ew*	0.27	*ol*	0.17	*gi*	0.10
et	0.58	*ih*	0.27	*rb*	0.17	*ki*	0.10
le	0.58	*rg*	0.27	*rw*	0.17	*ms*	0.10
eb	0.57	*ze*	0.27	*tn*	0.17	*od*	0.10
it	0.56	*at*	0.26	*bi*	0.16	*sn*	0.10
me	0.56	*hn*	0.26	*gl*	0.16	*sz*	0.10
rd	0.56	*ke*	0.26			(Rest	7.07)

Tabelle 15. Trigrammhäufigkeiten in Prozenten
(aus 10000 Buchstaben deutschen Klartextes ermittelt)

ein	1.22	ese	0.27	hre	0.18	nne	0.14	auc	0.11
ich	1.11	auf	0.26	hei	0.18	nes	0.14	als	0.11
nde	0.89	ben	0.26	lei	0.18	ond	0.14	alt	0.11
die	0.87	ber	0.26	nei	0.18	oen	0.14	eic	0.11
und	0.87	eit	0.26	nau	0.18	sdi	0.14	esc	0.11
der	0.86	ent	0.26	sge	0.18	sun	0.14	enh	0.11
che	0.75	est	0.26	tte	0.18	von	0.14	eil	0.11
end	0.75	sei	0.26	wei	0.18	bei	0.13	fen	0.11
gen	0.71	and	0.25	abe	0.17	chl	0.13	gan	0.11
sch	0.66	ess	0.25	chd	0.17	chn	0.13	hte	0.11
cht	0.61	ann	0.24	des	0.17	chw	0.13	iea	0.11
den	0.57	esi	0.24	nte	0.17	ech	0.13	ieb	0.11
ine	0.53	ges	0.24	rge	0.17	edi	0.13	nli	0.11
nge	0.52	nsc	0.24	tes	0.17	enk	0.13	rda	0.11
nun	0.48	nwi	0.24	uns	0.17	eun	0.13	rsc	0.11
ung	0.48	tei	0.24	vor	0.17	enz	0.13	std	0.11
das	0.47	eni	0.23	dem	0.16	hau	0.13	sst	0.11
hen	0.47	ige	0.23	hin	0.16	ite	0.13	tre	0.11
ind	0.46	aen	0.22	her	0.16	ief	0.13	uss	0.11
enw	0.45	era	0.22	lle	0.16	imm	0.13	all	0.10
ens	0.44	ern	0.22	nan	0.16	ihr	0.13	aft	0.10
ies	0.44	rde	0.22	tda	0.16	iss	0.13	bes	0.10
ste	0.44	ren	0.22	tel	0.16	kei	0.13	dei	0.10
ten	0.44	tun	0.22	ueb	0.16	mei	0.13	erf	0.10
ere	0.43	ing	0.21	ang	0.15	nsi	0.13	ess	0.10
lic	0.42	sta	0.21	cha	0.15	nem	0.13	esw	0.10
ach	0.41	sie	0.21	enb	0.15	ndw	0.13	gew	0.10
ndi	0.41	uer	0.21	ete	0.15	rue	0.13	hab	0.10
sse	0.39	ege	0.20	erh	0.15	ret	0.13	hat	0.10
aus	0.36	eck	0.20	erk	0.15	ser	0.13	ieg	0.10
ers	0.36	eru	0.20	ehr	0.15	uch	0.13	ken	0.10
ebe	0.35	mme	0.20	eis	0.15	ell	0.12	och	0.10
erd	0.33	ner	0.20	man	0.15	env	0.12	rha	0.10
enu	0.33	nds	0.20	men	0.15	ina	0.12	rec	0.10
nen	0.32	nst	0.20	mit	0.15	ied	0.12	rin	0.10
rau	0.32	run	0.20	nac	0.15	lun	0.12	rso	0.10
ist	0.31	sic	0.20	rdi	0.15	nwa	0.12	res	0.10
nic	0.31	enn	0.19	sel	0.15	nwe	0.12	sag	0.10
sen	0.31	ins	0.19	sin	0.15	nis	0.12	son	0.10
ene	0.30	mer	0.19	chi	0.14	swe	0.12	tsc	0.10
nda	0.30	rei	0.19	ehe	0.14	ssi	0.12	tli	0.10
ter	0.30	eig	0.18	enl	0.14	spr	0.12	uec	0.10
ass	0.29	eng	0.18	erl	0.14	tde	0.12	uen	0.10
ena	0.29	erg	0.18	erm	0.14	ufd	0.12	was	0.10
ver	0.29	ert	0.18	erw	0.14	war	0.12	twi	0.10
wir	0.29	erz	0.18	ger	0.14	wer	0.12	tal	0.10
wie	0.28	fra	0.18	hae	0.14	zei	0.12	tet	0.10
ede	0.27							(Rest	47.89)

Sie kann, wie aus der Nachrichtentechnik bekannt ist, nur durch Vergrößerung der Bandbreite ν_G und Verbesserung des Signal-Rausch-Verhältnisses vergrößert werden.

Für einige technische Beispiele sind im folgenden die Grenzfrequenz, das Signal-Rausch-Verhältnis $\frac{N_S}{N_R}$ und der maximale Informationsfluß (Kanalkapazität) C angegeben (Tabelle 16):

Tabelle 16. Technische Daten von Übertragskanälen

	ν_G [Hz]	$\frac{N_S}{N_R}$	${}^{10}\log \frac{N_S}{N_R}$ [dB]	$C_{\max}$ [bit/sec]
a) Telexnetz der Bundespost	120	$\sim 2^6$	16	$0.64 \cdot 10^3$
b) Datexnetz der Bundespost	240	$\sim 2^6$	16	$1.28 \cdot 10^3$
c) Fernsprechnetz der Bundespost	$3.1 \cdot 10^3$	$\sim 2^{17}$	44–55	$51 \cdot 10^3$
d) Fernsehkanal	$7 \cdot 10^6$	$\sim 2^{17}$	40–63	$130 \cdot 10^6$

In ähnlichen Größenordnungen wie unter c) und d) liegt der physiologisch bestimmte maximale Informationsfluß durch das menschliche Ohr ($\sim 5 \cdot 10^4$ [bit/sec]) und durch das menschliche Auge ($\sim 5 \cdot 10^6$ [bit/sec]). Diesen Werten steht ein wesentlich niedrigerer Wert für den im menschlichen Gehirn verarbeitbaren Informationsfluß gegenüber. Er wird durch verschiedenste psychologische Experimente bestimmt, z.B. durch die maximale Geschwindigkeit, mit der ein Text bewußt gelesen werden kann - 15–40 Buchstaben pro Sekunde, entsprechend etwa 20–50 [bit/sec] - oder mit der sinnvolles Sprechen möglich ist - ein Wert von höchstens 50 [bit/sec].

Der Fernschreibkanal ist also der Leistungsfähigkeit des menschlichen Gehirns in der Informationsverarbeitung angepaßt. Der physiologische Kanal erlaubt zusätzlich hohe Redundanz in den dem Gehirn zuzuführenden Eindrükken.

B.2.4 Codesicherung

Wird durch einen Kanal der maximale Informationsfluß geschickt, so bleibt kein Spielraum für das Erkennen von weiteren Störungen. Redundanz dagegen kann zu einer Sicherung gegen Störungen ausgenutzt werden. Redundanz bedeutet, daß nicht sämtliche möglichen Bitkombinationen zur Darstellung von Zeichen benutzt werden müssen. Die zur Codierung benutzten Binärworte können dann so gelegt werden, daß die Wahrscheinlichkeit, durch Störung ein falsches Zeichen zu erhalten, möglichst gering wird. Von der Art der Störung hängt die Art der zweckmäßigen Codesicherung ab.

Für Binärcodes fester Wortlänge kann im einfachsten Fall angenommen werden, daß alle Bits gegen Störung gleich anfällig sind, und daß ein **O** mit einer Wahrscheinlichkeit p zu einem **L**, ein **L** mit einer Wahrscheinlichkeit q zu einem **O** wird. Wichtige Fälle sind $p=q$ (symmetrische Störung), oder $p=0$ bzw. $q=0$ (einseitige Störung).

Für den Fall einseitiger Störung sind Codes besonders geeignet, bei denen jedes Codewort aus gleich vielen **L** (und damit gleich vielen **O**) besteht (*m*-aus-*n* Code). Ein Beispiel liefert der 2-aus-5 Code (Abb. 37). Jede Störung führt zu einem Nicht-Codewort und ist erkennbar.

Für den Fall symmetrischer Störungen ist der Begriff des **Hamming-Abstandes** (R. W. HAMMING, 1950) von Bedeutung. Unter dem Hamming-Abstand zweier gleichlanger Codewörter versteht man die Anzahl von Stellen, in denen die Codewörter nicht bitweise übereinstimmen. Als Hamming-Abstand eines Codes mit fester Wortlänge bezeichnet man den kleinsten Abstand je zweier Codewörter. Wird das Diagramm von Abb. 36 zum Torus geschlossen, so ist der Hamming-Abstand gerade der kürzeste Kantenabstand auf dem Torus.

Hat ein Code einen Hamming-Abstand h, so können alle Störungen, die weniger als h Bits betreffen, erkannt werden. Ist $h=2k$ oder $h=2k-1$, so können sogar alle Störungen, die weniger als k Bits betreffen, korrigiert werden, indem man das nächstgelegene Zeichen nimmt, zu dem das Codewort ja höchstwahrscheinlich gehört.

Oft werden einem Code Bits hinzugefügt, um eine Störsicherung zu erlauben. Einen Code mit Hamming-Abstand 2 erhält man, indem man ein Schutzbit hinzufügt, das die Anzahl der im Codewort vorhandenen **L** auf eine gerade Zahl ergänzt. Dieses Schutzbit wird auch **Paritätsbit** genannt.

Die vorstehenden Überlegungen gelten sinngemäß auch für Codes über einem nicht-binären Zeichenvorrat. Bei kommerziellen Buchstaben-Codes wird seit langem ein 2-Zeichen-Abstand eingehalten. Bei Codes über dem dezimalen Ziffernalphabet wird oft eine Kontrollziffer - etwa die Summe modulo 10 der übrigen Ziffern - hinzugefügt.

Anhang C: Syntaxdiagramme für die im Buch verwendeten Varianten von ALGOL und PASCAL

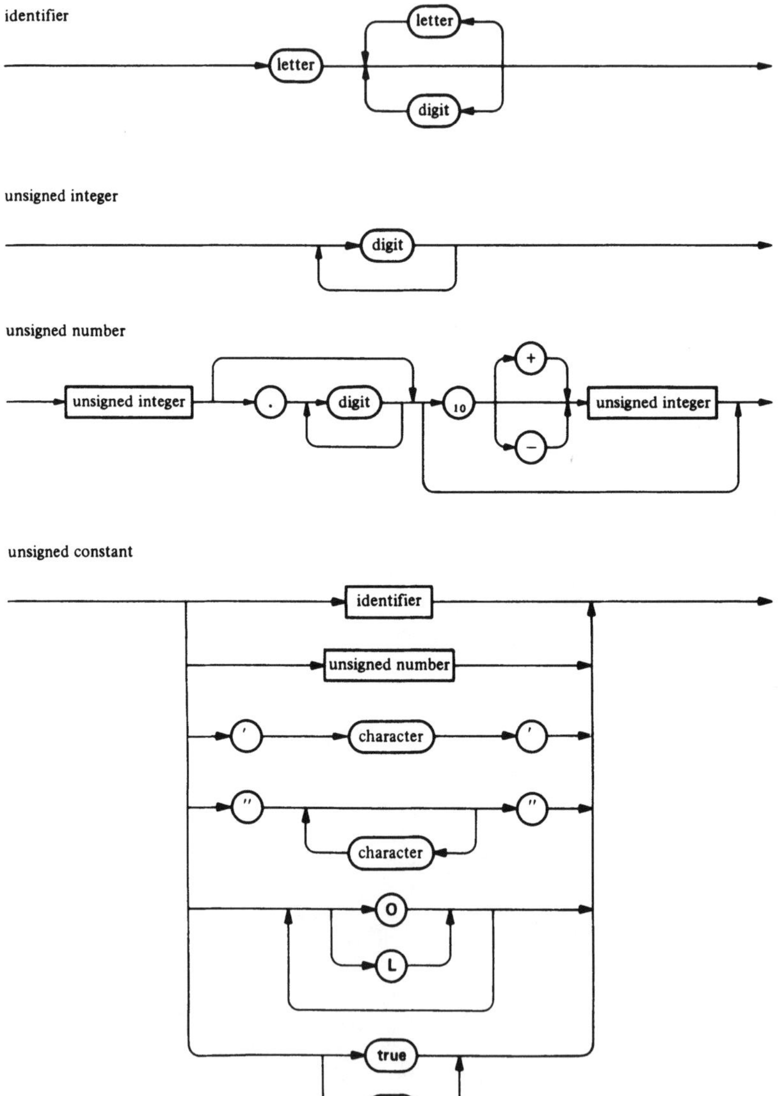
identifier
letter
letter
digit
unsigned integer
digit
unsigned number
unsigned integer
.
digit
10
+
−
unsigned integer
unsigned constant
identifier
unsigned number
'
character
'
"
"
character
O
L
true
false

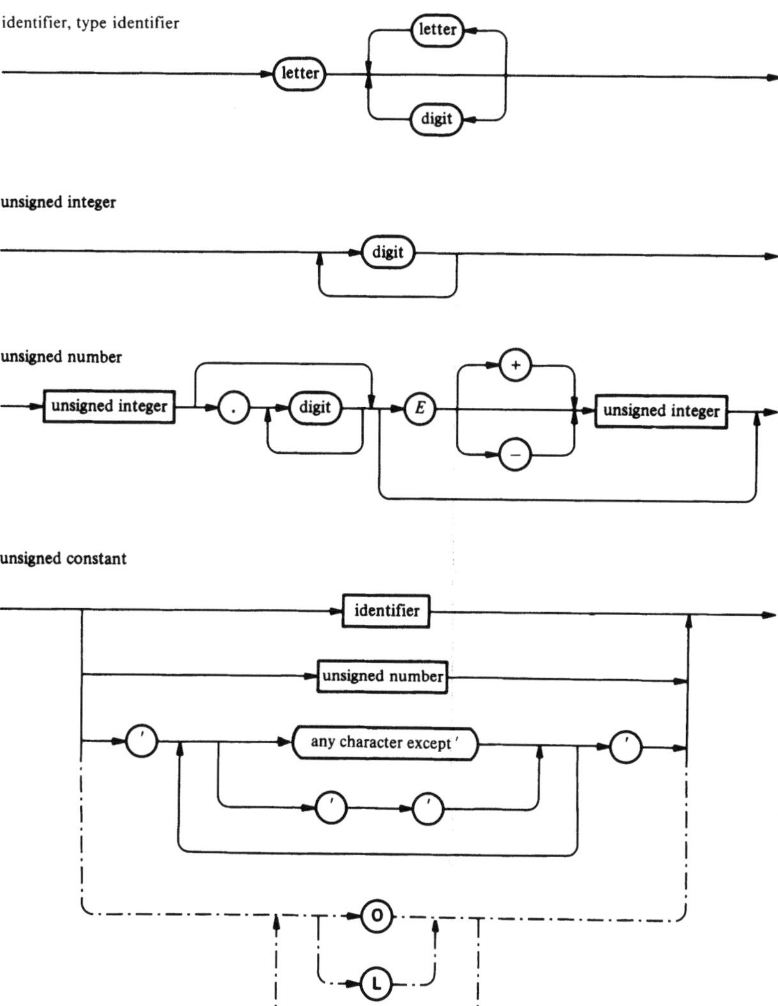
identifier, type identifier
letter
letter
digit
unsigned integer
digit
unsigned number
unsigned integer
.
digit
E
+
−
unsigned integer
unsigned constant
identifier
unsigned number
'
any character except '
'
'
'
O
L

simple mode

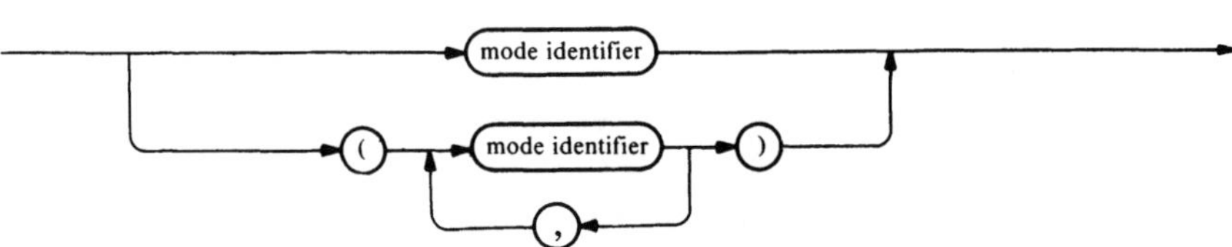

mode

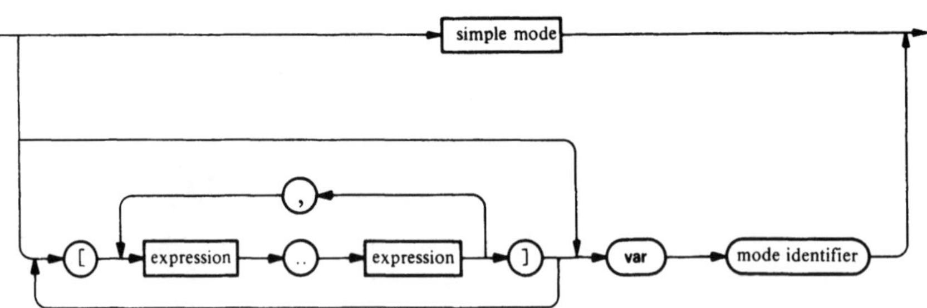

constant

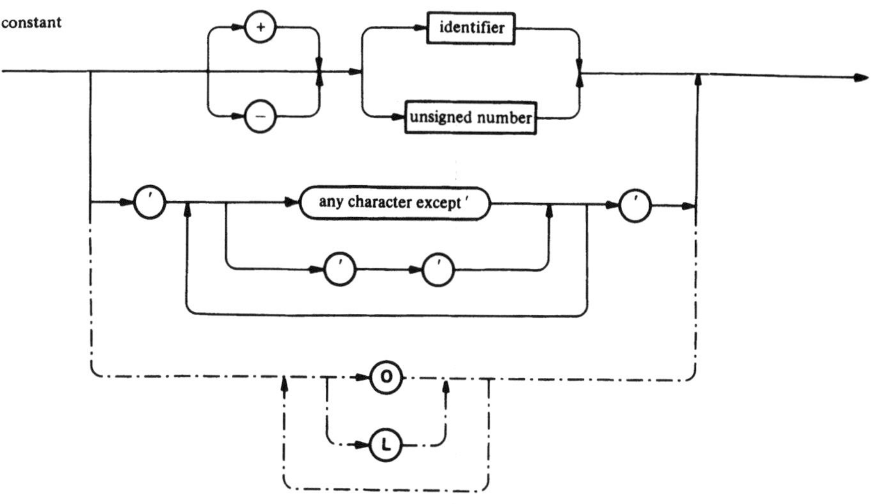

simple type

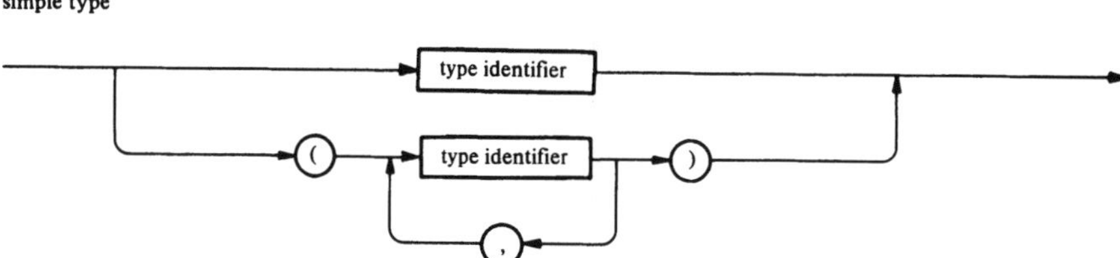

type

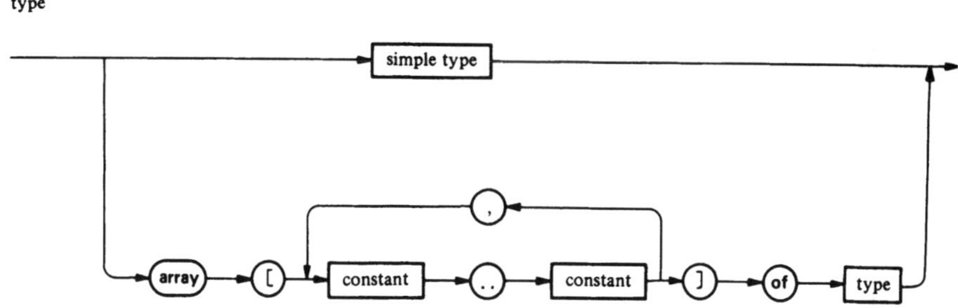

variable

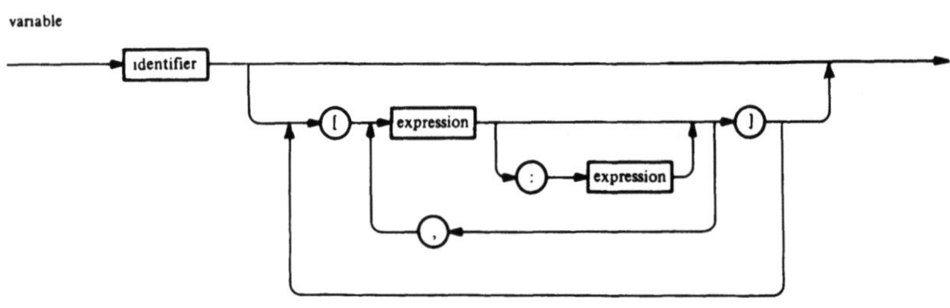

variables

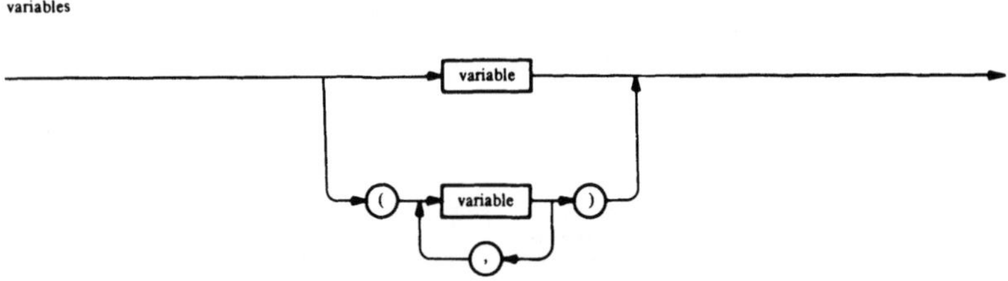

variable

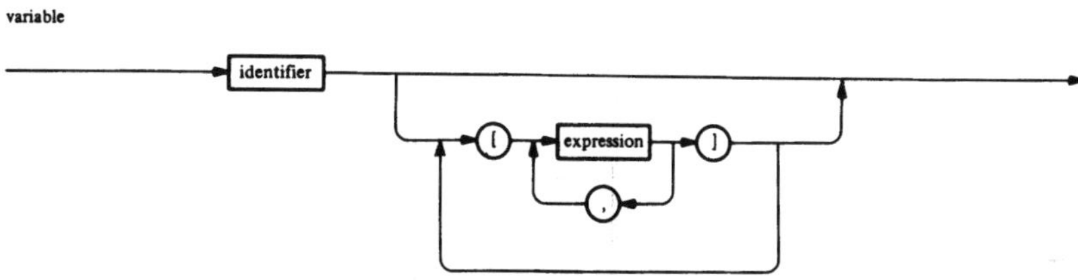

variables

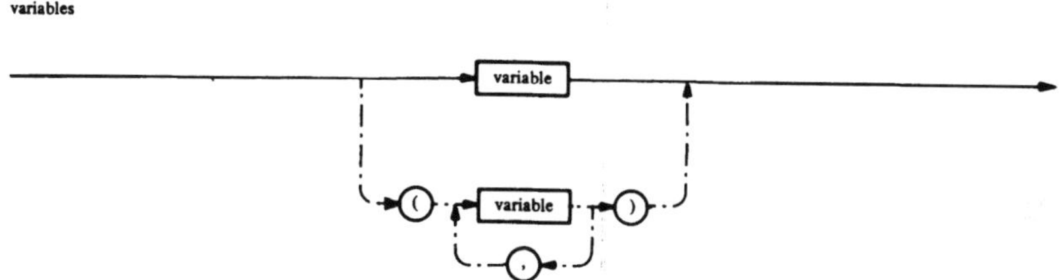

primary

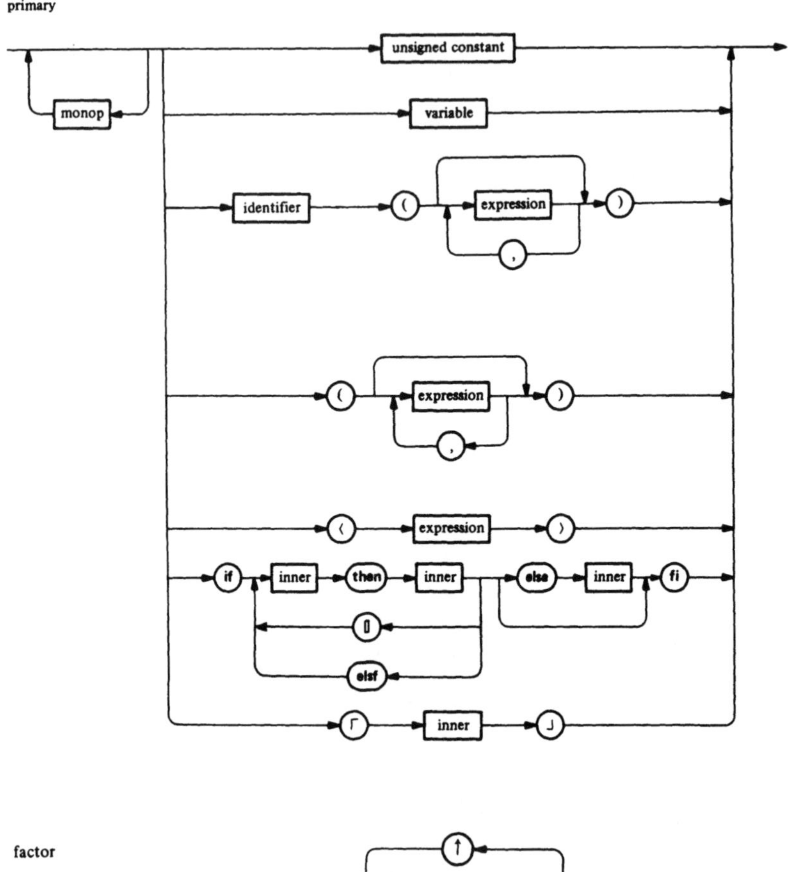

factor

↑

primary

factor

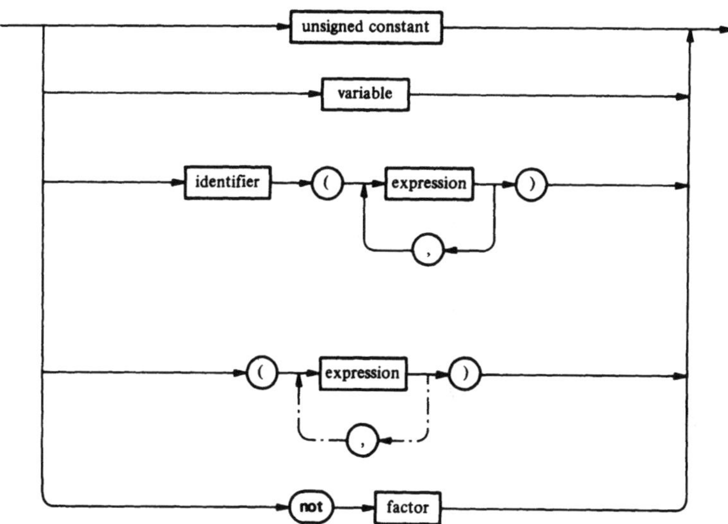
unsigned constant
variable
identifier
(
expression
)
,
(
expression
)
,
not
factor

term

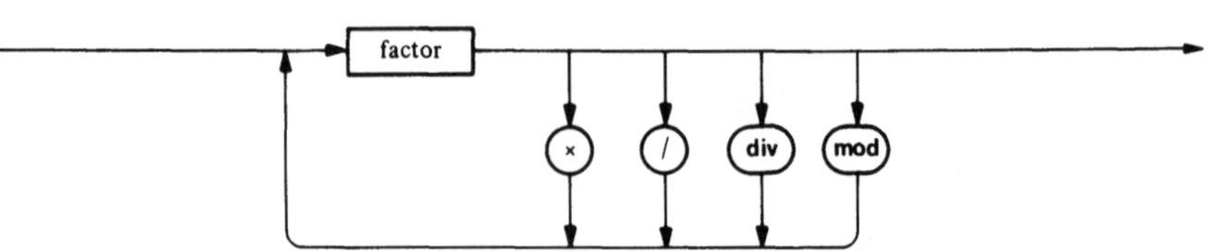

simple expression

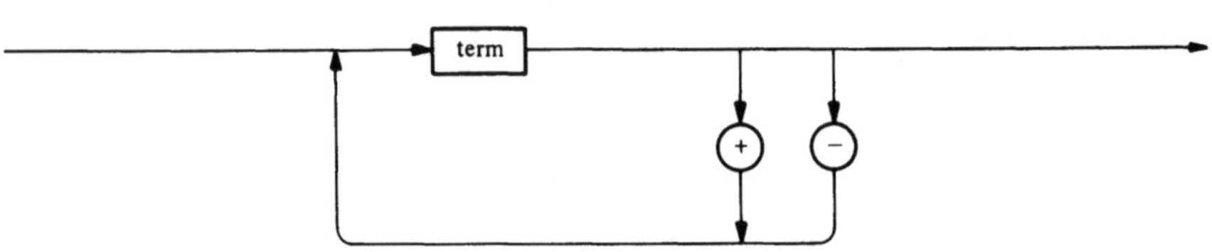

relation

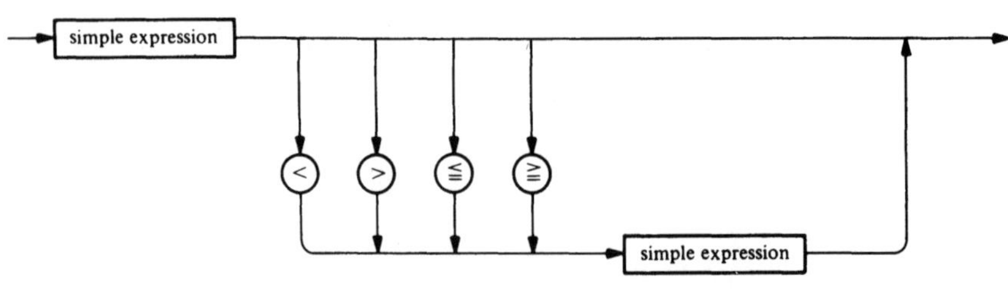

equation

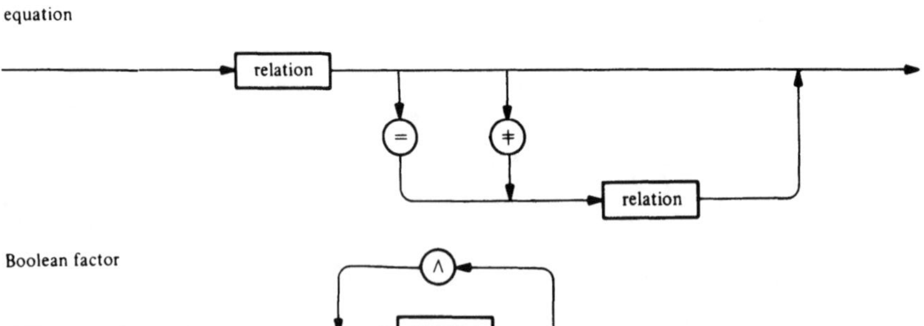

term

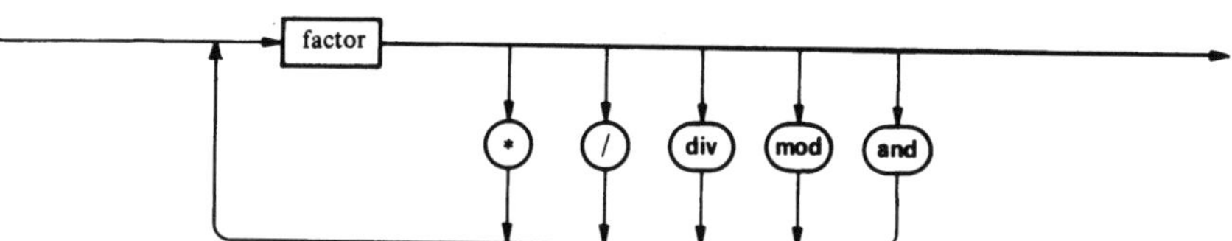

simple expression

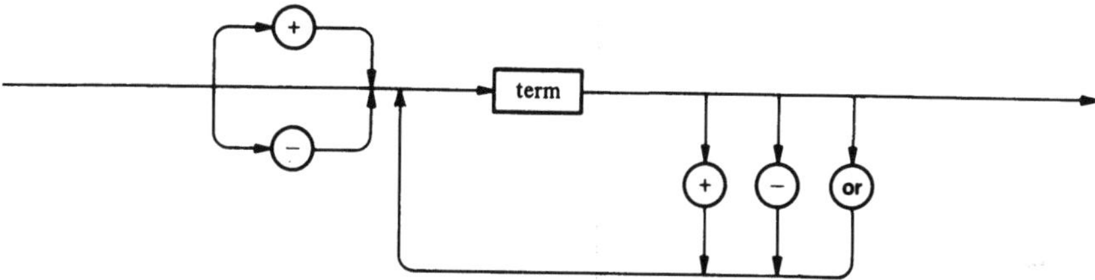

expression

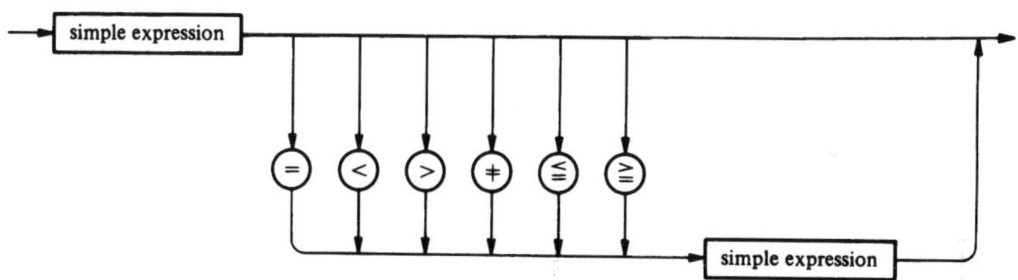

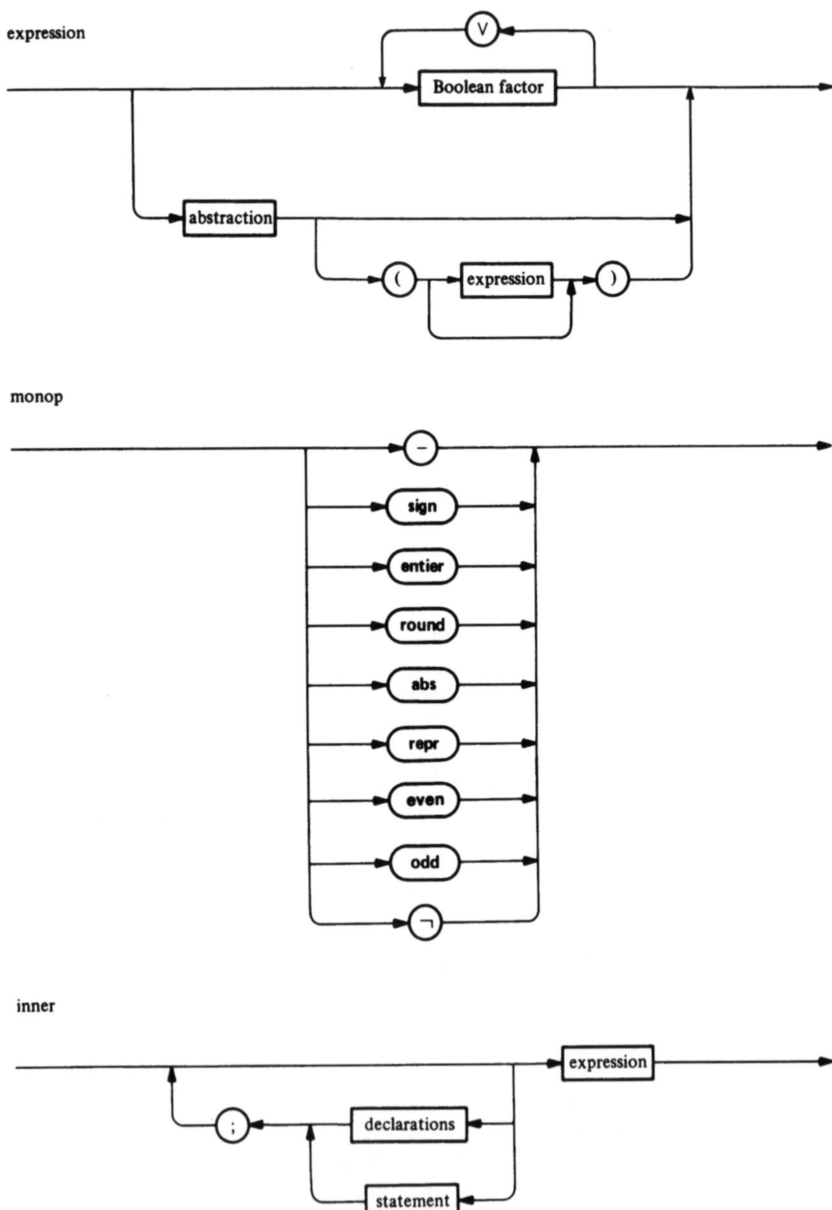
expression
V
Boolean factor
abstraction
(
expression
)
monop
–
sign
entier
round
abs
repr
even
odd
¬
inner
expression
;
declarations
statement

abstraction

parameter list
simple mode
functionality
:
expression

parameter list

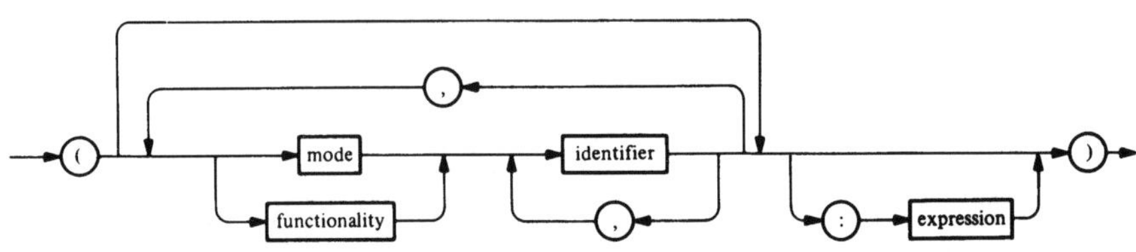

functionality

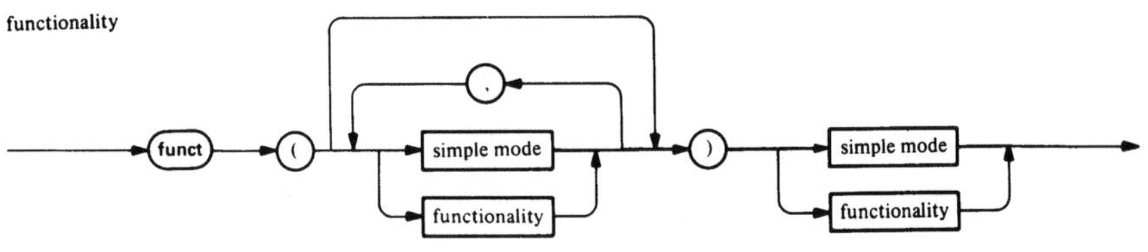

parameter list

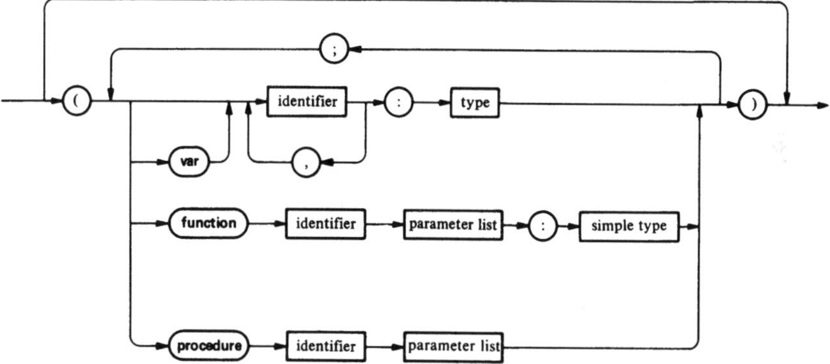

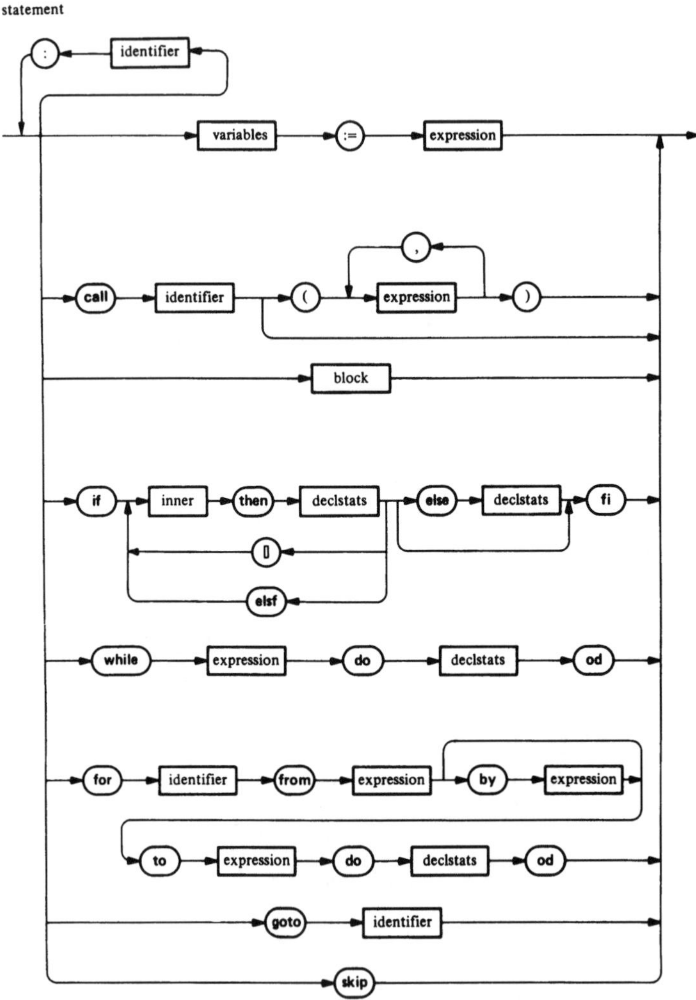
statement
:
identifier
variables
:=
expression
call
identifier
(
expression
,
)
block
if
inner
then
declstats
else
declstats
fi
▯
elsf
while
expression
do
declstats
od
for
identifier
from
expression
by
expression
to
expression
do
declstats
od
goto
identifier
skip

statement

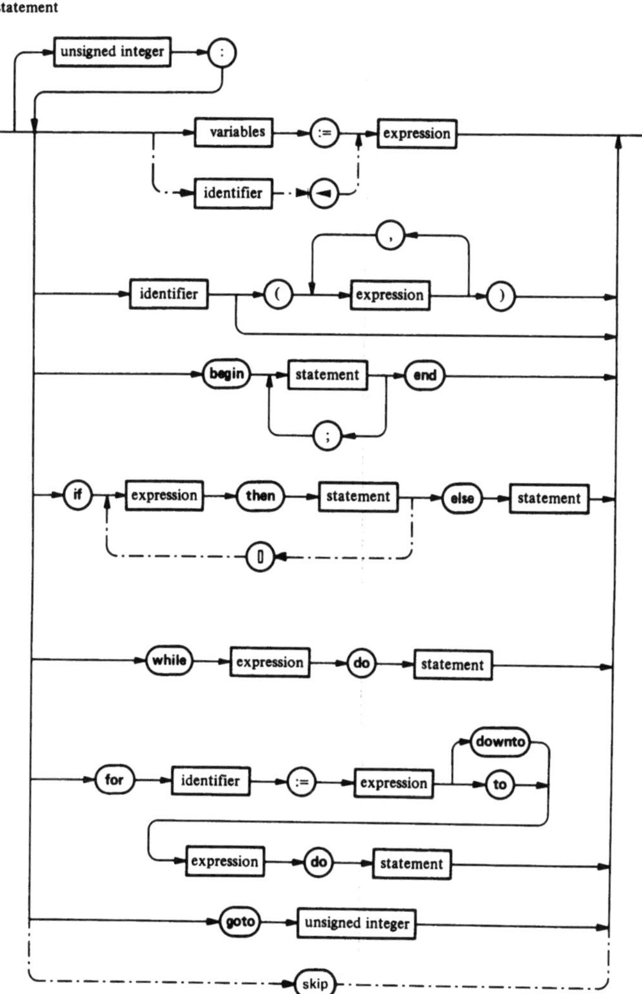
unsigned integer
:
variables
:=
expression
identifier
,
identifier
(
expression
)
begin
statement
end
;
if
expression
then
statement
else
statement
▯
while
expression
do
statement
for
identifier
:=
expression
downto
to
expression
do
statement
goto
unsigned integer
skip

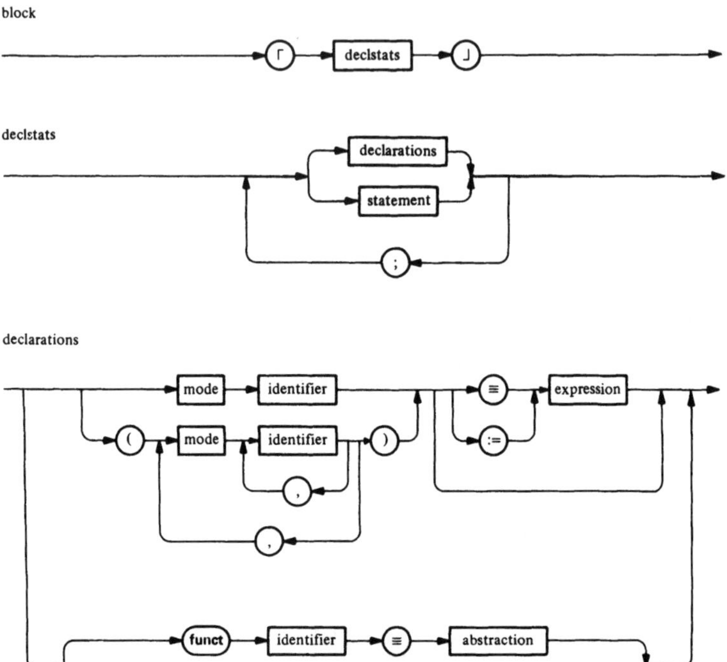
block
⌈
declstats
⌋
declstats
declarations
statement
;
declarations
mode
identifier
(
mode
identifier
)
,
,
≡
:=
expression
funct
identifier
≡
abstraction
proc
identifier
≡
parameter list
:
statement
,

block

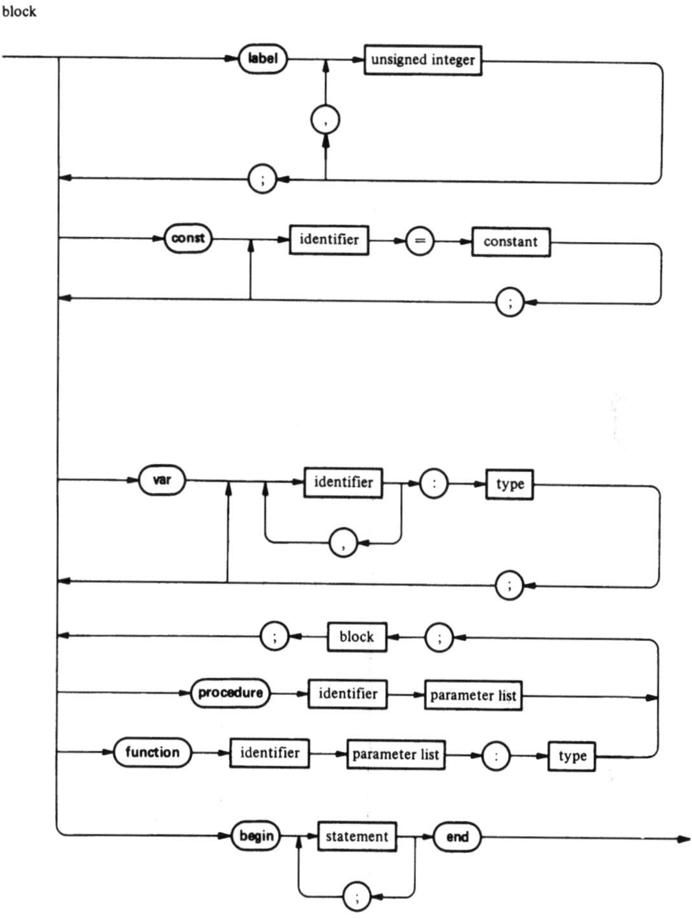
label
unsigned integer
,
;
const
identifier
=
constant
;
var
identifier
:
type
,
;
;
block
;
procedure
identifier
parameter list
function
identifier
parameter list
:
type
begin
statement
end
;

Ergänzende Literatur

Allgemein

[00] BAUER, F.L., WÖSSNER, H.: Algorithmische Sprache und Programmentwicklung. 2. Aufl. Berlin: Springer 1984

[01] BAUER, F.L., BERGHAMMER, R., BROY, M., DOSCH, W., GEISELBRECHTINGER, F., GNATZ, R., HANGEL, E., HESSE, W., KRIEG-BRÜCKNER, B., LAUT, A., MATZNER, T., MÖLLER, B., NICKL, F., PARTSCH, H., PEPPER, P., SAMELSON, K. (†), WIRSING, M., WÖSSNER, H.: The Munich Project CIP - Volume I: The Wide Spectrum Language CIP-L. Lecture Notes in Computer Science *183*. Berlin: Springer 1985

[02] CLAUS, V., SCHWILL, A.: Duden Informatik - Ein Sachlexikon für Studium und Praxis. Mannheim: Dudenverlag 1988

[03] DIN Norm 44300 Informationsverarbeitung: Begriffe (März 1972). In: DIN Deutsches Institut für Normung e.V. (Hrsg.): Informationsverarbeitung 1 - Normen über Grundbegriffe, Datenübertragung, Schnittstellen. 5. Aufl. Berlin: Beuth-Verlag 1981, S. 63-81

[04] JENSEN, K., WIRTH, N.: Pascal User Manual and Report. Third Edition, ISO Pascal Standard. New York: Springer 1985. Dt. Fassung Berlin: Springer 1990

[05] KNUTH, D.E.: The Art of Computer Programming. Vol. I: Fundamental Algorithms, Second Edition 1973. Vol. II: Seminumerical Algorithms, Second Edition 1981. Vol. III: Sorting and Searching, Second printing 1975. Reading, Mass.: Addison-Wesley

[06] LINDSEY, C.H., VAN DER MEULEN, S.G.: Informal Introduction to ALGOL 68 (Revised Edition). London: North-Holland 1977

[07] RUTISHAUSER, H.: Description of ALGOL 60. Berlin: Springer 1967

[08] SCHNEIDER, H.-J.: Problemorientierte Programmiersprachen. Stuttgart: Teubner 1981

[09] STEINBUCH, K., WEBER, W. (Hrsg.): Taschenbuch der Informatik, Band I-III. 3. Aufl. des Taschenbuchs der Nachrichtenverarbeitung. Berlin: Springer 1974

Erstes Kapitel

[10] BERGER-DAMIANI, E.R.: Nachrichtentheorie, Zahlensysteme und Codierung. In: STEINBUCH, K., WEBER, W. (Hrsg.): Taschenbuch der Informatik. Band II: Struktur und Programmierung von EDV-Systemen. Berlin: Springer 1974, S. 88-117

[11] BRAUN, S.: Algorithmische Linguistik. Stuttgart: Verlag Berliner Union 1974

[12] GRÜSSER, O.-J.: Grundlagen der neuronalen Informationsverarbeitung in den Sinnesorganen und im Gehirn. In: SCHINDLER, S., GILOI, W.K. (Hrsg.): GI -

8. Jahrestagung. Informatik-Fachbericht *16*. Berlin: Springer 1978, S. 234–273

[13] HERMES, H.: Aufzählbarkeit, Entscheidbarkeit, Berechenbarkeit - Einführung in die Theorie rekursiver Funktionen. Heidelberger Taschenbücher *87*. 2. Aufl. Berlin: Springer 1971

[14] KOHNHEIM, A.G.: Cryptography - A Primer. New York: Wiley 1981

[15] KÜPFMÜLLER, K.: Nachrichtenverarbeitung im Menschen. In: STEINBUCH, K., WEBER, W. (Hrsg.): Taschenbuch der Informatik. Band III: Anwendungen und spezielle Systeme der Nachrichtenverarbeitung. Berlin: Springer 1974, S. 429–455

[16] LOECKX, J.: Algorithmentheorie. Berlin: Springer 1976

[17] WENDT, H.F.: Fischer-Lexikon - Sprachen. Frankfurt: Fischer Bücherei 1987

[18] ZEMANEK, H.: Elementare Informationstheorie. München: Oldenbourg 1969

[19] ASCHOFF, V.: Geschichte der Nachrichtentechnik, 2 Bde. Berlin: Springer 1984, 1987

Zweites Kapitel

[20] BAUER, F.L.: Formulierung, Formalisierung und automatische Programmierung in den frühen Arbeiten Konrad Zuses. Informatik-Spektrum *3*:2, 114–119 (1980)

[21] BERGHAMMER, R., DOSCH, W., OBERMEIER, R.: CIP-LS Pascal-Variante - Übersicht über Sprache, Übersetzer, Formularmaschine. Institut für Informatik, Technische Universität München, 3. Aufl. 1986

[22] BIRD, R., WADLER, P.: Introduction to Functional Programming. New York: Prentice Hall 1988

[23] DIN Norm 66001 Informationsverarbeitung: Sinnbilder für Datenfluß- und Programmablaufpläne (September 1977). In: DIN Deutsches Institut für Normung e.V. (Hrsg.): Informationsverarbeitung 4 - Normen über Codierung, Programmierung, Beschreibungsmittel. 1. Aufl. Berlin: Beuth-Verlag 1981, S. 111–122

[24] FIELD, A.J., HARRISON, P.G.: Functional Programming. Reading, Mass.: Addison-Wesley 1988

[25] HENDERSON, P.: Functional Programming. Englewood Cliffs: Prentice-Hall 1980

[26] HEIDLER, K., HERMES, H., MAHN, F.-K.: Rekursive Funktionen. Mannheim: Bibliographisches Institut 1977

[27] MACLENNAN, B.J.: Functional Programming - Practice and Theory. Reading, Mass.: Addison-Wesley 1990

[28] STEELE, G.J. jr.: Common LISP - The Language. Second Edition. Digital Press: 1990

[29] STOYAN, H., GÖRZ, G.: LISP - Eine Einführung in die Programmierung. Berlin: Springer 1984

Drittes Kapitel

[30] DAHL, O.-J., DIJKSTRA, E.W., HOARE, C.A.R.: Structured Programming. London: Academic Press 1972

[31] DIJKSTRA, E.W.: A Discipline of Programming. Englewood Cliffs: Prentice-Hall 1976

[32] Dijkstra, E.W., Feijen, W.H.J.: Methodik des Programmierens. Addison-Wesley 1985
[33] DIN Norm 66001 Informationsverarbeitung: Sinnbilder für Datenfluß- und Programmablaufpläne (September 1977). In: DIN Deutsches Institut für Normung e.V. (Hrsg.): Informationsverarbeitung 4 - Normen über Codierung, Programmierung, Beschreibungsmittel. 1. Aufl. Berlin: Beuth-Verlag 1981, S. 111-122
[34] Gries, D.: The Science of Programming. New York: Springer 1981
[35] Bjørner, D., Jones, J.B.: Formal Specification and Software Development. London: Prentice-Hall 1982
[36] Loeckx, J., Mehlhorn, K., Wilhelm, R.: Grundlagen der Programmiersprachen. Stuttgart: Teubner 1986
[37] Jackson, M.J.: Principles of Program Design. London: Academic Press 1975
[38] Wirth, N.: Systematisches Programmieren - Eine Einführung. Stuttgart: Teubner 1972
[39] Wirth, N.: Algorithmen und Datenstrukturen - Pascal Version. 3. Aufl. Stuttgart: Teubner 1983

Viertes Kapitel

[40] Birkhoff, G., Bartee, T.C.: Angewandte Algebra. München: Oldenbourg 1973
[41] Giloi, W.K.: Rechnerarchitektur. Heidelberger Taschenbücher *208*. Berlin: Springer 1981
[42] Gschwind, H.W., McCluskey, E.J.: Design of Digital Computers - An Introduction. Second Edition. New York: Springer 1975
[43] Hahn, W.: Elektronik-Praktikum für Informatiker. Heidelberger Taschenbücher *85*. Berlin: Springer 1971
[44] Hahn, W., Bauer, F.L.: Physikalische und elektrotechnische Grundlagen für Informatiker. Heidelberger Taschenbücher *147*. Berlin: Springer 1975
[45] Hörbst, E., Nett, M., Schwärtzel, H.: VENUS: Entwurf von VLSI-Schaltungen. Berlin: Springer 1986
[46] Mano, M.M.: Digital Design. Englewood Cliffs, N.J.: Prentice-Hall 1984
[47] Mead, C., Conway, L.: Introduction to VLSI-Systems. Reading, Mass.: Addison-Wesley 1980
[48] Richards, R.K.: Digital Design. New York: Wiley 1971
[49] Spruth, W.G.: The Design of a Microprocessor. Berlin: Springer 1989

Anhang A

[A1] Stoer, J.: Numerische Mathematik 1. 5. Aufl. Berlin: Springer 1989
[A2] Stoer, J., Bulirsch, R.: Numerische Mathematik 2. 3. Aufl. Berlin: Springer 1990
[A3] Wilkinson, J.H.: Rundungsfehler. Heidelberger Taschenbücher *44*. Berlin: Springer 1969

Anhang B

[B1] Zemanek, H.: Elementare Informationstheorie. München: Oldenbourg 1969

Namen- und Sachverzeichnis